INGRID EMERICK
FAITH CONLON
CHRISTINA HENRY DE TESSAN

SOLOTOUR

INGRID EMERICK
FAITH CONLON
CHRISTINA HENRY DE TESSAN

SOLOTOUR

29 spannende Abenteuer
von Frauen, die allein reisen

Aus dem Englischen
von Regina Schneider

MALIK NATIONAL GEOGRAPHIC

Mehr über unsere Autoren und Bücher:
www.malik.de

Bibliografische Information der Deutschen Bibliothek
Die Deutsche Nationalbibliothek verzeichnet diese Publikation in der Deutschen Nationalbibliografie; detaillierte bibliografische Daten sind im Internet über http://dnb.d-nb.de abrufbar.

NATIONAL GEOGRAPHIC ADVENTURE PRESS
Reisen · Menschen · Abenteuer
Die Taschenbuch-Reihe von
Malik und National Geographic

Deutsche Erstausgabe
1. Auflage Februar 2005
3. Auflage Juni 2009

Titel der Originalausgabe »A Woman Alone« erschienen bei Seal Press,
Imprint der Avalon Publishing Croup In., New York
Fotos: Faith Adiele (© Scott Sester), Marybeth Bond, Ingrid Emerick,
Ayun Halliday, Dawn Comer Jefferson, EJ Levy, Holy Morris (© Tim Knight),
Bernice Notenboom, Ena Singh
Redaktion: Tamara Trautner, Berlin
Umschlaggestaltung: Dorkenwald Grafik-Design, München
Satz: Sieveking GmbH, München
Papier: Naturoffset ECF
Druck und Bindung: CPI – Clausen & Bosse, Leck
Printed in Germany ISBN 978-3-492-40242-2

Das Papier wurde aus chlorfrei gebleichtem Zellstoff hergestellt.

Inhalt

Für Edythe Van Rees Conlon und die unzähligen reisenden Frauen, die uns inspirieren

Vorwort

Aber warum allein? Mit dieser Frage müssen sich alle Alleinreisenden herumschlagen. »Warum nimmst du nicht jemanden mit?«, erkundigen sich fassungslose Freunde oder besorgte Familienmitglieder. »Ist das nicht viel zu gefährlich? Schaffst du das überhaupt? Und ist dir das nicht peinlich?«

Als wir drei anfingen, uns über unsere Reisen auszutauschen, fanden wir die Solotouren bei weitem am interessantesten: Wohin ging es? Wie ist alles gelaufen? Und immer wieder: Warum allein? Wir plauderten über unsere eigenen und über die Erlebnisse unserer Freundinnen und stellten fest: Es gibt so viele Gründe, allein zu reisen, wie es Alleinreisende gibt. Für viele waren Reisen ohne Begleitung nicht so sehr ein Programm, sondern die einzige Möglichkeit, wenn etwa Familie und Freunde sich nicht durchringen konnten, wenn Lebenspartner arbeiten mussten oder nicht existierten. Für andere wiederum war eine solche Reise die über Jahre vorbereitete Erfüllung eines lang gehegten Traums.

Aber ob aus Unabhängigkeitsdenken oder wegen widriger Umstände: Bei uns allen wurde die Reiselust irgendwann einfach so stark, dass wir uns ihr hingeben mussten. Einsamkeit, Ausgeliefertsein, Angst vor dem Unbekannten – all unsere Bedenken schlugen wir in den Wind, wir packten unsere Koffer, und los ging's.

Das Alleinreisen kann eine Herausforderung, aber auch eine Befreiung sein. Für viele Frauen – besonders die, die zu hören bekamen, dass »das ja wohl keine so gute Idee ist« – stellt die Navigation durch die Hochs und Tiefs eines solchen Abenteuers schnell nichts

Nervenaufreibendes mehr dar, sondern eine Quelle tiefen Glücks. Fern des sicheren Hafens von Freundschaft und Familienbanden erfüllt einen jede Hürde, die man genommen hat, mit größerem Stolz (zum Beispiel wenn das Gericht, von dem man hofft, es bestellt zu haben, tatsächlich vor einem auf dem Tisch landet). Wenn die Welt nicht durch den Blick eines Begleiters gefiltert wird, erleben wir sie bei jedem Missgeschick und jedem Triumph in ihrer ganzen überraschenden und lebendigen Vielfalt. Wohl deswegen sind Solotouren so intensiv, und man erinnert sich hinterher an die absonderlichsten Details.

Und dann ist da das Vergnügen, immer und überall machen zu können, was man will – unabhängig von den Macken, Plänen und Erwartungen einer anderen Person. Wenn ich allein reise, zählen nur meine Wünsche, und es ist egal, ob ich in irgendeiner obskuren Stadt herumlaufen will oder mich einfach mit einem Buch zurückziehe. Als Alleinreisende lernt man, sich auf sich selbst zu verlassen, und wegen dieses Selbstvertrauens wird es von Tag zu Tag leichter. Manchmal geht auch mal etwas schief, aber bei solchen Prüfungen lernen wir sehr viel über uns selbst.

Immer mehr Frauen wagen sich mittlerweile auch in die entferntesten Winkel der Welt, und so haben wir für dieses Buch die unterschiedlichsten Erfahrungen alleinreisender Frauen zusammengetragen. Wir baten die Autorinnen aufzuschreiben, wie es wirklich war – an guten wie an schlechten Tagen, ohne Beschönigungen. Mögen die Geschichten dazu führen, dass noch mehr Frauen Mut fassen, dem Ruf der Ferne zu folgen!

Die Arbeit an diesem Buch war an- und aufregend – es kamen wunderbare, wilde, überraschende, eindringliche und lustige Geschichten. Abenteuergeschichten und Selbstfindungsberichte hatten wir erwartet, und die bekamen wir auch: ob aus der sengenden Wüste Afrikas oder den regennassen Inseln des Nordatlantiks.

Besonders freuten wir uns über die Texte, in denen es um Begegnungen zwischen den Kulturen und um Freundschaft geht. Wenn man alleine reist, ist es offenbar viel einfacher, Leute kennen zu lernen – weil man auf die Hilfe anderer stärker angewiesen ist, aber auch weil wir bereit sind, uns auf ganz andere Dinge einzulassen. Von denkwürdigen, wenn auch flüchtigen Begegnungen ist zu lesen, von Allianzen, die nur eine Zugfahrt in Indien, ein Gespräch in den Wäldern Irlands oder einen Aufenthalt in einem quirligen Dorf lang im Senegal andauerten. Viele Frauen fürchten sich vor den Gefahren des Alleinreisens – diese Geschichten jedoch zeigen, dass es auf der ganzen Welt zuvorkommende und freundliche Menschen gibt.

Während der Arbeit an »Solotour« bekamen wir immer wieder Lust, unsere Stifte hinzuwerfen und selber loszuziehen – der Zauber der Texte sprang also über. Wir hoffen, dass es den Leserinnen genauso geht, ob erfahrene Abenteurerinnen oder Debütantinnen kurz vor der ersten Solotour. In diesem Buch finden Sie Gleichgesinnte, den einen oder anderen Tipp, Selbstironie und Witz – und vielleicht auch Inspiration.

Die Herausgeberinnen Ingrid Emerick,
Faith Conlon und Christina Henry de Tessan
Seattle, Washington
September 2001

Im Damenabteil

THALIA ZEPATOS • INDIEN

Wie eine Orangenmelone stieg der Mond am Himmel über dem südlichen Indien auf, während sich die Hitze des Tages langsam legte. Unruhig stand ich auf dem lauten Bahnsteig im Bahnhof von Ernakulum, neben mir der Nachtexpresszug, der mich an der Westküste entlang bis hinauf nach Bombay im Norden des Subkontinents bringen sollte. Unter den aufmerksamen Augen eines sechsjährigen Verkäufers trank ich den letzten Schluck *chai* aus, jenen scharfen, mit Kardamom gewürzten Tee, der im indischen Tagesablauf immer wieder für angenehme kleine Pausen sorgt, und reichte das Glas dem kleinen Verkäufer zurück, der schon die Hände danach ausstreckte.

Auf dem Bahnsteig herrschte lebhaftes Treiben, ein altvertrautes Bild: indische Reisende mit Bündeln jeglicher Form und Größe, die sich ihren Weg zwischen den am Boden unter Tüchern schlafenden Gestalten bahnten; die wohlhabenderen Reisenden unter ihnen stolzierten ihren angeheuerten Kulis vorweg, die im Gänsemarsch Metallkoffer und Kisten auf den roten Turbanen balancierten. Vor den Wasserständen hatten sich lange Schlangen gebildet, Männer und Frauen, die sich die Hitze und den Staub des Tages abwuschen. *Wallahs*, wie die Tee- und Kaffeeverkäufer hießen, boten laut schreiend ihre Ware feil, in der einen Hand einen riesigen Aluminiumkessel, in der anderen einen Abspüleimer für die Gläser. Imbissverkäufer zogen mit monotonem Singsang am Zug entlang, brachten für ein oder zwei Rupien Obst und scharf gewürzte Snacks an den Mann und nahmen die Scheine entgegen, die ihnen durch die Fenstergitter der alten Zugwaggons hingestreckt wurden.

Die Züge im Süden Indiens boten einen ganz besonderen Komfort: Am Ende eines jeden Waggons befand sich ein kleines Damenabteil für sechs bis acht Frauen, die ohne männlichen Begleitschutz unterwegs waren. Allerdings schien mir ein solches Abteil völlig unnötig, denn resolut wie die Frauen hier waren, wurden sie auch so mit den widrigsten Umständen fertig. Ich hingegen war froh und dankbar für diesen exklusiven Service der indischen Bahn, der mir die Möglichkeit bot, Bekanntschaft mit indischen Frauen zu schließen – ohne die ständige Beobachtung irgendwelcher Ehemänner oder Brüder. Das Damenabteil hatte mir auf früheren Reisen die schönsten und interessantesten Begegnungen beschert.

Einmal, auf einer 12-stündigen Fahrt durch die flirrende Hitze der Thar-Wüste in die Festungsstadt Jaisalmer, wurde ich von Rajasthani-Frauen umlagert, die mich, von oben bis unten mit Schmuck behangen, wegen meines fremdländischen Aussehens argwöhnisch beäugten. Mit ihren schwarzen Augen musterten sie mich ganz unverhohlen, ihre Blicke wanderten langsam von meinem welligen, braunen Haar über mein Kleid bis hinunter zu meinen unberingten Zehen.

Ich erwiderte ihr Interesse, deutete auf ihre rot-blau gemusterten Röcke und die vielen Elfenbeinarmreife, mit denen sie bis über die Ellbogen und unter die Ärmel ihrer eng anliegenden Oberteile geschmückt waren. Verlegen lächelnd, bewunderten sie meine silbernen Fußkettchen, zeigten reihum ihren Fußschmuck vor, kicherten, nahmen Ketten und Ohrringe ab und behängten mich damit wie eine Puppe. Als dann eine tätowierte ältere Frau anbot, mir ein Nasenpiercing zu stechen, was ich höflich ablehnte, brachen allesamt in schallendes Gelächter aus. Und als eine junge Frau mit hohen Wangenknochen anfing, mein Haar zu kämmen und zu ölen, nickten alle zustimmend. Kurz vor Jaisalmer gab es dann ein eifriges Hin und Her, bis alle Schmuckstücke und Sandalen wieder bei ihren Besitzerinnen gelandet waren.

Tage später, auf einem Bummel durch die ummauerte Stadt, traf ich die Frauen zufällig wieder. Sogleich zogen sie mich in ein Haus, in dem eine von ihnen wohnte, und bemalten meine Hände und Füße kunstvoll mit Henna, das wochenlang haften blieb.

Und nun war ich hier, die lange Reise nach Bombay noch vor mir. Ein schriller, lang gezogener Pfiff aus der Dampflok riss mich aus meinen Gedanken, und ich stieg eilig ein. Das Damenabteil war völlig überfüllt; acht bis neun Frauen teilten sich die sechs Sitzplätze. Doch wir lächelten einander freundlich zu und grüßten auf Hindi – niemand schien Englisch zu sprechen. Während eine drahtige junge Inderin in einem zerschlissenen grünen Sari die Abteiltür hinter sich schloss, blickte ich mich flüchtig um und war gespannt, was die bevorstehende nächtliche Fahrt wohl diesmal für Abenteuer bereithielt.

Als sich der Zug langsam aus dem Bahnhof schob, war ich mit meinen Gedanken bereits in Mangalore, wo ich mitten in der Nacht umsteigen musste. Mit Zeichensprache und ein paar Brocken Hindi gab ich zu verstehen, dass ich nach Bombay unterwegs war. Eine forsche Frau mittleren Alters mit silbernen Strähnen im schwarzen Haar, die ihren dicken, geflochtenen Zopf betonten, deutete mit dem Finger abwechselnd auf meine und ihre Brust. »Bombay«, wiederholte sie bei jeder Bewegung. Aha, wir hatten also dasselbe Reiseziel. Dann setzte sie aufs Neue an: »Mangalore«, sagte sie und gab mir mit Händen und Füßen zu verstehen, dass wir dort aussteigen und umsteigen müssten. Ich hievte meinen Rucksack in die Gepäckablage über mir und kauerte mich zum Schlafen zusammen. Hoffentlich würde ich die Frau im Gewühl der nächtlichen Umsteigeaktion nicht aus den Augen verlieren.

Eine braune Hand, die mich schüttelte, und Dutzende von Armreifen, die wie metallenes Weckergeklingel in mein Ohr rasselten, rissen mich aus dem Schlaf. Es war drei Uhr nachts. Ich war noch völlig schlaftrunken, als der Zug langsam in den Bahnhof von Mangalore einfuhr. Doch meine Schutzmatrone nahm mich kurzerhand unter ihre Fittiche. Sie klemmte sich ihre kleine Reisetasche unter den Arm, zerrte meinen Rucksack aus dem Gepäcknetz und zog mich an der Hand vom Sitz. So ins Schlepptau genommen, konnte ich sie wohl kaum aus den Augen verlieren.

Im Zickzack, um die schlafenden Reisenden auf dem Boden nicht zu stören, liefen wir den Bahnsteig hinunter. An ihrer Stoffreisetasche hatte meine Begleiterin offenbar nicht schwer zu tragen. Zielstrebig steuerte sie auf die rot befrackten Kulis zu, die in einer Ecke vor sich hin dösten. Sie debattierte so lange, bis sie mit einem handelseinig geworden war. Der geleitete uns dann an einem verlassenen Gleis entlang und blieb plötzlich irgendwo stehen. Nachdem er sein Geld bekommen hatte, trollte er sich, während sie triumphierend lächelte, sich auf den Boden hockte und mich neben sich zog. Hier also würden wir auf den Zug nach Bombay warten.

Ich beschloss, ihr zu vertrauen, verwarf den Gedanken, sicherheitshalber noch einmal bei einem Schaffner nachzufragen, und machte es mir einigermaßen bequem. Aus dem Dunkel der Nacht erschienen nach und nach weitere Reisende, stellten ihre Bündel ab, um so ihren Warteplatz auf dem Bahnsteig zu markieren. Das leise Stimmengemurmel wurde langsam übertönt durch das dumpfe Rattern des herannahenden Zuges. Und als die dampfende Lok schließlich mit kreischenden Bremsen in den Bahnhof einfuhr, waren wir mit einem Schlag umringt von Leuten und Gepäckhaufen und wurden von einer drängelnden und stoßenden Menschenmenge nach vorne geschoben. Madame, wie ich sie für mich nannte, blieb standhaft und blaffte jeden an, der es wagte, mir meinen Platz streitig zu machen. Dass keiner, der hier umsteigen musste, einen Sitzplatz reserviert hatte, war mir zwar klar, aber langsam dämmerte mir, dass die meisten hier es nicht einmal in den Zug schaffen würden.

Die Bremsen zischten, und wir sprangen auf die Tritte, noch bevor der Zug zum Stillstand gekommen war. Als wir in den Gang drängten, hielt ich kurz inne; es war rappelvoll, nirgendwo ein freier Fleck. Doch Madame trieb mich vorwärts, während ich alle Mühe hatte, meinen Rucksack so festzuhalten, dass er nicht andauernd gegen die anderen Fahrgäste donnerte. Im ersten Abteil, einem Sechserabteil, drängten sich zwölf bis 14 Frauen wie in einer Sardinenbüchse. Während wir uns langsam vorwärts schoben, sah ich, dass hier jedes Abteil ein Damenabteil war. Der ganze Zug war voll gestopft mit Tausenden von Inderinnen – älteren Frauen, jungen Mädchen und ausgemergelten Großmüttern, die kleine Mädchen und Jungen in den Armen wiegten.

Meine Begleiterin ging voran, nahm freudig die beiden Sitzbänke im nächsten Abteil ins Visier, drängte die Frauen mit einem kräftigen Armhieb kurzerhand auseinander und drückte mich mit festem Griff dazwischen, während sie sich selbst auf die Bank gegenüber zwängte. Ein missbilligendes Raunen ging durch die Reihen. Ich spürte, wie ich rot wurde, und wollte meinen Platz schon wieder aufgeben. Doch das kam für Madame nicht in Frage, alle Einwände wies sie schroff zurück. Da erklärte mir eine Frau in einem mit Goldbrokat verzierten blauen Sari in gebrochenem Englisch mit leiser Stimme: »Sie erzählt jedem, dass Sie in unserem Land zu Gast sind und wir Sie gefälligst entsprechend behandeln sollen.« Dankbar, eine Dolmetscherin gefunden zu haben, flehte ich sie an: »Bitte sagen Sie ihr, sie soll es nicht übel nehmen, aber ich setze mich lieber in den Gang.«

Nach weiterem Hin und Her war schließlich eine nach der anderen bereit, mir Platz zu machen, und es wurden sogar ein paar Kinder nach oben auf die Gepäckablage verfrachtet. Bis der Zug sich in Bewegung setzte und langsam aus dem Bahnhof rollte, hatten sich alle mit unserer Anwesenheit abgefunden. Nachdem das Gepäck verstaut war und die Reisenden es sich einigermaßen gemütlich gemacht hatten, zogen sich einige der Frauen den Saum ihres Sari vors Gesicht, um ein wenig zu schlafen. Ich reckte den Kopf in Richtung Gang; es sah aus, als wären wir auf der Flucht, wie eine Szene aus einem Film – kein einziger Mann, nur Frauen und Kinder.

Da tauchte plötzlich am hinteren Ende des Waggons ein männliches Wesen auf, das auf unser Abteil zusteuerte. Mit schwerfälligem Schritt kämpfte sich der grauhaarige Alte, der mit seinem grünen Wollmantel viel zu warm angezogen war und in dessen Armbeuge eine antiquierte Muskete klemmte, den Gang herunter. Vor jedem Abteil blieb er kurz stehen, stierte kurzsichtig in die Gesichter, die sich dort dicht an dicht drängten, und ging dann weiter. »Was ist das für einer?«, erkundigte ich mich bei der Englisch sprechenden Inderin, als er unser Abteil inspizieren wollte.

»Ein Aufseher, der die Frauen beschützen soll.«

Unglaublich, dachte ich und lächelte ihm zu. Er starrte mich an. Im Zweite-Klasse-Waggon auf eine Ausländerin zu treffen, erlebte er wohl nicht alle Tage.

Dann sagte er etwas, das sehr dringlich klang, hob sein Gewehr und zielte damit direkt auf mich. Sofort begann ein Riesenpalaver, alle schnatterten durcheinander, Madame am lautesten von allen. Meine Dolmetscherin neigte den Kopf zu mir und flüsterte: »Er denkt, Sie sind ein Mann, und will Sie aus dem Abteil werfen. Jetzt streiten sich alle, ob Sie ein Mann oder eine Frau sind.«

Ich musste lachen, verstummte aber sofort, als der Mann angesichts dieser Anmaßung sein Gewehr hochriss. Anders als alle anderen Frauen im Zug trug ich weder einen langen Zopf noch einen Sari oder eine knielange Schürze über den Hosen. Meine kurzen Haare, die Pumphosen und das kragenlose, weiße Baumwollhemd, wie es die indischen Männer trugen, waren auf Reisen bequem und praktisch und schützten mich außerdem vor lästiger Anmache. Ich stand auf und wackelte zwischen dem Gewusel von Füßen und Sandalen zwischen den beiden Sitzbänken hin und her. Ich drehte dem Alten kurz den Rücken zu und zog mein weites Hemd hinter dem Rücken straff, damit alle die Konturen meiner Brüste sehen konnten. Die Frauen prusteten vor Lachen und schoben den alten Mann samt Gewehr kurzerhand beiseite.

Bei Tagesanbruch wurden Proviant und heißer Tee aus Taschen und Beuteln hervorgeholt. Die Anekdote vom Aufseher und der Ausländerin verbreitete sich im ganzen Zug, und die Pointe sorgte jedes Mal für Lachsalven. Madame schien geradezu stolz auf mich zu sein, weil Trauben von Frauen und Mädchen an uns vorbeidefilierten und schüchtern die Hälse reckten, um mich leibhaftig zu sehen.

In Bombay angekommen, ließ mich Madame nur ungern ziehen. Sie begleitete mich noch bis auf den Bahnhofsvorplatz, wo sie für mich mit dem Rikschafahrer um eine günstige Fahrt zum General Post Office feilschte. Dann ergoss sie in ihrem indischen Dialekt noch einen wahren Schwall an gut gemeinten Ratschlägen über mich. Aus ihren Gesten schloss ich, dass ich mich in Acht nehmen solle vor Rikschafahrern, auf der Straße, im Bus – einfach überall. Trotz der Sprachprobleme schien klar, was sie mir sagen wollte: Wende dich stets vertrauensvoll an Frauen, wenn du Angst hast oder in Not bist und Hilfe brauchst.

Einzeltisch

Susan Spano • verschiedene Länder

Als ich vor ein paar Jahren in Xian in einem berühmten chinesischen Restaurant essen wollte, sagte mir der Oberkellner, für Einzelpersonen gebe es keine Tische. Hartnäckig – und hungrig – verbrachte ich eine Dreiviertelstunde stehend im Foyer und sah den Kellnern zu, wie sie durch die Schwingtür in die Küche und wieder hinaus sausten, übergroße Bierflaschen, dampfende Suppenterrinen und Teller voller Dumplings auf den Tabletts, die so appetitlich aufgeschichtet waren wie leckere Bonbons. Schließlich wurde ein großer, runder Tisch frei, und ich bestand darauf, Platz nehmen zu dürfen. Und da saß ich schließlich, umringt von sieben leeren Stühlen, und ließ mir einen Gang nach dem anderen schmecken. Von dem Mahl, das mich zwölf Dollar kostete, hätten locker drei Leute für je vier Dollar satt werden können.

Was nicht nur daran lag, dass Chinesen keine Einmannportionen zubereiten. Woanders wäre es mir genauso ergangen. Ob auf einer Kreuzfahrt, im Kurzurlaub oder bei Pauschalreisen: Die Welt ist eine einzige Großveranstaltung, ausgerichtet auf – mindestens! – zwei Personen. Und zwar auch im Preis. Natürlich kann man Einzelzimmer buchen, aber bitte schön gegen den entsprechenden Zuschlag. Hin und wieder findet man Hotels mit billigen Einzelzimmern, doch das sind dann gewöhnlich die schäbigsten und kleinsten im ganzen Haus – gerne im Keller oder mit Blick in irgendwelche Luftschächte. Wer zu zweit reist, kann sich alle Ausgaben, etwa die Kosten für einen Mietwagen, teilen. Und das ist sicherlich das schlagendste Argument für das Reisen zu zweit.

Auch ich reise manchmal zu zweit, und zwar nicht nur, um meinen Geldbeutel zu schonen. Eine Fahrradtour, wie ich sie im irischen County Clare im Frühsommer vor zwei Jahren mit meiner Schwester unternommen habe, ist viel unkomplizierter und lustiger. Außerdem bin ich kein Draufgängertyp und gebe zu, dass es Dinge gibt, die ich mich allein gar nicht trauen würde – etwa eine Rucksacktour durch die abgeschiedenen Täler des Antiatlas-Gebirges in Marokko. Aus diesem Grund schloss ich mich im vergangenen Januar einer geführten Tour an, ohne vorher auch nur eine Menschenseele in der Gruppe zu kennen – nicht einmal meine schottische Zimmergenossin, die mir der englische Reiseveranstalter zugeteilt hatte. Mein Quartier mit einer fremden Person teilen zu müssen, war mir anfangs gar nicht geheuer, auch wenn ich mir dadurch den Einzelzimmerzuschlag sparte. Doch ich hatte Glück. Sie war amüsant und rücksichtsvoll, und heute bin ich froh, in ihr eine Freundin gefunden zu haben, mit der ich jederzeit wieder eine Reise unternehmen würde. Gesellschaft zu haben, ist etwas sehr Schönes. Das habe ich vor allem in China erfahren, auf einer nächtlichen Zugfahrt von Peking nach Xian. Damals lernte ich ein junges amerikanisches Pärchen kennen, das mir zufällig gegenübersaß. Völlig verschwitzt und abgehetzt, weil ich erst am falschen Bahnhof gewartet und mein Gepäck über den ganzen Bahnsteig geschleift hatte, kam ich in allerletzter Minute am Schlafwagenabteil an. Zuvor hatte ich eine Unsumme an einen Taxifahrer gezahlt, der fröhlich über jede rote Ampel in Peking gerast war, während ich mich am Armaturenbrett festklammerte und Stoßgebete gen Himmel sandte. Als ich Sandy und Brian davon erzählte, erfuhr ich, dass sie beinahe denselben Fehler gemacht hätten, wenn Sandy nicht noch einen Blick in den Reiseführer geworfen hätte, bevor sie das Hotel verließen.

Die beiden waren ein eingespieltes Team. Und je länger wir uns unterhielten, desto mehr beneidete ich sie darum. Sie passte auf das

Gepäck auf, während er sich in die Schlange stellte, um Fahrkarten zu kaufen; er war für die Reiseroute zuständig, sie für die Finanzen. Als sich langsam die Nacht über die vorbeiziehenden Felder Zentralchinas legte, zog sie die Stiefel aus, und Brian massierte ihr die Füße. Neben mir hingegen saß ein chinesischer Polizeibeamter, der kein Wort Englisch sprach und nicht im Geringsten so aussah, als hätte er Lust, mir etwas Gutes zu tun.

Trotz allem reise ich meistens allein – auch wenn das nicht immer die billigste Variante ist und es bescheuert und traurig ist, alleine an einem Achtpersonentisch zu sitzen. Ich könnte behaupten, dass ich notgedrungen alleine reise, denn schließlich reise ich nicht, um mich zu erholen, sondern weil es mein – wenn auch durchaus angenehmer – Job ist. Von vielen meiner Freunde weiß ich, dass sie gerne mitkommen würden, aber ich tue mich trotzdem immer schwer, sie zu fragen. Sie wissen nicht, wie sehr ich manchmal unter Strom stehe, wenn ich arbeite. Und ich bezweifle, dass es ihnen tatsächlich Spaß machen würde, all die Verrücktheiten mitzumachen, die ich anstelle, nur um an eine Story zu kommen – etwa ein Bad in einem eiskalten neuseeländischen Delfinbecken oder endlose, unbequeme Busfahrten, nur um die paar Dollar für einen Flug zu sparen.

Um ehrlich zu sein, ich bin schon alleine gereist, bevor ich anfing, darüber zu schreiben. Damals, vor sechs Jahren, fuhr ich mit dem Zug von Paris nach Rom, machte Halt in Orten wie Arles, wo mich ein Engländer in einem Café grob anfuhr, was mir einfiele, in diesem Aufzug hier allein herumzusitzen. Dabei war das schwarze Kleid, das ich anhatte, ganz gediegen, wie ich fand; in Florenz verbrachte ich auf der Piazza della Signoria einen langen, äußerst angenehmen Nachmittag bei Gin und Tonic mit einem pensionierten amerikanischen Geschäftsmann, den ich danach nie wieder gesehen habe; an der ligurischen Küste folgte ich den schmalen Pfaden entlang der steilen Klippen, die die Dörfer von Cinqueterre miteinander verbinden, und träumte mich in die lyrische Welt von Percy Bysshe Shelley; in Rom stiegen mir Auspuffabgase in die Nase, und ich schlug auf dem Weg von der Piazza Navona zum Kolosseum wilde Haken, um den Vespas auszuweichen. Zugegeben, bescheidene Abenteuer, die ich allemal bewältigte – die sich so aber sicher nicht ereignet hätten, wäre ich mit einem Gefährten unterwegs gewesen. Seither reise ich am liebsten alleine.

Vor allem, weil ich tun und lassen kann, was ich will. Ich will nicht behaupten, dass andere nicht ebenfalls glänzende Ideen hätten, wohin man gehen oder was man sich ansehen könnte. Aber ich muss meine eigenen Entdeckungen machen, mit Katastrophen selbst zurechtkommen. Auf einer Campingtour mit meinem Bruder im nördlichen Baja im Dezember vergangenen Jahres hatte ich keinerlei Probleme, ihn alles organisieren zu lassen – Ausrüstung, Vorräte, die Route. Schließlich hat er in diesen Dingen Erfahrung. Und als unser Auto auf einer unbefestigten Straße in den Bergen liegen blieb, war ich gottfroh, ihn dabeizuhaben, um uns aus dem Schlamassel zu befreien. Dabei fragte ich mich, was ich in so einer Situation alleine gemacht hätte. Das werde ich zwar nie erfahren, aber ich weiß, dass ich nicht so unternehmungslustig und mutig bin, wenn ich mit jemandem zusammen reise, und zwar schlicht und ergreifend, weil ich es nicht muss.

Reisen sind etwas Kostbares, aber auch etwas sehr Diffiziles. Schlechte Laune, Meinungsverschiedenheiten oder Stimmungsschwankungen können alles kaputtmachen. Selbst die dicksten Freunde müssen mitunter feststellen, dass sie als Reisegefährten nicht zusammenpassen, einander behindern oder über Sachen streiten, die zu Hause gar kein Thema wären. Ich würde mich mit meinem besten Freund nicht gerne in die Wolle kriegen – nicht einmal für kurze Zeit –, nur weil wir uns nicht einigen können, wo wir in Paris essen gehen; auf der anderen Seite wäre ich auch nicht bereit, klein beizugeben und in irgendeiner Spelunke Fritten zu essen.

Ein Therapeut würde mir vermutlich bescheinigen, dass irgendein Egoproblem mich zwingt, so zu sein, wie ich bin. Reisen verstärkt das ureigene Wesen eines Menschen – die sympathischen wie die unsympathischen Seiten – und lässt ihn kühner und stärker werden, als er es in seiner sicheren, geregelten Umgebung daheim je sein muss. Wenn ich allein reise, kann ich meiner Fantasie freien Lauf lassen, die Zügel können schleifen, ich muss mich nicht beherrschen oder Kompromisse schließen, muss keine Absprachen treffen und darf sogar schweigen. Irgendwie kann ich meine Gedanken und Gefühle viel besser beisammenhalten, wenn ich allein reise. Die Bühne ist frei, die Hintergrundmusik klingt langsam aus – und dann komme ich. Ich träume nachts auch viel lebhafter. »Wenn wir alleine sind, dürfen wir ganz der sein, der wir sind«, schrieb einst May Sarton, »und spüren, was tief in unserem Inneren steckt.«

Und genau das habe ich erfahren, während ich mich an Mexikos Stränden sonnte, durch den Prado schlenderte, in überfüllten Bussen durch Peking fuhr und vor allem bei Spaziergängen durch die Natur. Allen, die schon immer mal alleine reisen wollten, sich aber nicht so recht trauen, empfehle ich, es zunächst mit einer Wanderung zu versuchen, am besten durch eine hübsche Landschaft, die, um Muße zu finden, vielleicht eher lieblich und nicht zu wild sein sollte – im Lake District in England zum Beispiel, den die Dichter der Romantik bereits für sich entdeckten. Henry David Thoreau durchwanderte Neuengland und schrieb, dass er »nie einem so geselligen Reisegefährten begegnet ist wie der Einsamkeit«. Robert Louis Stevenson hat eine 200 Kilometer lange Wanderung durch die Berge Südfrankreichs in seinem hinreißenden kleinen Büchlein

Travels with a Donkey in the Cévennes dokumentiert, das sich als Einstiegslektüre für jeden Alleinreisenden empfiehlt.

Wer zum ersten Mal alleine reist, sollte sich eine Gegend aussuchen, in der er sich sicher fühlt, denn Angst ist für Alleinreisende fatal. Und die Welt ist heute kaum mehr so ungefährlich wie zu Zeiten von Wordsworth und Thoreau. Vorsicht ist insbesondere für Rucksacktouristen oberstes Gebot, die sich ja gerne abgelegene, preisgünstige Ziele suchen, in klapprige Busse steigen und sich in billigen Hotels in zwielichtigen Vierteln einquartieren. Als Frau ist man dabei noch größeren Gefahren ausgesetzt, das habe ich zumindest gelesen. Deswegen wähle ich meine Reiseziele sorgsam aus, verstaue sicher meine Wertsachen (meist in einem Gürtel mit Geldfach), ich bin immer auf der Hut, setze mich auf nächtlichen Busfahrten in die Nähe des Fahrers und prüfe grundsätzlich die Schlösser an Hotelzimmertüren. Ich habe mir sogar schon einmal überlegt, eine Pistole mit Perlmuttgriff mitzunehmen, so wie man sie sich bei Belle Starr, der berühmten Räuberbraut des Wilden Westens, im Strumpfband vorstellt. Und ich habe mit großem Interessen über die Heldentaten von Sarah Hobson gelesen, die sich vor etwa 20 Jahren die Haare abschnitt und die Brüste hochband, um als junger Mann namens John durch den Iran zu reisen.

Aber eigentlich mache ich mir nichts aus Schießeisen und Geschlechterdiskussionen. Mir spricht Stevenson aus der Seele, der einmal schrieb: »Jeden Tag kann es dir passieren, dass irgendetwas in deinem Innern zerbricht, dass du an deine Grenzen stößt, als hätte man dich in dein Zimmer gesperrt und von außen dreimal den Schlüssel umgedreht.« Auf einem Dschungelpfad auf einer Insel im Südpazifik jagte mir einmal ein Rudel wilder Hunde nach – und das hatte beileibe nichts damit zu tun, dass ich als Frau allein reiste. Und in Sofia traf ich einen kanadischen Filmemacher, der so große Angst hatte, weil man ihm seine Ausrüstung gestohlen hatte – und das als Mann –, dass er mich fragte, ob er sich mir auf dem Weg durch die Stadt anschließen dürfe.

Die Gefahren des Alleinreisens sind stiller als Raub, Vergewaltigung und Mord. Auf Edgar Degas' berühmtem Gemälde *L'Absinthe*, »Die Absinthtrinkerin«, sitzt eine Frau allein in einem Pariser Café; sie trägt einen hässlichen Hut und macht ein betrübtes Gesicht. Sie sieht einsam und verloren aus, bemitleidenswert und viel zu trist für die Folies Bergères. Genau so fühle ich mich zuweilen, wenn ich allein unterwegs bin, und habe dann Angst, dass man mir das ansieht. Das Reisen ist aber auch eine unendlich romantische Angelegenheit, was manch einen verleitet zu glauben, dass man sich in Paris oder Kuala Lumpur verlieben oder zumindest dauernd tiefschürfende Gespräche mit interessanten Menschen führen müsste. In Mexiko habe ich erlebt, wie die Zimmermädchen des Hotels verzweifelt nach einem Ehering an meinen Fingern suchten; und die Tatsache, dass ich als Frau alleine reise, hat einen Pedicab-Fahrer, der mich am Pekinger Tiananmen-Platz auf seinem schmalen, dreirädrigen Fahrrad mitnahm, derart verdutzt, dass er mich fassungslos anstarrte und rief: »Wer bist du? Wie alt bist du?«

Begegnungen wie diese deprimieren mich zuweilen; aber in den meisten Fällen amüsieren mich solche Reaktionen. Am Swimmingpool eines Hotels in Tahiti löcherten mich einmal eine Australierin mittleren Alters und ihr dickbäuchiger Ehemann, der eindeutig zu viele Mai Tais intus hatte, wie auch sie alleine reisen könnten. Und die Männer, die an Hotelbars auf Anmache aus sind, verstehen die Welt nicht mehr, wenn ich mich nicht auf einen Drink einladen lasse. In Paris saß ich einmal unweit der Kirche St.-Julien-le-Pauvre in einem Restaurant, am Tisch neben mir ein französisches Pärchen, das mich die ganze Zeit über verstohlen beobachtete – unverschämt, dachte ich bei mir, bis die beiden mich ansprachen und mich für den nächsten Abend auf einen Drink zu sich nach Hause einluden.

Inzwischen weiß ich, mit welchen Tricks ich der Einsamkeit und Melancholie begegnen kann, wenn ich unterwegs bin. So achte ich besonders darauf, gesund zu bleiben (denn wenn man krank ist, wird man sehr leicht melancholisch); ich nehme Bücher mit und habe immer Fotos von meiner Familie und meinen engsten Freunden im Portemonnaie. Und wenn ich dann in ein Loch falle, sage ich mir, dass ich vielleicht nie wieder die Chance haben werde, auf den Pfaden des Julius Cäsar im Forum Romanum zu wandeln, die Wasser des Lake Buttermere zu bestaunen oder im Süden Marokkos Schafe auf Arganbäume klettern zu sehen. Der Ort ist das Wichtigste, nicht, wie ich mich fühle. Also stelle ich eine Liste von allen Sehenswürdigkeiten auf, die ich unbedingt besuchen will, mache mich auf die Socken und hake sie eine nach der anderen ab.

Wie gesagt – als Alleinreisende muss ich vielleicht mehr bezahlen, werde manchmal schief angesehen und von chinesischen Oberkellnern schikaniert. Aber das Leben ist kurz und die Reisen noch viel kürzer. Deswegen habe ich beschlossen, es mit beidem aufzunehmen, jederzeit, so wie es mir gefällt.

Die Wahrheit über italienische Männer

Dawn Comer Jefferson • Italien

Meine Freunde erklärten mich für verrückt – als Afroamerikanerin allein zum Karneval nach Venedig zu reisen. »Diese Italiener! Die werden dir scharenweise nachlaufen und dir an den Hintern fassen!«, sagten die einen. »Alleinreisende Frauen werden da entführt und an Zuhälterringe verkauft! Schwarze Frauen gelten als besonders exotisch, also pass bloß auf!«, warnten die anderen. Ich winkte lächelnd ab, packte meine Sachen und stieg in den Flieger nach Italien.

Seit meiner College-Zeit war ich nicht mehr allein gereist, aber ich erinnere mich immer wieder gerne an meine letzte Solotour – an die Freiheit, zu tun und zu lassen, was ich will, an die unkomplizierten Begegnungen mit anderen Alleinreisenden, an das Glücksgefühl am Ende eines Tages, wenn ich kleine alltägliche Herausforderungen gemeistert hatte, etwa mich im Straßendschungel einer fremden Stadt zurechtzufinden oder eine Speisekarte zu entschlüsseln. Ich konnte es kaum erwarten, Italien auf eigene Faust zu entdecken.

Ich kann nicht Italienisch, und bis auf die ersten Nächte in Venedig hatte ich kein Hotel gebucht. Danach wollte ich nach Lust und Laune weiterreisen, mich irgendwo unterwegs einquartieren. Rom wollte ich mir auf jeden Fall ansehen, dann vielleicht weiter nach Verona, Padua und Mantua fahren, denn als Studentin der Theaterwissenschaft hatte ich bei Shakespeare einiges über diese Städte gelesen. Mein 32. Geburtstag stand vor der Tür, ich war Single, kinderlos und hatte meinen neuen Job noch nicht angefangen – für die nächsten Jahre wohl die letzte Chance, allein auf große Fahrt zu gehen, was ich mir auf keinen Fall entgehen lassen wollte.

Aufgrund mehrerer Verspätungen, Zwischenstopps und verloren gegangenen Gepäcks kam ich 32 Stunden nach meinem Abflug in Los Angeles endlich in Venedig an. Ich war von der Zeitverschiebung derart gerädert, dass mir die Augen tränten, als ich aus dem Flieger stieg. Doch als ich am Markusplatz aus dem Vaporetto stieg, war der Karnevalszug bereits in vollem Gange, und ich spürte, wie im Strudel des bunten Treibens, der Klänge und Gerüche meine Lebensgeister wiederkehrten.

Der Karneval in Venedig hatte ganz und gar nichts zu tun mit dem Mardi Gras in New Orleans oder dem Karneval in Brasilien – das wurde mir schnell klar. Drängelnde, stoßende Menschenmassen oder randalierende Betrunkene waren hier die Ausnahme. Es war ein vornehmer, schön anzusehender Festzug, Einheimische wie Touristen trugen kunstvoll gestaltete Kostüme und Masken, sie stolzierten feierlich durch die Stadt, posierten für Fotografen und begeisterten Massen von Zuschauern. Gleich am ersten Tag schoss ich fünfundsiebzig Fotos. Das fantasievolle Spektrum der Kostümierungen reichte von Kleidern im Stil des Barock mit Reifröcken und weißen Perücken über die griechische Mythologie bis hin zur italienischen Folklore. Mit den Masken hat es eine ganz besondere historische Bewandtnis: Sie wurden einst von Adligen getragen, damit sie unerkannt durch die Straßen wandeln und sich benehmen konnten, wie es in ihren Kreisen zur damaligen Zeit nicht schicklich gewesen wäre. Die Kostüme waren überaus prachtvoll, weshalb mir ein junger Mann auffiel, ein weißer Amerikaner, der ganz und gar nicht ins Bild passte. Er hatte sich nach seinen eigenen Vorstellungen von Karneval ziemlich geschmacklos als afrikanischer Ureinwohner ausstaffiert – kohlrabenschwarz geschminktes Gesicht, Afroperücke, Plastikknochen als Nasenpiercing.

Ich ließ den Blick schweifen, entdeckte drei senegalesische Straßenverkäufer sowie ganze Scharen japanischer Touristen, doch wie es schien, war ich die einzige Afroamerikanerin in ganz Venedig. Ich fiel offenbar auch auf, denn später, als ich die Gassen und Brücken der Stadt erkundete, wurde ich fast an jeder Ecke von Venezianern angesprochen, entweder auf Italienisch oder in gebrochenem Englisch: »Dich habe ich gestern schon gesehen, auf der Rialto-Brücke.« Oder: »Du warst doch heute Morgen an der Kirche San Polo. Erkennst du mich wieder?« Die meisten hielten mich für eine Brasilianerin, Mexikanerin oder Engländerin und sahen mich erstaunt an, wenn ich sie berichtigte. »Willkommen zum Karneval!«, sagten sie dann.

Allen Warnungen meiner Freunde zum Trotz hatte ich nur äußerst charmante Begegnungen mit italienischen Männern. Kein einziges Mal wurde mir aufdringlich hinterhergepfiffen oder an den Hintern gegrabscht. Zugegeben, zu Beginn meiner Reise achtete ich darauf, dezente Kleider zu tragen, mich nicht zu schminken und meine abweisende New Yorker Großstadtmiene aufzusetzen (»Lasst mich bloß in Ruhe! Mit mir ist nicht zu spaßen!«). Ich wollte stark wirken, unabhängig, so, als würde ich mit allem fertig. Und siehe da – die Männer würdigten mich keines Blickes. Doch einen auf hart und abgebrüht zu machen, war auf die Dauer ziemlich anstrengend, und so lockerte ich nach ein paar Tagen meine innere Abwehrhaltung. Eines Abends zog ich mir schrille Klamotten an, brachte mein Haar in Form, trug Lippenstift auf, und plötzlich war alles anders. Auf der Straße lächelten mich die Männer plötzlich an, und aus den vorbeifahrenden Gondeln winkten sie mir fröhlich zu. Ich genoss die Aufmerksamkeit und stellte fest, dass ich beides konnte: auf mich aufpassen und unabhängig sein, gleichzeitig aber auch mit den Menschen in Kontakt treten und es genießen, allein in Italien unterwegs zu sein. Als ich in Harry's Bar einen Bellini trinken wollte – die Mischung aus Champagner und Pfirsichmark ist schließlich weltberühmt! –, schien es, als wären alle Kellner einzig und allein für mich da. Als ich eintrat, eilten sie herbei, um mir aus dem Mantel zu helfen, und als ich ging, folgte mir einer sogar bis hinaus und sagte: »Mein Kompliment. Sie sind wunderschön.«

Es kam auch vor, dass ich irgendwo beim Abendessen saß und mir ein charmanter Gast vom Nachbartisch einen Drink spendierte, der mir dann vom Ober an den Tisch gebracht wurde – ein Glas *brachetto* oder ein Grappa. Doch kein einziges Mal machte einer der Männer Anstalten, weiter zu gehen, sich zu mir zu setzen oder mich anzusprechen. Sie hoben nur ihr Glas, prosteten mir zu, lächelten, nickten oder warfen mir eine Kusshand zu. Sie wollten einfach nur freundlich sein zu einem Gast in ihrem Land. Einmal saß ich in einem Restaurant, hatte mal wieder mehrere spendierte *brachetto* konsumiert und unterhielt mich mit den Obern noch den ganzen Abend über lateinamerikanische Musik und Actionfilme aus Hollywood, während sie nebenher bereits sauber machten.

An meinem letzten Abend in Venedig, als mir die Menschenmengen auf dem Markusplatz zu viel wurden, ging ich hinunter an die Ufer, um allein zu sein. Abgesehen vom einen oder anderen Verbrechen aus Leidenschaft, gibt es so gut wie keine Gewalt in Venedig, deswegen fühlte ich mich auch abends sicher, wenn ich allein durch die engen, dunklen Gassen ging. Während ich im Dunkeln auf dem Dock stand und über die Lagune auf den Lido schaute, erfüllte mich eine friedliche Ruhe. Ich war froh, allein nach Italien gereist zu sein. Es war genau jenes aufgeregt freudige Gefühl, wie man es aus Kindertagen kennt, wenn man ein Erfolgserlebnis hatte. Und jetzt, in dieser Phase meines Lebens, brauchte ich dieses Gefühl, um mir zu beweisen, dass meine Entscheidung richtig gewesen war. Doch plötzlich war ich umringt von zehn kostümierten und maskierten Gestalten. Sofort hörte ich die warnenden Worte meiner Freunde.

Jetzt werde ich bestimmt überfallen, entführt oder noch Schlimmeres, dachte ich. Ich hielt meine Handtasche fest umklammert, versuchte, rückwärts zu entkommen, doch sie versperrten mir nach drei Seiten den Weg, und hinter mir war der Kanal. Sie kamen immer näher. Was sollte ich tun? Ins Wasser springen? Da packten sie mich an Armen, Schultern und Taille, ich war drauf und dran, in Panik zu geraten. Doch sie fingen an zu kichern, und einer zückte eine Kamera. Sie wollten, dass ich mit ihnen zusammen für ein Foto posierte. Ich musste lachen und reichte dem einen meine Kamera, damit er noch eins für mich machte.

Die Welt kann gefährlich sein – keine Frage. Ständig hört man irgendwelche Schreckensmeldungen. Doch für mich ganz persönlich wäre es viel schrecklicher gewesen, nicht hinaus in die Welt zu ziehen. Dass ich allein nach Italien gereist bin, hat mein Selbstvertrauen gestärkt und mich ermutigt, meinen eigenen Weg zu gehen.

Die Heilbuttfrau

Barbara Sjoholm • Färöer-Inseln

Meine Knie zitterten, und mir war übel. Beim ersten Anblick der Färöer-Inseln, die wie winzige, sinnlose Satzzeichen in der weiten, gleichgültigen See verstreut lagen, verspürte ich ein flaues Gefühl, das mich während meines Aufenthalts noch des Öfteren überkommen sollte. Es schien, als könnten diese kleinen Inseln nicht am Meeresboden haften bleiben, als würden sie jeden Moment losbrechen und in die Weiten des Atlantiks davontreiben, verloren, ohne Halt, trotz des von den Dänen aufgebauten Verkehrsnetzes mit zahllosen Straßen, Brücken und Tunnels und des dichten internationalen Wirtschaftsnetzes aus Tankstellen, Supermärkten und Kulturzentren, die die Inseln wie ein großes Gewicht beschweren.

Um halb drei Uhr morgens hatte ich auf den Shetland-Inseln die *Norröna,* die Autofähre der Färöer-Fährlinie, bestiegen. Außer mir gingen nur wenige Passagiere an Bord. Und während das Schiff ablegte, langsam vorbeiglitt an Lerwick mit seinen imposanten Granitgebäuden – das Licht der ersten Sonnenstrahlen schimmerte golden in den Fenstern –, fühlte ich mich, als wäre ich noch umringt von meinen schottischen Freunden. Erst sechs Stunden später dämmerte mir langsam, dass ich nun ganz woanders war, in einem ganz anderen Land. In der Cafeteria des schottischen Fährschiffs *St. Sunniva* waren Haferbrei, Eier, Schinken, Marmelade und kaltes Toastbrot serviert worden; aber jetzt stand ich in der Schlange um Smörrebröd an – üppig belegte halbe Brötchen mit Käsewellen und Petersilie oder mit Roastbeef, das ein Schnörkel aus Mayonnaise oder einer Krabbe zierte. Plötzlich brauchte man dänisches Geld –

und eine andere Sprache. Rings um mich sah ich lauter große Familien mit blonden, gelangweilten Kindern, die von Norwegen oder Dänemark in die Ferien nach Island unterwegs waren. Sofern sie von Dänemark kamen, waren sie schon seit zwei Tagen an Bord. In der Schlange herrschte ungeduldiges Gedrängel, und in den Duft von schwarzem Kaffee mischte sich der säuerliche Geruch von Erbrochenem.

An Deck hingegen wehte eine frische, salzige Brise. Meer, so weit das Auge reichte. Hier ging es mir besser, ich lief auf und ab und stellte mir vor, eine jener wagemutigen Abenteuerinnen des vergangenen Jahrhunderts zu sein, unterwegs in den hohen Norden, damals ein in jeder Hinsicht abwegiges Reiseziel. Heutzutage hingegen steht Skandinavien für Bequemlichkeit und Wohlstand, und wer als Draufgängerin etwas auf sich hält, reist lieber quer durch Australien, befährt auf einem Floß den Boh in Borneo oder ergattert einen Flug in die Antarktis. Doch im 18. und 19. Jahrhundert zog der Norden Abenteurer wie Polarforscher geradezu magisch an. Mary Wollstonecraft war eine der ersten, die den fremden, geheimnisvollen Norden zu beschreiben versuchten. Ihre Reisebriefe aus Südskandinavien, erstmals 1796 unter dem Titel *A Short Residence in Sweden, Norway and Denmark* erschienen, sollen unter den Engländern eine regelrechte Manie für Abenteuer im Eis entfacht haben. Der Dichter Robert Southey schrieb an einen Freund: »Durch sie habe ich mich verliebt – in kaltes Klima, in Eis und Schnee, in das nördliche Mondlicht.« Begleitet wurde Mary Wollstonecraft nur von ihrer kleinen Tochter. Sie nutzte die Reise, die sie eigentlich aus beruflichen Gründen unternahm, um über die Natur, die Gesellschaft und die Vergänglichkeit des Daseins zu reflektieren. Die *terra incognita*, die sie erforschte, war ihre Seele.

Wer heutzutage auf Reisen geht, den zieht es meist in warme Gegenden. Doch das war nicht immer so. Norah Gourlie beginnt ihre

Reiseerzählung *A Winter with Finnish Lapps* von 1939 mit dem Satz: »Der nördliche Polarkreis – seit ich denken kann, üben diese Worte eine geheimnisvolle Wirkung auf mich aus.« Gourlie fasste an einem ungewöhnlich heißen und schwülen Septembertag den Entschluss, ihrem eintönigen Leben in London Ade zu sagen und sich aufzumachen an einen Ort, den sie nur von der Landkarte kannte. Im Dezember war es dann so weit. Sie schiffte sich auf einem finnischen Dampfer nach Helsinki ein. Norah überlegte ein letztes Mal, ob sie die 3000 Kilometer lange Reise wirklich auf sich nehmen sollte – zumal sie kein Wort Finnisch sprach –, doch dann konnte sie nichts mehr aufhalten. Auch Olive Murray Chapman reiste nordwärts und beschrieb ihre Eindrücke in den Erzählungen *Across Lapland with Sledge and Reindeer* und *Across Island*. Elizabeth Jane Oswald aus Edinburgh reiste in den 1870er Jahren dreimal nach Island und berichtete darüber in *By Fell and Fjord*. Als Anthony Trollope 1878 auf dem Dampfer *Mastiff* eine Seereise nach Island unternahm, war unter den Freunden, die ihn begleiteten, Jemima Blackburn, die sein Buch *How the Mastiffs Went to Iceland* illustrierte und später ihre eigene Reiseerzählung schrieb. Und auch Alec Tweedie schrieb in *A Girl's Ride in Iceland* sowie in *A Winter Jaunt to Norway: With Accounts of Nansen, Ibsen, Bjørnsen, Brandes and Many Others* leidenschaftlich und bewegt über Norwegen und Island.

Viele dieser Reisenden streiften die Färöer-Inseln, aber die wenigstens haben darüber berichtet. Lediglich die Amerikanerin Elizabeth Taylor, die die Inseln 1895 zum ersten Mal bereiste und später fast zehn Jahre ihres Lebens dort verbrachte, schenkte den Färöern besondere Beachtung. Sie war eine jener tapferen Abenteurerinnen, wie man sie von alten Fotografien kennt. Auf den Fotos sieht man diese Frauen meist in langem Rock, schweren Stiefeln, Reisecape und Filzhut, wenn nicht gar in Bären- oder Rentierfellen. Meist halten sie nichts in den Händen, denn im Gefolge haben sie eine Schar

Eingeborener, die Reisekoffer und -kisten schleppen. Dabei sind diese Frauen alles andere als zart und schwach. Sie brauchen wenig Essen und wenig Schlaf. Bedingungen, die unsereiner als unzumutbar empfinden würde, nehmen sie gelassen und mit entwaffnendem Optimismus hin. Nach ihrer Reise über die Färöer-Inseln schrieb Taylor: »Der Weg hinauf nach Stora Dimun ist weder leicht noch sicher. An vielen Stellen würde ein Sturz den sicheren Tod bedeuten, und wer nicht schwindelfrei ist, sollte es gar nicht erst versuchen. Doch die Gefahren werden oft aufgebauscht. Wer gesund und in der Lage ist, einen kühlen Kopf zu bewahren, kann den Aufstieg schaffen, sofern er das Schuhwerk der Einheimischen trägt, gute Helfer im Gefolge hat und auf jeden Schritt achtet.«

Elizabeth Taylor war aus hartem Holz geschnitzt, wie die männlichen Abenteurer in Afrika und im Himalaja. Lange bevor sie sich mit Anfang vierzig auf den Färöer-Inseln niederließ, hatte sie einen Großteil Kanadas zu Pferde bereist, war in Alaska gewesen und hatte an einer 3500 Kilometer langen Expedition teilgenommen: am Athabasca River entlang bis zum Großen Sklavensee, dann weiter hinauf am Mackenzie River bis zur Beaufortsee. Zu Fuß und im Pferdekarren hatte sie die entlegene Hardangervidda in Norwegen durchwandert, die größte Hochebene Europas, und zehn Wochen in Island verbracht, um die Eidergans zu beobachten und Lavafelder sowie archäologische Ruinen zu erforschen. Wie viele der Frauen, die ohne männliche Begleitung oder Anstandsdame reisten und keinen besonderen Auftrag hatten, machte sie sich ständig Notizen, sammelte Proben, besonders von Pflanzen, und fertigte Skizzen an – zum einen, um ihren Wissensdurst zu stillen, zum anderen aber auch, um Bestätigung zu bekommen, denn unverheiratete Frauen ohne Berufsausbildung waren zu ihrer Zeit nicht gefragt. Wie viele der Frauen, die den Norden bereisten, hatte auch Taylor die Absicht, ein Buch zu schreiben, damit die Öffentlichkeit erfuhr, was sie wusste und leistete. Doch obwohl sie Artikel in Schriftenreihen wie *The Atlantic* oder *Field & Stream* veröffentlichte, gelang es ihr nicht, ihre Texte zu einem größeren Werk zu bündeln. Und so erschienen ihre Briefe und verstreuten Aufsätze erst kürzlich in einer Taschenbuchausgabe mit dem ansprechenden Titel *The Far Island and Other Cold Places*. Diesem Buch habe ich es zu verdanken, dass ich überhaupt auf einer Landkarte nach den Färöer-Inseln suchte.

Elizabeth Taylor schwärmt so sehr von den Färöer-Inseln, dass ich ziemlich enttäuscht war von dem, was ich vorfand. Mein Zimmer im Gästehaus bot zwar eine herrliche Aussicht aufs Meer, und die modernen Lithografien und das helle Holz hoben sich angenehm ab von den mit Nippes vollgestopften Bed-and-Breakfast-Unterkünften auf den Scottish Islands, doch meine Wirtin war mürrisch und abweisend, hatte so gar nichts von einer warmherzigen Schottin. Englisch sprach sie nicht, nur Färingisch und Dänisch. Wir einigten uns auf Norwegisch, aber da sie noch dazu so gut wie taub war, kam auf jede Frage meinerseits nur ein lautes, knurriges »*Hva?*« (»Was?«). Sie war schon älter, beleibt, und ihr Gesicht sah aus wie ein Vanillepudding mit Schnurrhaaren. Jeder Schritt war ihr offenbar eine Qual, denn die meiste Zeit saß sie im Flur hinter einem Tisch, auf dem ein Telefon, stapelweise Zeitungen und mehrere überquellende Aschenbecher standen (darüber ein »Bitte nicht rauchen«-Schild!).

Mein erster Nachmittag in Tórshavn nahm den Rest meines Aufenthalts quasi vorweg. Zuerst ging ich zur Post, gespannt auf meinen *Lonely-Planet*-Reiseführer durch Island und die Färöer-Inseln, den ich vor meiner Reise postlagernd an mich selbst geschickt hatte. Doch das Paket war nicht da, besser gesagt, es war nicht auffindbar, weil die Frau hinterm Schalter nur ein paar mehr als flüchtige Blicke in die Fächer warf, um schließlich zu verkünden:

»Kein Wunder.« Vor der Post merkte ich, dass mir meine Armbanduhr vom Handgelenk gesprungen war, wo jetzt nur noch ein Stück blasser Haut zu sehen war. Ich brauchte also eine neue. Doch woher? Der junge Mann von der Touristeninformation meinte, dass ich, wenn überhaupt, im Uhrenladen im Einkaufszentrum Glück haben könnte, das 20 Minuten zu Fuß entfernt lag. »Aber beeilen Sie sich, die machen gleich zu.«

Bei der Gelegenheit fragte ich ihn noch nach einem Waschsalon. »Was? Sie wollen Ihre Wäsche selbst waschen?«, fragte er verdutzt, wandte sich dann einem Kollegen zu, mit dem er heftig zu diskutieren begann, während ich daneben stand und den offiziellen Färöer-Reiseführer durchblätterte, der mir in schwülstiger Sprache versicherte, dass die Färöer-Inseln nicht auf Massentourismus ausgerichtet seien, sondern auf eine persönliche Betreuung ihrer Gäste Wert legten: *Jeder Besucher ist für uns ein Ehrengast!* Da drehte sich der junge Mann wieder zu mir um und reichte mir ein Blatt Papier mit einer Adresse. »Hier. Diese Frau macht manchmal Wäsche für Touristen!«

Manchmal? Der Uhrenladen hatte bereits geschlossen, als ich im Einkaufszentrum ankam. Also schlenderte ich noch durch den Supermarkt und wunderte mich über das eine oder andere Lebensmittel in der Auslage. Im Kühlregal beispielsweise stand ein Milchprodukt mit der Aufschrift »Cheasy 0,1 %«. Im Regal daneben standen reihenweise Becher mit »Barbie«-Joghurt, knallig bunt mit Bildern von der kurvenreichen Puppe bedruckt. Nein, ich werde mir die Laune nicht verderben lassen, sagte ich mir. Ich werde nicht die Nase rümpfen, mich nicht lustig machen und nicht den Miesepeter spielen. Ich werde mich zusammenreißen und auf ein Konzert im Nordic House gehen, das immerhin das schönste Gebäude der ganzen Färöer-Inseln sein soll. Der Mann von der Touristeninformation hatte mir gesagt, dass es in dem Kulturzentrum auch eine Cafeteria gab. Dort wollte ich zu Abend essen und Tagebuch schreiben, bis das Konzert anfing.

Doch kaum hatte ich mich auf den Weg zum Nordic House gemacht, ergoss sich ein wahrer Sturzbach vom wolkenverhangenen Himmel, und mein Spaziergang, der enttäuschenderweise an einer nicht gerade malerischen Schnellstraße mit Tankstellen, Autowerkstätten und einem Fußballstadion vorbeiführte, gestaltete sich entsprechend nass und kalt. Und zu allem Unglück hatte die Cafeteria nur Kaffee und Kuchen im Angebot. Ich schlug mein Tagebuch auf und machte gute Miene zum bösen Spiel: »Das Nordic House ist fantastisch. Es verbindet die traditionelle Torfdacharchitektur der Bauernhäuser, die mit den Hügeln der typischen Landschaft zu verschmelzen scheinen, mit der offen und freundlich gehaltenen modernen skandinavischen Bauweise aus Glas und edlem Holz. Auch wenn es im Moment draußen regnet, ist es hier drinnen gemütlich, hell und geräumig ...«

Ich schrieb und schrieb und malte sogar den Kuchen auf meinem Teller dazu. Aber es war kein Herzblut im Spiel. Eigentlich vertrieb ich mir mit dem Gekritzel nur die Zeit – wie man das eben so macht, wenn man sich zur schreibenden Zunft zählt und mit Enttäuschung und Einsamkeit fertig werden muss.

»Klar ist es schön hier. Aber *leben* könnte ich hier nicht«, sagte die Dänin im blauen Anorak mit dem blonden Wuschelhaar, das unter ihrer Kapuze vorlugte und ihr bekümmertes Gesicht wie eine Rüsche umrahmte. »Ich kann mir nicht vorstellen, an so einem abgeschiedenen Ort zu *leben*. Ohne ..., ohne ...«, fuhr sie fort und fuchtelte mit den Armen in Richtung zivilisierte Welt – Dänemark, Europa.

Wir standen auf halber Höhe eines grasigen Hanges, der hinten als zerfurchte Klippe hinunter in die tosende Brandung des Atlantiks abfiel. Es zog mich nicht weiter dort hinauf, trotz des trügerischen Scheins, denn von hier aus wirkte der Hang wie der sanft ansteigende Rasen eines fantastischen Golfplatzes. Die anderen aus dem Reisebus waren bis hinauf gegangen, bis zum oberen Rand der Klippe. Von meinem Standort aus schien es, als marschierten sie fröhlich schwatzend dem tödlichen Sturz in die Tiefe entgegen. Meine Fußsohlen, die weich gebettet in Wanderstiefeln steckten, kribbelten nervös.

»Könnten *Sie* hier leben? Was meinen Sie?«, fragte sie mich. Hinter uns lag das Dörfchen Gjógv, und rings um uns sahen wir auf steile und doch sanft gerundete Hügel in hellstem Grün. Ein Spalt in der Klippe bildete einen natürlichen, engen Hafen, wenngleich die Boote ein paar Hundert Meter zum Dorf hochgezogen werden müssten. Die Häuser waren schokoladenfarben, mit bonbonroten Türen und weiß gerahmten Fenstern. Einige hatten Grasdächer (mit leuchtend gelben Sumpfdotterblumen und blauen Vergissmeinnicht), andere silbrig-blaugrün oxydierte Wellblechdächer.

Stellt man sich griechische Dörfer als weiße Lichtflut vor kobaltblauem Himmel vor, so erscheinen die Färinger Dörfer wie Negative, auf denen das Licht in sein Gegenteil verkehrt war: Tiefschwarz vor Dunkelgrün. Gegen den starken Wind und den Regen, der ständig über die Klippen fegt, hatte man das rissige Holz der Häuser ursprünglich dick mit leuchtschwarzem Teer eingestrichen; und die Teerfarbe lässt die Häuser bis heute schwarz wie Ebenholz erscheinen. In Tórshavn waren mir vom ersten Tag an immer wieder Postkarten mit Malereien von Steffan Danielsen aufgefallen. Seine Landschaftsbilder mit den schwarzen Häusern, den winkligen Dächern in Blau, Orange und mit dem mehligen Grünspan auf ausgewittertem Kupfer schienen wie ein Abbild von Gjógv.

Die Dänin hatte wie ich einen Tagesausflug hierher in den Norden von Eysturoy gebucht. Bis auf zwei Deutsche, die ebenfalls mit von der Partie waren, waren nur Dänen und Norweger dabei. Unsere

Reiseleiterin sprach mit uns eine Mischung aus Englisch und »Skandinavisch«, wie es die Dänin nannte, Norwegisch gespickt mit ein paar Brocken Dänisch. Dass die Färinger es tunlichst vermeiden, mit den dänischen Touristen Dänisch zu sprechen, ist bezeichnend für die eigenartige Beziehung, die die Inseln zu Dänemark haben. »Dänisch ist für die anderen Skandinavier schwer zu verstehen«, lautet die lapidare Begründung, obwohl die Färöer es in der Schule lernen. Die Färöer-Inseln wurden einst wie die Orkney-Inseln, Shetland und Island vom seefahrenden Volk der Norweger besiedelt. Bis zum 15. Jahrhundert blieben sie unter norwegischer Krone, dann fiel Norwegen selbst für 400 Jahre unter die Herrschaft der Dänen. Seit 1948 haben die Färöer ein eigenes Parlament, unterstehen aber als autonome Region nach wie vor dem Königreich Dänemark. In der Vergangenheit wurden die Färöer-Inseln von Dänemark ausgebeutet, das deren Wirtschaft durch Handelsmonopole kontrollierte; heute beschweren sich die Dänen darüber, dass die Färöer-Inseln ihnen nichts als Verluste bringen. Die dänische Regierung investierte in den Bau der färingischen Infrastruktur, in Verkehrs- und Tunnelsysteme riesige Summen und stellte Kredite zur Verfügung, als die Einnahmen aus der Fischereiwirtschaft sanken. Dennoch beharren die Färinger bei jeder Gelegenheit auf ihrer Autonomie und geben sich gegenüber dänischen Besuchern oft ausgesprochen reserviert, was auch meine Reisegefährtin bestätigte.

»Ich bin aus purer Neugier hier, aber so richtig gefallen tut es mir nicht«, sagte sie. »In Dänemark hatten wir letzte Woche wunderschönes Sommerwetter. Aber seit ich hier bin, friere ich ständig, jeden Tag. Außerdem kann man kaum etwas unternehmen. Und die Leute sind auch nicht gerade freundlich.«

Elizabeth Taylor machte während ihres ersten längeren Aufenthalts, von 1899 bis 1905, ganz andere Erfahrungen. Sie mochte die Inseln sehr. Bereits auf ihrer ersten kurzen Durchreise fielen ihr die

Männer auf mit ihren »rotblonden, dicken, leicht lockigen Haaren und den dicken, weichen Bärten«. Sie erinnerten sie an die alten Wikinger aus den Sagen. Vier Jahre später kam sie zurück, um zu bleiben. »Ich fahre auf die Färöer, & allein der Gedanke daran verleiht mir ein Gefühl der Stärke und Freude.« Sie war damals 39, hatte sich als Autodidaktin botanisches, ornithologisches und ethnologisches Fachwissen angeeignet. Sie wollte Skizzen anfertigen, Beobachtungen notieren und Pflanzenproben sammeln für das British Museum, das Smithsonian Institute und für Sammlungen der Universitäten Harvard und Oxford. »Um verschiedene Materialien zu beschaffen, muss ich verschiedene Inseln bereisen und immer wieder dazulernen ... ich muss über Forellenfang, Vogelklippen und Wale schreiben ...«

Aufgewachsen war Elizabeth in St. Paul. Ihr Vater wurde zum amerikanischen Konsul von Winnipeg ernannt, als sie 13 war. Sie liebte ihn sehr und besuchte ihn über Jahre immer wieder in Kanada. Er ermutigte sie in ihrem Forschergeist. Damals war es nicht üblich, dass Frauen der Mittelschicht aufs College gingen – die Berufswelt blieb ihnen daher größtenteils verschlossen. Falls sie nicht heirateten, blieben ihnen nur noch wenige Möglichkeiten. Sie konnten Krankenschwester oder Lehrerin werden oder im Schoß der Familie bleiben, wo sie im Haushalt halfen. Für viele Frauen war das offenbar keine angenehme Vorstellung ... Elizabeth Taylor suchte ihre berufliche Erfüllung zunächst als Künstlerin. Im Sommer studierte sie an der Arts Students League in New York, zwischendurch ging sie nach Paris und nahm Unterricht an der Colorossi und Academie Julien. Die Winter verbrachte sie in Venedig. Wie andere Amerikaner erkannte auch sie, dass man mit wenig Geld in Europa weiter kam als zu Hause. Sie hielt sich allerdings nicht für besonders begabt. Statt weiter Kunst zu studieren, widmete sie sich der Schreiberei, aber obwohl sie zahllose Artikel veröffentlichte, hatte sie das Gefühl, nur unzureichend gebildet zu sein, was sie ändern wollte. Sie plante, sich irgendwo niederzulassen, Forschungen zu betreiben, diese in ein Buch zu fassen, um damit einen Beitrag zum Wissen der Menschheit zu leisten. Die Färöer-Inseln erschienen ihr vor allem wegen ihrer einsamen, abgeschiedenen Lage wie ein idealer Ort für dieses Vorhaben. Außerdem hatte offenbar noch niemand viel darüber geschrieben.

Und so durchstreifte sie die Inseln, malte, erforschte die Pflanzenwelt und sammelte Proben. Acht kräftige Männer ruderten sie von einem Ort zum nächsten. »Ich kletterte hinunter und wartete auf den Felsen auf einen windstillen Moment, während die Männer das Boot an einer ruhigen Stelle unterhalb der Klippen festhielten. ›Jetzt!‹, schrie einer der Männer, der die See im Blick hatte. Das Boot schoss nach vorn, auf mich zu, ich purzelte irgendwie hinein, winkte noch den Leuten am Ufer, und schon wurden wir von tosenden, schaumig weißen Wassermassen zwischen den Riffs hin und her geschleudert, durchschnitten das wild schäumende Meer und erreichten die offene See gerade noch rechtzeitig, bevor die nächste große Welle über uns hereinbrechen konnte. Dort waren wir sicher. Der Wind wehte nur mäßig, und die großen Wellen rollten in ungebrochenen Linien an die Küste. Wir konnten sie leicht erklimmen und uns auf der anderen Seite wieder hinunterschießen lassen. Ein herrlicher Tag!«

Trotz der überschwänglichen Begeisterung in vielen ihrer Beschreibungen war Elizabeths Stimmung während der Zeit auf den Färöer-Inseln nicht immer ungetrübt. Da sie allein mit der Schreiberei ihr Einkommen verdiente, musste sie privat bei Familien wohnen. Einen Winter verbrachte sie im Haus des Gouverneurs von Tórshavn, der neun Kinder hatte, davon fünf im Kleinkind- und Babyalter; allesamt litten sie damals an Keuchhusten, Windpocken und Meningitis. Das jüngste Baby starb. Und sie hatte unter dem

Hauspersonal zu leiden. Im nächsten Winter kam sie bei einer Pastorenfamilie auf der nördlichsten Färöer-Insel unter. Obwohl sie sich selbst aufzuheitern versuchte, indem sie sich sagte, dass sie alles hatte, was sie brauchte – das einfache Landleben, frische Luft, klares Wasser –, ließ ihre anfängliche Euphorie immer mehr nach. »Die Brandung ist so wild, dass im Winter keine Besucher kommen können … Außer zwei Läden gibt es hier nichts & alle hier, bis auf den Krämer und den Lehrer, sind einfache Fischer.« Doch kaum hatte sie dies notiert, rügte sie sich und fügte hinzu: »Sei wegen der Kälte nicht so schwermütig, sonst bereuen die Leute es noch, dich als Gast in ihrem Haus zu haben.«

Unter den Freunden, die sie fand, waren nur wenige Frauen. Sie hielt sich bevorzugt in Gesellschaft gebildeter, Dänisch sprechender Männer auf, darunter Lehrer, Gouverneure, Konsuln und Pastoren. Hans Kristoffer von der Insel Vágar zählte zu ihren besten Freunden; seine Frau Katrina allerdings mochte Elizabeth nicht besonders, weil sie sich ständig einmischte, wenn sie im Garten neben dem Haus arbeitete. Als Kind wäre Elizabeth Taylor gerne ein Junge gewesen – ihr ganzes Leben lang beneidete sie die Männer um ihre Freiheiten. Wie viele weibliche Reisende im viktorianischen Zeitalter errang sie eine Art geschlechtslose Autorität, indem sie aus einer kulturell weiter entwickelten Gesellschaft in ein weniger entwickeltes Land kam. Ihre Fremdartigkeit ermöglichte ihr die gesuchte Freiheit, und ihr Vorhaben, die Färöer-Inseln zu erforschen und darüber ein Buch zu schreiben, lieferte ihr einen guten Grund, sich für längere Zeit auf dem entlegenen Inselarchipel im Atlantik niederzulassen. Das romantisch abenteuerliche Leben versetzte sie immer wieder in Schwärmereien: »Bin ich eine *Kalvakona*? Eine Heilbuttfrau, die geheimnisvolle Kräfte besitzt, mit denen sie einen großen Heilbutt so verzaubern kann, dass er dem Fischer an den Haken geht?« Dann erzählt sie die wundersame Geschichte eines Fischers, der auf ein Stück *beita* hoffte – ein erlesenes Stück aus den Vorderflossen. »Letzte Woche versprach mir ein Fischer ein Stück *beita*, und kurz darauf zappelte ein mächtiger Heilbutt an seinem Haken, der knapp zweihundert Pfund wog.« Auf vielen alten Fotografien der Färöer-Inseln sind Dutzende von Frauen zu sehen, die in der Fischereiindustrie arbeiten – das war im ganzen nordatlantischen Raum üblich, insbesondere in Island und Norwegen –, die Kabeljau auf Felsen zum Trocknen auslegen und ihn rechtzeitig vor einem Regen wieder einholen. Sie tragen Umhängetücher und lange Kleider, stehen neben Bergen von getrocknetem Fisch, der damals wie heute in die Hauptabnehmerländer der Mittelmeerregion exportiert wird. Doch diese Frauen waren für Elizabeth Taylor wohl unsichtbar. Sie erwähnt sie mit keiner Silbe, hält sich fern vom täglichen Arbeitsleben, ist lieber Außenseiterin, Reisende, Heilbuttfrau.

»Wie steht es mit Ihnen?«, wollte meine dänische Reisegefährtin wissen, nachdem sie ein Foto von mir gemacht hatte und wir auf dem Rückweg durch das kleine Dorf spazierten (Monate später sollte dieses Foto unter einem Magneten an meiner Kühlschranktür hängen: ich in grüner Regenjacke und mit fliegenden Haaren. Gut gelaunt und fröhlich sehe ich darauf nicht gerade aus, eher steif, angespannt und griesgrämig). »Warum sind Sie auf die Färöer gekommen? Gefällt es Ihnen hier?«

Ich wusste nicht recht, was ich antworten sollte, denn ehrlich gesagt war es bisher nicht so gut gelaufen. In Tórshavn schien meine Wirtin beschlossen zu haben, mich nicht leiden zu können. Zwei Monate vor meiner Ankunft hatte ich mich per Fax für drei Tage bei ihr einquartiert; und nun, da ich hier war, bat ich sie, auf fünf Tage zu verlängern. Sie stimmte zu – dachte ich zumindest. Denn an meinem dritten Abend klopfte sie kräftig an meine Tür und wollte wissen, wie lange ich noch zu bleiben gedächte. »Noch zwei Nächte«, sagte ich. »Wie abgemacht.«

»Hva?!«

»Noch zwei Nächte!«

»Unmöglich. Ich erwarte andere Gäste. Sie müssen gehen.«

»Ich werde nicht gehen. Abgemacht ist abgemacht.«

»Hva?«

Auch am Tag zuvor war irgendwie der Wurm drin gewesen. Am Morgen hatte ich meine Kleider zu der Frau gebracht, die angeblich die Wäsche für Touristen macht. Prompt bekam ich Streit mit ihr, weil sie meine Sachen in einen großen Wäschesack mit der dreckigen Wäsche von irgendwelchen anderen Leuten stopfen wollte. »Wie wollen Sie denn die Sachen auseinander halten?«, fragte ich sie auf Englisch und Norwegisch. Schließlich rettete ihr Sohn die Situation und erklärte, seine Mutter habe mich mit der Engländerin verwechselt, die kurz zuvor ihre Wäsche abgegeben hatte.

Danach hatte ich mir für sündhaft teures Geld eine Armbanduhr gekauft und war zum Touristenbüro gegangen, um den Tagesausflug nach Eysturoy zu buchen. Dort traf ich auf meinen jungen Freund, der mir tags zuvor die Adresse der Wäscherin gegeben hatte und der heute einen ziemlich niedergeschlagenen Eindruck machte. Austauschstudent in Amerika sei er gewesen, erzählte er mir, und obwohl er seine Freunde von dort immer wieder zu sich auf die Färöer-Inseln eingeladen habe, sei bis heute kein Einziger gekommen. Warum bloß, wollte er von mir wissen. Ich als Amerikanerin könne ihm das doch bestimmt erklären. Anschließend war ich noch mehrere Male auf der Post, um nach meinem *Lonely-Planet*-Reiseführer zu fragen, aber vergebens. Also kaufte ich nur ein paar Briefmarken, und selbst die zeigten einen recht unfreundlich dreinblickenden Schafskopf.

Nach Gjógv war die nächste Station des Tagesausflugs Ei i, ein weiteres abgeschiedenes Dorf im Norden von Eysturoy, wo Elizabeth Taylor fünf Jahre verbracht hatte. Im Bus setzte sich unsere

Reiseleiterin neben mich, um ihr Englisch zu schulen. Sie zeigte auf die *»cheeps«*, die Schafe auf den Hügeln, und übte ihren Wortschatz zum Thema Grindwalfang, dem berühmten *grindadráp*. Sie rechnete wohl mit kritischen Einwänden der Deutschen, denn mit Seitenblick auf die beiden erklärte sie übereifrig, dass der Walfang auf den Färöer-Inseln eine lange Tradition habe. Die Menschen hier warten Monate darauf, bis sich die Grindwale an die Küste verirren, denn sie sichern den Einheimischen ihre Nahrungsversorgung.

»Gibt es im Englischen ein Wort für Walspeck?«

»*Blubber*«, sagte ich.

»Nicht *spekk*?«

»Nein, das ist Norwegisch.«

»*Blubber*«, sagte sie genüsslich. »*Blubber, blubber, blubber.* Sind Sie bei Greenpeace?«

Ich wechselte das Thema. »In Ei i hat doch Elizabeth Taylor, die amerikanische Abenteuerin, während des Ersten Weltkriegs gelebt?«

»Die kenne ich nicht.«

Elizabeth Taylor verließ die Färöer-Inseln 1906, nachdem sie dort sechs Jahre lang geforscht hatte. Sie kehrte in die USA zurück, kam mit ihrem Buch aber nicht recht voran, obwohl sie ein paar Artikel veröffentlichte, Vorträge über die Färöer-Inseln hielt und Fotos ausstellte. Rastlos reiste sie abermals nach Europa und lebte einige Zeit in Schottland. 1913 und 1914 zog es sie erneut auf die Färöer-Inseln. Nach Ausbruch des Ersten Weltkriegs fuhren fünf Jahre lang kaum Schiffe aus dem Ausland den Hafen von Tórshavn an. Wie hat sie sich damals als Dauergast wohl gefühlt, ohne Post und bei knappen Lebensmitteln? Immerhin war sie bereits über sechzig. Ihr Elan muss langsam, aber sicher geschwunden sein, denn irgendwann stellte sie fest, dass sie die Kälte nicht mochte. Die Erforschung der Pflanzen- und Vogelwelt, die Malerei, das alles schien auf einmal nicht mehr so wichtig. Resigniert werkelte sie in einem angemieteten Garten herum und gab einem einheimischen Jungen Malunterricht. Eigentlich wäre die Zeit günstig gewesen, an ihrem Buch weiterzuschreiben, es gar fertig zu stellen. Stattdessen grübelte sie über ihren Perfektionismus und den zeitlichen Verzug. »Jeder scheint heute so fürchterlich schlau, die Öffentlichkeit wartet nur auf Neuigkeiten, die ein bisschen Aufsehen erregen, die anschaulich und lebensvoll sind, und ich fürchte, das alles übersteigt meine Fähigkeiten.« Aus der Zeit ihres zweiten längeren Aufenthalts auf den Inseln erschienen nur zwei Artikel, wovon einer den bezeichnend langweiligen Titel *Fünf Jahre in einer färingischen Mansarde* trägt.

Zugegeben, ich hätte auch keine fünf Jahre in Ei i festsitzen wollen, einem »schmutzigen, unzumutbaren, kleinen Dorf«, wie Elizabeth Taylor es bezeichnete. Es war nicht so malerisch wie Gjógv, dafür größer, es zog sich an zwei Straßen entlang, gewährte einen herrlichen Blick über eine schöne, weite Bucht, in die sich bestimmt leicht Schwärme von unglückseligen Grindwalen verirrten. Auf einem zugigen Aussichtspunkt, an dem wir Pause machten, hielt unsere Reiseleiterin auf Englisch und Skandinavisch einen begeisterten Vortrag über die *grindadráp*. Die Deutschen waren wider Erwarten keine Anhänger der Grünen, schienen im Gegenteil sehr viel Verständnis dafür aufzubringen, dass die Färinger Unmengen *blubber* zum Überleben brauchen. Auch die Norweger, bei denen der Walfang ebenfalls eine lange Tradition hat, blieben gelassen. Lediglich die Dänen schienen sich aufzuregen. Meine neue dänische Bekannte bat mich, ein Foto von ihr zu machen. »Was die Leute hier mit den armen Walen machen, will ich nun wirklich nicht hören«, sagte sie, winkte mich ein Stück von der Gruppe weg und lächelte in die Kamera. Lehrerin sei sie, erzählte sie mir, und das hier sei nicht ihre erste Auslandsreise, aber die erste, die sie allein unternehme.

»Morgen fahre ich zurück nach Dänemark«, sagte sie. »Ich kann es kaum erwarten.«

Wieder in Tórshavn, schlich ich mich auf mein Zimmer, während meine Wirtin in der Küche war. Es hätte mich nicht gewundert, wenn sie während meiner Abwesenheit mein Zimmer geräumt hätte, aber es war alles noch da. Sie hatte es seit meiner Ankunft nicht betreten, hatte nicht ein einziges Mal Staub gewischt. Aber was erwartete ich groß? Vielleicht wünschte ich mir unbewusst ja nur ein Stück Ordnung an einem fremden Ort. Aber so war wenigstens noch alles da, und zwar so, wie ich es verteilt hatte. Ich hatte mein eigenes kleines Reich, wenn auch nur für ein paar Nächte.

Den Dingen freien Lauf lassen – das lernt man auf Reisen. Und ich weiß, dass man die schönsten Dinge erlebt, sobald man das zulässt. Deshalb reise ich, und deshalb finde ich es manchmal so schwer.

Schon mit sieben begriff ich, dass man als Mädchen oder Frau allein losziehen und die Welt erkunden kann. Damals nahmen mich meine Mutter und ein paar Freunde mit an den Hafen in Los Angeles, um eine Freundin zu verabschieden. Vom Dock aus gingen wir über den Landungssteg eines Ozeandampfers und weiter über einen langen Korridor bis zu einer kleinen Passagierkabine. Dort trafen wir auf eine Dame mittleren Alters, eine Lehrerin, die den Sommer für eine Weltreise mit dem Schiff nutzte. Sie nahm mich auf den Schoß und sagte: »Ich schicke dir ein paar Postkarten«, was sie dann tatsächlich tat – aus Japan, Indien und Paris. Als das Schiffshorn zum Aufbruch tönte, eilten wir von Bord, standen noch am Kai, bestaunten das große Schiff, an dem ringsum bunte Fähnchen und Bänder im Wind flatterten. Hoch oben an der Reling stand die Dame, in Hut und mit Korsage über ihrer Jacke. »Auf Wiedersehen!«, rief sie. »Auf Wiedersehen! Auf Wiedersehen!«, riefen wir laut zurück. »Und vergiss nicht zu schreiben!«

Die Begegnung mit dieser Frau, die auf Schiffsreise um die Welt ging, beeindruckte mich damals schwer. Auf der Heimfahrt im Auto musste ich die ganze Zeit daran denken und machte meine ersten Reisepläne. Doch vorerst musste ich mich wohl oder übel mit einer Weltreise um den Pappglobus begnügen, den ich drehte und drehte und auf dem ich mit dem Finger in alle Länder reiste. »Juhu, ich bin in Japan«, verkündete ich meinem Bruder, woraufhin der am Globus drehte, auf den Pazifik zeigte und sagte: »Ja, und ich bin abgesoffen.« Im Hof hinter unserem Haus spielte ich mit Begeisterung »Weltreise«, ich stellte mich auf den Gartentisch, warf bunte Bänder auf unseren verdutzten Hund und rief meiner Mutter am Küchenfenster zu. »Auf Wiedersehen! Auf Wiedersehen!«

»Wiedersehen!«, rief sie zurück. »Vergiss nicht zu schreiben!«

Und nun lag ich hier, auf meinem Bett in Tórshavn, sinnierte über alleinreisende Frauen, über all jene, die einst ohne richtigen Beruf in die Welt gezogen waren und Bücher geschrieben hatten. Ich war kaum anders als sie. Ich war auf die Färöer-Inseln gekommen, weil sie abenteuerlich klangen, weil sie abenteuerlich abgeschieden liegen, weil niemand von meinen Bekannten hier je gewesen ist. Mit dem Schiff war ich allein auf diese Insel mitten im Nirgendwo gereist, und ich wollte darüber schreiben. Und nun musste sich doch verflixt noch mal auch irgendetwas finden lassen, worüber es zu schreiben lohnte? Oder sollte es mir am Ende so ergehen wie Elizabeth Taylor, die ihr Werk nie fertig stellte? Irgendwie taten mir die Frauen von damals Leid, deren abenteuerlichen und wagemutigen Reisen reduziert wurden auf ein paar nette Anekdötchen »unerschrockener, alleinreisender Damen im viktorianischen Zeitalter«. Unerschrocken – ein Wort, das ich tunlichst vermeide, in Bezug auf mich und alle anderen fern der Heimat in der Fremde.

Ich war so müde, dass ich nicht einmal zu Abend aß. Ich las einen Krimi und hörte eine Kassette, auf der der buddhistische Meister

Pema Chödrön über Mitleid sprach. Das war jetzt, wo ich vor Selbstmitleid fast zerfloss, genau das Richtige. Dafür hatte ich sie mitgenommen. Eigentlich rechnete ich damit, dass jeden Moment meine schnurrhaarige Wirtin an die Tür hämmerte und mich rausschmiss. Aber sie kam nicht. Langsam wurde ich ruhiger; und irgendwann schlief ich ein.

Am nächsten Morgen hatte ich meine Meinung geändert. Das Schöne am Reisen ist, dass man jederzeit gehen kann, wohin man will, dass man gewissermaßen heimatlos ist. Und das sollte man genießen. Also schrieb ich meiner Wirtin einen Zettel auf Norwegisch, um ihr mitzuteilen, dass ich nachgedacht hatte und noch am Morgen abreisen würde.

Sie nahm den Zettel freudig entgegen, las ihn, sah mich mit großen Augen an und sagte reumütig: »Das war ein Missverständnis. Wissen Sie, ich bin nämlich leicht taub. Wo wollen Sie denn jetzt hin?«

»Ich weiß es noch nicht.«

»Vielleicht ins *Seaman's Hotel*? Ich rufe gleich mal an, die haben ganz hübsche Zimmer. Wenn Sie wollen, fahre ich Sie hin.«

Vielleicht wollte sie ja nur sichergehen, dass ich auch wirklich ging. Auf jeden Fall rief sie im *Seaman's Hotel* an, reservierte mir ein Zimmer, und als ich meine Siebensachen packte, fühlte ich mich irgendwie erleichtert. Gerne ließ ich mich die paar Meter von ihr chauffieren, und wir redeten übers Wetter, ob es heute regnen würde oder nicht, verabschiedeten uns herzlich, und sie entschuldigte sich noch einmal. Wie war ich bloß auf die Idee gekommen, sie für ein schnurrhaariges Biest zu halten?

Neues Spiel, neues Glück

Chelsea Cain • USA

Am ganzen Las Vegas Strip gibt es wohl kaum ein Hotel, das so heruntergekommen und schräg wirkt wie das *Sahara* mit seinem Casino: ein Flachbau, orangefarbene Teppiche in den Fluren, die Bediensteten in schwarzen Polyesteranzügen. Siebzigerjahre pur! Das Hotel wird gerade rundum renoviert, und das Personal spricht davon mit einer Begeisterung, als stünde eine Art Revolution bevor. Jeder Satz beginnt mit den Worten »nach der Renovierung«: *Nach der Renovierung wird das Casino so groß sein wie die der großen Resorts! Nach der Renovierung wird man das Hotel nicht wiedererkennen! Nach der Renovierung ...*

Im ganzen Gebäude hängen Entwürfe vom geplanten Endprodukt. Die übertrieben kolorierten Skizzen gleichen allerdings eher Szenen aus *Aladin und die Wunderlampe*: Sie zeigen eine grelle Disney-Stadt aus *Tausendundeiner Nacht*, in der Explosionen undenkbar sind und man rund um die Uhr leckere saftige Steaks bekommt.

Das Nachbarhotel *El Rancho* ragt nur noch als Gerippe gen Himmel und sieht seinem endgültigen Abriss entgegen. Das einst imposante Schirmdach über dem Eingang ist noch zu erkennen. »*Coming Soon Country Land*«, prangt da in großen Lettern. Rettung gab es für das *El Rancho* nicht mehr, es muss Platz machen für neue, riesige Hotelanlagen mit Luxusambiente im rustikalen Westernstil.

Das *Sahara*, erbaut 1952, gehört ebenfalls zu den »klassischen« Hotels am Las Vegas Strip, weshalb ich beschlossen habe, hier abzusteigen. Es mag sich sentimental anhören, aber der Süden von

Vegas mit seinen futuristischen Mega-Resorts und Themenpark-Fassaden reizt mich herzlich wenig. Ich liebe das alte Vegas im Norden und den besonderen Zauber, der damit verbunden ist – Frank, Elvis, Priscilla, wimpernklappernde Showgirls und Männer in schniekem Anzug und Krawatte. Früher konnte man hier vom Zimmerbalkon aus Atombombenpilze am Himmel sehen und im Copa Room des Hotels ganz nebenbei einen Blick auf einen Szenenaufbau für einen Film mit Dean Martin erhaschen.

Eigentlich wollte ich im *Sands* reservieren, doch mein Reisebüro hatte mich höflich darauf hingewiesen, dass das Hotel im vergangenen Jahr »dem Erdboden gleichgemacht« worden war. Also sitze ich nun hier im *Sahara* an der Bar im Caravan Room, einem Restaurant ganz im alten Stil mit rotierendem Kuchenschaukasten und einer eingeschweißten Speisekarte. Die erkennbar zaghaften Versuche, dem Raum etwas nordafrikanisches Flair zu verleihen, führten zu einer Art marokkanischer Fastfoodketten-Architektur.

Inzwischen rühre ich schon eine halbe Stunde lang halbherzig in meiner schlabberigen Hafergrütze herum und beobachte einen alten Mann, der am anderen Ende des Tresens aus Furnierholz sitzt. Er trägt ein rotes T-Shirt, eine schwarze Windjacke und einen schwarzen Filzhut mit einer feschen, kleinen, roten Feder. Ich schätze ihn Mitte sechzig, aber es ist schwer zu sagen, er hat offenbar viel durchgemacht. Sein Gesicht ist faltig und grau, die Hände dick. Er sitzt da, raucht eine Zigarette nach der anderen, hält in der anderen Hand eine Gabel und plaudert knurrig mit den Kellnerinnen, die er anscheinend alle mit Namen kennt.

»Hey, Edie«, sagt er. »Weißt du, was man im *Holiday Inn* für ein Frühstück bezahlen muss?«

»Was denn?«, fragt Edie, die hinter dem Tresen Gewürze einsortiert und ihn kaum ansieht.

»Eins neunundvierzig.«

»Ach ja?«

»Jawohl. Früher bekam man ein Frühstück noch für 99 Cent. Kannst du dir das vorstellen? 99 Cent!« Er schüttelt den Kopf und zieht nachdenklich an seiner Zigarette. Ja, ja, die gute alte Zeit, als man ein Käseomelett noch fast umsonst bekam und einen niemand scheel ansah, wenn man eine Bloody Mary bestellte.

Ich sehe mir seine Hände genauer an und bemerke einen dicken Goldring an seinem kleinen Finger. Überhaupt, er hat äußerst gepflegte Nägel. Wer er wohl ist? Ein Gangster vielleicht? Ein Spielhallenbesitzer? Ein modebewusster Pensionär? Ich lächele vor mich hin. Mein erster Tag in Vegas, und gleich bin ich auf ein waschechtes Original gestoßen.

Übrigens bin ich zum zweiten Mal in dieser Stadt. Das erste Mal war ich mit meiner Kusine Cecily hier, auf der Durchreise von Iowa City nach Los Angeles. Das war im Frühjahr 1995. 19 beziehungsweise 23 waren wir damals und hatten beide jede Menge von Hunter S. Thompson gelesen. Cecily war noch nie zuvor in Kalifornien gewesen, und ich hatte gerade beschlossen, ab sofort etwas spontaner zu sein. Und so kam mir die Idee, mich einfach ins Auto zu setzen und ins Blaue zu fahren.

»Wie wäre es mit einer kleinen Tour nach Kalifornien, gleich übermorgen? Kommst du mit?«, fragte ich sie eines Sonntagabend.

»Klar«, sagte Cecily.

Am Dienstag darauf fuhren wir los, jede Menge Kassetten und einen Koffer voll Sommerklamotten im Gepäck. Doch wie Hochzeiten wollen auch Autoreisen wohl überlegt sein, denn es kann alles Mögliche auf einen zukommen. Nachdem wir in Denver zwei Tage lang eingeschneit waren, trudelten wir am frühen Abend des dritten Tages etwas überdreht und völlig geschafft in Vegas ein.

Im *Vagabond Inn*, einem billigen Motel am Las Vegas Strip, bekamen wir ein Zimmer. Just an jenem Wochenende fand das große, alljährliche Grateful-Dead-Konzert statt, und am ganzen Strip wimmelte es von bekifften Hippies und Fans der Rocklegenden, die sich im Neonlichtgeglitzer zudröhnen wollten. Ein bizarrer Anblick war das: Teenager mit Dreadlocks in gebatikten T-Shirts, Tausende mollige Hausfrauen in Trainingsanzügen und jede Menge ältere Herrschaften, die sich an ihren Glimmstängeln festhielten.

Am Abend konnte ich Cecily zu einem kleinen Bummel am Strip überreden. Es hatte noch immer an die 30 Grad, obwohl die Sonne bereits unterging und den klaren Himmel rosa färbte. Langsam gingen überall die Lichter an. Wir schlenderten nach Süden in Richtung der großen Hotelanlagen. Der Anblick war so grandios, dass er mich fast einschüchterte.

Ich schaute zu Cecily, die verächtlich den Mund verzog. Wir sind beide Kinder von liberalen, antikapitalistischen Hippies. Als Kind lebte ich auf einer Farm in Iowa, wo meine Eltern sich weigerten, mir irgendetwas zu kaufen, das ich in der Fernsehwerbung gesehen hatte und unbedingt haben wollte. Konsum war genauso verpönt wie Polyester. Oder Nixon. Cecilys Eltern kaufen bis heute ausschließlich bei Kooperativen und frieren jeden Sommer einen ganzen Jahresvorrat an selbst gemachtem Pesto ein. Als wir ihnen von unserem Plan erzählten, eine Nacht in Vegas zu verbringen, nickten sie zustimmend, denn aufgeklärt, wie sie waren, wollten sie sich unserer Entdeckerfreude nicht in den Weg stellen, aber es war offensichtlich, dass es ihnen gegen den Strich ging.

Nun waren wir da, und Cecily sah sämtliche negativen Vorurteile bestätigt, die sie je über die Stadt gehört hatte. »Wie ordinär«, murrte sie.

Aber ich fand es einfach großartig. Ich liebte Las Vegas, schon damals. Ich war hin und weg. Wie konnte das sein? Es widersprach allem, was meine Eltern mir je gepredigt hatten. Aber ich konnte nichts machen. Ich fand es einfach herrlich. Wunderschön. Am liebsten wäre ich für immer geblieben.

Direkt vor uns tänzelte ein junger Hippie in einem Fan-T-Shirt der Rockband Phish. Er war auf LSD, schlenkerte unkontrolliert mit den Armen und Beinen. Offenbar war er von dem Treiben fast so gefesselt wie ich. Auch Cecily sah ihm zu, lenkte dann ihren Blick auf mich und wieder zurück auf ihn. Ich merkte ihr an, dass es ihr keinen Spaß machte, ausgerechnet mit mir durch Vegas zu bummeln.

Aber wir spazierten weiter, vorbei an einem riesigen Hotelkomplex, der sich über vier Straßenblocks erstreckte. Da drehte sich der junge Typ plötzlich zu Cecily um und grinste sie an.

»Mann«, sagte er mit geweiteten Pupillen, »diese Hotels sehen doch alle gleich aus. Ich hätte schwören können, dass wir an dem hier schon sieben- oder achtmal vorbeigekommen sind.«

Er stolperte weiter, und Cecily hatte die Nase voll. Sie bestand darauf, zurück zum Motel zu gehen, wo sie den restlichen Abend damit zubrachte, Tagebuch zu schreiben und mir zwischendurch fassungslose Blicke zuzuwerfen. Ich sah die Seiten, die sie füllte, förmlich vor mir – jede Menge Negatives über mich mit einem Haufen Ausrufezeichen.

Sie hatte ja Recht. Ich hatte nicht alle Tassen im Schrank. Das Mekka des Kapitalismus war mir nicht im mindesten zuwider. Ich versuchte, ihr meine Verwirrung zu erklären. Doch sie sah mich nur vorwurfsvoll an und unterstrich den Satz, den sie gerade geschrieben hatte.

Ich glaube, Cecily war damals schon klar, dass sie nie wieder einen Fuß nach Vegas setzen würde – für keinen noch so großen Patschuliöl-Vorrat der Welt und nicht einmal für einen alten VW-Bus. Ich hingegen konnte es kaum erwarten, noch einmal hierher zu kommen. Und zwar allein. Es war mir egal, ob meine Lieben daheim mir ihren Segen gaben. Ich wollte wiederkommen und die Casino-Kultur in vollen Zügen genießen. Ich würde den Strip entlangschlendern, so lange und so weit ich wollte. Allein würde ich mir ansehen, was ich wollte, sprechen, mit wem ich wollte, den Ort durch meine eigene Brille sehen, für mich ganz allein. Ohne gleich zu urteilen. Ohne schlechtes Gewissen. Allein, ganz für mich.

Mit 140.000 anderen Touristen.

Ich habe den Caravan Room verlassen und bummele durch den Nordteil des Strip.

Es ist Februar und um die 20 Grad warm, man braucht einen Pullover, aber es ist warm genug, um die dicke Jacke im Hotel zu lassen. Auf dieser Straßenseite reiht sich ein Souvenirladen an den anderen: *Souvenirs! Mokassins! Sonnenbrillen! Günstig!* Auf der anderen Straßenseite erstreckt sich ein riesiges, abgesperrtes Gelände mit Rohbauten. Neben einer Wohnmobil-Vermietung sitzen zwei lebensgroße Plastikfiguren auf Plastikkamelen – zwei der drei Weisen aus dem Morgenland, die wohl noch von Weihnachten übrig sind.

»Ziemlich frisch heute«, höre ich plötzlich den Mann vor mir sagen, einen etwas pummeligen Asiaten um die 30 mit einem Nike-Basecap.

»Finde ich nicht«, entgegne ich.

Wir fangen an, ein wenig zu plaudern. Er heißt Roland und hat ein breites Grinsen. Eigentlich lebt er in Honolulu, kommt aber mehrmals im Jahr mit seinen Eltern nach Vegas. Ich fragte ihn, ob er spielt. Kaum, meint er, er spaziere lieber am Strip auf und ab und fahre mit den kostenlosen Hotel-Shuttlebussen durch die Stadt.

Roland liebt Las Vegas, am liebsten würde er ganz herziehen, doch da machen seine Eltern nicht mit. »Tagsüber ist es hier schmutzig, und die vielen Autos nerven«, sagt er. »Aber nachts, wenn die Lichter funkeln, dann ist es einfach wunderschön.«

Kurz nachdem Roland und ich uns voneinander verabschiedet haben, gehe ich ins *Desert Inn Casino*, um mich ein wenig umzusehen. Das Casino ist klein und imposant, sofern das in dieser Stadt überhaupt möglich ist. Zwischen den sechs riesigen Säulen steht jeweils eine hohe, staubige künstliche Palme. Die hohe Decke ist als Himmel ausgemalt, mit Mond und Sternen, passend zu den Orientteppichen, die vor ein paar Jahren in Mode waren. Von den drei kuppelförmigen Decken hängen mächtige Kronleuchter. Die Spieltische sind aus Holz, und selbst die Kellnerinnen in ihren Miniröcken sind nicht mehr die Jüngsten.

An einem Spieltisch am hinteren Ende des Zimmers scheint es hoch herzugehen. Das will ich mir genauer ansehen. Ein Mann namens Lance räumt gerade ganz groß ab. Er ist um die vierzig, hat Frau und Tochter dabei, die Frau recht hübsch, die Tochter mit Pferdeschwanz. Ein Professor für Politikwissenschaften, könnte ich mir vorstellen: frisch rasiert, Brille, lässig gekleidet. Mir bleibt fast das Herz stehen, als ich sehe, wie viel er setzt. Tausende von Dollar hat er auf den Tisch gelegt, das allerdings ist nur ein Bruchteil der Zehntausende in Chips, die noch vor ihm liegen. Seine Frau und Tochter verziehen keine Miene, ob er gewinnt oder verliert. Entweder sind sie völlig abgebrüht oder schwer von Begriff. Doch Lance hat eine Glückssträhne. Und er will nicht verlieren. In einem fort wirft er 500-Dollar-Chips hin, als wäre es das Selbstverständlichste von der Welt. Vor lauter Vergnügen ist er in Schweiß gebadet.

»Wow«, sage ich zu einem älteren Herrn mit schwarz gefärbten Haaren, der am selben Spieltisch sitzt. »Nicht schlecht.«

»Heute Morgen hat er doppelt so viel verloren«, flüstert mir der Mann zu und legt einen 10-Dollar-Chip auf die gleiche Zahl, auf die Lance gerade 1000 gesetzt hat.

Doch ich gehe weiter, bevor ich womöglich mit ansehen muss, wie Lance verliert. Später, auf dem Weg zum Ausgang, sehe ich, wie er seinen Gewinn in einen 10.000-Dollar-Scheck einlöst und ihn seiner 12-jährigen Tochter fest in die Hand drückt. »Pass gut für mich darauf auf, Liebes«, sagt er.

Um fünf klingelt mein Hoteltelefon. Es ist Dori, die leibliche Mutter meines Freundes Brian. Die beiden kennen sich erst, seit Dori sich vor gut einem Jahr auf die Suche nach ihm gemacht hatte. Dori ist zufällig am gleichen Wochenende wie ich in Vegas, und Brian hat arrangiert, dass sie mir die Stadt zeigt.

»Chelsea«, trällert Dori in ihr Autotelefon. »Ich komme mit dem perfekten Gefährt für eine Stadtrundfahrt – einem Thunderbird-Cabrio.« Sie will mich ins Spago-Restaurant zum Essen einladen. Gibt es Stil und Klasse in Vegas?

Eine Stunde später klopft es an meiner Tür, und da steht sie. Dori ist etwa 44 und erinnert mich sofort an Kate Jackson, zufälligerweise meine Lieblingsdarstellerin in *Drei Engel für Charlie*. Sie trägt einen schwarzen Hosenanzug, eine weiße Bluse, eine blassgrüne Weste und geschmackvollen Schmuck. »Da bist du ja«, sagt sie und streckt mir die Hand entgegen.

Wir gehen nach unten zum Parkplatz, wo Doris Mann unterdessen auf das Auto aufgepasst hat. Er ist groß und freundlich, sieht aus wie ein in die Jahre gekommener Teenieschwarm. John klettert spontan auf den Rücksitz des Thunderbird und überlässt mir den Beifahrersitz. Dori setzt sich ans Steuer, und wir fahren los, den Strip hinauf.

Es ist schon dunkel, die Lichter funkeln, und es ist einfach wunderschön – so wie Roland sagte. Als ob sie Gedanken lesen könnte, sagt Dori: »Ich liebe diesen Anblick bei Nacht.« John grummelt vor sich hin, dass es vom Rücksitz aus weniger toll sei, aber Dori und ich hören nicht hin, sondern genießen einfach nur die nächtliche Spritztour.

In den Straßen wimmelt es von Leuten, die sich von einem Casino zum nächsten schlagen. Die meisten sind Weiße, vereinzelt sieht man auch Asiaten. Einige tragen Plastikbecher vor sich her, randvoll mit Spielchips. Andere haben die Hände in den Hosentaschen und schauen hoch, um das Lichtermeer zu bestaunen. Wieder andere sind sturzbesoffen, stützen sich auf Freunde, damit sie nicht umkippen.

Wir biegen in die Einfahrt zum *Caesar's Palace*, Doris Lieblingscasino, und stellen den Wagen auf dem Parkplatz hinter dem Hotel ab. Das Casino im *Caesar's* ist gigantisch, das größte, das ich bislang gesehen habe: riesige, weiße Säulen, Goldverkleidungen und Angestellte in Togas, die die Frauen mit der hauseigenen Parfümmarke besprühen. Ich folge Dori, die uns routiniert durch das Casino schleust und weiter mitten durch eine riesige Erlebnisoase zum Restaurant.

Nachdem wir uns gesetzt und das Essen bestellt haben, sieht sie mich mit leuchtenden Augen an. »Hat Brian dir eigentlich mal erzählt, wie wir uns kennen gelernt haben?«, fragt sie.

Klar hat er das. Er hat mir erzählt, wie das Telefon klingelte, er den Hörer abnahm und beinahe wieder aufgehängt hätte, als die Person am anderen Ende der Leitung nach seinem vollen Namen fragte. Er dachte, es sei irgendeine Vertreterin. Doch dann erklärte die Frau ihm, sie rufe im Auftrag seiner leiblichen Mutter an; er habe drei Möglichkeiten: A – keinen Kontakt, und er würde nie wieder belästigt werden; B – eingeschränkten Kontakt über eine Mittelsperson, oder C – uneingeschränkten Kontakt. »C«, hatte Brian spontan geantwortet. »Ich nehme Letzteres.«

Sie telefonierten miteinander, tauschten Fotos aus, und Dori setzte sich in den nächstbesten Flieger und kam ihn besuchen. Seither haben sie engen Kontakt. Komisch, obwohl ich Brian sehr gut kenne und wir im gleichen Alter sind, war mir Dori von Anfang an vertrauter. Wie es wohl für sie war, ein Kind auf die Welt zu bringen, es wegzugeben und dann nach all den Jahren den Mut aufzubringen, nach ihm zu suchen?

»Wie war das, als plötzlich ein erwachsener Mann vor dir stand? Hattest du ihn dir so vorgestellt?«, frage ich.

»Ich hatte jedes Jahr ein Jahr älter vor Augen«, sagt sie. »An jedem Geburtstag habe ich mein Bild von ihm angeglichen. Bis er 17 wurde, dann habe ich es gelassen. Für mich blieb er 17. Aber dann stand ein Mann vor mir, ein richtiger, ausgewachsener Kerl.« Sie lacht. »Und ich entsprach wahrscheinlich auch nicht dem Bild, das er sich von mir gemacht hatte. Ich glaube, er hatte die klassische Rabenmutter im Kopf.«

Doch Dori ist genau das Gegenteil – eine Traummutter. Jung, gut drauf, modebewusst, schön, klug, lustig. Man kann Brian wirklich um sie beneiden. Wie es wohl ist, wenn man sich sein ganzes Leben mit der Frage quält, woher man kommt, und plötzlich steht man vor Dori.

Während wir plaudern, verfinstert sich der Himmel im Deckengewölbe der Erlebnisoase ganz langsam und wird dann wieder hell. In einer Stunde vergeht hier ein ganzer Tag, vom Morgengrauen bis Mitternacht. Als wir aufbrechen, haben wir zweimal den Morgen dämmern sehen, dazwischen war Abend, und nun geht es wieder auf Spätnachmittag zu.

Unsere innere Uhr ist vermutlich vollkommen aus dem Takt, als wir das Restaurant und die Erlebnisoase verlassen, wieder in den Thunderbird klettern und das Hilton ansteuern, wo wir John absetzen. Jetzt fahren wir weiter in die Innenstadt zur Fremont Street. Eine gigantische Straße ist das, für den Autoverkehr gesperrt, von einem gigantischen Dach aus 2,1 Millionen bunten, schwindelerregenden Lichtern überspannt und von ohrenbetäubender Musik beschallt – ein beeindruckendes Spektakel. Wir verweilen ein wenig, sind aber nicht sonderlich fasziniert und beschließen, uns auf Einkaufstour zu begeben und billige Plastiksonnenbrillen zu kaufen, die, wie wir finden, in Vegas unbedingt dazugehören.

Unterdessen erzählt mir Dori von ihren ersten Reisen nach Vegas. Mit ihrem Freund, dem Rennfahrer. Und dann mit ihrem Freund, dem Bandmusiker. Als sie Brian bekam, war sie 17.

Da fällt mir ein Gedicht ein, das sie mit den magnetischen Poesiebausteinen auf Brians Kühlschrank zusammengesetzt hatte: »Die Göttin der Musik bitte ich um einen ruhigeren Song.«

Da wir keine Sonnenbrillen finden, die uns gefallen, und langsam, aber sicher schlappmachen, fährt mich Dori zurück ins *Sahara*.

»Gute Nacht, Miss Chelsea«, sagt sie, und ich erstarre für einen kurzen Moment. So hat mich sonst nur meine Mutter genannt. Sie ist im vergangenen Sommer an Krebs gestorben. Und Doris Worte klingen wie ein kleines Geschenk von ihr – als wollte sie sich in Erinnerung bringen.

»Danke«, sage ich und steige aus.

Ich bin völlig nackt, und eine fremde Frau schmiert meinen ganzen Körper dick mit Schlamm ein.

Aber von vorne: Ich bin heute spät aufgewacht, wie das in Vegas eben so ist, und ging auf einen Kaffee in den Caravan Room, wo ich inzwischen Stammgast bin. Der alte Mann mit dem schwarzen Filzhut saß wieder am selben Platz. Er trug auch dieselben Klamotten und nickte freundlich in meine Richtung. Ich nickte zurück. Dann, nach meiner Hafergrütze, ging ich hinüber zum *Desert Inn*, um mich erneut ein wenig umzusehen. Vielleicht war ja Lance wieder da. War er aber nicht, und so beschloss ich, das Hotel zu erkunden. »Spa«, weist ein Schild den Weg zum Wellness-Bereich. Ich wollte es genauer wissen, folgte dem Pfeil und kam schließlich in ein völlig anderes Gebäude, wo mich eine Frau im Trainingsanzug zu einer französischen Schlammwickelpackung überredete. Ich zog mich um, schlüpfte in einen weißen Bademantel und weiße Plastiklatschen. Anschließend führte sie mich in einen kleinen Raum, wo ich mich wieder auszog und auf einen Tisch legte.

Sogleich machte sie sich ans Werk und schmierte mich mit kamelbraunem Schlamm ein, angeblich aus Frankreich. Glitschig und schleimig fühlte sich das an, und ich wurde ganz starr. Vor neun Jahren sei sie mit ihrer Schwester hierher gekommen, erzählte sie mir, und blieb, da sie einen Job in »ihrem erlernten Beruf« bekommen hatte. Was für ein Beruf das wohl war?

Nachdem sie mit dem Schlamm fertig war, faltete sie das Plastiktuch, auf dem ich lag, an den Seiten hoch und wickelte es fest um meinen Körper, packte weitere Lagen darüber, legte noch zwei Tücher und drei Decken obenauf, bis ich irgendwann aussah wie ein riesiger, menschlicher Joint. Dann knipste sie das Licht aus und ging hinaus.

Ich kämpfte verzweifelt mit der Panik. Mein ganzer Körper fühlte sich an wie trocknender Zement. Ich konzentrierte mich auf meinen Atem. Da lag ich, allein, in einem dunklen Zimmer, völlig bewegungsunfähig. Wenn jetzt ein Feuer ausbricht, bin ich geliefert!

Langsam bewegte ich meinen Fuß, Zentimeter um Zentimeter, bis ich damit an meinen anderen Fuß stieß und die großen Zehen aneinander reiben konnte. Das beruhigte mich ein bisschen.

Endlich, eine halbe Ewigkeit später, kam sie zurück. Ich hätte heulen können vor Glück. Sie fing an, mich zu schälen wie eine Banane, und richtete mich dann auf, zog das Plastiktuch von meinem schlammverkrusteten Körper und schickte mich unter die Dusche, wo ich eine geschlagene Viertelstunde damit beschäftigt war, mich mit einem Luffa-Schwamm wieder sauber zu schrubben.

Als ich mir die oberste Hautschicht bereits aufgescheuert hatte, musste ich mich noch einmal auf den Tisch legen, damit sie Feuchtigkeitslotion auftragen konnte, denn der Schlamm hatte das ganze Wasser aus meinem Körper gezogen, und wenn ich es ihm nicht wieder zuführte, würde ich bestimmt sterben. Endlich war ich fertig und schwang mich in der Umkleidekabine wieder in meine eigenen Klamotten. 45 Dollar kostete mich der ganze Spaß.

Als ich aus dem Wellness-Bereich komme, sehe ich Lance wieder. In grellroter Badehose steht er auf dem Balkon seines Hotelzimmers, drei Stockwerke über mir. Die Arme in die Seiten gestemmt, blickt er hinaus in den klaren Nachmittagshimmel. Ich folge seinem Blick, will wissen, was er sieht. Still ist es, niemand sonst ist in der Nähe. Die Berge heben sich wie kühle Schatten gegen das blassrosa Licht ab. Und nur wir beide, Lance und ich, teilen diesen friedvollen, stillen Moment.

Ich gehe hinein, während Lance noch immer dasteht, jetzt mit locker herabhängenden Armen. Er hat nicht hinuntergesehen, sich auch nicht bewegt. Entweder sonnt er sich noch im siebten Himmel des Lotterieglücks, oder er will im nächsten Moment springen – eins von beidem.

Vom *Desert Inn* nehme ich ein Taxi den Las Vegas Strip entlang zum *MGM Grand*, denn ich habe ein Ticket für den Skyscreamer – eine Mischung aus Bungee-Jumping und Riesenschaukel. Der Skyscreamer ist eine der Attraktionen im Themenpark gleich hinter dem Hotel. Zuerst wird man 70 Meter hochgezogen und dann mit einer Geschwindigkeit von über 100 Stundenkilometern im freien Fall 30 Meter tief durch die Luft nach unten geschleudert. Die Comiczeichnung auf der Reklame zeigt einen Mann, der geradewegs aus dem Bild zu schleudern scheint, direkt auf einen zu, das Gesicht in rauschhafter Angst verzerrt.

Bis zu drei Leute auf einmal könnten auf »Flugreise« gehen. Ich entscheide mich jedoch für einen Soloflug. Der kostet zwar ein wenig mehr, aber dafür, so mache ich mir selber Mut, wird der Seilzug um einiges weniger belastet.

Als Erstes legt man mir eine Bleischürze um, ähnlich einer Röntgenschürze. Sie wird mir über die Kleider gestreift und an Rücken und Beinen festgezurrt. Auf der Rückseite der Schürze befindet sich ein dicker, schwarzer Kabelsalat, der irgendwie an den beiden Drahtseilen befestigt wird, an denen nun mein Leben hängt.

In diesem Aufzug trete ich auf die Plattform. Auffangmatten gibt es nicht, nur ein riesiges Stiefmütterchenbeet, das allerdings wohl kaum als Netz taugt. Zwei Techniker führen mich auf den Kranaufzug, den sie bis auf die Ebene hochziehen, an der die Drahtseile hängen. Nach einer kurzen Inspektion der Ausrüstung haken sie irgendetwas hinter meinem Rücken ein (ich hoffe nur inständig, dass man die jungen Typen für ihren Job gut bezahlt), und plötzlich, mit einem heftigen Ruck, werde ich hoch über alle Köpfe gezogen.

Ich lange an die Seite, taste nach der Reißleine, die ich ziehen soll, wenn ich, oben angekommen, das Kommando »Three-two-one-fly« höre. Die Reißleine ist da. Also verschränke ich anweisungsgemäß die Arme vor der Brust und strecke die Beine nach hinten durch, wobei meine Füße in der Halterung stecken, die mit Schnüren an der Schürze befestigt sind.

Der Boden sackt unter mir weg, ich sehe, wie alle Leute die Köpfe in den Nacken legen, um mich hinauf in die Lüfte entschwinden zu sehen. Beängstigend ist sie, diese Schwerelosigkeit.

Ich erinnere mich, wie ich einmal auf dem Sprungturm im städtischen Schwimmbad in Iowa City stand. Fünf war ich damals. Unten am Beckenrand stand mein Dad, seinerzeit noch mit langen Haaren und langem Bart.

»Spring«, rief er mir zu. »Guck nicht nach unten, spring einfach.«

Und genauso mache ich es jetzt. Ich zwinge mich, den Kopf oben zu halten, richte den Blick geradeaus, blicke auf die unzähligen bunten Lichter der Stadt, hinter der sich am untersten Himmelsrand die dunklen Berge erheben.

Three-two-one-fly. Three-two-one-fly. Gebetsmühlenartig wiederhole ich das Kommando. Ich befürchte, dass ich, oben angekommen, vor Angst und Schrecken kein Glied werde rühren können, außerstande, die Reißleine zu ziehen.

Ruhig und schön sieht Las Vegas von hier oben aus, ein Blick wie bei einem nächtlichen Landeanflug. Einen ewigen Moment lang gibt es keine Vergangenheit und keine Zukunft, nur diesen einen Augenblick. Nichts zählt, nur das Jetzt – und das ist schließlich bezeichnend für Vegas, alles dreht sich immer nur um eine einzige Sekunde, darum, wie die Würfel und Karten fallen, darum, wie man am Spielautomaten zockt, darum, ob man gerade gewinnt oder verliert.

Ich wollte noch einmal nach Vegas, um es vielleicht doch zu hassen. Ich wollte meinen Freunden schreckliche und komische Geschichten erzählen können von spelunkigen Casinos und ruinierten Spielern. Ich wollte über den verstiegenen Optimismus von Millionen von Amerikanern die Nase rümpfen, die ihre sauer verdienten Ferien am Roulettetisch verbringen und die Ersparnisse für die College-Ausbildung ihrer Kinder verspielen. Ich wollte Sozialstudien betreiben, herausfinden, was für ein Volk wir sind, was künftige Kulturen wohl von uns denken, wenn sie irgendwann einmal Las Vegas ausgraben und von Glitzerklamotten und bunt verzierten Spielchips auf unsere heutige Kultur schließen.

Doch mein Plan scheiterte, denn ich amüsiere mich in dieser Stadt prächtig. Ich liebe Las Vegas. Und dazu stehe ich. Ich bin Amerikanerin durch und durch, ich liebe große, protzige Spielhöllen, künstliche Fassaden, kostenlose Drinks und Glücksritter. Ich liebe es zu hören, dass ich »so sexy aussehe, dass ich Showgirl werden könnte« – und das habe ich hier immerhin von drei Taxifahrern zu hören bekommen. Selbst wenn ich morgen beim Black Jack haushoch verlieren würde, hätte ich hier mit die schönste Zeit meines Lebens verbracht. Las Vegas ist der pure Nervenkitzel. Es verspricht jedem Reichtum und Glück – nur einmal auf die richtige Zahl setzen, und schon wird aus einem einzigen Penny die große Million.

Inzwischen bin ich fast ganz oben auf dem Kran, schwebe mit dem Gesicht nach unten 70 Meter über dem Erdboden – eine atemberaubende Sicht, ein packender Moment. Ich fühle mich fabelhaft, wie eine Göttin, wie die Venus von Milo. Doch ehe ich den Moment freudetrunken genießen kann, höre ich auch schon das Kommando:

»Three-two-one-fly.«

Ich ziehe die Reißleine und lasse mich fallen.

In einem Höllentempo rase ich nach unten. Der freie Fall. Der pure Endorphin-Kick. Sollte ich jetzt sterben, dann wenigstens im Glücksrausch. Doch da spüre ich, wie sich das Seil abrupt straff zieht und ich hin und her schwinge. Langsam mache ich die Augen auf und sehe mich durch den nächtlichen Himmel fliegen. Ich breite die Arme aus und habe einen Moment lang das Gefühl, frei in der Luft zu schweben, zwischen Himmel und Erde, bis ich dann langsam auspendele, der Schwung ganz nachlässt und ich zurück auf den Boden gezogen werde.

Nein, da wollte ich jetzt noch nicht wieder hin. Ich will noch einmal abheben, im Rausch der Geschwindigkeit durch die Lüfte fliegen, will noch einmal das Blut in meinem Kopf pochen hören, will noch einmal spüren, wie meine Glieder taub werden. Noch einmal.

»Noch einmal«, sage ich zu den Typen auf der Plattform in echter Las-Vegas-Spielermanier und ziehe ein paar verkrumpelte Scheine aus der Tasche. Egal, ist ja nur Geld. »Los, zieht mich noch einmal rauf.«

Banditenland

Faith Adiele • Thailand

Im Zug fuhr ich vom Süden Thailands hinauf in den Norden der Malaiischen Halbinsel. Es wackelte und ruckelte, und es war stickig. Die Fenster waren fest verschlossen und hielten die frische Luft der schwarzen Nacht draußen. Die Landschaft war geprägt von üppiger Vegetation, ganz anders, als ich es von den Bergen im Norden kannte, wo ich zwei Jahre lang gelebt hatte. Wenn ich mich anstrengte, konnte ich Gummibäume erkennen, dunkle Ranken, die bis zum Boden reichten, leuchtend rote Blumen, die aussahen wie Blutspritzer auf einem schattigen Körper, Häuser auf Stelzen mit zugeklappten Fensterläden. Jede Station erschien gespenstisch unwirklich, wie eine gestellte und abgedrehte Filmszene.

Hier in Thailand werde ich des Öfteren gefragt, ob ich Malaiin bin, da ich meist einen Sarong und die hierzulande typischen handgeschusterten Sandaletten trage.

»Nein, Amerikanerin«, sage ich dann normalerweise ganz offen, falls ich nicht gerade um eine günstige Unterkunft feilsche. Denn dabei berufe ich mich gerne auf die Nationalität meines Vaters und sage: »Nigerianerin.«

»Aber du könntest auch Malaiin sein«, beharren sie und fangen sofort an, mir zu erklären, dass es auf der Halbinsel einen Volksstamm mit hellbrauner Haut und krausem Haar gibt, genau wie ich es habe. Und so fließend, wie ich Thai spräche, könnte ich allemal als Malaiin »durchgehen«, versichern sie mir.

Diese ehrlich gemeinten Beteuerungen der Chinesen, Thais und Laoten, dass ich als Amerikanerin mit nigerianisch-skandinavischer Abstammung wie eine Malaiin wirke, schmeichelten mir. Als Kind hatte ich mir das immer gewünscht. Schon damals hatten Erzählungen über hellhäutige Schwarze, die ihre Heimat verließen, weiß wurden und für Freiheit und Ungebundenheit sämtliche familiären Bande aufgaben, meine Fantasie angeregt. Als einziges gemischtrassiges Mitglied unserer Familie verschlang ich die tragischen Erzählungen von Mulattinnen, die weiße Männer heirateten und sich vor der dunklen Hautfarbe ihrer Kinder grauten.

Als Weiße »durchzugehen« – und zwar im wörtlichen Sinne –, kam für mich mit meiner braunen Haut, dem dunklen Kraushaar und der runden Nase gar nicht erst infrage. Dabei wurde ich mütterlicherseits in eine skandinavisch-amerikanische Familie hineingeboren, in der alle groß und blond waren und die amerikanischen Ideale mehr verkörperten als die meisten Amerikaner. Es störte mich nicht weiter, dass ich nicht aussah wie sie. Was mir viel mehr zu schaffen machte, war, dass ich offenbar nicht als das erkannt wurde, was ich tatsächlich war: ein Mischlingskind. Ich war fasziniert von anderen Mischlingskindern, die goldene Haut hatten und Ringellocken weich wie Wolle – hübsche, kleine Exoten, die an ihren weißen Müttern klebten und mit ihren blauen, grünen und haselnussbraunen Kulleraugen einfach durch mich hindurchsahen und von den neugierigen Blicken ringsum keinerlei Notiz zu nehmen schienen. Im Gegensatz zu ihnen war ich einfach nur dunkelhäutig, nichts deutete auf mein doppeltes Erbe hin. Ich litt darunter, dass nichts an meinem Äußeren eindeutig auf mein nigerianisch-skandinavisch-amerikanisches Erbe schließen ließ.

Dabei wünschte ich mir nichts sehnlicher, als dass man mich als Nigerianerin erkannte. Denn mit einer fremdländischen Identität, so dachte ich mir, könnte ich mir selbst mein ständiges Gefühl, in den USA irgendwie deplatziert zu sein, viel leichter erklären. Später auf dem College musterte ich die anderen afroamerikanischen Studenten mit kritischem Blick und gab es schließlich auf – mit ihrer dunklen Haut schienen sie vor Energie und Kraft nur so zu strotzen, platzten beinahe aus den Nähten ihrer leichten Klamotten. An ihnen wirkte alles unverstellt, die Mädchen wiegten sich beim Gehen in den Hüften, und die Jungs hatten ein strahlend weißes Lachen. Das Bewusstsein ihrer fremdländischen Identität gab ihnen ganz offenbar ein ausgeprägtes Selbstbewusstsein. Ich hingegen war einfach nur ein dunkelhäutiges Mädchen, unsicher und ohne Selbstvertrauen, das zufällig nach Amerika gespült worden war.

Neben neugierigen Fragen nach meiner Herkunft bekam ich hier auf der Malaiischen Halbinsel auch immer wieder mahnende Worte zu hören: »Nimm dich in Acht vor Banditen!«

Das südliche Thailand ist berüchtigt für bewaffnete Räuber- und Schmugglerbanden, die großflächig operieren, sich hin und wieder als kahl rasierte, gelb gewandete Mönche tarnen und ihre Opfer kaltblütig ermorden. Die Zeitungen in Bangkok sind voll mit Sensationsmeldungen über Gangs, die Reisebusse überfallen, dann in geheime Dschungellager abtauchen oder sich über die Grenze nach Malaysia absetzen. Einige Dörfer sollen voll und ganz in der Hand von Banditenführern sein, die sich junge Männer heranziehen, ähnlich wie die Drogenbosse im Norden. Auf der anderen Seite weiß man aus vielen Büchern und Filmen, dass Banditenbanden anscheinend keine Nachwuchsprobleme haben, was an ihrer Robin-Hood-Strategie liegt: von reichen Landbesitzern nehmen, an arme Dorfbewohner geben.

Insofern war ich als alleinreisende *farang*, also als Ausländerin, die zudem ihre Siebensachen in einer einzigen Tasche bei sich trug, leichte Beute. Doch ich hatte jedes Mal Glück. Wenn ich nach meinem Schutzherrn gefragt wurde, sagte ich immer, ich sei eine fromme Studentin auf *thudong*, auf Pilgerreise, und bis vor kurzem noch buddhistische Nonne gewesen.

»*Buad maechi?*«, riefen die Thai dann ungläubig, und ich nickte. Ja, ich war tatsächlich als buddhistische Nonne ordiniert worden. Mein kurzes Kraushaar, das nach der Kahlrasur eben erst nachwuchs, bekräftigte meine Aussage. Von da an waren sie nicht mehr so sehr an meinem Schutzherrn interessiert, sondern daran, mir zur Seite zu stehen, um ihr eigenes Karma zu verbessern. Bereitwillig erzählten sie mir, welche Gästehäuser nicht mit Räuberbanden unter einer Decke steckten und welche Städte ich besser meiden sollte. Und bis auf ein Mal, als während des Abendessens in einem Gästehaus unweit der malaiischen Grenze Schüsse auf der Straße zu hören waren, wir die Kerosinlampen löschten und ich genötigt war, den Rest des Abends mit dem Gesicht nach unten auf dem Fußboden liegen zu bleiben, habe ich keine schlechten Erfahrungen gemacht.

Nun saß ich im Zug, sah aus dem Fenster auf die finsteren, menschenleeren Straßen und hatte irgendwie das Gefühl, dass ein gutes Karma und großes Glück diesmal möglicherweise nicht ausreichen würden. Irgendwie schienen die beiden Dinge, auf die ich immer wieder angesprochen werde, zusammenzuhängen: Als Malaiin durchzugehen, war der beste Schutz gegen Überfälle durch bewaffnete Räuberbanden. Und das war mein Vorteil. Der Großteil der Banditen, so hieß es, waren Malaien, die den Islam praktizieren, und Mitglieder einer muslimischen Separatistenbewegung, die die Vorherrschaft der Thai-buddhistischen Regierung bekämpfen. Je weniger fremdländisch ich ihnen erschien, so ermutigte ich mich selbst, umso größer die Wahrscheinlichkeit, dass ich vor Vergewaltigung, Raub und Mord verschont blieb.

Ich stand auf und wankte durch den schaukelnden Zug, bewegte mich so unauffällig, wie ich konnte, beschloss, fortan in Gesprächen so wenig wie möglich von mir preiszugeben, wollte mich, so gut es ging, wie eine Thai verhalten. Dabei wusste ich, dass mir das so ganz nie gelingen würde, denn ich fiel allein durch mein Äußeres auf, besonders hier im Norden des Landes – ich war zu groß, zu dunkelhäutig, bewegte mich zu frei und zu ungezwungen. Einfach in der Menge zu verschwinden, war schlicht unmöglich.

Im Speisewagen wurde ich von drei Männern behelligt, die ihrer Kleidung nach zu urteilen – sie trugen schneeweiße Hemden und lange Hosen – Geschäftsleute sein mussten. Sie schickten zunächst den Kellner an meinen Tisch, um zu fragen, ob ich Englisch spräche, dann bestanden sie darauf, mich zum Abendessen einzuladen. Sie sahen aus wie Mitte 20, was bedeutete, dass sie Mitte 30 waren. Sie pichelten teures Singha-Bier anstatt billigen Mekong-Whiskey und waren auf dem besten Weg, sich zu betrinken. Ich hatte den Eindruck, dass sie mit ihrem ganzen Auftreten und Gehabe, vom geröteten Gesicht über die ausladenden Gesten bis hin zu ihrer übertrieben galanten Einladung, mich zu ihnen zu setzen, weniger mir als sich selbst imponieren wollten. Doch ich folgte ihrer Einladung.

Ihr Englisch war ausgezeichnet: Woher ich käme, wie es mir in Thailand gefalle, wo mein Mann sei und ob ich das thailändische Essen vertrüge, wollten sie wissen.

Ich antwortete ebenfalls auf Englisch, ließ ein paar Brocken Thai einfließen, zeigte aber nicht, wie gut ich die Sprache tatsächlich konnte. Denn das war Plan B: Wenn ich schon nicht als Malaiin durchging, sorgte ich wenigstens dafür, dass mich mein Gegenüber unterschätzte.

Sie quiekten vor Vergnügen bei meinen paar Worten Thai, und als ich haufenweise winzige grüne Chilies über meinen Reis streute, lachten sie sich krumm und scheckig. »Sieh mal, die *farang* isst scharfe Thai-Chilies!«, kicherten sie.

Der Umgang mit Fremden war ihnen offenbar nicht vertraut, was die Wahrscheinlichkeit minderte, dass sie Banditen waren. Dennoch lehnte ich dankend ab, als sie mit mir auf ein Glas Singha anstoßen wollten, und blieb bei Fanta, das in winzigen, eiskalten Flaschen serviert wurde.

Sie schmissen eine Runde nach der anderen, leierten in einem fort Namen von Traumstrandinseln am Golf herunter wie Phuket, Hat Yai, Ko Samui und die so genannten James-Bond-Inseln. Bestimmt, so meinten sie, würden all diese Inseln nach und nach für große Filme entdeckt, in denen blonde Filmschönheiten angespült werden wie Ölpfützen.

Ich erklärte ihnen, dass ich nicht auf Urlaubsreise sei, sondern auf Pilgerreise, unterwegs zu berühmten Nonnenklostern.

In meiner Tasche befand sich neben meinem Pass mein wertvollstes Besitztum: eine Liste mit Namen von Nonnen und Tempeln. Neben jeden Namen oder Tempel hatte mein Lehrer den Namen der jeweiligen Provinz geschrieben. Mit Glück stand auch noch die Stadt dabei. Sonst nichts. Mit dem Zug wollte ich quer durch Südostasien, von Malaysia bis hinauf nach Burma, und aussteigen, wann immer ich von Menschen oder Orten erfuhr, die wichtige Stationen auf meiner Pilgerreise waren. »Ich habe von ein paar Nonnen gehört, die da und da leben ...« – diese paar Worte genügten, und ich schnappte meine Tasche und steuerte zum nächsten Ausstieg.

»Mal sehen«, sagte der Jüngste und am besten Gekleidete der drei und streckte die Hand nach meiner Liste aus. Irgendeinen Anlass zum Feiern werden die drei schon haben, dachte ich bei mir – vielleicht ein bestandenes Examen oder ein erster Großauftrag, den der Sohn eines Geschäftsführers soeben an Land gezogen hatte. Er studierte die Liste und kniff die Augen zu schmalen Schlitzen in seinem krebsroten Gesicht zusammen. Schon bei seinem Anblick fühlte ich mich, als wäre ich selbst betrunken.

»Sekunde mal«, sagte er, schaffte es erstaunlicherweise, aufrecht zu sitzen, und schnippte mit einem seiner perfekt manikürten Finger auf den Namen der nächsten Haltestelle, die auf meiner Liste stand. »Da kannst du nicht hin. Phetchaburi ist in Banditenhand.«

Der Zug ruckelte um eine Kurve, und mir fuhr es in die Glieder. Eigentlich wollte ich am Abend in Phetchaburi aussteigen, denn ganz in der Nähe sollte sich eines der Nonnenkloster befinden.

Ich zuckte mit den Schultern, spielte die Gleichgültige. »*Mai pen rai*«, zitierte ich die in Thailand meistgebrauchte Floskel. Macht nichts. Ist okay. Kein Problem.

»Nein, nein«, beharrte er und machte eine zunehmend ernste Miene. »Der Zug kommt um drei Uhr morgens an. Die wissen, wer eintrifft und wo die hinwollen!«

Er drehte sich zu seinen Freunden und redete in einem südländischen Dialekt wie ein Wasserfall auf sie ein. Obwohl ich die meisten Wörter verstand, machte ich ein ausdrucksloses Gesicht, doch mein Herz raste wie wild.

»Was soll sie denn machen?«, fragte einer der Männer. »*Mai dii leuy.*« Klingt nicht gut.

»Sie sollte auf keinen Fall alleine unterwegs sein«, antwortete er. »Touristen und Plantagenarbeiter werden doch immer ausgeraubt.«

»Sie kann doch mit dir aussteigen. An deiner Haltestelle«, schlug einer der drei vor.

»Klar«, stimmte mein Möchtegern-Retter zu und drehte die Handflächen nach außen, eine Geste, die für mein Empfinden auf ein ehrlich gemeintes Angebot schließen ließ. »Meine Stadt ist größer und sicherer. Ich sorge dafür, dass sie in einem Gästehaus unterkommt, und fahre sie dann am Morgen mit meinem Auto zum *samnak maechi*.« Das war das Wort für Nonnenkloster.

»*Dii lao*«, sagte der andere. Prima.

In der Tat ein vernünftiges Angebot. Ich beschloss, es anzunehmen. Ich weiß, dass es auf eine ausgedehnte Beziehung hinausläuft, wenn man einen Thai um Hilfe bittet, auch wenn man ihn nur nach dem Weg fragt. Er wird sich dann so lange verantwortlich fühlen, bis er der Bitte nachgekommen ist, oder wie in meinem Fall, bis ich wohlbehalten an meinem Ziel bin.

Da drehte sich der Jüngste der drei wieder zu mir um und erläuterte mir den Plan ganz langsam und deutlich auf Englisch. »Du solltest nicht in Phetchaburi aussteigen, am nächsten Halt«, sagte er behutsam. »Du solltest in Ratchaburi aussteigen, am übernächsten Halt, wo ich wohne.« Er erklärte mir, warum.

Im ersten Moment sah ich ihn skeptisch an, um dann gleich darauf eine freudig zustimmende Miene zur Schau zu tragen.

Da kam die Rechnung, und prompt veranstalteten sie ein Riesenkrakeel, zogen ihre Geldbörsen aus italienischem Leder hervor, einer schneller als der andere, debattierten lautstark, wer der Älteste in der Runde war und damit die Zeche zu bezahlen hatte. Alle zückten ein paar Scheine, rote und braune, und warfen sie auf einen Haufen in die Mitte des Tisches.

Ich war ihnen wirklich dankbar, legte meine Handflächen aneinander und führte sie an meine Stirn, um auf traditionelle Weise *wai* zu sagen, danke. Sie freuten sich königlich, versuchten, meinen Dank mit der gleichen Geste zu erwidern, was in ihrem angesäuselten Zustand allerdings nicht recht gelingen wollte. Ich verabschiedete mich und ging zurück in den Zweite-Klasse-Wagen, während sie sich noch ein paar Flaschen Singha unter den Arm klemmten und den Speisewagen am anderen Ende in Richtung erster Klasse verließen.

»Bis in ein paar Stunden«, sagte der eine. »Und nicht vergessen. Ja nicht in Phetchaburi aussteigen – erst in Ratchaburi!« Wir verabredeten, uns auf dem Bahnsteig zu treffen.

Zurück in meinem Abteil, hatte ich Gesellschaft bekommen. Eine zierliche Mutter mit drei Kindern hatte Platz genommen. Ich hielt den Kopf ehrerbietig gesenkt und huschte auf meinen Platz am Fenster, schräg gegenüber von ihr. Als ich saß, nickte ich ihr lächelnd zu und bemerkte ein kurzes Zucken auf ihrem breiten Gesicht, als wollte sie mir vermitteln, dass es ihr unangenehm sei, sich samt Familie aus Versehen zu einer Fremden, egal, ob Malaiin oder *farang*, ins Abteil gesetzt zu haben. Doch schon im nächsten Moment erhellte sich ihre Miene. Die beiden jüngeren Kinder stockten mitten im Spiel, glotzäugig und sprachlos.

Neben mir saß das älteste der drei Kinder, ein Junge von ungefähr zehn Jahren. Er hielt sich aufrecht wie ein Tänzer, saß ganz am Rand des Sitzes; ein Millimeter weiter, und er hätte förmlich in der Luft geschwebt. Unmutig wedelte er mit der Hand, woraufhin seine Mutter ihn barsch anfuhr. »Ruhe!«, schalt sie ihn kurz und knapp auf Thailändisch.

Er hielt den Kopf vollkommen still, beobachtete mich aus den Augenwinkeln, rollte die Augen, wie es die Tänzer beim *khon* machen, einem Maskentanz, der auf dem bedeutsamen Hindu-Epos *Ramayana* basiert. Er wirkte auf mich wie Hanuman, der Affenkönig, der die Armee der Dämonen mit abrupten Sprüngen und wild rollenden Augäpfeln in Angst und Schrecken versetzt.

Ich lächelte in mich hinein, während das gleichmäßige Rattern des Zuges mich in Halbschlaf schaukelte; meine Glieder lockerten sich und gaben sich dem quietschenden Rhythmus hin. Vor meinen Augen wurde das Epos lebendig, ein wilder Kampf blaugesichtiger Dämonen gegen den Königssohn Rama mit seiner Armee von Affen, wobei der kleine Hanuman mit entschlossener Miene direkt neben mir kämpfte.

Phetchaburi – drang irgendwann das laute Rufen des Schaffners an mein Ohr. Da wollte ich doch eigentlich aussteigen. Ich fuhr auf und war drauf und dran, zur Tür zu stürzen. Warum hast du dich von deinem Plan abbringen lassen?, rügte ich mich. Was, wenn dieser

Geschäftsmann, der inzwischen bestimmt sternhagelvoll war, die Abmachung verschwitzte? Was, wenn alles nur leeres Geschwätz war? Was, wenn es gar keine bewaffneten Räuberbanden gab?

Ich drückte mir die Nase an der Fensterscheibe platt und spähte hinaus. Soweit man in der Dunkelheit erkennen konnte, war es auf dem Bahnsteig menschenleer. Aber wie hatte man sich eine Stadt vorzustellen, die in der Hand einer Banditenbande war? Vielleicht standen ja an jeder Ecke Grüppchen von Männern mit Maschinengewehren. Aber wie sahen diese Männer wohl aus? Trugen sie vielleicht dunkelblaue Bauernhemden, rote Stirnbänder und Schärpen wie die Opiumschmuggler im Norden des Landes? Oder eng anliegende Hosen aus glänzendem Polyesterstoff mit verspiegelten Sonnenbrillen auf der Nase, wie die Blutrachegangster in den indischen Bollywood-Filmen? Mal sehen, vielleicht konnte ich ja irgendwo ein Banner erspähen, das quer über den ganzen Bahnhof gespannt war und auf dem in Riesenlettern stand: Willkommen im Banditenland!

Ich beschloss auszusteigen, wie ich es ursprünglich geplant hatte, und beugte mich vor, um meinen Rucksack unter dem Sitz hervorzuziehen.

Just in diesem Moment nickte Hanuman ein, und sein Kopf fiel mit dem Gesicht nach unten in meine Ellbeuge. Es glühte förmlich, so warm war es, und seine weichen Wangen fühlten sich auf meiner Haut an wie sattreife Pfirsiche.

Erschrocken fuhr ich auf und zog meinen Arm weg, wobei sein Stoppelschädel an der weichen Innenseite meines Armes entlang kratzte. Er kringelte sich in die Fötushaltung, und sein kleiner, runder Kopf fiel auf meinen Schoß – göttliche Fügung, dachte ich bei mir, und blieb sitzen.

Gegenüber von uns döste der Rest der Familie, die jüngeren Kinder aufeinander, die Münder halb geöffnet – wie winzige, sprießende Blumen. Ganz leicht legte ich meine Hand auf die Schulter des schlafenden Jungen, während der Zug weiter durchs Banditenland ratterte.

Eine Stunde später erreichten wir Ratchaburi, mein neues Reiseziel. Zögerlich hob ich den Kopf des Jungen aus meinem Schoß. Er schlug die Augen auf, aber sofort senkten sich seine Lider wieder, wie goldene Halbmonde. Ich legte ihn über beide Sitze, nahm meinen Rucksack und eilte ans Wagenende.

Der Schaffner sah mich erstaunt an, als ich aussteigen wollte, und ließ seinen Blick am Zug entlang wandern. »*Khon urn?*«, rief er. Noch jemand?

Ich nickte.

Und er wartete.

»Malaiin?«, fragte er mich unterdessen.

Ich nickte erneut.

Er wartete immer noch. Der Bahnhof war geschlossen, und es war stockfinster. Kein Banner zu sehen – gut. Bis auf einen Samloh-Fahrer, der auf dem Rücksitz seines dreirädrigen Fortbewegungsmittels schlief, war der Bahnsteig menschenleer.

Der Schaffner zuckte schließlich mit den Achseln. »Sind Sie sicher, dass das die richtige Haltestelle ist?«

Ich wurde unsicher. Vielleicht hatte ich ja die beiden Haltestellen verwechselt und hätte in Phetchaburi aussteigen sollen. »Ist an der letzten Haltestelle ein Mann ausgestiegen?«, fragte ich ihn.

Er schüttelte den Kopf, wobei die goldene Borte auf seiner Schaffnermütze im Licht des Zugkorridors glänzte. »An diesen Bahnhöfen steigt nachts niemand gerne aus.«

Deshalb also hatte er den Zug so lange hier warten lassen. Mit offenem Mund starrte ich ihn an, begriff erst jetzt, welch große Sorgen er sich offenbar um mich machte und wie dumm ich doch war. Ich wusste rein gar nichts von dieser Stadt, außer dass sie eine

Stunde nördlich von meinem ursprünglichen Reisziel entfernt und damit näher an Bangkok lag, weshalb sie vermutlich größer und sicherer war. Doch angeblich war das hier tiefstes Banditenland. Und der Geschäftsmann bekam eine Provision für jede *farang*, die er hierher lockte.

Der Zug begann zu schnauben und zu zerren wie ein störrisches Tier, und der Schaffner sprang auf den metallenen Tritt. »*Glaap maa?*«, bot er mir an. Wollen Sie wieder einsteigen?

Ich schüttelte den Kopf. Im Klostertempel lehrte man uns, den Dingen, die einem Angst machen, die Stirn zu bieten. Vielleicht war ich aber auch einfach nur gelähmt vor Unschlüssigkeit.

Laut quietschend fuhr der Zug davon. »Viel Glück!«, rief mir der Schaffner noch hinterher. »Passen Sie gut auf sich auf!«

Ich schulterte meinen Rucksack und drehte mich nach dem Samloh-Fahrer um. Der hatte sich bereits aufgesetzt und sah mich an.

»Samloh?«, fragte er.

Ich nickte eifrig und krabbelte auf den Rücksitz. »Zum chinesischen Hotel«, stieß ich barsch hervor. »Ich bin spät dran.«

Während der Fahrer begann, langsam in die Pedale zu steigen und das Samloh wie in Zeitlupe durch die verlassenen Straßen zu steuern, betete ich, dass das Vorurteil, alle Samloh-Fahrer seien Drogendealer, Zuhälter oder Banditeninformanten, maßlos übertrieben war. Und ich betete, dass es tatsächlich ein chinesisches Hotel gab.

Obgleich die Stadt mir nicht so groß erschien wie gedacht, bot das Zentrum das gewohnte nächtliche Bild – finster und verrammelt; heruntergelassene Metalltore vor den Eingängen der Geschäfte, zerbrochenes Glas über stuckverzierten Toren und schmiedeeiserne Gitter vor den Fenstern der Wohnungen. Das waren hier die üblichen Sicherheitsvorkehrungen, so wie die erhöhten Gehsteige gegen Überschwemmungen. Kein Grund zur Besorgnis also.

Ich dachte an Maechi Roongduan, die Nonnenvorsteherin in meinem Klostertempel. Sie war es, die mich zu dieser Pilgerreise inspiriert hatte. Als sie Ende zwanzig gewesen war, also nicht viel älter als ich jetzt, war sie drei Monate lang quer durch Thailand gewandert, auf dem Rücken ein kleines Bündel mit einem Schirm, einem Moskitonetz, einer Almosenschale und ein paar Gewändern. Sie erreichte die Malaiische Halbinsel während der Kautschukernte, was bedeutete, dass die Dorfbewohner auch nachts arbeiteten, bei Kerzenlicht die Bäume abrindeten und tagsüber während des Almosenrundgangs schliefen. Infolgedessen war sie tagelang ohne Nahrung unterwegs und musste häufig meditieren, um das nagende Hungergefühl zu besiegen. Nachts meditierte sie irgendwo allein im Freien, wo die Luft schwer war vom stechenden Kautschukgeruch, und oft entdeckte sie nach Beendigung ihrer Meditation ein paar Kobras, die mit den Köpfen in ihrem Schoß lagen.

»Vielleicht wurden sie von meiner Körperwärme angezogen«, wunderte sie sich, und ich wunderte mich über sie und ihren festen Entschluss, alle Geschöpfe zu lieben, egal, um welchen Preis.

Zu meinem Erstaunen setzte mich der Samloh-Fahrer tatsächlich vor einem chinesischen Hotel ab, einem bescheidenen Gebäude aus grauem Mauerstein mitten im Zentrum der Stadt. Ich zahlte, gab gerade so viel Trinkgeld, um mich erkenntlich, aber nicht wohlhabend zu zeigen, schob dann meine Hand durch das schmiedeeiserne Tor und betätigte die Klingel.

Es dauerte nicht lange, da kam der chinesische Pförtner in weißem Unterhemd, Pyjamahose und Pantoffeln über den Hof geschlurft, in der Hand eine Laterne und einen dicken Schlüsselbund. Er sagte kein Wort, geleitete mich auf ein Zimmer, das sauber und spartanisch war, und zeigte mir die Dusche.

Die Dusche war ein winziger Raum, in dem ein riesiger Krug mit Wasser stand. Fröstelnd goss ich es mir über den Körper und ließ unter dem Wasserschleier gut getarnt ein paar Tränen kullern. Für kurze Zeit konnte ich ganz ich selber sein.

Kaum war ich zurück auf meinem Zimmer, klopfte der Wachmann an meine Zimmertür. Ich hätte Besuch, verkündete er.

Mein Herz pochte wie wild. Also doch. Der Samloh-Fahrer – verraten und verkauft!

»Nein, ich erwarte niemanden«, rief ich und beäugte das klapperige Türschloss. »Es ist schon spät. So eine bin ich nicht!«

»Nein, nein, ich bin es«, tönte eine vertraute Stimme. Ich machte auf und sah den Geschäftsmann aus dem Zug im Flur stehen. Sein Gesicht war noch immer knallrot, und er guckte etwas dämlich aus der Wäsche. »Darf ich reinkommen?«

»Nur kurz«, sagte ich. »Ich muss schlafen.«

Er trat ein und ließ sich aufs Bett plumpsen.

Ich war sprachlos, ließ vorsichtshalber die Tür offen stehen und stellte mich vor ihn hin. »Was war los?«

»Ich war eingeschlafen«, sagte er und rieb sich die verquollenen Augen, »und habe die Station verpasst. Ich musste dann in der nächsten Stadt raus und ein Taxi auftreiben, das mich zurück nach Ratchaburi brachte. Und das war zu dieser nachtschlafenen Zeit gar nicht so leicht. Außerdem musste ich noch das Hotel hier finden.«

»Und wie haben Sie mich gefunden?«

»Ganz einfach. Wie viele *farang* steigen wohl mitten in der Nacht hier aus? Ich bin zum Bahnhof gegangen und habe den Samloh-Fahrer gefragt. Und der hat mich hergebracht«, lachte er leise.

Ich lachte mit, auch wenn sich damit meine anfängliche Vermutung bestätigte, dass mich der Samloh-Fahrer tatsächlich verraten hatte, wenn auch nicht an einen Banditenkönig.

»Wie kamen Sie auf dieses Hotel?«, wollte er wissen.

Ich musste grinsen. »Gar nicht. Ich wusste nur, dass das hier bestimmt keine Touristenstadt ist. Wenn es ein Hotel gab, dann eines für durchreisende Kaufleute. Also riet ich einfach, dass es von Chinesen betrieben wird, und sagte: ›Zum chinesischen Hotel‹. Und es hat funktioniert.«

»Ganz schön clever!«, lachte er schallend und schüttelte den Kopf. »Eigentlich wollte ich Sie beschützen, aber Sie sind ja ganz gut ohne mich zurechtgekommen.«

Bescheiden senkte ich den Kopf.

Er hätte gerne noch auf ein Gläschen mit mir angestoßen, doch ich bat ihn höflich zu gehen. Mit vor Erschöpfung hängenden Schultern stand er auf, seine feine Leinenhose inzwischen welk wie eine dürre Gartennelke, und sagte, dass er mich am nächsten Morgen um elf Uhr mit dem Auto abholen und zum Nonnenkloster bringen würde.

»Diesmal bin ich pünktlich«, schwor er. »Punkt elf!«

Um halb eins am folgenden Tag überlegte ich, was ich nun am besten machen sollte. Keine Ahnung, wie weit das Nonnenkloster entfernt lag und wie lange es dauern würde, bis ich es gefunden hatte. Ich musste also eine Menge Zeit einplanen, Zeit, um nach Phetchaburi zurückzufahren, Zeit, das Kloster zu finden, Zeit für die Nonnen und den Ort selbst sowie Zeit, wieder hierher nach Ratchaburi zurückzukehren. Vor Einbruch der Dunkelheit wollte ich wieder im Zug sitzen und raus aus diesem Banditengebiet sein.

Vom chinesischen Hotelbesitzer erfuhr ich, wann der Nachtzug ging und wo der Marktplatz war. Von einem Nonnenkloster in Ratchaburi oder sonst irgendwo in der Umgebung hatte er jedoch noch nie gehört.

»Falls ein Mann nach mir fragt, richten Sie ihm bitte aus, dass ich wegmusste. Ich bin aber bis zum Abend wieder zurück, damit ich den Nachtzug bekomme.«

Auf dem Weg in die Stadt fühlte ich mich etwas unbehaglich, denn bisher kannte ich nur zwei Extreme von Städten – Touristenmetropolen wie Chiang Mai und Bangkok, wo es wimmelte von Exilanten und Englisch beschrifteten Schildern, und kleine, traditionelle Dörfer, wo man sich grüßend nach einer *farang* umdrehte. Mit mittelgroßen Städten jedoch, in denen Chinesen, Thai, Laoten, Inder und Malaien lebten, hatte ich keine Erfahrung. Ich fühlte mich wie ein Komparse, der das Drehbuch nicht ganz verstand.

Am Marktplatz wartete ich an einer Haltestelle, an der Tuk-Tuks nach Phetchaburi hielten. Mehrere Pick-ups fuhren vorbei, doch die schmalen, gepolsterten Bänke waren bereits bis auf den letzten Platz besetzt. Schließlich fuhr ein neuerer Wagen heran und hielt. Der Fahrer stieg aus und ging auf den Markt, während die hübsche junge Frau auf dem Beifahrersitz im Auto blieb.

Ich ging auf das Auto zu, lehnte mich durch das offene Fahrerfenster und sprach sie an: »Fahren Sie nach Phetchaburi? Ich suche dieses Kloster«, sagte ich und streckte ihr meinen Zettel hin. »Ich glaube, es liegt an der Straße nach Phetchaburi, irgendwo auf dem Land.«

Sie blinzelte mit zusammengekniffenen Augen auf den Zettel und runzelte die Stirn. »Ich bin mir nicht sicher. Ich muss ihn fragen«, sagte sie und deutete auf den Fahrer, der mit einem riesigen Sack Reis über den Schultern auf das Heck des Wagens zu wankte, seine Last abwarf und die Hände gegeneinander schlug. Sein Gesicht glich im Profil dem der jungen Frau, wirkte allerdings etwas älter, Anfang 20 etwa. »*Arai na?*«, fragte er. Was gibt's?

»Können wir sie dorthin mitnehmen?«, fragte sie. »Zu einem Tempel.«

Er musterte mich flüchtig. »Ein Tempel?«

»Ja, eigentlich ein Nonnenkloster«, erklärte ich.

Zusammen gingen wir die Liste mit den Klosternamen und Provinzen durch, die mir meine Lehrerin mitgegeben hatte. Ich wusste, was sie dachten. Die Tempel in Thailand tragen alle lange, komplizierte, blumige Namen, die kein Mensch benutzt. Der Einfachheit halber hat man ihnen daher anschauliche Spitznamen gegeben: Marmortempel, Höhlentempel, Tempel des Smaragdbuddha, Tempel des ruhenden Buddha, Tempel des ceylonesischen Buddha. Doch ohne den Spitznamen oder die Adresse eines Tempels zu kennen, ist es schier unmöglich herauszufinden, wo er gelegen ist.

»Steigen Sie ein«, sagte der Fahrer, und die junge Frau rutschte auf seinen Wink hin zur Seite.

»Oh, nein«, protestierte ich. »Ich kann auch hinten sitzen.«

Aber das kam für beide nicht in Frage, und so zwängte ich mich auf den Vordersitz. Ohne auf eventuelle andere Mitfahrer zu warten, fuhren wir los.

Besorgt, ich könnte in überheblicher *Farang*-Manier den anderen Mitfahrern im Heck des Wagens meine Reiseroute aufgezwungen haben, schielte ich durch ein schmales Fenster nach hinten. Doch der Pick-up war abgesehen von dem Sack Reis völlig leer. Keine gepolsterten Sitzbänke, kein verschnörkeltes Gitterwerk an der Überdachung, keine weiteren Fahrgäste. Ein Tuk-Tuk war das nicht!

Ich fuhr herum, um mir meine Reisegenossen genauer anzusehen. Mit krummem Rücken saß der Mann hinterm Lenkrad und beriet sich leise mit der jungen Frau. Ja, klar – jetzt dämmerte es mir: Die beiden waren Bruder und Schwester, die auf dem Markt Einkäufe erledigten hatten und bestimmt keine Fahrgäste aufnehmen wollten. Ich war in das Privatauto irgendeiner Familie gestiegen und hatte ihnen eben mal einen Fahrauftrag erteilt.

»*Khaw thod!*«, rief ich. Entschuldigung. »Ich dachte, das wäre ein Tuk-Tuk! Es tut mir leid! Bitte«, bettelte ich und langte nach dem Türgriff, »ich steige wieder aus, Sie müssen mich nicht mitnehmen.«

»Nein, nein«, versicherten sie mir. *Mai pen rai*. Schon gut. Kein Problem.

Während der einstündigen Fahrt machte ich mich so klein wie möglich, als würde das Ausmaß meiner Unverschämtheit schrumpfen, je mehr ich mich duckte. Indes fuhren meine überhöflichen Reisebegleiter mit mir kreuz und quer durch die Stadt, waren schweigend und ernst bei der Sache, fragten mich auch nicht groß aus, so wie ich es sonst gewohnt war.

Wir holperten über schlammige, ausgefahrene Straßen und hielten alle paar Meter an, um verdatterte Mönche oder Feldarbeiter nach dem Weg zu fragen, und wurden von einem falschen Tempel zum anderen geschickt.

Schließlich dirigierte uns eine ältere Frau zu einer Haltestelle für Fernreisebusse. Und tatsächlich trafen wir dort auf einen jungen, feschen Busfahrer in glänzendem Seidenhemd und mit dicker Sonnenbrille, der uns versicherte, dass er die Strecke Richtung Nonnenkloster fuhr.

Ich stieg also um, während meine Reiseleiter sich entschuldigten, dass unsere Wege sich trennten, bevor ich mein Reiseziel erreicht hatte. Am liebsten würden sie mich selbst zum Nonnenkloster bringen, erklärte die Schwester, doch ihre Mutter hätte sie bereits vor einer Stunde zu Hause zurückerwartet, und ich möge ihnen doch bitte verzeihen. Sie neigten sich vor, und plötzlich bekamen die beiden vor Rührung und Freundlichkeit ganz rosige Wangen, als hätten wir einen äußerst vergnüglichen Nachmittag zusammen verbracht.

»Sind Sie Malaiin?«, platzte der Bruder heraus, traute sich nun doch, mir eine persönliche Frage zu stellen.

»Nein, Amerikanerin«, sagte ich und war in diesem Moment froh, es zu sein, denn damit hatte ich den beiden eine spannende Geschichte für ihre Mutter geliefert – im Gegenzug für ihre Großzügigkeit. »Ich war einmal Nonne im Norden des Landes und bin jetzt auf Pilgerreise. Sie haben mir sehr geholfen.«

Sie bekamen ganz große Augen, und wir lächelten alle drei. Unsere ganze Begegnung beruhte auf einem einzigen Missverständnis, das wir nun doch noch ausgeräumt hatten.

»Auf Wiedersehen«, rief mir die Schwester durch das Busfenster zu. »Viel Glück!«, fügte der Bruder hinzu. Sie winkten beide. »Wir werden an Sie denken!«

Als ich an jenem Abend in das chinesische Hotel zurückkehrte, hatte ich einiges hinter mir: eine endlos lange Busfahrt hinaus aufs Land, drei Kilometer Fußmarsch über eine schlammige Straße, einen Rundgang durch das Nonnenkloster, ein ausgiebiges Gespräch mit der Klostervorsteherin, die Rückfahrt nach Ratchaburi im Wagen von einheimischen Bauern. Ich trat in die Lobby des Hotels, und da saß er und wartete auf mich – der Geschäftsmann aus dem Zug.

Trotz seines frischen Leinenanzugs sah er aus wie das heulende Elend.

»Ich habe schon wieder verschlafen«, jammerte er und lief mir entgegen. »Mein Heimweg letzte Nacht hat Ewigkeiten gedauert. Der Samloh-Fahrer hat nämlich nicht auf mich gewartet. Und so war ich völlig kaputt, bis ich endlich daheim war.« Er errötete und senkte verlegen den Kopf. »Um eins war ich hier.«

Ausführlichst erklärte ich ihm, warum ich nicht hatte warten können, beruhigte ihn, dass ja alles geklappt hatte, und erzählte ihm von meinen Erlebnissen: Zehn Kilometer außerhalb der Stadt hatte der Bus neben einsamen, weiten Reisfeldern angehalten, die sich smaragdgrün und golden Hektar für Hektar aneinander reihten, dazwischen nur ein paar vereinzelte, griesgrämig dreinblickende Wasserbüffel. Die nachmittägliche Sonne brannte in dieser Gegend sehr viel heißer vom Himmel, als ich das vom Norden des Landes kannte.

»Hier?«, hatte ich den Busfahrer gefragt. »Hier soll das Nonnenkloster sein?«

Er zuckte mit den Schultern, seine Miene gut getarnt hinter der dicken Sonnenbrille, und deutete auf einen schlammigen Feldweg, der von der Straße abging. »Da hinunter geht's zu den Nonnen«, sagte er. »Hab' ich jedenfalls gehört.«

Na schön. »*Khob khun kha*«, dankte ich ihm.

Der Bus rumpelte davon, und ich ging den Feldweg hinunter, versuchte, nicht darüber nachzudenken, wie ich wieder zurück in die Stadt kommen würde. Doch schließlich hatte ich es geschafft, hatte mich hier in Südostasien ohne Karte und ganz allein zurechtgefunden.

Zum Abschluss erzählte ich ihm noch kurz von meinem erfolgreichen Besuch im Nonnenkloster und ließ mir dann vom chinesischen Portier meine Tasche geben. Der sah mich mit einem verwunderten Lächeln an, bei dem seine vom Betelkauen rot verfärbten Zähne zum Vorschein kamen. Den Geschäftsmann bat ich, mir einen letzten großen Gefallen zu tun und mich zum Bahnhof zu begleiten.

Das baute ihn wieder etwas auf. Er geleitete mich zu einem funkelnden, cremefarbenen Mercedes, hielt mir die Tür auf und schüttelte verwundert den Kopf. »Eine alleinreisende Frau, eine arme Studentin, eine *farang*.« Er hielt kurz inne, sinnierte darüber – das waren für ihn drei gute Gründe, um mir in meiner vermeintlichen Einsamkeit zu Hilfe zu kommen. »Aber auf meine Hilfe sind Sie gar nicht angewiesen«, schloss er.

Das war zwar nicht ganz richtig, doch ich lächelte trotzdem bescheiden, nahm die Anerkennung dankend entgegen und genoss es für einen Augenblick, mich als Malaiin zu fühlen.

Härtetest im Paradies

E.J. Levy • Brasilien

DESTINO

Im Portugiesischen ist das Wort für Schicksal und Reiseziel ein und dasselbe: *destino*. Von daher könnte man sagen, dass ich mein *destino* erreicht hatte, als ich am vierten Januar in Salvador, Bahia, Brasilien, landete. Mein Junior Year an der Yale University war halb geschafft, und nun wollte ich hier im brasilianischen Amazonasgebiet ein Jahr lang die ökologischen Auswirkungen von Entwicklungsprojekten erforschen.

Als College-Studentin im zweiten Jahr hatte ich mich um ein Stipendium der Stiftung Rotary Foundation International beworben. Und ich hatte Glück. Die Stiftung, die Studenten, Wissenschaftler und Journalisten bei internationalen Forschungsarbeiten unterstützt, hatte mir ein großzügiges Stipendium zuerkannt. Ich wusste mein Glück zu schätzen und wollte die Zeit vor Ort gut nutzen. In meiner Bewerbung hatte ich vorgebracht, am National Institute for Amazonian Research in Manuas, Amazonas, arbeiten zu wollen, einem der ältesten und ersten Institute auf dem Gebiet der Erforschung tropischer Regenwälder. Ich hatte vor, in einem Team von Forschern mitzuarbeiten, deren Arbeiten und Namen ich aus der Fachliteratur kannte. Ich wollte dazugehören zum Kreis der Biologen und Zoologen, die in meinen Augen Heldenhaftes leisten in ihrem ständigen Bemühen, die Verwüstung riesiger Waldgebiete, Flüsse und Lebensräume in diesem einzigartigen Naturraum aufzuhalten. Ich wollte unbedingt dazu beitragen, einen Teil jener Welt zu retten, die da langsam für immer verloren ging.

Aber es lief nicht alles reibungslos. Den zuständigen Sachbearbeitern von der Stipendienvergabestelle fehlte es an ausreichenden geografischen Kenntnissen, so dass das Hauptquartier der Stiftung in Chicago mich zuerst nach Salvador, Bahia, schickte, in eine Touristenstadt an der Küste, etwa 5000 Kilometer südöstlich vom Amazonasgebiet, meinem eigentlichen Ziel. Also beschloss ich, fürs erste in Salvador zu bleiben, buchte ein Hotel, wollte mich ein wenig umsehen, mein Portugiesisch aufpolieren und auf das Geld von der Stiftung warten, bevor ich mich etwa eine Woche später landeinwärts in Richtung Nordwesten zum Amazonasgebiet begab.

In meiner zweiten Nacht in Salvador hatte ich tief und fest geschlafen, wachte frisch und munter auf und freute mich aufs Frühstück im Hotel. Wie Eliots literarischer Held, den es in die Tropen verschlagen hatte, hätte ich sogar Mango gegessen, aber erst musste ich aus den Federn kommen.

Der Tag fing gut an. Ich stand kurz nach sieben auf, zog die Vorhänge zurück und ließ das fahlweiße Morgenlicht herein. Zu dieser frühen Stunde war es draußen auf den Straßen noch kühl. Das strahlende Licht brach sich weich, hatte noch nichts von der grellen Glut des Mittags, wenn die Sonne hoch am Himmel steht. Der Himmel über den Gebäuden gegenüber meinem Hotel war von blasser grünlich blauer Farbe, zart getönt, fast heiter.

Ich duschte kurz und zog meine khakifarbenen Shorts an, dazu ein dünnes T-Shirt mit Regenbogenmuster und Tennisschuhe. Um die Hüften schnallte ich mir meinen Geldgürtel mit 150 Dollar in bar, meinem Pass und meinem Führerschein (mein restliches Geld, 250 Dollar in bar, sowie ein paar Reiseschecks verstaute ich ganz unten im Koffer). Diesen kleinen Beutel mit Bargeld und Dokumenten wollte ich immer bei mir tragen, falls jemand in mein Zimmer einbrach. Auch meine Kamera nahm ich mit.

Ich leide keineswegs unter Verfolgungswahn, aber in allen Reiseführern wird vor Dieben gewarnt. Zudem wurde kurz vor meiner Abreise in allen Medien von einem Mord an einem deutschen Touristen in Rio berichtet, nur weil er kein Geld bei sich hatte, das er den Räubern, die ihn mit der Knarre bedrohten, hätte geben können. Wenn ich mich recht entsinne, waren die Diebe Kinder, die den Mann dann aus purem Zorn erschossen hatten.

Ich ging hinunter in die Hotellobby, wo das Café durch Paravents abgetrennt war. Auf den acht bis zehn Tischen lagen weiße Leinentischdecken. Nur ein Tisch war besetzt. Das Pärchen, das dort saß, sprach eine Sprache, die ich nicht erkannte. Das Frühstück war im Zimmerpreis inbegriffen, worüber ich froh war, wenngleich es mich etwas verlegen machte, alleine frühstücken zu müssen. Und so stand ich unschlüssig am Eingang zum Café, bis ein Kellner auf mich zukam und mir mit einer Handbewegung zu verstehen gab, dass ich mir einen Tisch aussuchen könnte. Ich wählte einen Tisch am Fenster, weit weg vom Eingang und der Lobby.

Kaum hatte ich Platz genommen, rückte mich der Kellner samt Stuhl ein wenig näher an den Tisch, was sich, obwohl es sicher nett gemeint war, ein bisschen wie ein Tritt in den Hintern anfühlte.

»*Quer café?*«, fragte er.

Ich nickte, freute mich, dass ich die Frage verstand.

»*Por favor*«, sagte ich.

»*Americano ou com leite?*«, fragte er weiter.

Ich war mir nicht sicher, was mit *americano* gemeint war, und bestellte den Kaffee deshalb der Einfachheit halber mit Milch.

»*Tem também escolha de suco*«, sagte er. »*Suco de laranja, abacaxi, manga, maracujá e de tomate. O que quer?*«

Sein Wortschwall brachte mich völlig durcheinander. *Escolha* klang wie Schule, *laranja* hieß Orange, und den Rest hatte ich nicht richtig mitbekommen.

»Repete, por favor«, sagte ich, und es war mir peinlich, ihn darum bitten zu müssen, das Ganze zu wiederholen.

»Pois não«, sagte er. Natürlich. *»Temos sucos ...«* Er sprach jetzt langsam und laut, und ich schämte mich dafür, aber ich hörte gut zu, klebte an seinen Lippen, als könnte ich so besser verstehen, was er sagte: *»Laranja, abacaxi, maracujá, manga, goiaba, tomate.«* Das erste Wort war Orange, das letzte Tomate, da war ich mir ziemlich sicher. Ich wagte eine Antwort, wie ein Kandidat bei einer Gameshow.

»Quero laranja«, sagte ich.

»Suco de laranja, ta certa?«

Suco de laranja. Ich nickte unsicher. Doch der Kellner drehte sich sichtlich zufrieden um und zog von dannen.

Sah also ganz danach aus, als hätte ich Kaffee mit Milch und Orangensaft bestellt. Ich wartete. Frühstückseier wären jetzt auch nicht verkehrt gewesen. Aber nun gut, dafür kamen mein Milchkaffee und der frisch gepresste Orangensaft prompt, dazu ein Körbchen mit ofenwarmen, duftenden Brötchen und ein Teller mit frischen Obststücken – Ananas, Mango, Bananen und blassgrüne Melonenschnitze.

»Obrigada«, bedankte ich mich.

»Número de quarto?«, fragte er.

Ich sah ihn verwirrt an. Ob ich vielleicht noch Frühstückseier wolle, hieß das mit Sicherheit nicht. *Número* heißt Nummer, *quarto* Zimmer. Aber wozu wollte der Typ meine Zimmernummer wissen? Was dachte der sich eigentlich?

»Número«, wiederholte er nun laut, als wäre ich taub.

Ich nickte, hatte verstanden, wusste aber nicht, wie die Zahl auf Portugiesisch hieß, das heißt, eigentlich wusste ich es, aber vor Schreck fiel mir nicht mehr ein, wie man eine Zahl zusammensetzt. Ausgerechnet ich, die zahlenbesessene Wirtschaftsstudentin.

»*Entendo*«, brachte ich heraus. »*Mais, não sei como dizer*«, sagte ich weiter und zeigte auf den Stift, der in seiner Hemdtasche steckte, denn das Wort für Stift wollte mir auch nicht einfallen. »*Por favor.*«

Er reichte mir den Stift, und ich schrieb meine Zimmernummer auf: 217.

»*'brigado*«, sagte er mit einem Seufzer der Erleichterung und einem fast unmerklichen Kopfnicken. Danach machte er sich daran, das Geschirr vom Tisch der anderen Gäste zu räumen, die inzwischen gegangen waren und mich hier alleine zurückließen.

Ich faltete die Stoffserviette auseinander und legte sie mir über den Schoß. Dabei achtete ich auf jede Bewegung, die ich machte, damit ich auch ja einen guten Eindruck machte, falls mich irgendjemand beobachtete. Wenn ich alleine bin, fühle ich mich ständig beobachtet, was natürlich völliger Quatsch ist, da ja außer mir niemand da ist, der mich beobachten könnte.

Ich versuchte, mich auf die Dinge zu konzentrieren, die vor mir auf dem Tisch standen: schweres, glänzendes Essbesteck aus rostfreiem Edelstahl, weißes Tischtuch, dickes, einfaches Geschirr, Butterstückchen auf einem kleinen Teller mit Eis, Brötchenkorb. Ich langte über den Tisch, achtete darauf, meinen Ärmel nicht in den Kaffee oder das Obst zu hängen, und nahm mir ein kleines, krosses Brötchen, legte es auf meinen Teller, spießte ein Stück Butter mit der Gabel auf und beförderte es ebenfalls auf meinen Teller. Anschließend brach ich das Brötchen auseinander, als würde ich ein Riesenei aufschlagen, legte die eine Hälfte auf den Teller und behielt die andere Hälfte in der Hand. Mit dem Messer schnitt ich nun die Hälfte eines Butterstückchens ab und bestrich damit das weiche, weiße Innere des Brötchens in meiner Hand. Ich ließ mir Zeit, machte langsame und bedächtige Bewegungen, als müsste ich jemandem beibringen, wie man ein Brötchen schmiert. Zudem wollte ich nicht gierig, verfressen oder durchgeknallt erscheinen.

Ich kaute langsam, bewegte jeden Kaumuskel ganz bewusst, schluckte die Krümel einzeln, spürte die Anwesenheit des Kellners im Nacken, der sich in einer Ecke an der Kaffeemaschine zu schaffen machte. Ich aß derart konzentriert, dass es mir schon beinahe wehtat. Jeder Bissen kostete mich Überwindung. Mit der Gabel stach ich mir ein kleines Stück Obst ab, fürchtete, ungeschickt zu wirken und zu allem Unglück ein Stück Mango oder Melone auf den Fußboden fallen zu lassen. Ich spießte und kaute, spießte und kaute, spießte und kaute ...

Nachdem ich mir zwei Brötchen und ein Dutzend Obststücke einverleibt und den Orangensaft ausgetrunken hatte, war ich völlig geschafft. Erleichtert schob ich meinen Stuhl zurück und stand auf. Ich überlegte kurz, ob ich mir ein, zwei Brötchen einstecken sollte, um sie in Ruhe auf meinen Zimmer zu essen. Doch was, wenn der Kellner das mitbekam? Er hätte mich am Ende doch noch für ein Schwein gehalten ...

Praia do Sol

Zurück auf meinem Zimmer, zog ich mir meinen Badeanzug an, darüber ein T-Shirt und meine Khaki-Shorts. Meine Haut kribbelte, als die kühle Luft darüberstrich.

Ich wollte zum Strand, obwohl ich Strände eigentlich nicht mag. Das heißt, ich mag sie schon, allerdings lieber zum Spazierengehen als zum Sonnenbaden. Heute aber wollte ich es wagen, obwohl es mir mit meinen 21 Jahren noch immer ein Rätsel war, wie man sich freiwillig die Sonne auf den Pelz brennen lassen konnte. Ich sah darin ein eher stinklangweiliges Freizeitvergnügen (Sonnenbaden! Schon das Wort klang in meinen Ohren stinklangweilig), für eine heiße, schweißtreibende und ermüdende Angelegenheit, genau wie Sex (dachte ich mit 21), für eine sich selbst auferlegte Qual, eine Verschwendung kostbarer Zeit, in der man sinnvolleren Beschäftigungen nachgehen könnte. Doch angesichts der Tatsache, dass ich binnen kurzem im Amazonasgebiet sein würde, 1.500 Kilometer landeinwärts der Atlantikküste, wo es keinen Strand gab, sollte ich diese Gelegenheit nicht ungenutzt lassen.

Die Gelegenheit nicht ungenutzt lassen – ein pragmatisches Schlagwort, wie es amerikanischer nicht sein kann, das in meiner Familie, die zur amerikanischen Mittelklasse zählt, gerne zitiert wurde. Es gilt als ein fester Grundsatz unseres protestantisch geprägten Weltbilds und beinhaltet einen weiteren, nämlich den, sich zu quälen. Wir versuchen, »das Beste draus zu machen«, und wenn das nicht gelingt, heißt es: »Aus Schaden wird man klug« (wobei Erziehung, erbauliche Lektüre und Umsicht doch eigentlich die Fehler verhindern müssten, die zu Schaden führen könnten).

Ich schnürte mir also die Tennisschuhe zu und schnallte mir wieder meinen Geldgürtel um die Hüfte. Vielleicht sollte ich ja doch nicht mein ganzes Geld mitnehmen. Ich überlegte: Wenn ich das Geld in meinem Koffer versteckte, könnte es gestohlen werden, während ich weg war. Wenn ich es mitnahm, könnte ich überfallen werden und alles auf einmal verlieren.

Ich beschloss, potenzielle Diebe durch einen Kompromiss zu überlisten. Ich würde zwei Taschen mitnehmen: eine Strandtasche mit Handtuch und Sonnenmilch und eine Plastiktüte mit Kamm, Zimmerschlüssel, Pass und Studentenausweis (falls ich zwei Ausweise bräuchte, um einen Reisescheck einzulösen) – nichts, was Diebe interessieren könnte. In die Vordertasche meines Geldgürtels wollte ich gerade so viele Cruzeiros stecken, um den Bus bezahlen und Straßenräuber abwimmeln zu können. Mein übriges Bargeld und die restlichen Reiseschecks würde ich unter meiner Fußsohle im Schuh verstecken. Sollte ich überfallen werden, könnte ich den Räubern die Cruzeiros geben, ohne dass sie auf die Idee kämen, dass ich noch 400 Dollar im Schuh habe. Meine Kamera ließ ich im

Zimmer zurück, zwischen meinen Socken in der Schublade versteckt.

Und auf zum Strand!

An der Hotelrezeption stützte ich die Ellbogen auf die schwarze Marmorplatte und erkundigte mich beim Portier, wo der nächste Strand sei. In Barra, sagte er; der Strand dort sei schön und auch gar nicht so weit weg, nur wenige Meilen von hier, die Avenida Sete de Setembro hinunter. Den Namen des Ortes hatte ich schon einmal gehört. Der Taxifahrer, der mich zum Hotel fuhr, hatte ihn erwähnt.

Ich wollte wissen, ob es einen Bus nach Barra gab, bekam den Satz aber nicht richtig hin, da ich das falsche Verb wählte und *tomar* sagte statt *pegar*. Und das klang, als wollte ich wissen, ob ich den Bus trinken oder mitnehmen kann. Ich versuchte es noch einmal etwas einfacher.

»Bus fährt dorthin?«, fragte ich holprig.

Er nickte. *»Vai«*, sagte er, und seine Stimme wurde zunehmend lauter, wie die des Kellners am Morgen beim Frühstück. *»Mais tem pegar no outro lado.«*

Er kam um den Tisch herum, ging mit mir zum Ausgang und zeigte auf die andere Straßenseite, wo bereits ein paar Leute warteten.

»Lá«, sagte er. Dort. *»Pôde pegar o ônibus lá.«* Der Bus fährt dort drüben ab.

Ich dankte ihm und ging über die Straße zur Bushaltestelle.

Um ganz sicherzugehen, dass ich auch richtig war, sprach ich die Frau neben mir an. *»Posso pegar o ônibus pra Barra aqui?«*, fragte ich, denn inzwischen war mir das richtige Verb wieder eingefallen.

Die Frau war sehr klein, reichte mir gerade mal bis zur Brust. Sie sah an mir hoch, und mir fiel auf, dass sie winzig kleine Augen hatte.

»*Pôde*«, sagte sie. Das kurze Wort klang in ihrem Mund irgendwie endlos gedehnt, in die Länge gezogen, wie das Quieksen einer Henne. Ich fragte mich, woher sie kam; vielleicht war sie eine der zahllosen Armen, die aus den trockenen, ländlichen Gebieten im brasilianischen Hinterland – dem *sertão* – in die Küstenstädte strömten, um Arbeit zu finden, was ihnen aber selten gelang. Sie hatte einen leeren Gesichtsausdruck, wie ihn Menschen haben, die viel Zeit damit verbracht haben, in endlose Weiten zu blicken, es war, als fiele es ihr schwer, den Blick auf die Dinge direkt vor ihr zu richten.

Ihre Gesichtshaut war faltig und sonnengebräunt. Das dunkle, grausträhnige Haar hatte sie zu einem lockeren Knoten nach hinten gebunden. Wie alt mochte sie sein? 35 vielleicht, aber sie sah uralt aus. Ihr Gesicht hatte die Weichheit des Alters, wie Apfelfruchtfleisch. An ihrem Arm hing ein Korb. Ihr dünnes, blau geblümtes Baumwollkleid war abgetragen. Der Busen hing bis zu den sanften Rundungen ihres Bauchs.

»*Obrigada*«, sagte ich.

»*Nada*«, erwiderte sie und schaute wieder blinzelnd auf die Straße.

Der Bus kam, zog eine schwarze Abgaswolke hinter sich her, und die Frau legte mütterlich ihre Hand auf meinen Unterarm.

»*Isto*«, sagte sie und sah mich an. »*Isto vai pra Barra, entendeu?*« Klar verstand ich – dieser Bus fuhr nach Barra.

Die wartenden Leute ordneten sich zu einer langen Schlange, und als der Bus hielt, stiegen sie an der Hintertür ein, einer nach dem anderen, ganz gemächlich und ohne Hast. Am Drehkreuz fragte mich der Schaffner, welche Kategorie von Fahrkarte ich wolle, doch ich hatte keine Ahnung, zumal ich mich noch überhaupt nicht an die fremde Währung gewöhnt hatte.

»*Me deixa*«, sagte die Frau – gestatten Sie. Sie bog meine Finger auf, zählte aus meinem Kleingeld ein paar Münzen ab, und wir schoben uns durch das Drehkreuz hinein in den bereits hoffnungslos überfüllten Bus. Ich klammerte mich an der Haltestange über meinem Kopf fest. Ein Mann neben mir erhob sich und bot der kleinen Frau seinen Platz an.

Als der Bus losfuhr, fühlte ich mich wie eine Heldin. Ich hatte es mit meinen paar Brocken Portugiesisch bis in den Bus geschafft. Jeder kleine Dialog war ein Triumph für mich: Zuerst hatte ich herausgefunden, welcher Bus nach Barra fuhr (dass alle Busse, die von hier Richtung Westen fahren, durch Barra müssen, wurde mir erst später klar), dann war ich eingestiegen, hatte bezahlt und fuhr nun meinem Ziel entgegen.

Über die Köpfe der anderen Passagiere hinweg konnte ich durch die Fenster nach draußen gucken, sah, wie die Häuser vorbeizogen, niedrige stuckverzierte Bauten und schmucklose Gemäuer: Finster blickende junge Mädchen in Schuluniformen stellten sich in einer Reihe zum Ballspiel auf oder saßen hinter der Umzäunung auf dem gepflasterten Schulhof beim Unterricht im Freien. *Escola* und *Convento* stand auf dem reich mit Stuck verzierten, weißen Gebäude; davor ragten Palmen in den blauen Himmel.

Dann ging es bergab über eine schmale, gewundene Straße. Auf der linken Seite ragte ein moderner Wohnkomplex in den Himmel und versperrte die Sicht; auf der rechten Seite stand ein baufälliges dreistöckiges Gebäude, von dem der Putz abblätterte. Der Fahrer musste an jeder Kurve hupen, um eventuell entgegenkommende Fahrzeuge zu warnen, da der Bus die ganze Straße einnahm. Ich hatte Mühe, das Gleichgewicht zu halten, schwang mal leichter, mal stärker gegen die Fahrgäste neben mir.

Dann plötzlich war die Sicht auf der rechten Seite wieder frei. Das offene Meer lag vor uns, der tiefblaue Atlantik. Ich freute mich, hier zu sein, war voller Optimismus, was meine künftige Arbeit betraf. Ich würde helfen, den bedrohten Regenwald zu retten, etwas Sinnvolles für dieses Land tun. Das Meer und diese strahlende Schönheit – genau das liebe ich auch an meiner Heimat: den herrlich blauen Atlantik, der im Sonnenlicht glitzert und funkelt. Ich ließ meinen Blick wandern und erspähte weit draußen eine Insel. *Ilha*, übersetzte ich das Wort leise für mich – Ilha de Itaparica.

Der Bus rumpelte, schnaufte die gewundene Allee hinunter, vorbei an einer langen weißen Balustrade mit vasenförmigen Pfosten. Links der Straße zog sich das Land steil hinauf in ein hügeliges Wohngebiet; rechts fiel es schroff zum Meer hinab. An den schwarzen Felsen brachen sich Wellen. Am Ufer entdeckte ich einen Wassersportclub, Boote, die vertäut am Kai lagen, und ein Schwimmbecken, in dem klares Wasser glitzerte. Es roch nach Salz, Meer und Diesel.

Abrupt schwenkte der Bus auf den Bordstein zu, hielt an, damit die Leute an der Avenida John F. Kennedy – wie ich auf dem Straßenschild auf der anderen Straßenseite las – aussteigen konnten.

Die Frau tippte mich wichtig am Arm. *»Próximo«*, sagte sie. *»Barra é o proximo.«*

»Aqui?« – Hier?, fragte ich, obwohl ich keinen Strand weit und breit sehen konnte, und griff nach meiner Tasche, um auszusteigen.

»Aqui não.« Sie hielt mich am Handgelenk fest und schüttelte heftig den Kopf. *»O próximo.«*

Also blieb ich im Bus, besorgt, die richtige Haltestelle zu verpassen.

Der Bus rumpelte immer weiter bergab, bis wir die letzte S-Kurve hinter uns hatten. Dann fuhr er um eine allerletzte scharfe Rechtskurve, vorbei an einer *farmacía* auf der rechten und ein paar Geschäften auf der linken Seite, er umfuhr eine kleine *praça,* einen Platz mit einem Mosaikboden aus schwarz-weißem Marmor, mit einem solchen Schwung, dass die Fahrgäste auf den Stehplätzen fast umgefallen wären.

Die kleine Frau, die vor mir saß, legte mir die Hand auf den Unterarm und sagte laut: »*Aqui aw. Barra é aqui.*«

Ich nickte, dankte ihr und quetschte mich etwas unsicher nach vorn durch. Draußen auf der Straße stiegen mir allerlei Gerüche in die Nase – Benzin, Kokosnusssonnenöl, Fisch, Salz, Urin und der köstliche Duft von gebratenen Zwiebeln. Das orangefarben leuchtende *dendê*-Palmöl, in dem sie vor sich hinbrutzeln, ist aus der exotischen Küche Bahias nicht wegzudenken.

Der Bus fuhr weiter, und ich blieb kurz auf dem Gehsteig stehen, um mir einen Überblick zu verschaffen. Hinter mir lag der Strand, vor mir die Straße mit einer Apotheke, einer Wäscherei, durch deren Durchreichefenster man seine Wäsche abgab, sowie einer Saft- und Snackbar mit kleinen, runden Metalltischen und -stühlen, von wo aus man die Straße und das Meer überblicken konnte.

Vor der *lavanderia* lag ein voluminöser Karton, eine alte Kühlschrankverpackung, aus der ein paar nackte Füße lugten. Direkt gegenüber von mir saß eine alte Frau neben einem Topf mit kochendem Öl, in dem kleine, weiße Klößchen zischten. Ihr Gesicht hatte die Farbe von Zartbitterschokolade, es war hager und glänzend vor Schweiß, ihr Körper war in unzählige Lagen aus weißer Spitze gehüllt, dazu trug sie einen weißen Turban. »*Acarajé, vatapá*«, bot sie in genäseltem Singsang lauthals ihre Waren feil.

Zu meiner Linken lag die *praça*, der Platz, wo kleine Kinder mit Rastalocken auf Decken saßen, auf denen sie Schmuck aus gebogenem Draht, Perlen und Muscheln ausgelegt hatten. In einem kleinen Holzhaus entdeckte ich einen Zeitungsverkäufer. Die Zeitungen hatte er neben mehreren Bananenhaufen mit Wäscheklammern an eine Schnur gehängt. Ein Stück weiter flatterten auf einer Wäscheleine bunte Hemden und Baumwollkleider im Wind.

Überall sah ich Menschen, die müßig herumsaßen, die Straße oder die Wellen beobachteten oder an der Balustrade der Promenade lehnten. Ich stützte die Ellbogen auf das Geländer und genoss den Augenblick.

Der Strand entpuppte sich als Enttäuschung, er war eine kleine, stinkende kleine Bucht, eingezwängt zwischen Felsen auf der rechten und einer Burg auf der linken Seite. Abgesehen von den Sonnenanbetern überall, entdeckte ich etwas weiter weg ein paar Skiffs, schmale Einmannruderboote. Die Wellen plätscherten ans Ufer wie Badewasser. Palmen waren nicht zu sehen. Wie ein Badestrand sah das Ganze nicht gerade aus, eher wie ein überdimensionierter Aschenbecher.

Dennoch stieg ich die Stufen hinunter. Flaschendeckel und Zigarettenstummel verunstalteten den Sand, allerdings wurde es zum Wasser hin sauberer. Ich wählte ein Plätzchen in der Mitte, etwas abseits von den anderen, breitete mein Handtuch aus, setzte mich, streifte meine Kleider ab und faltete sie zu einem Kissen zusammen, das ich auf meine Schuhe legte. Dann schmierte ich mir Sonnenmilch auf die Arme und – soweit ich hinkam – auf den Rücken.

Obst- und *suco*-Verkäufer, noch halbe Kinder, schlurften über den Sand und boten aus ihren Kühltaschen Erfrischungsgetränke und Eis an. Die Taschen waren größer als sie selbst und hingen ihnen an Riemen um die dünnen Hälse. Ich legte mich zurück und schloss die Augen.

Da spürte ich jemanden neben mir, blickte hoch und sah zwei Frauen, die ein paar Schritte neben mir ihre Handtücher ausbreiteten. Kurz darauf schlug ich die Augen erneut auf und erblickte einen Mann – Shorts, abgerissenes T-Shirt, Sandalen, Dreitagebart –, der unmittelbar neben meinem Kopf hockte. Der Typ war mir nicht geheuer, doch da die anderen keine Notiz von ihm zu nehmen schienen, beschloss ich, ihn ebenfalls zu ignorieren.

Als ich wenig später spürte, wie mir Sand auf die Haut blies, drehte ich mich um und sah, dass der Mann ein Loch buddelte. Er interessierte sich offenbar nicht für mich, sandelte ungestört weiter, und so machte ich die Augen wieder zu, lauschte dem monotonen Gegrabe, bis ich irgendwann eindöste.

Nach etwa einer Stunde wachte ich auf, weil es auf meiner Haut juckte und brannte wie verrückt – klare Anzeichen von Sonnenbrand. Ich setzte mich auf, drückte mit dem Daumen auf meinen Schenkel und beobachtete, wie die Haut weiß wurde. Ein schlechtes Zeichen. Ich langte nach der Plastiktüte. Mist. Sie war weg. Ich klopfte mir den Sand ab, stand auf und sah mich um.

»Você falta alguma coisa?«, fragte eine der Frauen, die sich ein paar Schritte neben mich gelegt hatten, sie wollte wissen, ob ich etwas verloren hatte.

»Minha bolsa«, sagte ich. Meinen Beutel. Er lag eben noch da.

Die Frau stand auf, um mir suchen zu helfen, doch die andere der beiden sagte: *»Já foi embora.«* Der ist weg!

Sie erzählte, was sie beobachtet hatte: Der Mann mit dem Dreitagebart hatte meinen Beutel offenbar langsam immer tiefer vergraben, bis er unbemerkt seine Hand hineinstecken und meine Sachen herausnehmen konnte.

Gerade wollte ich fragen, warum sie mich denn nicht geweckt hatte, als mir ihre Freundin die Worte aus dem Mund nahm.

Warum hast du nichts unternommen?, wollte sie wissen.

Was, wenn er ein Messer gehabt hätte. Wer weiß, was dann passiert wäre!, gab die andere zurück.

Sie hatte Recht. Geld ist es nicht wert zu sterben. Aber es ist trotzdem ganz schöner Mist, ohne Geld und Schlüssel dazustehen.

Ich müsse sofort *o centro* gehen, drängte mich die eine, und wollte wissen, ob ich schon einmal unten im Stadtzentrum gewesen sei.

Ich schüttelte den Kopf.

Dann nichts wie hin – sie gab keine Ruhe. Ich müsse zur Polizei und Anzeige erstatten. Ich solle ein Taxi nehmen, das Geld dafür würde sie mir geben. Sie legte mir eine Hand auf den Rücken. Hast du noch Geld? Brauchst du welches?

Da fiel mir das Geld in meinem Schuh ein, und ich lehnte ihr Angebot dankend ab. Der Kerl habe meinen Schlüssel, meinen Pass und meinen Studentenausweis, aber das Geld nicht, sagte ich ihnen.

Den Pass kann er verkaufen, meinte die andere. Du musst unbedingt Anzeige erstatten.

Ich setzte mich auf den Boden, Tränen stiegen mir in die Augen und tropften in den Sand. Tröstend hockten sich die beiden Frauen neben mich, während ich Rotz und Wasser heulte und einen ganz salzigen Geschmack im Mund spürte.

Er könne mir dennoch gefährlich werden, gab die eine zu bedenken. Wenn er den Hotelschlüssel hat, weiß er, wo du wohnst, und kommt womöglich wieder, um sich noch einmal zu bedienen.

Ich hatte keine Lust, ein Taxi zu nehmen und dafür auch noch unnötig Geld auszugeben, nur um in gebrochenem Portugiesisch irgendeinem Bullen zu verklickern, dass ich meinen Pass verloren hatte. Ich war vor allem müde, erschöpft, schwitzte und hatte Angst.

Du musst aber zur Polizei, drängten mich beide.

Also ging ich – müde, erschöpft, verschwitzt und voller Angst.

Im Hotel

Der Portier im *Praia do Sol* war stinksauer.

Wie konnte mir der Schlüssel am Strand überhaupt gestohlen werden? Ob ich denn nicht wisse, dass man den Zimmerschlüssel an der Rezeption abgibt, bevor man das Hotel verlässt?

Nein, das hatte ich wirklich nicht gewusst.

Hätte ich das denn wissen sollen? Was man wissen sollte, war etwas, das mir immer wieder aufs Neue Angst, Kummer und Verwirrung bereitete. Schon häufig hatte ich das Gefühl, etwas nicht zu wissen, was andere offenbar ganz selbstverständlich wussten: wie man sich in einem Hotel benimmt, wie man isst, wenn man alleine am Tisch sitzt, wie man einen unbeschwerten Tag am Strand genießt, was man in einem fremden Land mit einem 22.000-Dollar-Stipendium anstellt, das mir die Stiftung längst schon hätte auszahlen müssen, und zwar noch bevor ich hierher kam, an einem Ort, der über 5.000 Kilometer südöstlich von dem Ort lag, an dem ich jetzt am liebsten gewesen wäre.

Ich müsse in ein anderes Zimmer umziehen, für den Fall, dass der Dieb zurückkommt, sagte der Hotelangestellte und zog verärgert die Stirn in Falten. Des Weiteren, so erklärte er mir mit einem schweren Seufzer, stehe auf dem Schlüsselanhänger nicht nur der Name des Hotels, sondern auch die Zimmernummer, und außerdem müsse er das Schloss an der Zimmertür auswechseln lassen.

Na prima – meinetwegen hatte das Hotel jetzt unnötige Scherereien. Und das ließ er mich deutlich spüren.

Bei der Polizei

Das einstöckige Polizeigebäude in einem abgelegenen Viertel in Salvador war klein, weiß und mit Stuck verziert. Der Polizist nahm mir alle Hoffnungen, meinen Pass je wiederzubekommen. Auch er konnte es nicht fassen, wie man so dämlich sein konnte, Pass und Schlüssel mit zum Strand zu nehmen.

»Warum haben Sie die Sachen überhaupt mitgenommen?«, fragte er mich.

»Um sie nicht zu verlieren«, gab ich zur Antwort.

Er lachte.

Dabei hatte ich wirklich gelesen, dass man seinen Pass immer und überall dabeihaben müsse. Aber das sagte ich ihm nicht, um mir weiteres Gelächter zu ersparen.

»Wertsachen lässt man im Hotelsafe. Man nimmt nur ein wenig Kleingeld mit, falls man überfallen wird«, belehrte er mich.

Dann schickte er mich zur amerikanischen Botschaft, um dort einen neuen Pass zu beantragen, und wünschte mir viel Glück.

Das konnte ich jetzt gebrauchen.

In der Botschaft

Die amerikanische Botschaft lag an einer breiten ruhigen und sauberen Straße in einem noblen Viertel westlich des Stadtzentrums, dort, wo die weißen und mit Stuck verzierten Villen der Reichen hinter schmiedeeisernen Toren in großen privaten Gartenanlagen standen.

Ich stand auf dem Gehsteig vor der Botschaft und brachte durch die Sprechanlage mein Anliegen vor. Es summte, die Tür sprang auf, und ich ging hinein.

Im kleinen abgeteilten Foyer (roter Teppich, weiße Wände, blaue Stühle) erklärte ich der Empfangsdame durch ein winziges, kugelsicheres Fenster, dass ich meinen Pass verloren hatte und noch heute einen neuen bräuchte.

So schnell gehe das auf gar keinen Fall, antwortete sie. Das dauere Wochen. Den Antrag könne ich schon einmal ausfüllen, doch der ginge dann erst nach Dallas. Allerdings bräuchte ich für die Antragstellung noch folgende Unterlagen, fuhr sie fort, und schob mir ein kopiertes Blatt Papier unter dem Fenster durch, auf der die einzelnen Posten aufgelistet waren: zwei neuere Schwarzweißfotos, ein gültiger Ausweis, 45 Dollar in bar, Reisescheck oder Verrechnungsscheck.

Heute jedoch könne ich den Antrag auf keinen Fall mehr einreichen, sagte sie weiter, es sei schon zu spät. Sie sah auf die Uhr. Passanträge würden nur bis zwei Uhr mittags entgegengenommen, ich solle morgen wiederkommen.

Ich fragte, ob ich wenigstens das Formular ausfüllen könne, wo ich schon mal hier sei, um das Prozedere zu beschleunigen.

Ob ich Fotos dabeihätte, wollte sie wissen.

Was für Fotos?

Die Fotos, die für einen Passantrag benötigt würden, gab sie zur Antwort. Ohne Fotos kein Pass.

Aber meine Ausweise seien doch alle gestohlen, versuchte ich ihr begreiflich zu machen. Das sei ja gerade mein Problem! Deshalb sei ich doch hier! Ich sei beraubt worden.

Irgendeinen Ausweis bräuchte ich aber, tat sie meine Einwände ab, damit überhaupt ein neuer Pass ausgestellt werden könne. »Wie sollen wir sonst wissen, ob Sie die Person sind, die Sie behaupten zu sein?«, fragte sie.

Ich versuchte es noch einmal. »Mein Studentenausweis wurde mir gestohlen. Zusammen mit meinem Pass!«

Aber das schien sie nicht zu beeindrucken, sie sprach einfach weiter: »Und Sie brauchen zwei Passfotos, in dieser Größe.«

Ich hatte keine Passfotos dabei und auch keinen blassen Schimmer, wo ich so schnell welche herzaubern sollte. Ich war den Tränen nahe. Da hatte ich den langen, weiten Weg gemacht, und dann das. Mit erstickter Stimme fragte ich, ob ich jemanden von der Botschaft persönlich sprechen könne. Es seien alle in der Mittagspause, sagte sie, das könne dauern, da könne ich gleich morgen wiederkommen.

Ob ich warten dürfe, fragte ich.

»Wie Sie wollen«, antwortete sie.

Ich setzte mich in einen der blauen Stühle und starrte auf die schlaffe Fahne, die in der Ecke des Foyers stand. Über der Fahne hing ein gerahmtes Bild mit dem lachenden Gesicht eines zweitklassigen Schauspielers, der es zum Präsidenten geschafft hatte. 20 Minuten später kam eine Frau – kurzhaarig, eckiges Gesicht, die Statur eines Sumo-Ringers –mit einer Papiertüte in der Hand durch den Eingang.

»Arbeiten Sie hier, Madam?«, fragte ich auf Portugiesisch.

Sie sah mich an.

»Yes«, antwortete sie. »Kann ich Ihnen helfen?«

»Mein Pass wurde mir gestohlen, und ich brauche einen neuen. Darf ich die Formulare schon einmal ausfüllen?«

»Ich habe ihr schon gesagt, dass sie zu spät ist«, rief die Empfangsdame dazwischen.

»Tut mir leid, dafür bin ich nicht zuständig«, sagte die Frau.

»Bitte«, beharrte ich. Fast hätte ich angefangen zu heulen, so verzweifelt war ich, was sie mir offenbar ansah, denn sie lenkte ein.

»Mal sehen, was ich tun kann«, sagte sie.

Sie verschwand hinter einer schweren Feuerschutztür, hinter der ich einen flüchtigen Blick in ein Treppenhaus erhaschte.

Ich wartete. Nach wenigen Minuten klingelte das Telefon an der Rezeption.

Sie dürfen jetzt hinauf, nickte mir die Empfangsdame zu.

Ich ging durch das Treppenhaus hinauf, an leeren Büros vorbei, bis ich zum Büro von Gertrude Stein gelangte, die in einem Ledersessel hinter einem mächtigen Schreibtisch aus Mahagoniholz saß und ihr Mittagessen aus der Papiertüte aß. An den Wänden des Büros hingen Fotos von Tanzensembles und gerahmte Plakate von Wanderausstellungen – alles in allem wirkte es nüchtern, wie ein Arztsprechzimmer. Ich nahm Platz.

Gertrude Stein, so fand ich heraus, arbeitete für die USIA (United States Information Agency) in Salvador, einem Zweig der amerikanischen Auslandsvertretung, der für den kulturellen und künstlerischen Austausch zuständig ist.

Ich erzählte ihr meine Geschichte und fing mittendrin an zu heulen.

Ob ich Portugiesisch könne, wollte sie wissen. Und als ich sagte, dass ich es besser verstünde als spräche, erklärte sie mir langsam und mit einfachen portugiesischen Worten, dass es an sich kein

Problem sei, einen neuen Pass zu bekommen, dass es nur etwas dauern würde. Sie reichte mir die entsprechenden Formulare und sagte mir, wo ich Passbilder machen lassen könne. Wenn ich ihr bis morgen die Fotos nachreichte, würde sie sich persönlich darum kümmern, dass mein Antrag prompt bearbeitet werde. Dann lehnte sie sich zurück und fragte, was ich hier im Land machte.

Ich erzählte ihr, dass ich an der Yale University studierte und auf dem Weg ins Amazonasgebiet sei, um die ökologischen Auswirkungen von Entwicklungsprojekten zu erforschen.

Ich erfuhr, dass noch eine Studentin aus Yale hier sei, eine Fulbright-Stipendiatin. Ob ich sie kenne, fragte sie mich. Aber ihr Name sagte mir nichts.

Sie beugte sich über ihren Schreibtisch und meinte, dass sie mich viel sympathischer fände als die andere Studentin, die ziemlich eingebildet und arrogant sei und zudem kein Wort Portugiesisch spreche. »Sie hingegen«, sagte sie, »sprechen zwar nur ein paar Brocken, aber Sie probieren es wenigstens.«

Ich war dankbar, dass meine Schwächen auch mal als Stärke gesehen wurden. Dann schrieb sie einen Namen und eine Nummer auf einen kleinen Zettel und schob ihn mir hin.

Rufen Sie sie doch mal an, sagte sie.

Ich lächelte und dankte ihr. Ja, mache ich, versicherte ich, wusste aber, dass ich es nicht tun würde.

Draußen auf der Straße war es inzwischen nicht mehr ganz so heiß. Es wehte eine leichte Brise, die nach Meerwasser und Teer roch. Der blaue Himmel war wunderschön, der Wind ließ die Palmwedel rauschen. Es klang wie Storchengeklapper – ein für meine Ohren ungewöhnliches Geräusch. Ich war in tropischen Gefilden, meilenweit weg von zu Hause, aber jetzt ging es mir besser. Und da ich nichts weiter zu tun hatte, beschloss ich, die paar Kilometer zurück ins Hotel zu Fuß zu gehen. In Wahrheit aber hatte ich nur Angst davor, in einen Bus zu steigen, der womöglich ganz woandershin fuhr. Ich hatte Angst davor, mich zu verirren. Ein sieben Kilometer langer Fußmarsch an der gepflasterten Straße entlang erschien mir weitaus einfacher, als mich in einer fremden Sprache durchzufragen.

Außerdem war es ein schöner Nachmittag, und der Spaziergang würde mir bestimmt gut tun.

Nach gut zwei Stunden kam ich mit Krämpfen in den Waden und völlig ausgehungert in Barra an. Seit dem Frühstück hatte ich nichts mehr gegessen, und jetzt ging schon die Sonne unter. Ich überlegte, in dem kleinen Café etwas zu mir zu nehmen, doch dann müsste ich wieder allein an einem Tisch sitzen. Vielleicht sollte ich mir doch lieber einfach nur einen Schokoriegel an einem Zeitungskiosk kaufen, aber Schokoriegel hatte ich langsam über. Mir war eher nach etwas Deftigem. Da fiel mein Blick wieder auf die alte Frau mit dem weißen Spitzengewand und dem Turban, die im siedenden *dendê*-Palmöl kulinarische Köstlichkeiten zubereitete. Das war jetzt genau das Richtige.

Ich ging über die Straße und fragte sie, was so eine Köstlichkeit koste. Um was es sich überhaupt handelte, fragte ich nicht, denn die Antwort hätte ich ohnehin nicht verstanden, und so wichtig war es mir auch nicht. Der Duft war verlockend genug, ein würziger Duft aus Zwiebeln, Cashewnüssen, Cilantro und Palmöl stieg mir in die Nase und ließ mir das Wasser im Mund zusammenlaufen. Ich zahlte den Betrag, den sie nannte, sah zu, wie sie ein dampfendes, gelbgold frittiertes Bohnenpastetchen aus dem Topf löffelte und in ein Papier beförderte. Ob ich es scharf wolle, fragte sie. Als ich nickte, schnitt sie das Pastetchen mit einem scharfen Messer in zwei Hälften und verteilte darauf rotes, mit roten Pfefferschoten gewürztes Palmöl. Darüber schmierte sie eine dicke Lage Erdnussbutter, streute Garnelen und Gewürze darüber und gab zum Schluss getrocknete Krabben obenauf, an denen noch die rosa Köpfe mitsamt den Augen waren. Sie beobachtete mich ganz genau, als ich ihr das fertige *acarajé* aus der Hand nahm.

Es war das erste Mal, dass ich eines der typischen Gerichte in Bahia aß – *acarajé* mit *vatapá*, so nennt man den cremig-salzigen Brei aus frischen und getrockneten Garnelen, Fisch, Erdnusscreme, Kokosnussmilch, Tomaten, Knoblauch, *Dendê*-Öl und Gewürzen. Wie man diese landestypischen Speisen zubereitet, die wie so vieles der Kultur Bahias westafrikanische Einflüsse verraten, sollte ich später an einer Kochschule in einem älteren Viertel der Stadt erlernen. *Acarajé*, eine berühmte Spezialität der Küche Bahias, sind Pastetchen aus in *Dendê*-Öl frittierten schwarzen Bohnen gefüllt mit *vatapá*, Knoblauch, getrockneten Garnelen und Pfefferschoten. Ich ließ es mir schmecken, sah zu, wie die untergehende Sonne den Horizont rosa färbte, und war glücklich.

Auf den Hund gekommen

Ayun Halliday • Indonesien

Ubud, Bali. Das ursprüngliche Städtchen ist für seine wilden, streunenden Hunde beinahe ebenso berühmt wie für die bildschönen Holzschnitzereien, insbesondere die Frosch- und Affenfiguren sowie die gestreiften Katzen mit Angeln in den Pfoten. Das malerische Künstlerdorf zieht Touristen aus aller Welt in die unzähligen Gästehäuser und idyllisch gelegenen Luxushotels. Die Hunde sorgen dafür, dass die Touristen den Ort nicht völlig für sich einnehmen.

Viele westliche Touristen gehen lieber auf Sicherheitsabstand zu den struppigen und knurrenden Kötern, die sich in der Umgebung des Marktes von Ubud herumtreiben. Dass sie allesamt herrenlos sind, ist offensichtlich, und keiner von ihnen versprüht den unwiderstehlichen Charme von Lassie. Ginge es nach den Touristen, dann sollte man die Köter am besten zusammentreiben und massenweise vernichten, bevor sie zu einer größeren Gefährdung der öffentlichen Hygiene und Gesundheit werden, als sie es ohnehin schon sind. »Das wäre auch für die armen Tiere das Beste«, sagen die Touristen und denken dabei nicht ohne schlechtes Gewissen an ihre eigenen geliebten und kerngesunden Vierbeiner zu Hause. Denn Pinscher Fifi und Mops Henri sind unterdessen in teuren Hundepensionen untergebracht, für die Herrchen tiefer in die Tasche greifen muss als für den eigenen Urlaub im balinesischen Luxushotel.

Die Bewohner von Ubud hingegen haben es nicht eilig, die Hunde loszuwerden. Stattdessen zeigen sie den Touristen bereitwillig, wie man einen bedrohlichen Köter verscheucht. Man tut einfach so, als wollte man einen Stein nach ihm werfen. Darauf fallen die Hunde fast jedes Mal rein und nehmen Reißaus – fast so wie beim Stöckchenwerfen mit dem eigenen Hund zu Hause im Park. Die Besitzer der Gästehäuser und die Künstler, die vom Verkauf ihrer Holzfiguren leben, sind an das Gejammer der Touristen gewöhnt und schnalzen nur mitleidig mit der Zunge, wenn mal wieder jemand eine Hundegeschichte zu erzählen hat. Sie wissen, dass die Hunde unter Umständen schlecht fürs Geschäft sind. Ich würde sagen, dass sie im Gegenteil sogar ziemlich gut fürs Geschäft sind. Ubud, einst ein verschlafenes Städtchen in Balis Hinterland, eingebettet in Reisfelder, hat in den letzten Jahren einen wahren Boom von Touristen erlebt, die hier das »ursprüngliche« Bali suchen. Wobei das Leben hier kaum authentischer ist als in Kuta Beach, dem Party- und Surferparadies, das die meisten Bali-Touristen wegen der sonnigen Strände als Erstes ansteuern. Heute bekommt man auch in Ubud an jeder Ecke M&Ms oder Diät-Cola. Man kann Faxe empfangen, E-Mails checken und sich seine Froschfiguren kistenweise per Overnight-Kurier in die ganze Welt verschicken lassen. Abend für Abend werden im Akkord Light-Versionen traditioneller Tänze aufgeführt. Sie sind zwar wunderschön anzusehen, unterscheiden sich aber nicht groß von den Darbietungen in Disneyland, und es wird so viel geknipst wie bei den Konzerten irgendwelcher Boy Groups wie 'NSYNC. Mick Jagger und Jerri Hall haben hier geheiratet, und unter Touristen ist Ubud längst kein Geheimtipp mehr. Vorbei die Zeiten, da Ubud ein einsames und abgeschiedenes Dorf war. Der Tourismus hat Einzug gehalten, und die Hotels verwöhnen ihre Gäste mit allem Komfort – fast wie zu Hause.

Aber eben nur fast – denn da sind die Hunde, verwilderte und bedrohliche Tölen. Und so etwas kennt man nicht von zu Hause.

In einem allmorgendlichen Ritual nehmen sich balinesische Frauen viel Zeit, um den Göttern kunstvoll arrangierte Opfergaben aus Früchten, Blumen und Räucherstäbchen darzubringen, die sie vor den Schreinen in ihren Häusern und Geschäften aufstellen. Die Religion der Balinesen ist eine spezielle Form des Hinduismus, vermengt mit eigenen Traditionen. Sie ist geprägt von unzähligen Göttern, Dämonen, Geistern und Fabelwesen, die einzig dazu da zu sein scheinen, als Figur irgendwo aufgestellt zu werden. Alle Balinesen, selbst die Kinder, huldigen den Göttern. Überall im Land sind Tempel, und religiöse Feste kann man fast täglich irgendwo auf der Insel beobachten. Sie sind ein fester Bestandteil des täglichen Lebens. Ich weiß noch, wie lange ich als Kind gebraucht habe, mir am Palmsonntag aus Palmwedeln ein Kreuz zu flechten, um es dann an meine Bluse zu stecken. In der Zeit, in der ein holländischer Tourist sich eine Zigarette dreht, flicht eine Balinesin mit ihren Kindern ein halbes Dutzend zierlicher Palmenkörbe, in die sie ihre Opfergaben legen. Auch die Dämonen bekommen Gaben, nichts Großartiges, lediglich ein paar Löffel gekochten Reis auf einem Bananenblatt. Doch kaum hat ein Dämon seine Gabe bekommen, ist auch schon ein Hund zur Stelle, der sich gierig darauf stürzt – auch das gehört in Bali zur Religion, heißt es im *Lonely-Planet*-Reiseführer über Südostasien. Die Hunde sind als Lieblinge der Dämonen wohl gelitten, und es wird sogar erwartet, dass sie den Reis vom Boden schlecken. Das stört hier keinen Menschen. Und da fast jeder westliche Reisende in Ubud um diese Eigenheit der balinesischen Kultur aus seinem Reiseführer weiß, wird keine Gelegenheit ausgelassen, um den weniger weit Gereisten zu Hause oder den Neuankömmlingen im Dorf wortreich die besondere Beziehung zwischen Hunden und Dämonen zu erklären.

Als Tourist in Ubud muss man auf sein persönliches Hundeerlebnis nicht lange warten. Die bedauerlichen Köter sind allgegenwärtig, sie streunen einem anbiedernd um die Beine, knurren und kläffen jeden an, der nach Sonnenmilch riecht. Pech für alle Touristen, die den Steinwurftrick noch nicht kennen. Doch meistens ist irgendein aufmerksamer Einheimischer zur Stelle, bevor der Hund angreift. Auge in Auge mit einem krätzigen, ja vielleicht tollwütigen Straßenköter – das ist immer Stoff für eine schöne Geschichte. Weniger schön wäre es, von dem Mistvieh halb tot gebissen zu werden – wohl aus diesem Grund steht auch in Ubuds berühmtem Affenwald an jeder Ecke ein Schild mit der Aufschrift: »Schnappt ein Affe nach Ihrer Kamera, geben Sie sie ihm«. Die Affen sind ziemlich unterhaltsam, vor allem die Babyäffchen, die sich den Besuchern auf den Schoß setzen und im Gegensatz zu ihren Eltern noch keine riesigen, gelben Krallen haben. Man stelle sich nur vor, es gäbe einen Hundewald in Ubud!

Gleich am Eingang zum Affenwald scharen sich die Erdnussverkäufer von Ubud. Folglich warten hier auch schon die Affen. Und prompt ballen sich auch die Touristen – man braucht eigentlich gar nicht weiter in den Wald hineinzugehen. Tatsächlich machen das die wenigsten; die meisten drängt das Verlangen nach einem weiteren Bananenshake und den Froschfiguren zur sofortigen Rückkehr in die Stadt. Eines schönen Nachmittags habe ich den Affenwald durchwandert, bis ich am anderen Ende hinaus auf die Reisfelder kam. An einer Wegkreuzung traf ich auf einen Einheimischen, der mit ein paar Körben voll Souvenirs, die er in einer Tragestange über der Schulter trug, auf dem Weg nach Ubud war. Wenn ich noch etwa ein bis zwei Kilometer weiter ginge, so sagte er, dann käme ich zu einem kleinen Dorf, in dem gerade eine Hochzeit stattfinde.

Eine Hochzeit? Das musste ich sehen. Wer als Bali-Tourist etwas auf sich hält, ist normalerweise ganz versessen darauf, eine Totenfeier mitzuerleben, mitsamt dem riesigen Scheiterhaufen zur Leichenverbrennung – da hat man den daheim gebliebenen Freunden später richtig was zu erzählen. Eine Hochzeit war allemal besser als nichts. Ich ging also los, hellauf begeistert von dieser einmaligen

Gelegenheit. An einer Schlucht, über die als Brücke nur ein Baumstamm führte, blieb ich starr vor Schreck stehen. Mit Grauen dachte ich an den Sportunterricht in meiner Schulzeit, wo ich auf dem Schwebebalken nur ausgelacht wurde. Die Einheimischen hatten mit dem Balken kein Problem. Nur mit Flipflops an den Füßen liefen sie flink darüber hinweg, balancierten dabei riesige Bündel auf dem Kopf und ruderten geschickt mit den Armen. Zum Glück kam mir ein Einheimischer zu Hilfe, reichte mir die Hand, ging rückwärts über den Balken vor mir her und sprach mir mit jedem Zentimeter, den ich mich vorwärts wagte, ermutigende Worte zu. Geld wollte er für diesen Service nicht, aber bestimmt freute er sich darauf, seiner Familie beim Abendessen zu erzählen, wie er einer kreidebleichen, winselnden Touristin über die Brücke geholfen hatte.

Im Dorf war von einer Hochzeit nichts zu sehen, es war wie ausgestorben. Nur ein paar Hunde schlichen herum, und ein paar junge Männer tranken Cola. Außer mir waren noch vereinzelte andere Touristen da, die den heißen Tipp offenbar ebenfalls bekommen hatten. Ich wartete bestimmt eine Stunde, versuchte möglichst cool zu wirken, damit man mich bloß nicht mit einer gewöhnlichen Touristin verwechselte. Da sprach mich ein Mann auf Englisch an. Nachdem ich ihm die ganzen üblichen Fragen nach meinem Alter, meiner Heimatstadt und meinem Familienstand beantwortet hatte, fragte ich ihn nach der Hochzeit. Da müsse ich gegen Mitternacht wiederkommen, da gehe das Fest erst richtig los. »Ja, dann Hochzeit!«, versprach er, und wenn ich wolle, auch eine Marionettenshow. Marionettenshow? Großartig! Gleich zwei Attraktionen auf einmal, und das in einem staubigen, kleinen Nest, das man nur über einen Baumstamm erreichen konnte. Wenn das nicht authentisch war! Auf allen Vieren krabbelte ich über die improvisierte Brücke zurück, ich konnte es kaum erwarten, wollte mich aber bis zum großen Ereignis um Mitternacht noch etwas auszuruhen.

Acht Stunden später durchquerte ich mit Taschenlampe und Fotoapparat bewaffnet den Affenwald erneut. Für meine Verhältnisse als Rucksacktouristin hatte ich mich dem Anlass gemäß richtig in Schale geworfen. Im Wald war es ziemlich gruselig. Die Affen hatten Feierabend, waren offenbar nach der Erdnussvöllerei des Tages pappsatt in den Schlaf gesunken. Mit leisen Schritten lief ich an dem baufälligen Tempel und dem kleinen Friedhof vorbei, dann hinaus auf die Reisfelder, wo ich einem schmalen Pfad folgte, der zu beiden Seiten von kleinen Dämmen gesäumt war, die vermutlich der Bewässerung dienten. Der Vollmond stand hoch am Himmel. Bei Vollmond werden an den Stränden ausgelassene Partys veranstaltet, bei denen westliche Touristen sich einen Reiswein nach dem anderen hinter die Binde kippen und mit den Hintern wackeln. Das soll »typisch balinesisch« sein? Da hatte ich es besser, sagte ich mir, wobei ich angesichts der unheimlichen Stille, die mich umgab, Mühe hatte, nicht vor Angst wahnsinnig zu werden. Der Weg erschien mir viel länger als am Nachmittag. Plötzlich hörte ich ein dumpfes, polterndes Geräusch an den schattenhaften Dämmen. Zunächst zeichnete sich in der Dunkelheit eine einohrige Silhouette ab, bis schließlich das ganze Monster zu sehen war – ein Hund. Er sträubte das kurze Fell, stellte das eine Ohr hoch, das ihm wohl nach einer heftigen Rauferei noch geblieben war, und jaulte und knurrte wie alle Hunde hier. Wahrscheinlich würde er sich wieder beruhigen, sobald ich an seinem angestammten Reisfeld vorbei war. Ich tat, als ob ich ihn nicht bemerkte, und marschierte tapfer ein paar Schritte weiter.

Der Hund lief am Damm nebenher, knurrte noch lauter. Ich zögerte. Ob ich es mit dem bewährten Trick probieren sollte? Doch was, wenn er ihn schon kannte und mir an die Kehle sprang? Verdammtes Mistvieh! Merkte er denn nicht, dass ich keine gewöhnliche Touristin war? Ich war doch nur hier, weil ich etwas über seine

Kultur lernen wollte! Und die Tatsache, dass ich mir ein paar der üblichen Tanzvorführungen für Touristen angesehen und ein paar Froschfiguren als Souvenir gekauft hatte, gab ihm noch lange nicht das Recht, mich so anzukläffen. Mir ging es um Land und Leute, um echte Erfahrungen!

Mit einem Mal hörte ich das Jaulen und Knurren auch von der anderen Seite des Wegs. Und tatsächlich. Der Köter hatte einen Verbündeten herbeigebellt, ein kräftiges, scheckiges Vieh mit Stummelschwänzchen. Er knurrte wild und fletschte die Zähne. Am liebsten hätte ich um Hilfe geschrien, fragte mich in meinem Elend sogar allen Ernstes, ob mich vielleicht der Souvenirverkäufer, den ich am Nachmittag hier gesehen hatte, vor den Kötern retten könnte. Er müsste doch wissen, dass sie nicht gefährlicher waren als ein paar pubertierende Prahlhanse auf dem Schulhof. Wenn ich das überstand, dann wollte ich an der Schlucht auch ganz tapfer sein und ohne Hilfe über den Baumstamm balancieren, denn die Vorstellung, in einer Nacht gleich zweimal das Bild einer feigen, hilflosen Amerikanerin abzugeben, war einfach zu peinlich. Und ebenso wenig gefiel mir die Vorstellung, dass sich jeden Moment die keimverseuchten Klauen dieser Köter in den Leib krallen könnten.

Ich stand mutterseelenallein mitten in der Pampa, umringt von mittlerweile einem halben Dutzend bissig knurrender, garstiger Hunde, die meine Sprache nicht verstanden. Ganz langsam drehte ich den Kopf, bat sie in stummer Zwiesprache, mir bitte, bitte nichts zu tun. Ich musste daran denken, wie mich in Amsterdam einmal eine wütende Prostituierte angegriffen hatte, weil sie dachte, ich hätte sie fotografiert. Sofort waren wir von stierenden Männern umgeben gewesen, die gebannt darauf warteten, dass wir uns jeden Moment zerfleischten.

Als einer der Hunde den Damm hinuntersprang, drückte ich die Augen zu, hielt meine Taschenlampe fest umklammert, wissend, dass sie nichts davon abhalten konnte, über mich herzufallen, und wenn ich ein Maschinengewehr hätte. Ich war darauf gefasst, dass sie mich im nächsten Moment zu Boden werfen würden, doch als ich die Augen wieder aufschlug, stand der Hund keine zwei Meter vor mir und versperrte den Weg. Er bellte wie verrückt und die anderen mit. Ich wusste zwar, was zu tun war, wenn der wohl erzogene Labrador meines Stiefvaters sich an einem Teller mit Toastbrot zu schaffen machte, und dass man laut in die Hände klatschen musste, wenn man im Wald einen Bären verjagen wollte – aber ich wusste nicht, wie man einer Horde wilder Hunde begegnet, die allem Anschein nach drauf und dran waren, einen in Stücke zu reißen. Jeden Moment konnten sie mich komplett einkreisen, und dann spätestens würde ich ihnen mit Haut und Haaren ausgeliefert sein.

Ich trat den Rückzug an. Ganz langsam ging ich rückwärts auf dem Weg entlang, zurück Richtung Ubud, weg von der Hochzeit, weg vom authentischen balinesischen Erlebnis. Die Hunde hatten gewonnen, hatten ihr Revier erfolgreich verteidigt. Sie knurrten noch immer, bereit, mir nachzujagen. Ganz langsam verschwanden sie in der Ferne, und ihr warnendes Gebelle wurde nach und nach übertönt von einem lauten Froschkonzert. Ich lief noch immer rückwärts, um nur nichts zu riskieren. Erst als ich den Rand des Affenwaldes erreichte, drehte ich mich um und stürmte, so schnell ich konnte, zum Eingang. Die Affen würden mir hoffentlich nicht mit Radau und Krakeel eine so harte Lektion erteilen wie die Hunde.

Apropos Lektion – obwohl die balinesische Religion eine Form des Hinduismus ist, erinnerte mich diese Lektion eher an eine Metapher des Zen-Buddhismus, die da lautet: »Triffst du Buddha unterwegs, so töte ihn!« Trifft ein Hund unterwegs auf einen Reisenden, dann ist er offenbar geneigt, ihn mit Buddha zu verwechseln.

Das einzig authentische Erlebnis ist das, welches der Reisende selbst erlebt. Es ist seine ureigene Geschichte, nicht die von der

Hochzeit anderer Leute, nicht die von der Überquerung einer Schlucht.

Und was hat mich dieses Erlebnis noch gelehrt? Dass Affen nicht rund um die Uhr den Wald unsicher machen. Dass unsichtbare Steine keine gute Waffe sind, wenn es um Leben und Tod geht. Denn mit zerfleischter Kehle kann kein Reisender eine Geschichte mit nach Hause nehmen. Vielleicht sollte man besser die eine oder andere Sitte mit nach Hause nehmen und auf den Gehsteigen jeden Tag ein wenig Reis für die Hunde auslegen.

Vom Luxus, unbeobachtet zu sein

Joan Chatfield-Taylor • Frankreich

Es war an der sechsten Säule auf der rechten Seite in der Kathedrale zu Vézelay, als ich begriff, dass es mit dem Alleinreisen mehr auf sich hat als angstvolle Momente auf dunklen Straßen, unangenehme Situationen in Restaurants oder lästige Einzelzimmerzuschläge.

Ich war ins Burgund gereist, wohnte bei Freunden, deren Tage mit Weinlese und Weinkelterei ausgefüllt waren. Nach dem Frühstück, als sich meine Gastgeberin aufmachte, eine Schar holländischer Weinhändler mit selbst angebauten Weinen zu verkosten, stieg ich in meinen gemieteten Renault, um mir einige romanische Kirchen anzusehen.

Obwohl ich nicht viel Ahnung habe von der Kirchenarchitektur des 12. Jahrhunderts, faszinierten mich die romanischen Kirchen und Kathedralen in der französischen Provinz. Die Beständigkeit der alten Gemäuer, die staubglitzernden Sonnenstrahlen, die durch die Fenster fallen, das Hallen meiner Schritte im Halbdunkel des Kircheninneren, der Geruch von Kerzenwachs – all das bewegte mich zutiefst. Ich liebe die ausdrucksstarken Figuren, insbesondere die an den Kapitellen der Säulen, Darstellungen von Pflanzen und Tieren, die auf die bäuerliche Gesellschaft im mittelalterlichen Frankreich weisen. Die grob geformten, eigenwilligen Gesichter machen auf mich allerdings den Eindruck, als hätten die Künstler sich eher vom örtlichen Bäcker inspirieren lassen als von fernen Heiligen. Burgund ist reich an romanischen Kirchen, und an jenem Tag hatte ich mir die großen Kirchen von Autun und Vézelay vorgenommen. Ich wollte jedes einzelne Kapitell genau studieren und jede einzelne Szene der in Stein gehauenen Bildwerke mit Hilfe meines Reiseführers entschlüsseln. In Autun habe ich das auch ganz sorgfältig getan, aber in Vézelay ließ ich es an der sechsten Säule auf der rechten Seite plötzlich bleiben, klappte mein Buch zu, machte auf dem Absatz kehrt und ging hinaus, den frischen Frühlingstag zu genießen.

Wäre ich in Begleitung gewesen, hätte ich meinen plötzlichen Sinneswandel umständlich erklären müssen. Und wäre die Begleitung gar mein Bruder gewesen – ein echter Besichtigungsfreak, der im Vorfeld mindestens zehn Reiseführer liest und kilometerweit in die Pampa fährt, nur um irgendeine einsame Kapelle zu besichtigen –, hätte ich wegen meines plötzlichen Desinteresses an steinernen Heiligen und, schlimmer noch, wegen meiner mangelnden intellektuellen Disziplin Gewissensbisse bekommen. Und hätte mich mein damaliger Ehemann begleitet, dessen umfassendes Wissen zur Kunstgeschichte Frankreichs jeglichen Kommentar meinerseits ohnehin überflüssig machte, hätte ich mich verpflichtet gefühlt, bis zum allerletzten Kapitell auszuharren, und sei es, um ihm zu beweisen, dass auch ich über ein gewisses Maß an Bildung verfügte.

Doch ich war allein. Ohne Begleitung stand ich auf den kühlen Pflastersteinen in Vézelay. Ich hatte einen Grad der Reizüberflutung erreicht, der es sinnlos machte, weiter durch Kirchen oder Museen zu pilgern. Von Kunstwerken hatte ich erst mal genug. Ich konnte machen, wozu ich Lust hatte.

Mit einem Mal wurde mir klar, welch unwahrscheinlicher Luxus es war, von niemandem beobachtet zu werden.

Diese Form von Einsamkeit mag sich für manch einen trostlos anhören, nach etwas, worauf man getrost verzichten kann. Aber ich bin nicht mehr die Jüngste, habe in meinem Leben viel zu viel Zeit damit verschwendet, mir Gedanken darüber zu machen, was andere Leute denken könnten, und so empfand ich meinen Zustand richtiggehend als Erlösung. Ich wollte mich und die Welt neu entdecken. Und allein zu reisen, unsichtbar wie ein Geist, war nicht zuletzt auch ein Weg zur Selbsterkenntnis. Was machte ich tatsächlich, wenn ich nicht unter Beobachtung stand? War ich wirklich kulturbeflissen, oder erlag ich lieber dem Kaufrausch? Wollte ich systematisch alle Sehenswürdigkeiten abklappern oder mich eher treiben lassen? War ich schüchtern und zurückhaltend oder eher kontaktfreudig?

Nach jener Offenbarung im Burgund ging es wieder nach Hause, nach San Francisco, wo mich mein Alltag voller Termine und Verpflichtungen sofort wieder im Griff hatte. Jeder Tag war der reinste Eiertanz – tagsüber meine Arbeit, dann meine halbwüchsigen Kinder, abends der aufreibende Anblick meiner an Alzheimer erkrankten Mutter. Ich fühlte mich eingesperrt und eingeengt – zum einen, weil der Tag nicht genügend Stunden hatte und mein Privatleben zu kurz kam, zum anderen, weil ich die längste Zeit meines Lebens in San Francisco verbracht hatte, verstrickt in einem kleinen Netz aus Freunden und Bekannten, die ich zum Teil noch aus der Schulzeit kannte.

Ich lebte zwar in einer großen Stadt, aber es hätte ebenso gut ein Dorf sein können. Wenn ich in den Supermarkt ging, konnte ich sicher sein, dass mir irgendein bekanntes Gesicht begegnete, ob eine frühere Bridge-Partnerin meiner Mutter oder die Mutter eines Klassenkameraden meines Sohnes. Durch das enge Beziehungsgeflecht, durch die Blicke und Erwartungen anderer Leute fühlte ich mich unfrei und gefangen, gezwungen, ständig irgendwelche Rollen zu spielen: Ehefrau, Mutter, Moderedakteurin, Tochter. Bis ich endlich anfing, mich zu fragen, wer ich eigentlich wirklich war. Und da fing das soziale Netz an, sich langsam zu lockern. Meine Mutter starb, meine Kinder zogen aus und begannen mit dem College, ich wurde geschieden. Plötzlich schien es möglich, ein völlig neues Leben anzufangen. Und so kaufte ich mir eines schönen Tages ein Ticket nach Paris. *One-way.*

Meine Wohnung in San Francisco vermietete ich für sechs Monate, und spätestens da wurde mir klar, dass ich in der nächsten Zeit wohl öfter allein sein würde als je zuvor in meinem Leben. Aber als ich dann an einem regnerischen Nachmittag in Paris ankam, mit dem Bus in die Stadt fuhr, durch das Busfenster beobachtete, wie die Regentropfen auf das die Gehsteige bedeckende Herbstlaub prasselten, hatte ich eine weitere Offenbarung. Was, so fragte ich mich, wenn ich in Paris nichts weiter tun würde, als auf dem Sofa zu liegen und Schundromane zu lesen? Oder jeden Tag bis in die Puppen zu schlafen? Oder in einem Café um die Ecke abzuhängen, mit wildfremden Männern zu flirten und bis elf Uhr früh Rotwein zu bechern? So viele Filme im Kino anzusehen, wie ich wollte? Mit der Metro den lieben langen Tag nur im Kreis zu fahren? Das waren vielleicht absurde Vorstellungen, aber sie machten mir klar, dass es keinen Mensch kümmern würde, was ich tat. Zum ersten Mal in meinem Leben konnte ich so verrückt sein, wie ich wollte, und zwar mit der Gewissheit, dass mich niemand dabei beobachten würde. Verglichen mit meinem Leben daheim, würde ich hier in einem Vakuum leben, ich konnte mich in jede Richtung bewegen, wie ein Astronaut außerhalb des Raumschiffs, in der Schwerelosigkeit des Alls.

Das neunte Arrondissement, ein eher tristes Viertel, hatte ich mir nicht ausgesucht. Die Wohnung dort gehörte meinen Freunden aus dem Burgund, die so sehr mit ihren Weinbergen beschäftigt sind, dass sie nur selten in Paris sind. Sie hatten sich eine Fabriketage, einst eine Textilmanufaktur mit Dutzenden von Schneiderinnen, in ein behagliches Domizil verwandelt, einen luftigen Raum, in den durch eine fast zwanzig Meter lange Fensterfassade Tageslicht flutete.

Dieses spartanische und doch moderne Loft voller Bücher und Gemälde, die mit meiner Person nichts zu tun hatten, war die perfekte Umgebung, um mich neu zu entdecken. Ich brauchte nur einzuziehen. Und so packte ich ein paar Koffer aus, stellte ein Foto meiner Kinder neben das Bett, und schon konnte ich wieder losziehen, um mein neues *quartier* zu erkunden.

Herz und Seele des Viertels war die Rue des Martyrs, eine pittoreske Marktstraße, die bislang verschont geblieben war von den immer gleichen Ladenketten, die im Rest der Stadt die Unterschiede zwischen den einzelnen Bezirken längst verwischt haben. Hier war der *petit commerçant*, der eigenständige Einzelhändler, noch gefragt. Im Umkreis weniger Meter gab es allein neun Obst- und Gemüseläden, sechs Bäckereien und Konditoreien, zehn Delikatessenläden, vier Käseläden, zwei Fischgeschäfte, sechs Metzger und zwei Weinläden.

Ich brauchte Wochen, bis ich ausprobiert hatte, wo es das beste Baguette und den knackigsten Salat gab. Ein französischer Ladeninhaber ist Herr und König über sein kleines Reich. Und da Selbstbedienung hier noch immer die Ausnahme von der Regel ist, befleißigt sich der eine und andere, die röteste Erdbeere oder den schmackhaftesten Käse höchstpersönlich auszusuchen. Für Stammkunden verschwindet er auch schon mal nach hinten, um ein noch frischeres Bund Estragon zu holen.

Eines schönen Sonntagmorgens ging ich in die *Fromagerie Molard*. Monsieur Molard, rundlich und kräftig wie ein perfekter Camembert, nahm seine Arbeit sehr ernst, fast schon zu ernst.

»Ich hätte gerne dreierlei Käse«, sagte ich. »Als Erstes einen Pont l'Eveque.« Monsieur kam hinter seiner Theke hervor und ging hinüber an den langen Marmortisch an der gegenüberliegenden Wand, wo die Käsesorten unverpackt und ohne Glastrennwand ausgelegt waren – ein Anblick, bei dem andernorts die Kontrolleure vom Gesundheitsamt das blanke Entsetzen gepackt hätte. Aber in Paris weiß natürlich jeder, dass es ausschließlich den Verkäufern erlaubt ist, sie anzurühren. »Der ist für heute Abend«, sagte ich, als er anfing, sachte seinen Daumen auf jeden einzelnen der goldenen Pont l'Evêque zu drücken. »Und dann hätte ich noch gerne einen Chèvre.« Gemächlich schritt er zu den Ziegenkäsesorten, die es in allen möglichen Varianten gab – rund oder pyramidenförmig, oval oder eckig, weiß wie Schnee oder grau wie Asche. Er wollte wissen, ob ich einen jungen oder alten Ziegenkäse wünsche, und ich entschied mich für einen mittelalten.

»Und dazu hätte ich noch gerne einen Käse, den ich noch nicht kenne.« Zum ersten Mal sah ich ein kleines Funkeln in seinen Augen. Wir einigten uns auf einen fetten Schimmelkäse aus dem Loire-Tal. Es war der Beginn einer wunderbaren Freundschaft. Von da an gönnte ich mir alle zwei Wochen eine Käseorgie, suchte mir jedes Mal zwei Käsesorten selber aus und ließ ihn die dritte Sorte wählen. Es machte ihm sichtlich Spaß, mir die wunderbare Welt des Käses zu erschließen.

Und so fasste ich für meine Zeit in Frankreich ein paar Vorsätze: Ich wollte für alle Vorschläge offen sein, wollte alles erkunden, was meine Neugier weckte, wollte jede neue Idee, die mir in den Kopf schoss, aufgreifen.

Es sollte nicht lange dauern, bis ich meine Vorsätze auf die Probe stellen konnte.

»Kommst du am nächsten Samstag mit in den Hamam?«, fragte mich meine neue Freundin Susan.

»Klar«, antwortete ich munter. Über Hamams hatte ich schon viel gelesen und wusste, dass es sich um orientalische Bäder handelt, in denen man sich schrubben und massieren lassen kann. Zudem hatte ich schon viele Schilder mit der Aufschrift »Hamam« gesehen, für gewöhnlich versteckt an etwas heruntergekommenen Etablissements in irgendwelchen düsteren Ecken. Alleine wäre ich nie auf die Idee gekommen, einen Hamam zu betreten. Aber nun hatte ich ja Begleitung, und wir beschlossen, den Hamam zu besuchen, der zur größten Moschee in Paris gehört.

Am darauf folgenden Sonntag fuhren wir mit der Metro an den Place Monge und gingen noch ein paar Blocks bis zur Moschee, einem ummauerten Gebäudekomplex aus weißem Stuck und grünen Kacheln im spanisch-maurischen Stil, der im grauen Paris so exotisch und überraschend wirkt wie ein Pfau inmitten einer Schar Zaunkönige. Die Moschee ist bekanntermaßen das Zentrum islamischer Kultur, ein Ort der Zusammenkunft, wo gebetet und Arabisch gelehrt wird. Daneben gab es in dieser Moschee ein paar Geschäfte, ein Restaurant, ein Café, einen Souvenirladen und den Hamam. Wir suchten nach dem Eingang, öffneten die Tür und fühlten uns sogleich wie im Orient. Gleich hinter der hohen Theke, an der wir bei einer weiß gekleideten Frau das Eintrittsgeld von dreihundert Francs bezahlten, ging es in einen großen, quadratischen Raum. Die Wände, die mit kunstvoll verschnörkelten Farbstreifen und Mustern bemalt waren, zogen sich hoch hinauf bis zu einem verglasten Gewölbedach, durch das weiche Lichtstrahlen auf Dutzende nackter Frauenkörper fielen, die auf Kissen ruhten, Tee tranken, plauderten und Massagen genossen.

So idyllisch die Szenerie anzusehen war, der Anblick all dieser nackten Frauen machte mir bewusst, das ich eines nicht bedacht hatte. Ich bin ziemlich prüde. Massagen und Schönheitsbehandlungen waren nichts Neues für mich, aber ich kannte so etwas nur aus dem puritanischen Amerika, wo Einzelkabinen, weite Bademäntel und gedämpftes Licht dafür sorgten, nicht unbekleidet von anderen gesehen zu werden.

Aber es gab kein Zurück. Wir bekamen unsere Spindschlüssel, ein paar Quittungen und einen Pappbecher mit einem dunklen, braunen Schlamm.

»Was ist das?«, fragte Susan und schnupperte vorsichtig an der seltsamen, dickflüssigen Masse. Die Frau hinter der Theke brummelte etwas von *»le gommage«*, ging aber nicht weiter darauf ein. In der Umkleidekabine zogen wir uns aus, mieteten ein paar mickrige Handtücher und begaben uns hinein in das Labyrinth. Im Raum nebenan befanden sich die Duschen, und eine Frau, deren Hände in langen Massagehandschuhen ohne Finger steckten, winkte uns weiter in Richtung Dampfbad, einen hohen Raum aus blassgrauem Marmor. Das Oberlicht warf einen sanften Schein auf etwa ein Dutzend Frauen, die in Nischen beisammensaßen. Ich fand eine Nische für mich allein, bedeckte mich ein wenig mit meinem durchnässten Handtuch und spürte, wie der Dampf langsam jede Pore meiner Haut öffnete, während ich meinen Blick schweifen ließ.

Die Besucher waren junge, flotte Pariserinnen vom Typ Karrierefrau aus der Reise- oder Werbebranche. Für die meisten von ihnen schien der Samstagmorgen im Hamam ein gesellschaftliches Ritual zu sein. Grüppchen von zwei bis drei Frauen hockten zusammen, schwatzten, schrubbten sich selbst oder gegenseitig mit Luffaschwämmen oder Seifen, die sie in Plastikkörben neben sich hatten. Ich spähte herum, um zu sehen, was die anderen mit dem sonderbaren, braunen Schlamm anstellten, aber außer uns schien niemand Schlamm zu haben. Ob ich jemanden frage? Aber irgendwie scheute ich mich, die intimen Runden um mich herum zu stören. Selbst splitterfasernackt waren diese Pariserinnen von einer gewissen Förmlichkeit, die jede Annäherung erschwerte.

Nach einer Stunde dampfender Hitze gingen wir zurück in den Duschraum, unsere Pappbecher noch immer in der Hand. Unter der Dusche versuchte ich, mich mit dem Schlamm einzureiben, aber er rutschte nur in kleinen Klumpen an mir herab. Die Frau mit den Massagehandschuhen, die uns energisch Schmutz und Hautschuppen vom Körper rieb, bis wir völlig sauber und glatt waren, schien das nicht groß zu kümmern.

Danach ging es weiter in den prächtigen Massageraum, wo wir uns wie Huris, wie Jungfrauen im mohammedanischen Paradies, aalten. Nach einer halben Stunde bei Minztee und Plauderei nahm uns die Masseurin die durchweichten Quittungen ab und winkte uns zu den Massagetischen. Mich massierte eine kleine, stämmige Frau im mittleren Alter, die nur Arabisch sprach und mich unter großzügiger Verwendung von duftendem Öl kräftig bearbeitete. Das feste Kneten, das weiche Licht und das Gemurmel der weiblichen Stimmen war entspannend, aber plötzlich vernahm ich unmittelbar neben meinem Kopf eine männliche Stimme. Ich schlug die Augen auf und erblickte einen kleinen Jungen, zehn oder elf Jahre alt, der sich mit einer anderen Masseurin, offenbar seiner Mutter, über irgendwelche Familienprobleme austauschte. Während er sprach, ging er seiner Mutter zur Hand, räumte leere Teegläser und Tabletts weg sowie unsere inzwischen leeren, schlammigen Pappbecher.

Er war die Unschuld selbst, doch seine Gegenwart holte mich wieder auf den Boden der Tatsachen zurück. Nach knapp drei Stunden im Hamam zogen wir uns wieder an und begaben uns in das angrenzende Restaurant, um uns mit einer Riesenportion Gemüsecouscous zu stärken. Und noch auf dem Nachhauseweg, inmitten der vertrauten, speckigen Gerüche der Metro, stieg mir der süße Duft von Olibanum auf meiner Haut in die Nase.

Natürlich waren nicht alle Tage so exotisch wie dieser, doch der Morgen im Hamam hat mich ermutigt, auch andere neue Sachen auszuprobieren. Offiziell begann meine Woche immer mittwochs, denn das war der Tag, an dem das dicke, kleine Stadtmagazin *Pariscope* herauskam. Egal, wo ich gerade war, ob daheim bei Suppe und

Camembert oder in einem Café – jeden Mittwoch um die Mittagszeit nahm ich mir einen gelben Leuchtstift zur Hand und markierte alle Veranstaltungen, die mich interessierten. Zeit hatte ich ja genug. Und das genoss ich, zumal ich zum ersten Mal in meinem Leben in Paris war.

Ich konnte tun und lassen, was ich wollte; konnte mir die Ausstellungen im Louvre und im Grand Palais ansehen, konnte aber auch meiner großen Leidenschaft, der Fotografie, frönen oder durch die Galerien am Rive Gauche und im Marais schlendern. Hin und wieder hörte ich mir klassische Konzerte an oder ging in die Oper, aber ich ging auch ins Kino, wo ich mir unter anderem russische Kitschfilme und marokkanische Thriller ansah, die es vermutlich nie in die amerikanischen Kinos schaffen würden.

Allein zu sein, war selten ein Problem. Soweit ich weiß, lebt in Paris mehr als ein Drittel der Menschen allein. Unbehaglich oder unsicher fühlte ich mich nie, auch spätnachts nicht, wenn ich über den heruntergekommenen Boulevard du Faubourg Montmartre vom Kino allein nach Hause ging. *La Coupole*, die historische Brasserie am Boulevard du Montparnasse, ist eines von Hunderten von Bierrestaurants, in dem sich Singles zahlreich einfinden, um sich mit einem Buch bewaffnet ganz in Ruhe bei einem gepflegten Glas Wein ein ordentliches Dreigängemenü schmecken zu lassen.

An einem nasskalten Februarmorgen fiel mein Blick auf eine Schlagzeile: »*Le Gout du Noir*« stand da auf einem Plakat – »Der Geschmack von Schwarz«. Was war das denn? Eine Modenschau? Ein Menü aus Kaviar, Trüffel, Tintenfischsoße und Lakritz? Nein. *Le Gout du Noir* war ein so genanntes Dunkelrestaurant, in dem man ein Abendessen in absoluter Dunkelheit einnehmen konnte, um ein Gefühl dafür zu bekommen, wie es ist, blind zu sein.

Die Idee begeisterte mich auf der Stelle. In Paris hatten mich auf Partys oder im Restaurants immer wieder Sehbehinderte beeindruckt, wie sie mit scheinbar müheloser Geschicklichkeit einen Gang nach dem anderen einnahmen. Ich griff zum Telefon, um zu reservieren, und war verblüfft, dass es nur noch drei freie Plätze für den ganzen Monat gab. Wenige Tage später eilte ich durch die hell erleuchteten Korridore des *Forum des Halles*, des Einkaufszentrums an der Stelle des ehemaligen Zentralmarktes. Ich betrat eine Art Empfangsfoyer, das normalerweise als Kunstgalerie dient. Die Fenster waren mit Papier verhangen, eine Tür stand offen, und es waren auch schon einige Leute anwesend. Bis um acht Uhr standen etwa fünfzig Leute aller Altersgruppen im dämmrig erleuchteten Foyer beisammen und tranken Sangria.

Da trat ein junger Mann hinter einem schweren Samtvorhang hervor und erklärte das Prozedere.

»Sie werden in Gruppen von jeweils acht Personen aufgeteilt, legen eine Hand auf die Schulter Ihres Vordermannes und werden dann in den Speisesaal geführt. Wenn Sie an Ihrem Tisch ankommen, werden Sie bemerken, dass der erste Gang bereits serviert ist. Der Hauptgang wird danach an den Tisch gebracht, aber das Dessert müssen Sie sich selbst am Büfett holen.«

Meine Gruppe, die vorwiegend aus jungen Leuten bestand, die alleine gekommen waren, ging als Letzte durch den Vorhang. Binnen Sekunden war es ringsum rabenschwarz. Alles, was ich wahrnahm, war der Geruch von Schmorbraten.

Während ich noch nach Gabel und Messer tastete, drang eine weiche Stimme durch das hektische Geschnatter an unserem Tisch: »Vor Ihnen steht Wein in einer Karaffe mit einem Griff und Wasser in einem Krug ohne Griff. Brot liegt in einem Korb«, erklärte Jean Claude, ein Blinder, der unseren Tisch betreute.

Wir fingen an zu essen. Ich veranstaltete die reinste Sauerei, tauchte meinen Daumen mitten in die Soße, schnitt – wie ich dachte – mit dem Messer ein kleines Stück von irgendetwas ab, bis ich bemerkte, dass die halbe Fischfrikadelle an meiner Gabel hing. Vorsichtig schenkte ich Wein ein, maß die Menge mit dem Finger im Glas ab und war stolz, nicht einen Tropfen verschüttet zu haben, bis Jean Claude trocken bemerkte, dass es nicht schicklich sei, den Finger ins Glas zu stecken, um den Wein abzumessen.

»Wenn Sie den Finger ins Glas stecken, dann lenken Sie die Aufmerksamkeit auf die Tatsache, dass Sie blind sind«, sagte er. »Es ist taktvoller, dem Klang des Weins beim Einschütten zu lauschen – gluck, gluck, gluck.«

Das Essen nahm seinen Lauf, während die Franzosen in einem fort darüber debattierten, was wir eigentlich gerade aßen. Die Stimmung wurde zunehmend lockerer, und so fragten wir Jean Claude über sein Leben als Blinder aus. Er erzählte uns von seiner Arbeit, bei der ihm ein Sprachcomputer als Hilfsmittel diente, über seine Mitgliedschaft in einem Chor und über die Herausforderung, die das U-Bahn-Fahren darstellt, wenn die Haltestationen nicht angesagt werden. Und er erklärte uns, warum er keinen Blindenhund wolle (»Dann spricht jeder nur mit dem Hund und keiner mit dem Besitzer!«) und warum er lieber blind als taub sei (»Taube sind noch isolierter!«).

Zwei Stunden später stellten wir uns wieder in Reihen auf, gingen aus dem Saal und waren nach wenigen Schritten im Hellen, wo wir Jean Claude zum ersten Mal sahen. Jocelyne, die beim Essen rechts von mir gesessen hatte, blickte ihn erstaunt an, lächelte und sagte dann ganz erfreut: »Du bist ja schwarz. Wie ich!« Schließlich nahmen wir fast etwas widerwillig unsere Mäntel und traten hinaus auf die belebte Straße. Ich schloss die Augen, versuchte mir vorzustellen, auf den Straßen blind durch das Labyrinth aus Schildern, Pflanzenkübeln und Cafémobiliar zu gehen, und mir wurde angst und bange.

Je mehr neue Dinge ich ausprobierte, desto mutiger wurde ich. Zudem fand ich eine Freundin, die das *Pariscope* noch eingehender studierte als ich. Sie liebte avantgardistische Veranstaltungen und schlug die verrücktesten Touren vor, die uns für gewöhnlich in etwas abgelegenere, unbekanntere Gegenden in Paris führten: ein Theaterstück etwa, in dem zwei Männer und 16 Pappkartons die Hauptrolle spielten, eine Oper, in der Live-Sänger und Videoaufnahmen kombiniert waren, ein Weinlokal, in dem bei Schweinsohren und Schnecken der Nouveau Beaujolais gefeiert wurde.

Ein paar Tage vor meiner Rückreise in die Vereinigten Staaten sagte sie traurig: »Schade, dass du abreist. Du bist die Einzige, die ich kenne, die alles mitmacht.« Nach einem Leben voller Rücksichten und Vorsichten war das das größte Kompliment, das sie mir machen konnte. Ich war nach Paris gekommen, um die Welt neu zu entdecken, und entdeckte dabei ganz neue Seiten an mir selbst, was mein Selbstbewusstsein stärkte. Und mit diesem neuen Selbstbewusstsein kehrte ich nach Hause zurück. Hat es sich erhalten? Ja, das hat es. Erstaunlicherweise. Aber das ist eine andere Geschichte.

Im Nebel

INGRID EMERICK • IRLAND

Es war ein typisch diesiger Tag in Irland. Ich radelte auf einem klapprigen Mietfahrrad über einen schmalen, staubigen Pfad, der sich durch einen kleinen Hain schlängelte, und schwenkte in Richtung eines vermeintlich verlassenen Klosters. Dort wollte ich mir einen alten, keltischen Stein mit einer Ogham-Inschrift ansehen, einer altirischen Schrift aus dem 5. Jahrhundert. Und da ich außerdem unbedingt pinkeln musste, kamen mir die Wäldchen um die alten Gemäuer gerade recht. Dass es sich bei dem Plätzchen, dass ich mir ausgesucht hatte, um heiligen Boden handelte, ahnte ich nicht …

Zwei Wochen war ich nun schon allein in Irland unterwegs, doch an Gesellschaft hatte es mir nie gemangelt. Wer die absolute Einsamkeit sucht, für den ist Irland gewiss der falsche Ort. Zwei Wochen lang hatte ich unentwegt neue Leute kennen gelernt, und jetzt wollte ich unbedingt ein bisschen allein sein. Die letzte Nacht hatte ich in der Jugendherberge in Dingle verbracht, einem malerischen kleinen Hafenstädtchen im Südwesten, und auch dort hatte ich wieder jede Menge neue Bekanntschaften gemacht, die mich auf gemeinsame Touren einluden. Eigentlich hatte ich mich zu dieser Radtour mit ein paar Deutschen verabredet, doch dann überlegte ich es mir anders und sagte ab. Ich wollte doch lieber alleine radeln. Slea Head wollte ich mir ansehen, den westlichsten Zipfel Irlands, und zwar solo.

Ich »borgte« mir also ein Fahrrad, wie man in Irland sagt, und machte mich früh auf. Die Strecke sei für eine kleine Spritztour angenehm zu fahren, hatten mir die Deutschen in der Jugendherberge versichert. Ihr Wort in Gottes Ohr – ich verfluchte sie die ganzen 20 Kilometer. Zugegeben, 20 Kilometer sind mit dem Rad eigentlich ganz gut zu schaffen, doch es ging keinen einzigen Meter flach geradeaus, so dass mir die Strecke auf dem alten, klapprigen Drahtesel doppelt so lang vorkam. Umzudrehen kam nicht in Frage – diese Blöße wollte ich mir nicht geben –, und so strampelte ich tapfer weiter.

Trotz der Strapazen war es eine ausgesprochen schöne Tour. Im Gebiet westlich von Dingle gibt es die größte Ansammlung alter Stätten im County Kerry, wenn nicht sogar in ganz Irland. Fast hinter jeder Kurve lagen ringförmige Festungen, Rundhäuser (die typischen Behausungen der Kelten im Eisenzeitalter) und Ogham-Steine, alte Markierungen, die die Druiden hinterlassen haben (»Ogham« bezeichnet das 25 Zeichen umfassende Alphabet der Druiden, das ihnen von Ogma, dem Gott der Redsamkeit, eingegeben wurde). Jede Menge gute Gründe also, um immer wieder kleine Verschnaufpausen einzulegen. Doch das Allerschönste waren die Lämmer, die im Frühjahr hier überall zu sehen sind. Das Frühjahr ist meiner Meinung nach sowieso die beste Reisezeit für Irland: weniger Touristen, mildes Wetter und überall schnuckelige, kleine Lämmchen. Mein Weg führte an der zerklüfteten Küstenlinie entlang, von wo aus sich saftig grüne Wiesen bis hinab ins raue Meer zogen. Überall auf diesen tiefgrünen Feldern standen neu geborene Lämmchen etwas wackelig auf den Beinen und sahen mir, beschützt von grimmig dreinblickenden Schafböcken, neugierig entgegen.

Dann ging es eine lange Strecke bergauf, und ich musste kräftig in die Pedale treten. Doch oben angekommen, wurde ich mit einer atemberaubenden Sicht über den tosenden Atlantik und die einsamen Blasket Islands belohnt. Die Inselgruppe aus sieben kleinen Inseln nur sechs Kilometer vor der irischen Küste lag friedlich im kalten Ozean. Die letzten Bewohner hatten die Inseln 1953 verlassen. Das Leben dort war selbst für zähe Iren zu hart. Ich setzte mich an die Straße, wo das morastige Land unter meinen Füßen schroff zum Meer hin abfiel, sah hinaus auf die kleinen, einsam gelegenen Inseln und versuchte mir das entbehrungsreiche Leben in dieser Abgeschiedenheit vorzustellen.

Wie es heißt, waren die Leute auf den Aran Islands, die weiter nördlich in der Bucht von Galway liegen, so arm, dass sie sich nicht einmal Musikinstrumente leisten konnten, um es sich an den langen Abenden gemütlich zu machen, wie es auf dem irischen Festland üblich war. Sie hatten lediglich ihre Geschichten. Und so ist Aran weit über Irland hinaus bekannt für seine Geistergeschichten, darunter viele über die berüchtigten *banshees*, die todverkündenden Feen. Und als ich vom ständigen Wind bereits Gänsehaut auf den Beinen bekam, klang das unheimliche Heulen wie das Jammern jener legendären Fabelwesen an mein Ohr. Es war Zeit, nach Dingle und in die Wärme eines Pubs zurückzukehren.

Und so radelte ich zurück und machte Pinkelpause in jenem Waldstück nahe dem vermeintlich verlassenen Kloster. Während ich mir auf dem Rückweg zum Fahrrad noch den Reißverschluss meiner Jeans hochzog, bemerkte ich sie: eine kleine, alte Frau, die den Weg herab direkt auf mich zukam. Es dauerte einen Moment, bis ich begriff, dass es sich um eine Nonne handelte. Sie war in stillem Gebet versunken, hielt den Kopf geneigt und fuhr mit den Fingern flink über die Perlen ihres Rosenkranzes. Ach du gute Güte – hatte sie mich etwa gesehen, wie ich auf dem geweihten Boden meine Notdurft verrichtet hatte? Ich suchte nach einer plausiblen Ausrede für meinen kleinen Abstecher ins Gebüsch, aber es wollte mir nichts Überzeugendes einfallen. Und eine Nonne anzulügen, nachdem man heiligen Boden geschändet hatte, schien erst recht unangebracht.

»Ein bisschen sumpfig da drin, stimmt's?«, sprach sie mich fröhlich an, wobei sie etwas lauter wurde, so wie die Iren das typischerweise tun, wenn sie etwas halb fragend, halb feststellend äußern.

»Ja, das stimmt!«, antwortete ich erleichtert über ihren freundlichen Ton.

»Aha, Sie kommen aus Amerika?« Diese erstaunte Reaktion war ich gewohnt, denn hier in Irland werde ich aufgrund meines Äußeren auf den ersten Blick fast immer für eine Irin gehalten.

»Ja.«

»Und reisen Sie allein?«, hakte sie verwundert nach.

»Ja«, sagte ich wieder. Sie war um die 80 und nicht viel größer als einsfünfzig. Ihre Augen funkelten lebhaft, wenn sie sprach.

»Schön, dass ihr jungen Mädchen heutzutage so allein reisen könnt. In meiner Jugend war das noch ganz anders. Ich bin froh, dass sich das geändert hat. Es ist gut, wenn man die Welt auf eigene Faust erkunden kann.«

Ich war überrascht, wie fortschrittlich sie dachte. Da ich nicht katholisch aufgewachsen bin, stelle ich mir Nonnen immer ziemlich konservativ und engstirnig vor. Und außerdem ergeht es mir mit Geistlichen so wie mit Polizisten: Sie machen mich nervös, weil mir ja etwas herausrutschen könnte, das mich als Ungläubige oder Gesetzesbrecherin entlarvt.

»Und wie finden Sie Irland, wenn ich fragen darf?«

»Oh, es gefällt mir sehr gut. Ganz fantastisch.«

»Und darf ich fragen, was genau Ihnen so gefällt?«

Sogleich kam mir alles Mögliche in den Sinn – die grünen Felder, die alten, verfallenen Gebäude; der Geruch von brennendem Torf in der frischen Abendluft; der warme Schein der Kaminfeuer in den Pubs. Und natürlich die Melodien, die abends fast überall erklingen, wenn sich die Musiker in den Pubs um die Tische scharen und ganz ungezwungen zusammen spielen, ein paar Guinness vor sich, während umstehende Freunde plaudern, tanzen oder einfach zuhören und im Rhythmus mit den Füßen tippen.

»Oh, die Landschaft, die irische Geschichte und natürlich die Menschen. Sie sind so warmherzig und gastfreundlich«, sagte ich und überlegte, was ich noch alles aufzählen könnte.

»Und woher sind Sie?«

»Aus den Staaten«, sagte ich und hatte in dem Moment ganz vergessen, dass sie das ja bereits wusste.

»Ja, das weiß ich, Kindchen, aber woher genau?«

»Oh, natürlich. Aus Seattle, Washington State«, antwortete ich beflissen. Dabei war Seattle knapp ein Jahr zuvor in die Schlagzeilen geraten, als Kurt Cobain sich auf tragische Weise umgebracht hatte. Zumindest jungen Europäern war die Stadt seither ein Begriff. Doch ich war mir nicht sicher, ob die Band Nirvana auch unter irischen Nonnen bekannt war.

»Das Wetter ist dort bestimmt ein bisschen so wie bei uns.«

»Ja, genau, und es ist auch sehr grün«, sagte ich.

»Besuchen Sie hier Verwandte?«

Die Frage war nicht ungewöhnlich. Viele Amerikaner, die nach Irland kommen, suchen hier nach Familie oder wenigstens nach Spuren ihrer irischen Wurzeln. Über ein Viertel der irischen Bevölkerung hatte dem Land während der großen Hungersnot Mitte des 19. Jahrhunderts den Rücken gekehrt und war nach Amerika ausgewandert. Schätzungen zufolge schafften es rund 1,5 Millionen Iren bis an die amerikanische Küste. Auch heute noch verlassen junge Iren ihr Land, wenn auch nicht in so großen Scharen wie damals, denn die heimische Wirtschaft ist im Aufschwung begriffen. Für Amerikaner ist Irland überaus romantisch, insbesondere für irischstämmige Amerikaner, denn was man hier findet, sucht man in Amerika vergebens – eine lange Geschichte, alte Traditionen und eine scheinbar einfachere Lebensweise. Bis heute hat Irland sich seinen ländlichen Charakter bewahrt. Vor allem im Westen des Landes, außerhalb der wenigen großen Städte, sind viele Straßen noch unbefestigt; es gibt keine Einkaufsstraßen, keine Reklametafeln, kaum Straßenlaternen, nur wenige Läden oder Autos. Es ist wie eine Reise in die Vergangenheit.

»Nein«, antwortete ich. »Ich will mir nur das Land ansehen.«

»Aber Sie haben sicherlich irische Wurzeln, nicht wahr?«

»Ich weiß nicht«, erwiderte ich schüchtern. »Ich wurde adoptiert und weiß daher nicht genau, wo meine Wurzeln sind.«

»Nun, für mich sehen Sie aus wie ein nettes, irisches Mädchen«, sagte sie mit fester Stimme, als ob der Fall damit klar wäre.

Natürlich interessiert es mich, wo meine Wurzeln sind, und Irland hat mich nicht zuletzt aus diesem Grund schon immer fasziniert. Seit ich denken kann, weiß ich, dass ich ein Adoptivkind bin, und ich hatte immer vor, mich irgendwann einmal auf die Suche nach meiner leiblichen Mutter zu machen. Doch der Gedanke hatte nie richtig Form angenommen, obwohl es mich verunsicherte, nicht zu wissen, woher meine Vorfahren kamen. Irgendwie fühlte ich mich dadurch nicht richtig verbunden mit der Welt. Woher ich wirklich stammte, wo meine Vorfahren herkamen, interessierte mich fast noch mehr als meine Adoptivgeschichte oder wie meine leibliche Mutter aussah. Meine Adoptiveltern hatten nur spärliche Informationen über mein biologisches Erbe, das, nach meinen rotbraunen Locken und den Sommersprossen zu urteilen, eindeutig europäisch und aller Wahrscheinlichkeit nach den Britischen Inseln zuzuordnen war. Genaueres wusste ich nicht. Aber ich hatte mir immer gewünscht, irischstämmig zu sein, denn Irland mit seinen berühmten Schriftstellern, Musikern und Revolutionären erschien mir stets spannender als England oder Wales. Auf dieser Reise, meiner ersten allein und meiner ersten nach Europa, wollte ich gewissermaßen auch die Heimat meiner Vorfahren entdecken. Vielleicht würde ich ja tief in mir irgendeine Verbindung mit diesem Land spüren. Und da ich vermutlich nie viel mehr über meine Identität herausfinden würde, war diese schwer definierbare, potenzielle Verbindung besser als nichts. Sie genügte mir vollauf.

»Nun, Kindchen, darf ich fragen, ob Ihre Eltern gut zu Ihnen waren?«

»Oh, ja«, antwortete ich etwas überrascht. Mit einer solchen Frage hatte noch nie jemand auf meine Adoption reagiert.

»Und entschuldigen Sie die Frage, aber sind Sie katholisch aufgewachsen?«, fragte sie weiter.

Na großartig, dachte ich. Die Inquisition. Das musste ja kommen. Genau deswegen hasse ich es, mich mit Geistlichen zu unterhalten, denn früher oder später läuft es immer darauf hinaus.

»Nein, ich wurde protestantisch erzogen«, erwiderte ich, wobei ich selbst nie einen großen Unterschied zwischen Protestanten und Katholiken gesehen hatte. Doch hier in Irland, angesichts der bitteren Geschichte eines geteilten Volkes, zögerte ich zunächst mit meiner Antwort, zumal ich, wie die meisten liberalen Amerikaner, im Nordirland-Konflikt auf Seiten der Katholiken stehe.

Meine Antwort aber schien sie nicht weiter zu stören. »Und gehören Sie einer Religionsgemeinschaft an?«, fuhr sie geradewegs fort, als erahnte sie, dass ich keine praktizierende Protestantin war.

»Nein«, antwortete ich zögerlich. »Darüber tagt der Ausschuss noch«, flachste ich.

»Dann stehen Sie also im Nebel«, griff sie meinen Scherz auf, beendete damit unsere kurze Unterhaltung und ging weiter. Nachdenklich folgte ich ihr in Richtung des historischen Ogham-Steins.

Ganz richtig. Ich stand im Nebel.

Die Iren haben eine sehr bildhafte Sprache. Die grauen, leicht nebligen Tage, wie es sie in Seattle zur Genüge gibt, nennen sie »sanfte Tage«. Diese Wendung hörte ich zum ersten Mal aus dem

Mund eines Farmers, dem ich bei einem Spaziergang querfeldein zum Gruß winkte. »Ay, ein sanfter Tag heute«, grüßte er zurück. Wie viel Optimismus darin doch schwang! Ich hatte solche Tage bisher als bedrückend und trostlos empfunden, aber die Iren sahen in ihnen Schönheit. Nicht zu kalt, nicht zu warm, angenehm feucht und mild. In diesem Moment beschloss ich, die irische Einstellung zum Wetter zu übernehmen, um die grauen Tage in Seattle oder anderswo künftig besser zu überstehen.

Ja, ich stand im Nebel – die Wendung umschrieb ziemlich treffend den Zustand meiner Seele, meines Lebens. Auf dem dunkler werdenden Waldweg verließ ich die Nonne, durchstreifte die ruhigen Klostergärten und dachte über den eigentlichen Grund meiner Reise nach. Klar, ich wollte unbedingt weg, wollte eine Weile allein sein. Meine Beziehung hatte sich totgelaufen, mein Job langweilte mich, und ich dümpelte mit Mitte 20 planlos vor mich hin, hatte keinen blassen Schimmer, was ich eigentlich wollte. Eine Art Pilgerreise schien mir da gar keine schlechte Idee. Aber nach was suchte ich? Nach meinen Wurzeln, nach Menschen, die mir ähnlich sahen, nach einem Gefühl von Gemeinsamkeit, einem Gefühl von Heimat? Oder wollte ich nur davonlaufen, vor meinem verworrenen Leben und meiner Beziehung, die langsam, aber sicher den Bach hinunterging? Oder wollte ich nur mein verloren gegangenes Selbstvertrauen wiederfinden, um den unausweichlichen Entscheidungen gestärkt ins Auge blicken zu können, wenn ich wieder zu Hause war? An Gründen mangelte es mir offenbar nicht. Aber was war der wahre Grund meiner Reise? Ich stand im Nebel, in der Tat, wusste weder, wonach ich suchte, noch, in welche Richtung ich gehen sollte.

Als ich langsam zurück zur Straße ging, war der Tag nicht mehr so sanft. Es schüttete wie aus Kübeln, und ein stürmischer Wind kam auf. Während ich all meine Kräfte zusammennahm, um auf dem Rad überhaupt vorwärts zu kommen, wobei ich an die tapferen Bewohner der Blasket Islands dachte, die Wind und Wetter trotzten, hielt ein Auto neben mir. Ob ich mitfahren wolle, fragte ein nettes irisches Pärchen. Und da ich weniger tapfer war als besagte Inselbewohner, nahm ich das Angebot gerne an, verstaute mein Rad im Kofferraum und kletterte auf den Rücksitz, dankbar für die Wärme im Auto.

An jenem Abend dachte ich noch lange nach. Wie seltsam – anscheinend begegnen wir im Leben im richtigen Moment den richtigen Menschen. Einer Nonne im Wald, die ganz neue Einsichten eröffnet, wenn die Pfade des Lebens verworren erscheinen; einem fremden Pärchen, das eine Mitfahrgelegenheit anbietet, wenn es kalt und dunkel ist. Hier in Irland, auf meiner Reise allein, wurde ich daran erinnert, dass das Universum uns beschützt, eine Hand über uns hält, Geheimnisse offenbart, uns Schutz gewährt vor Regen und Sturm – und uns vor allem seine Lehren erteilt. Selten wissen wir, was wir suchen, wenn wir uns auf den Weg machen, und am Ende finden wir unter Umständen trotzdem etwas ganz anderes.

Der Schlüssel liegt darin, zu verstehen und zu akzeptieren, dass es Dinge gibt, die wir nicht ändern können. Aber wir können lernen, sie zu nehmen, wie sie sind, und darauf vertrauen, dass sich immer ein Weg im Dunkel auftut. Und wenn wir ganz viel Glück haben, dann begegnet uns auf dem Weg ein Weiser, durch den wir die Wahrheit finden, von der wir nicht einmal wussten, dass wir sie suchten. Dann müssen wir nur aufmerksam genug sein, sie zu erkennen.

Barfuß in Belize

Marianne Ilaw • Belize

Mitten in der Karibik, rund 50 Kilometer vor der Küste von Belize, liegt eine kleine, bezaubernde Insel. Sie sieht aus wie im Märchen. Einheimische und Touristen fahren in umweltfreundlichen Elektroautos, den Golf-Carts, über die Sandstraßen, und am Abend auszugehen, bedeutet, über den Platz der Stadt zu schlendern und bei einem frischen Kokoseis in die Sterne zu sehen.

Nur knapp einen Kilomter vor der Küste befindet sich das längste Barrier Reef der westlichen Hemisphäre – für Taucher, Schnorchler, Fischer und Naturliebhaber ein Hauptanziehungspunkt. Jahrelang war Ambergris Caye als gut gehüteter Geheimtipp nur Insidern bekannt, obwohl es sich um das größte und fortschrittlichste unter den 200 Riffs vor Belizes Küste handelt. Aber trotz klimatisierten Hotels, sicherem Trinkwasser, Satellitenfernsehen und dem Internetcafé ist es nicht zu vergleichen mit Touristenzentren wie St. Martin, den Bahamas oder Aruba. Diese Orte sind regelrecht überschwemmt von Duty-free-Shops, Hotelburgen und krebsroten Touristen in bunt bedruckten Shirts – Miami Beach im Kleinformat. In Ambergris Caye hingegen wird das nie passieren – nicht nur weil es an Infrastruktur, Raum und Geldern mangelt, sondern weil die Einheimischen Massentourismus niemals dulden würden.

Doch spätestens seit der Reality-Show »Temptation Island«, die das amerikanische Fernsehen 2001 ausstrahlte, ist das Riff nicht mehr unbekannt: Am nördlichsten Zipfel der Insel waren hormonstrotzende Singles darauf angesetzt, die gebundenen beziehungsweise verheirateten Kandidaten unter den Augen der Kamera zum Seitensprung zu verführen. Nach Ausstrahlung der Sendung verzeichneten Reiseveranstalter einen Buchungsansturm für Ambergris Caye, doch die Abgeschiedenheit und der Mangel an komfortablen All-inclusive-Anlagen werden durchschnittliche Pauschaltouristen wohl auf Dauer fern halten – Gott sei Dank.

Jahrelang träumte ich davon, nach Ambergris Caye zu reisen. Allein der Name klingt wie aus einem Märchen. Der Legende nach war die Insel ein Sammelplatz von Walen, und auf der Meeresoberfläche trieb haufenweise Ambra, eine cremige Ausscheidung des Pottwals, die bei der Parfumherstellung Verwendung findet.

Fast 20 Jahre lang hatte ich die Karibischen Inseln bereist, denn schon nach dem College hatte ich mir vorgenommen, möglichst viel der Region zu sehen. Und das war mir geglückt: In St. Lucia hatte ich barfuß getanzt, in Dominica den Regenwald durchwandert, in Bequia mit Bootsbauern geplaudert und mir in Abaco den Bauch mit Muscheln voll geschlagen – alles ganz allein.

Ambergris Caye war etwas ganz Besonderes. Es lag abgeschieden und romantisch, ideal, um mich eines Tages mit meinem Geliebten oder gar Ehemann dorthin zu begeben. Wochenlang trug ich Reiseprospekte über Belize mit mir herum, blätterte sie verträumt durch, während ich allmorgendlich in der dreckigen New Yorker U-Bahn zur Arbeit fuhr.

»Flitterwochen ...«, murmelte ich leise vor mich hin, während ich bunt bebilderte Katalogseiten mit bezaubernden Sonnenuntergängen, schaumiger Brandung und strohgedeckten Strandbars betrachtete. Sogar ein Hotel hatte ich mir schon ausgesucht – *Mayan Princess*, hellrosa, direkt am Strand und dennoch zentral, mitten im Geschehen.

In meiner Fantasie sah ich alles genau vor mir: Lachend und scherzend fahren wir in unserem gemieteten Golf-Cart die Küstenstraßen entlang, bestaunen farbenfrohes Kunsthandwerk in den Läden, die bis neun oder zehn Uhr abends geöffnet haben, und nehmen danach in *Elvi's Kitchen*, das weltweit berühmt ist für frische Meeresfrüchte und ein extravagantes, tropisches Ambiente, ein spätes Abendessen ein.

Doch mein Märchenprinz ist mir leider nie begegnet. Sicher, es gab einige Verehrer, doch die meisten haben sich feige verzogen, sobald ihnen klar wurde, dass ich meine unbändige Reiselust und die Neugier auf fremde Welten und Kulturen nie und nimmer aufgeben würde. Dabei bin ich durchaus in der Lage, in einer Beziehung Kompromisse einzugehen – gemeinsam vor dem Fernseher zu sitzen und durch die hohlen Krimis und Westernfilme zu zappen oder auf die Schnelle irgendwo essen zu gehen –, doch irgendwie schien es, als führten Kompromisse immer in die Sackgasse. »Aber, Marianne, warum willst du unbedingt an Orte, wo es kein Kabelfernsehen, dafür aber Läuse und Flöhe gibt? Können wir nicht einfach nach Vegas?«

Nicht mit mir.

Ich beschloss, nicht länger auf den Mann meiner Träume zu warten, um die Insel zu besuchen. Als ich Freunden von meinem Vorhaben erzählte, waren sie beeindruckt. »Du tust es also wirklich, hm?« »Du hast ja auch schon jahrelang davon geredet. Super!« »Belize – wie exotisch. Ich könnte das nicht, so ganz allein.« Und die Angestellte in meinem Reisebüro lachte amüsiert vor sich hin, als ich vor ihr saß und sagte: »Belize. Ambergris Caye. Acht Tage, sieben Nächte.« Sie schüttelte den Kopf. »Sie wissen ja immer genau, was Sie wollen. Umso besser, da habe ich weniger zu tun.«

Die Flüge, zuerst von New York nach Miami und dann weiter nach Belize City, waren angenehm und ruhig. Vom International Airport in Belize aus ging es gleich weiter. Voller Abenteuerlust trat ich hinaus in die schwüle Luft, lief über die Rollbahn zu meinem Flieger für den Weiterflug nach Ambergris Caye. Aber das hatte ich nun doch nicht erwartet: Die winzige, arg mitgenommene achtsitzige Propellermaschine stand verloren an einem Gate und sah eher aus wie ein ramponiertes Modellflugzeug. Ich spürte, wie mich leichte Panik befiel. Zwar bin ich schon des Öfteren in kleinen Flugzeugen gereist, aber ganz so klapperig war keines gewesen.

Nichts hätte ich mir sehnlicher gewünscht als einen großen, starken Mann, der meine Hand hielt, mich in den Arm nahm und mir sagte, dass ich keine Angst haben müsse. Aber es hatte ja nicht sollen sein. Ich fühlte mich wie ein kleines Mädchen, hätte mich am liebsten heulend in die tröstenden Arme meiner Mutter geflüchtet. Aber dann wurde mir klar: Erstens war meine Mutter schon gestorben, und außerdem hatte sie mich nie verhätschelt, sondern mich, wann immer es ging, zum Sprung ins kalte Wasser ermutigt. Mit diesem Gedanken steuerte ich auf das Flugzeug zu. Ich kramte in meiner Umhängetasche, bis ich fand, wonach ich suchte: den Quarzperlen-Rosenkranz meiner geliebten Mutter. Krampfhaft hielt ich ihn fest und flehte sie mit weichen Knien an, über mich zu wachen. Und um ganz sicherzugehen, wühlte ich noch nach den beiden Amuletten, die mir meine Tante aus den Philippinen einmal geschenkt hatte: Auf einem war Chango abgebildet, eine mächtige, afrikanische Gottheit, auf dem anderen das Heilige Jesuskind.

So gerüstet, war ich bereit. Ich kletterte an Bord und schluckte, als meine Sitznachbarin sich mit den Worten »Ich sag mal vorsichtshalber adieu!« den Sicherheitsgurt anlegte.

In der Luft entspannte ich mich etwas, drückte mir die Nase an der verschmierten Fensterscheibe platt, bestaunte das schillernde, türkisblaue Meer, das über das atemberaubende Barrier Reef flutete. »Ich hab's geschafft, Mom, ich hab's geschafft«, flüsterte ich in Gedanken und mit Blick auf die Wattewolken über uns.

Während der Taxifahrer mich die wenigen Blocks vom Landestreifen zum *Mayan Princess* fuhr, sog ich den Anblick und die Klänge von San Pedro in mich auf. Alles sah genauso aus wie im Katalog: sandige Straßen, Golf-Carts, lachende Kinder, die in der Brandung spielten.

Nach einem herzlichen Empfang an der Rezeption folgte ich dem Hotelboy neugierig auf mein Zimmer. Es war gemütlich eingerichtet: Küche, Sitzecke, zwei Deckenventilatoren, großer Farbfernseher, großes Bett. Der Blick aus dem Fenster raubte mir den Atem: Postkartenidylle pur. Die prachtvollen Flügeltüren zum Balkon standen weit offen, eine laue Brise wehte herein, und die flatternden, feinen Gazevorhänge umrahmten die funkelnde See nur wenige Meter vor mir. Quer über den Balkon schaukelte eine rosafarbene Hängematte einladend vor sich hin.

San Pedro ist die Hauptstadt von Ambergris Caye, benannt nach dem Heiligen Petrus, dem Schutzheiligen der Fischer. »La Isla Bonita« – so bezeichnen Touristenbüros Ambergris Caye, nach dem Hit, in dem Madonna eine mythische Insel namens San Pedro besingt (auch ich ließ den Song endlos auf meinem tragbaren Kassettenrekorder laufen). Die Stadt ist äußerst beschaulich und entspannt, zieht Weltenbummler, Taucher und Abenteurer an, die mehr wollen als einen austauschbaren Schnäppchen-Pauschalurlaub mit Busausflügen in irgendwelche Casinos.

Ich lächelte vor mich hin, während ich barfuß durch die Stadt schlenderte und hie und da Gesprächsfetzen aufschnappte. Fremden Unterhaltungen zu lauschen, ist eine meiner Lieblingsbeschäftigungen. Auf klassischen Touristeninseln hatte ich häufig platte Bemerkungen mitgekriegt wie etwa »Wow! Spottbillig, die Rolex-Uhren hier!« oder »Auf zur Fressorgie im Tropicana!« San Pedro jedoch zog eine andere Sorte Reisende an. Eines Morgens hörte ich einen jungen Rucksacktouristen seufzen: »Managua ist das hier nicht!« Und ein paar Schritte weiter kreischte ein Student: »Josh hat heute Morgen an der Decke einen Skorpion gesehen!« Hier gab es definitiv keine verwöhnten Pauschaltouristen.

Es war das Belize von vor 20, 30 Jahren – und trotzdem ganz eigen. Die exotische Kultur von Belize zeichnet sich aus durch eine einzigartige Verschmelzung von Einflüssen aus Lateinamerika und den Inseln Mittelamerikas (Belize, das frühere British Honduras, ist seit 1981 ein unabhängiger Staat), es ist quasi ein Mittelding zwischen Antigua und der Dominikanischen Republik. Auch die Bevölkerung ist bunt gemischt: Mestizen, braunhäutig und glatthaarig, haben einen ganz eigenen Dialekt: »*Mon, where yuh been, bwoy.*« Die Garifuna hingegen, dunkel und kraushaarig, unterhalten sich fließend auf Spanisch.

Mit meinem hellbraunen Teint und den dicken, welligen Haaren passte ich da ganz gut ins Bild. Schon immer war ich stolz darauf, ein Mischlingskind zu sein, das das Erbe von Schwarzen, Indianern und Philippinos in sich trägt. Ich bin wohl eine recht eigenwillige Mischung, denn ich werde häufig nach meiner Herkunft gefragt. In Belize fügte ich mich jedoch ganz unauffällig ein, man grüßte mich entweder auf Spanisch oder im einheimischen Dialekt. Und erst dann kamen verwunderte Nachfragen: »Oh, Sie sind Amerikanerin? Sie sehen aus wie eine von uns!« Aber es lag nicht nur an meinem Äußeren. Gleich an meinem ersten Abend in Belize wurde mir klar, warum man mich hier nicht als typische Amerikanerin empfand, sondern »anders«.

Ich war kurz essen gegangen und kehrte in mein Hotel zurück, wo Russ, der Nachtportier, anfing, mich mit Fragen über New York zu löchern. »Schon Teenager rasen mit BMWs durch die Stadt, richtig? Und ohne Waffe ist man aufgeschmissen. Außerdem kann sich auch ein einfacher Busfahrer ein Haus leisten, stimmt's?« Ich lachte, versuchte, die Klischees auszuräumen. Wenig später gesellten sich ein paar Jugendliche zu uns, die mich zunächst schüchtern taxierten, bis ich sie direkt ansprach. Sie fragten mich über die amerikanische Jugend aus, über Handys, Rap, Nikes, Prominente und Sport. »Okay, ich beantworte all eure Fragen, wenn ihr mir dafür beibringt, wie man Punta tanzt«, schlug ich vor. Edgar, Victor und Ninja sahen mich mit großen Augen an. »Du weißt, was Punta ist?«, fragten sie überrascht. Ja, das wusste ich und erklärte ihnen, dass ich die schnellen Rhythmen der Garifuna von meinem Exfreund kannte, der aus Honduras kam. Ich wollte lernen, wie man die wilden Hüftschwünge mit den verspielten Schritten koordiniert. Sie waren beeindruckt. Ich eilte auf mein Zimmer, um meinen Rekorder zu holen, außerdem ein paar Flaschen Limo für die Jungs und den landestypischen Ingwerwein für mich.

Sie strahlten, als ich meine Kassette einschob und die Lautstärke aufdrehte – *Sopa de Caracol*, ein Punta-Klassiker. Sie klatschten den Takt und redeten auf einmal pausenlos. »So eine Amerikanerin haben wir noch nie getroffen! Die meisten deiner Landsleute reden nicht einmal mit uns, sie wissen nichts von unserer Musik, und sie sind auch nicht so nett wie du! Und außerdem siehst du aus wie eine von uns. Marianne, wenn du wieder zu Hause bist, kannst du uns dann ein paar Rapsongs schicken, in denen richtig schön geflucht wird?«

Ich konnte zwar kein Wort Garifuna, aber den Refrain konnte ich auswendig und sang kräftig mit: »*Watanegi Konsu, nula rami wanaga.*« Sie lachten lauthals und korrigierten meine Aussprache, sprangen auf und ermutigten mich, ihre Tanzbewegungen nachzuahmen.

Ich erlebte noch einige dieser fröhlichen Abende im luftigen Foyer des Hotels, tanzte, schlürfte frischen Mangosaft mit den Jungs, die darauf bestanden, meine »Bodyguards« zu sein. Russ verkündete mir feierlich, er sei ausgebildeter Scharfschütze, und schlug vor, ich könne ihn als Leibwächter anheuern, wenn ich ihn nach New York mitnähme. Die ganze Woche lang folgte mir die Meute auf Schritt und Tritt. Sie brachten mir frischen Orangensaft von der Plantage, überraschten mich mit den schönsten Muscheln und trugen mir mein Gepäck. Selbst wenn sie einmal nicht um mich herumwuselten, wussten sie genau, wo ich gerade war und was ich gerade machte – »Vorhin um drei haben wir dich beim Schwimmen gesehen.« »Mit dem Golf-Cart kennst du dich ja wirklich aus.« »Eben warst du im Internetcafé. Außer dir kennen wir niemanden, der weiß, wie man mit einem Computer umgeht.«

Die Jungs sahen alle recht gut aus und machten mir auch ganz unverhohlen Avancen, die ich jedoch sogleich im Keim erstickte. »Ihr könnt *tía* (Tante) zu mir sagen, wenn ihr wollt«, sagte ich bestimmt, »aber da hört's auch schon auf. Ihr könntet ja alle meine Söhne sein!« Jeder von ihnen schuftete, um seinen Lebensunterhalt zu verdienen; ganz anders als die verwöhnten, materialistischen College-Studenten, die ich von zu Hause kannte. Sie machten alle möglichen Jobs: harkten Sand in Ferienanlagen, lieferten frische Lebensmittel aus, reparierten Fischerboote. Oft hatten sie Hunger, und so schob ich ihnen hin und wieder ein paar Scheine zu, damit sie etwas Ordentliches in den Magen bekamen, spendierte Eis und Snacks und teilte meine Vorräte mit ihnen. Am Tag meiner Abreise schenkten sie mir einen Korb mit einer kleinen Auswahl verschiedener Rumsorten aus der Region und ein paar wunderschöne Postkarten. Ich war gerührt und wusste die Geste umso mehr zu schätzen, da ich wusste, dass sie selber kaum etwas hatten.

Ich musste oft an sie denken, wenn ich bei einem üppigen Mahl saß. Wenn ich sah, wie Menschen meiner Hautfarbe als Putzkräfte oder Kellner arbeiten mussten, gab ich ihnen immer ein großzügiges Trinkgeld, quasi als Wiedergutmachung.

Die Aussicht auf einsame Mahlzeiten schreckt wohl viele Frauen vom Alleinreisen ab. Viele Frauen, die ich kenne und die von Berufs wegen des Öfteren alleine unterwegs sind, ziehen es vor, sich ihr Essen aufs Zimmer zu bestellen oder vor dem Fernseher einen Burger herunterzuschlingen. Nicht so meine Wenigkeit. Ich bin da etwas anspruchsvoller, möchte einen erstklassigen Tisch – vorzugsweise am Fenster mit Blick aufs Meer –, eine aufmerksame Bedienung und die Gelegenheit, ein köstliches Mahl zu genießen, ohne von anderen Gästen mitleidige Blicke zu ernten oder mir dumme Sprüche von arroganten Kellnern anhören zu müssen.

Ich weiß noch, wie ich in St. Lucia einmal ein nettes Restaurant am Meer betrat und ewig warten musste, bis man mir einen Platz zuwies. Obwohl das Restaurant halb leer war, führte mich der Kellner an einen kleinen Tisch in einer versteckten Nische hinter dem Tresen. »Hier sind doch jede Menge Tische frei«, rief ich wütend, »und Sie setzen mich in die hinterste Ecke?« Respektvoll senkte er den Kopf. »Aber Madame, ich dachte, da Sie alleine zu Abend essen, ähm, würde es Ihnen dort angenehmer sein.« Ich deutete auf einen Tisch mit Meeresblick in der Mitte des Raums, der mit flackernden Kerzen und tropischen Blumen geschmückt war. »Da möchte ich sitzen«, sagte ich. »Ich will mein Essen ebenso genießen wie all die Pärchen. Und es ist mir auch nicht im Geringsten unangenehm, alleine zu speisen. Schließlich bin ich ja auch allein auf die Insel gekommen, nicht wahr?« Da hörte ich aus einer anderen Ecke des Lokals ein amüsiertes Lachen, und jemand rief mit starkem deutschen Akzent: »Amerikanerin? Ich wette, aus New York!« Ich hielt triumphierend den Daumen hoch, steuerte auf meinen Tisch zu und genoss ein äußerst angenehmes Abendessen.

Aber ich kann es verstehen, wenn man sich allein an einem Tisch fehl am Platz fühlt. Man meint, alle Welt stiere einen mitleidig an. Dabei ist das gar nicht unbedingt der Fall. Oft erntet man auch bewundernde Blicke, wenn man sich als Frau selbstbewusst und völlig unverkrampft an einen Tisch setzt. Ich habe etliche Frauen getroffen, die mir sagten, wie sehr sie meinen »Mut« bewundern, sich einfach in irgendeinem Lokal an einen Tisch zu setzen. Bücher oder Zeitungen, hinter denen ich mich verstecken könnte, nehme ich nie mit. Und ich beeile mich auch nicht sonderlich beim Essen. Vor allem Männer fühlen sich dadurch manchmal etwas irritiert – mitunter bemerke ich, wie sie mich verstohlen beobachten, um zu sehen, wie ich meine Bestellung aufgebe, meinen Wein trinke und die Rechnung bezahle. Vor allem das Bezahlen gilt offenbar noch immer als Männersache. Aber nur weil es in Restaurants traditionell patriarchalisch zugeht, muss eine alleinreisende Frau ihr Essen nicht zwangsläufig in Imbissbuden oder auf dem Zimmer einnehmen.

Allerdings gab es ein Restaurant auf Ambergris Caye, bei dem ich doch etwas Angst vor der eigenen Courage bekam – das *Mambo*. Es war edel und teuer und lag im erstklassigen *Mata Chica Resort* am nördlichen Ende der Insel. Von Einheimischen erfuhr ich, dass es »ausgefallen und sehr romantisch« sei. »Am besten, Sie gehen dort mit jemandem hin, den Sie lieben«, schlug mir die hübsche Rezeptionistin in meinem Hotel vor. »Nun, ich liebe mich, also gehe ich mit mir hin«, lächelte ich und reservierte.

Am Abend ließ ich mich von einem Wassertaxi am Pier nahe meinem Hotel abholen. Ich würde lügen, wenn ich behaupte, dass es mir nichts ausgemacht hätte, alleine ins *Mambo* zu gehen. Aber ich hätte es mir auch nie verziehen, nicht wenigstens einmal das sagenumwobene *Mata Chica* erlebt zu haben.

Ich warf mich also in Schale, damit ich auch etwas hermachte – immerhin war ich eine New Yorker Schriftstellerin. Das fließende, mandarinfarbene Kleid aus feinem Gaze und Chiffon hatte ich einmal in einer Indien-Boutique für nur 20 Dollar ergattert. Dazu behängte ich mich mit großen, goldenen Zigeunerohrringen, schlüpfte in schwarze, mit Glitzer verzierte Riemensandalen, die meine gebräunten, frisch pedikürten und zehenberingten Füße sowie meine mit Kettchen geschmückten Fesseln sehr schön zur Geltung brachten. Meine dunkle Mähne fiel in üppigen Locken über mein nagelneues mexikanisches Lederstirnband, das mit einem alten Mayamuster bestickt war. Und ein bunt gewebter Umhängebeutel aus Guatemala rundete mein multiethnisches Gesamterscheinungsbild sehr schön ab. Zum Schluss besprühte ich mich noch mit jamaikanischem Khus-Khus-Parfüm – fertig.

Zusammen mit zwei Pärchen, die mich neugierig, aber freundlich anlächelten, wartete ich am Pier auf das Wassertaxi. Das kam auch gleich, und kaum waren wir an Bord, starteten wir zu unserer Spritztour ins *Mambo*. Unterwegs sammelten wir an anderen Hotelpiers weitere Fahrgäste auf, und es war schnell klar, dass ich die einzige Alleinreisende war.

Während das Wassertaxi an der üppig grünen Anlage festmachte, wurden wir vom Hotelbesitzer, einem adretten Franzosen, persönlich in Empfang genommen. Ich stieg aus und kam mir vor, als wäre ich mitten im Phantasialand gelandet.

Zunächst ging es auf eine kleine Rundfahrt durch das Gelände, und ich beobachtete die Pärchen, die von den exotischen, urigluxuriösen Unterkünften sehr angetan waren. »Hier wohnen wir das nächste Mal«, waren sie sich einig, und da ich niemanden an meiner Seite hatte, mit dem ich mich darüber austauschen konnte, fragte ich nach einem Prospekt.

Dann ging es in den Speisesaal, der eher einer Künstlerwohnung als einem Restaurant glich. Kunst aus Afrika, Lateinamerika und Asien schmückte die Wände, und Kerzen tauchten den höhlenartigen Raum in einen sanften, sinnlichen Schein. Bekannte, internationale Musikklänge schallten aus der teuren Anlage. Zunächst ließen wir uns zum Aperitif in bequeme Sofas oder Zweisitzer sinken. Ich nippte an meinem Drink, sang zur Musik von Susana Baca mit und plauderte mit den anderen darüber, wie es ist, in New York zu leben, als Schriftstellerin zu arbeiten und allein zu reisen.

Dann führte uns ein lächelnder Kellner ins Restaurant, wo ich nach einem kleinen, gemütlichen Tisch für mich Ausschau hielt, doch ich konnte keinen entdecken. Der Kellner hakte mich unter und führte mich ganz selbstverständlich zu einem größeren Tisch, an dem bereits fünf Pärchen saßen. »Oh nein«, wehrte ich ab. »Ich will nicht stören. Sie wollen sicher Ihre Flitterwochen genießen.« »Nein, nein«, beharrten sie. »Setzen Sie sich ruhig zu uns, und erzählen Sie von New York«, lachte eine angesäuselte Texanerin und fuhr in der typisch gedehnten Redeweise der Südstaatler fort: »Bitte, meine Liebe, setzen Sie sich. Ich finde Sie nämlich spannender als meinen Mann.«

Das konnte ja heiter werden. Ich musste an meinen beziehungsunfähigen Exfreund denken, verfluchte ihn, weil er mir einen Heiratsantrag nach dem anderen gemacht und mich dann an unserem dritten Jahrestag verlassen hatte. Eigentlich hätte ich mit ihm hier sitzen und die Flitterwochen genießen können. Aber ich ließ mir nichts anmerken und nahm Platz.

Das Abendessen, gegrillter Hummer und himmlische Schokoladenmousse, war exzellent. Und die Südstaatler an meinem Tisch amüsierten sich königlich über die Geschichten vom Leben im Big Apple, die ich zum Besten gab. Als die Rechnung kam, zog ich genau wie die fünf frischgebackenen Ehemänner am Tisch mein Portemonnaie aus der Tasche. Kurz beneidete ich die Frauen, die nur daneben zu sitzen brauchten, während ihre Angetrauten mit prüfenden Blicken die Rechnung durchgingen. Doch der Gedanke, dass ich wahrscheinlich genauso viel, wenn nicht gar mehr als diese Männer verdiente, baute mich sofort wieder auf, ja er versetzte mich in Hochstimmung. Denn lieber zahle ich meine Sachen selbst, als dass ich mich mit jemandem verbandle, der mir zwar ein Luxusleben bietet, dafür aber entsprechendes »Benehmen« verlangt, wie es meine Exfreunde nicht selten taten.

Satt und zufrieden schlenderten wir zurück zum Boot. Die Pärchen hielten Händchen, und alle waren plötzlich stumm und still, während das Wassertaxi über die Wellen preschte und der Mond einen silbrigen Schein auf das tintenschwarze Meer warf. Eng aneinander geschmiegt, herzten und küssten sie sich, und so mutig und tapfer ich sonst bin, in diesem Moment war ich dankbar für den samtenen Vorhang der Dunkelheit, der meine sehnsuchtsvollschmachtende Miene verbarg.

Wieder verfluchte ich meinen Exfreund – bis mir wieder klar wurde, dass er sowieso nie mit mir nach Belize gekommen wäre. Zugegeben, es war in diesem Moment sehr schmerzhaft, niemanden zu haben, mit dem ich das Erlebnis teilen konnte. Aber ich würde ja nicht für immer und ewig allein sein. Bestimmt würde ich eines Tages einen Mann finden, der gerne mit mir an Orte wie diesen reist. »Irgendwann komme ich noch einmal hierher, dann mit meinem Märchenprinzen«, flüsterte ich in die Sterne.

Als das Boot vor meinem Hotel anlegte, wünschte ich fröhlich gute Nacht und stieg aus. »Sie sind wirklich eine außerordentlich faszinierende Frau. Ganz allein nach Belize zu reisen – alle Achtung. Und so selbstbewusst. Allein, wie Sie sich kleiden! Obendrein sprechen Sie Französisch mit dem Hotelbesitzer, Spanisch mit dem Kellner und singen bei dieser Regenwaldmusik einfach so mir nichts, dir nichts mit. Bewundernswert.«

Mehr Zuwendung bekam ich an diesem Abend nicht.

Elvi's Kitchen war eine Institution und wurde zu meinem Lieblingsrestaurant. *Elvi's* hatte 1974 als kleine Burger-Bude angefangen. Später dann stellte die Besitzerin im Schatten eines riesigen, blühenden Baumes ein paar Klapptische auf und baute nach und nach ein kleines Restaurant um den Baum, welcher heute mitten durch das Dach wächst. Der Boden des Restaurants ist einfach mit Sand bedeckt. Die Klapptische, das freundliche Personal und die zauberhafte Hintergrundmusik (von Panflöten- bis hin zu karibischen Calypso-Klängen) schaffen eine gesellige und heitere Atmosphäre.

Im *Elvi's* aß ich sehr gerne, ob allein oder in Gesellschaft. Einmal war ich mit einer Gruppe Tauchern aus Iowa dort, die ich am Strand kennen gelernt hatte. Aber auch wenn ich alleine kam, fühlte ich mich jedes Mal wie ein willkommener Gast auf einer rauschenden Party. Am liebsten aß ich Kokoskrabben, Fisch in schwarzer Bohnensoße oder glasiertes Hühnchen mit Tropenfrüchten; dazu trank ich eisgekühlte Drinks. Und seit ich dort Stammgast war, grüßte mich das Personal besonders warmherzig und neckte mich. »Wie wär's mit einem einheimischen Begleiter?«, foppte mich ein gut aussehender Kellner und betonte, dass er erst 30 sei, aber bereits 28 Kinder mit verschiedenen Frauen gezeugt habe. Ich winkte lachend ab, aber als ich mich anschickte zu gehen, flüsterte er mir zu: »Treffen wir uns heute Abend in der Disco?« Ich war geschmeichelt, doch als alterfahrene Karibikreisende durchschaute ich die Sprüche der Männer, die alleinreisende Frauen wie mich anbaggerten. Ich war zwar Mitte vierzig, aber eine Mildlife-Crisis hatte ich nicht. Ich musste mich nicht auf Teufel komm raus in eine Affäre mit einem heißen Inselhengst stürzen. Allerdings gebe ich gerne zu, dass die Männer auf Temptation Island, der »Versuchungsinsel«, in der Tat eine Sünde wert gewesen wären. Da ich als Schwarze auf schwarze Männer stehe, war es der Himmel auf Erden. Der wundervolle Mischmasch der Kulturen – Afro-Kariber, Mexikaner, Mestizen, Indianer, Europäer – hat äußerst attraktive Männer aller Nuancen hervorgebracht, von schokoladenbraun über bronze bis olivbraun. Wenn die knackigen Kerle auf den Fischerbooten geschickt ihre

Fangnetze in die tropische See warfen oder Seetang von den Ufern rechten – da guckte man gerne zweimal hin. Dennoch, selbst wenn ich gewollt hätte, ich wäre nicht imstande gewesen, mich mit einem dieser Typen einzulassen – und davon ganz abgesehen, hätte das meine kleine Bodyguard-Truppe nie zugelassen.

Also genoss ich einfach die Bilder und Klänge von San Pedro. Die Tage gingen dahin, ich mietete mir ein Golf-Cart, ging schwimmen und barfuß zum Einkaufen in die schmucken Läden am Barrier Reef Drive, las in der winzigen Bibliothek über die Geschichte des Ortes und traf überall auf freundliche Menschen. Eines Nachmittags schneite ich ins Reisebüro der »Tropic Air«, einer der beiden örtlichen Fluggesellschaften, um dem Besitzer, dem Bruder eines Kollegen, Hallo zu sagen. Spontan lud er mich in sein Büro ein, wo er mir zwei geschlagene Stunden lang alle möglichen Inselgeschichten erzählte. Man stelle sich vor, jemand würde bei, sagen wir, United Airlines hineinschneien, um den Geschäftsführer zwei Stunden lang von der Arbeit abzuhalten – ein Ding der Unmöglichkeit.

Im Laufe der Woche fühlte ich mich immer mehr wie eine Einheimische. Ich stand früh auf, spazierte barfuß über die sandigen Straßen zur Bäckerei, um mir frische Obsttörtchen oder ein warmes Bananenbrot zu kaufen. Danach ging ich zum Obststand, um mich mit Pflaumen und saftigen Mangos einzudecken. Überall grüßten mich die Leute herzlich, und ich fühlte mich, als ob ich dazugehörte. Zurück auf meinem Hotelzimmer, machte ich es mir auf meinem kleinen Balkon gemütlich, schlemmte mein Frühstück und sah zu, wie das Strandleben langsam erwachte. Während ich an meinem dampfenden, frisch gebrühten Tee nippte, der süß nach braunem Zucker und Limette duftete, machte ich Pläne für den Tag.

Der größte Vorteil des Alleinreisens liegt im Luxus, egoistisch sein zu können. Man muss sich nicht absprechen, man braucht das

Badezimmer nicht zu teilen oder sich von miesepetrigen Reisegefährten den Tag verderben lassen. Eines Abends steckte ich mir eine kubanische Zigarre an und musste lachen, als ich an meine Freunde dachte, die jetzt missbilligend das Gesicht verziehen würden. Zwar hatte ich schon vor Jahren aufgehört zu rauchen, aber die Versuchung hier war gar zu groß.

Und so fläzte ich mich in die Hängematte, nahm ein paar kräftige Schluck Kokosrum und blies Ringe in den Himmel, während ich die Musik aufdrehte – *Santa Barbara* von Celia Cruz, ein kubanischer Klassiker. Die hämmernden Kongas, die Wärme des Rums und die dicke, schwüle Luft erhitzten meine Sinne, und ich fühlte mich stark und aufgeladen.

Unbeschwert und frei war ich, wie die Seevögel, die über mir am Himmel kreisten. Ich machte einfach, wozu ich Lust hatte. An einem Nachmittag wollte ich den entlegenen Norden der Insel erkunden. Ich war gespannt auf die Zugfähre, über die ich so viel gelesen hatte, stieg in mein Golf-Cart und machte mich auf den Weg. Am Ufer standen bereits etliche Wagen Schlange. Als ich die »Fähre« sah, erfasste mich das gleiche Gefühl, das ich am Tag meiner Ankunft beim Anblick des klapprigen Flugzeugs verspürt hatte: Panik. Die Fähre war nichts weiter als ein verwittertes, rund neun Meter langes Holzfloß, das an einem Seil befestigt war und von Hand ans andere Ufer gezogen wurde. Auf der Fähre fanden nicht mehr als drei bis vier Golf-Carts Platz. Doch keiner wollte als Erster an Bord – eine falsche Bewegung, und man rutschte samt fahrbarem Untersatz über die Kante ab ins Wasser. Die Autos rechts und links neben mir machten keine Anstalten weiterzufahren.

»Also wirklich, Jungs, ich soll zuerst?«, sagte ich. Offen gestanden, habe ich ein Fahrproblem, oder besser gesagt: Ich bin eine schlechte Fahrerin, und zwar eine so grottenschlechte, dass ich meinen Führerschein eigentlich nur als Ausweispapier nutzen sollte.

Der Fährmann grinste und winkte mich auf das Floß. Er warf zwei abgenutzte Planken hin und hielt das Seil, während die Fähre wie wild zu schaukeln begann. Ich schluckte tapfer. »Auf geht's, New York, du schaffst das!«, riefen mir die anderen Fahrer zu. Um meine Nerven zu beruhigen, drehte ich meinen Kassettenrekorder voll auf, und während mir *La Isla Bonita* in den Ohren dröhnte und Madonna das Wunder von San Pedro besang, drückte ich sachte aufs Gaspedal, setzte mein Gefährt über die behelfsmäßige Auffahrrampe und bremste sicher wenige Zentimeter vor der Planke. »Jawohl!« La Isla Bonita! Die anderen Fahrer klatschten Beifall, setzten hinterher und sangen den Refrain fröhlich mit.

»Mom, ich hab's mal wieder geschafft«, flüsterte ich in den Himmel.

Am anderen Ufer angekommen, platzte ich vor Stolz, ich hätte Bäume ausreißen können. Und solange ich lebe, wird mir dieses Bild im Gedächtnis bleiben: im Golf-Cart an der abgeschiedenen Nordküste der Insel entlang, barfuß und bei dröhnender Musik, während die schaumige Brandung gegen die Küste rauscht. Der Wind peitscht mir durchs Haar, und in der untergehenden Sonne funkeln meine nagelneuen mexikanischen Armreifen. In einem dicht bewachsenen Kokosnusshain halte ich an, nur wenige Meter vom Meer, nehme einen kräftigen Schluck eisgekühlten Mangonektar und seufze selig: »Es ist einfach ein Traum!«

Die Zeit auf der Märcheninsel verging wie im Flug, und ehe ich mich versah, stand der Tag der Abreise bevor. Mein letzter Tag in San Pedro war bittersüß. Ich kaufte Kunst, Schmuck und Kassetten mit Punta-Musik, aß ein letztes Mal im *Elvi's*, schlenderte bei Sonnenuntergang zum Strand und erstand bei einem inselweit bekannten Künstler, den alle nur »Island Dog« nennen, eine hübsche Kohlezeichnung einer Tropenlandschaft. Später besuchte ich die malerische, katholische Holzkirche, um für eine sichere Rückreise zu beten, sah den Kindern zu, die ausgelassen im Park am Ufer spielten, und warf einen letzten Blick auf die Maya-Statuen und -Pyramiden, die dort stolz in den Himmel ragen. Dann verabschiedete ich mich von dem Pärchen aus Iowa, mit dem ich mich angefreundet hatte, tanzte noch einmal in der Disco *Big Daddy* ab und tauschte Adressen mit meinen jungen »Bodyguards« aus. Die schwangen mich zum Abschied fröhlich plaudernd und lachend auf der Schaukel auf dem Spielplatz hin und her, im Mondlicht.

Ich schlief unruhig in jener Nacht, war schon vor dem Morgengrauen wach, stand auf, stieß die Balkontür auf und sah in den samtgrauen Morgenhimmel, in den erdbeerfarbene und blau gestreifte Bogen gemalt waren. Die Fischer luden bereits ihre Netze in die Boote, während junge Strandburschen sorgsam den Seetang beseitigten, der über Nacht an die Ufer gespült worden war. Versonnen sah ich ihnen zu, bis die Sonne am Himmel aufstieg, sog die salzige Luft tief ein und tappte wieder zurück ins Bett, wo ich mich unter dem surrenden Deckenventilator räkelte und gähnte wie ein kleines Kätzchen.

Wenige Stunde später traf ich am winzigen Flughafen von San Pedro ein, wo ich mich ganz melancholisch unter den überdachten Vorbau der Baracke setzte, der als »Terminal« diente, und schmollte wie ein verwöhntes, kleines Kind. Dieses Mal hatte ich keine Angst vor dem Flugzeug, verstaute mein Zeug unter dem Sitz, schnallte mich an und winkte zum Abschied den Palmen zu. Als wir abhoben, höher und höher über das funkelnd blaue Meer stiegen, warf ich einen Blick ins Cockpit, wo der Pilot mit den Kontrollinstrumenten hantierte. Ich sah ihn mir genauer an. Auf seinen Unterarm hatte er eine riesige, bedrohlich aussehende Kobra tätowiert. Furchtlos und stolz schien sie jeden herauszufordern, der es mit ihm aufzunehmen wagte. Das kam mir bekannt vor. Vor gut einer Woche war ich in Belize angekommen, unsicher, was mich hier erwarten würde. Würde ich mich einsam fühlen so weit ab von den üblichen Touristenpfaden? Würde ich mich langweilen ohne Zerstreuungen wie Duty-free-Shops, Museen und Plantagen aus der Kolonialzeit? Und jetzt, nach mehr als einer Woche auf Ambergris Caye, wusste ich, was in mir steckte und wie mutig ich sein konnte. Ich hatte niemanden, an den ich mich halten konnte, außer mich selbst. Und ich fand, ich hatte meine Sache verdammt gut gemacht – ich fühlte mich so kühn und unerschrocken wie diese Kobra. Zufrieden lächelte ich in mich hinein und wusste, das ich irgendwann noch einmal nach Belize kommen würde.

»Dies ist meine Welt«, flüsterte ich in die Wolken.

»Und sei nett zu den Muchachos«

GINNY NICARTHY • GUATEMALA

Ob mit Freunden, in einer Reisegruppe oder allein – ich reise einfach gerne. Wobei das Reisen mit anderen immer eine Herausforderung darstellt, ein riskantes Unterfangen, an dem schon viele Liebesbeziehungen und Freundschaften gescheitert sind. Doch eine Reise voller kleinerer und größerer Katastrophen kann einem auch Freunde fürs Leben bescheren, mit denen man sich noch Jahre später (und für Uneingeweihte kaum nachvollziehbar) bei Stichworten wie »alles inklusive« oder »undichtes Dach« schenkelklopfend an gemeinsam bestandene Abenteuer erinnert.

In diesen Genuss kommt man nicht unbedingt, wenn man alleine reist, dafür macht man andere wertvolle Erfahrungen. Ich für meinen Teil habe als Alleinreisende völlig neue Seiten an mir entdeckt, Eigenschaften oder Fähigkeiten, die nicht selten durch eine Zufallsbekanntschaft hervorgezaubert wurden, durch jemanden, den ich so nie wahrgenommen hätte, wenn ich in Begleitung unterwegs gewesen wäre. Solche Begegnungen mögen flüchtig sein, aber die Nähe, die trotzdem entstehen kann, die Einsichten, die man durch sie erlangt, sind ein Geschenk fürs Leben. Ein solches Geschenk wurde mir auf meiner ersten Reise nach Guatemala zuteil, als ich auf Jorge traf.

Ich saß im Bus, der mitten durch eine chaotische Ansammlung von Abgas speienden, knatternden, parkenden und wendenden Bussen auf seinen Standplatz zusteuerte. Ich war gerade in irgendeiner Stadt im nördlichen Guatemala angekommen, die Frage war nur, in welcher. Eine Ansage hatte ich nicht vernommen, aber da ich ungefähr wusste, wie lange es bis nach Huehue (kurz für Huehuetenango) dauern würde, schloss ich nach einem Blick auf meine Uhr, dass wir mein Ziel erreicht haben mussten. Ich stieg aus, hatte kaum mein Gepäck oder meine Gedanken zusammengesammelt, als ich einen kleinen, stämmigen, dunkelhäutigen Mann auf dem Dach eines anderen Busses bemerkte, der wie wild brüllte:

»México, sí? México? México?«

Neugierig blickte ich mich um, wem das Krakeele wohl gelten mochte, bis ich merkte, dass ich gemeint war. Mit seinen stämmigen Armen hatte der Mann eine meiner Taschen vom Dach meines Busses gehievt und war im Begriff, sie auf das Dach eines anderen zu werfen, der offenbar nach Mexico City fuhr.

»Nein!«, schrie ich zu ihm hinauf.

Doch er brüllte nur: *»México, sí?«*

»Nein!« Ich war erst wenige Wochen in Guatemala, war aus Mexiko gekommen und hatte nicht vor, so schnell wieder dorthin zu fahren. Ich zeigte auf den Boden: *»Aquí! Ahora! Por favor!«* So kümmerlich meine Spanischkenntnisse waren, ich war heilfroh, wenigstens diese paar Worte hinausschreien zu können – Hier! Jetzt! Bitte! –, die in meinen Ohren nachhallten wie drei magische Worte in einem Märchen. Und sie kamen offenbar an. Binnen Sekunden hatte sich mein guatemaltekischer Prinz die Tasche auf den Buckel geladen und kam die Leiter hinabgeklettert.

Erleichtert wartete ich darauf, dass er mir mein Gepäck übergab, und wollte den jungen Mann gerade nach einem preiswerten, aber guten Hotel fragen, als der mir flugs zwei kleinere Taschen aus der Hand nahm, diese ebenfalls schulterte und plötzlich im Zickzack durch die versammelte Menschenmenge die Straße hinunterstob. Dabei warf er hin und wieder einen Blick zurück, winkte mich hinterher, doch ich kam kaum nach, keuchte und musste zusehen, dass ich ihn im Gewühl nicht verlor. Ich hatte nicht einmal Zeit, wütend zu werden.

Meine bisherige Zeit in Guatemala hatte ich hauptsächlich in Quetzaltenango bei einer Gastfamilie verbracht, die mir alles zeigte, was ich wissen musste, um mich in der Stadt zurechtzufinden. Der Kontakt zu dieser Familie war über die Sprachenschule zustande gekommen, die ich besucht hatte. Nun wollte ich eine Nacht in Huehue verbringen, bevor ich am nächsten Tag zur Partnerschule in einem winzigen Dorf hoch im *altiplano* weiterreisen würde.

Ein paar Monate zuvor, während der Vorbereitungen meines einjährigen Aufenthalts in Mexiko und Mittelamerika, hatte meine Freundin Ruth eindringlich auf mich eingeredet, nicht immer stur alles auf eigene Faust machen zu wollen: »Ich weiß, dass du gern unabhängig bist. Ich verstehe auch, dass du dein Gepäck nicht aus der Hand geben willst. Aber bitte, tu mir einen Gefallen, und lass dir dieses eine Mal von den *muchachos* helfen.« Muchachos, erklärte sie mir, seien junge Burschen, die sich vor allem an Busbahnhöfen oder sonstigen Touristenzentren tummelten und den Touristen gegen ein paar Peseten ihre Dienste anböten, etwa sie in die Hotels oder zu den Sehenswürdigkeiten zu begleiten. »Die sind auf ein Trinkgeld angewiesen, und du brichst dir keinen Zacken aus der Krone, wenn du dir mal den Weg zeigen lässt«, trichterte Ruth mir ein.

40 Jahre waren wir nun schon befreundet, und jedes Mal war sie fassungslos, wenn ich plötzlich Hummeln im Hintern hatte, spontan ins Blaue fuhr und meinte, mit allem und jedem allein fertig werden zu müssen. Aber so war ich eben – lieber stelle ich mich umständlich an, als dass ich nach Hilfe frage, selbst wenn mich das zuweilen unnötig Zeit und Geld kostet. »Wie ein Kerl!«, frotzelte eine andere Freundin.

Aber das ist es gar nicht. Denn ich bin nicht etwa zu stolz, um nach dem Weg zu fragen, wie es ein »Kerl« vielleicht wäre – glaube ich zumindest. Auf den meisten Reisen frage ich sehr wohl nach dem Weg, doch zunächst wurschtele ich mich lieber alleine durch. Und das führt zuweilen über alle möglichen (und manchmal recht idiotische) Umwege. Das verstärkt das Gefühl von Spannung und Abenteuer. Außerdem mache ich lieber meine eigenen Fehler, als mich auf den wohlmeinenden Rat eines angeheuerten Experten zu verlassen. Ich mag gar nicht daran denken, wie oft man mich schon aus lebhaften Vierteln, Restaurants oder Hotels weggelotst hat, nur weil sie für Frauen angeblich zu gefährlich waren. Und ich schleppe auch mein Gepäck lieber selbst. Ich hasse es, stundenlang zu warten, bis irgendein Fremder es von hier nach dort verfrachtet hat. Und sollte es mir trotzdem abhanden kommen, dann brauche ich mich wenigstens nur über mich selbst zu ärgern.

Insofern passte es ganz und gar nicht zu mir, diesen Fremden einfach so mit meinen Sachen davonstürmen zu lassen. Als ich das energiegeladene Kraftpaket schließlich eingeholt hatte, erklärte er mir, er heiße Jorge und wolle mich zum *Hotel Mary* bringen. Schön, sagte ich mir, kann nicht schaden, sich das Hotel mal anzusehen, zumal sich mein Spanisch noch immer auf kläglichstem Anfängerniveau bewegte – auch wenn ich eine Menge Wörter verstand, wenn sie von Gesten begleitet waren – und ich mich in dieser Stadt nicht auskannte. Zudem bestätigte ein Blick auf Jorges verdreckte Jacke, dass meine Freundin Ruth Recht hatte: Die Muchachos brauchten das Geld. Ich bat Jorge, langsamer zu machen, doch er kannte, wie ich später herausfinden sollte, offenbar nur zweierlei Geschwindigkeiten. Entweder er wirbelte vor lauter Übereifer wie wild durch die Gegend, oder er rührte keinen Finger.

Das *Hotel Mary* gefiel mir gut. Die meisten selbst ernannten Stadtführer hielten mich mit meinen 62 Jahren für eine ängstliche amerikanische Touristin, die in den komfortablen Hotels der sicheren Viertel absteigen wollte. Doch Jorge hatte eindeutig ein geübteres Auge als seine Kollegen. Er hatte mich als gelassen eingeschätzt, was die Sicherheit anging, und obendrein als jemanden, mit dem sich ein bisschen was verdienen lässt. Das Viertel war prima, und auch der Preis stimmte – er lag irgendwo zwischen preiswert und spottbillig. Das Zimmer sah einigermaßen sauber aus, schwere, blumengemusterte Vorhänge verdeckten die großen Fenster. Was wollte ich mehr? Während ich nach Trinkgeld kramte, sprudelten alle möglichen Informationen und Ratschläge für meine weitere Reise aus Jorge hervor. Ich müsse das Ticket nach Todos Santos gleich frühmorgens kaufen, sagte er. Ich kapitulierte vor so viel Hilfsbereitschaft und bat ihn, am folgenden Tag wiederzukommen, um mir noch einmal mit dem Gepäck zu helfen.

Als er die Tür hinter sich zugemacht hatte, zog ich die Vorhänge auf. Peng! Sie krachten samt Schiene auf den Boden. Ein Riesenloch im Putz klaffte mir entgegen. Ich liebte Zimmer mit Blick zur Straße – und den hatte ich jetzt. In solchen Momenten bin ich froh, keinen nörgeligen Zimmergenossen zu haben, der sich womöglich gleich bei der Direktion beschweren oder sich auf die Socken machen will, um die ganze Stadt nach etwas Besserem abzusuchen.

Pünktlich um neun am folgenden Morgen erschien Jorge. Wie ein kleiner, aufgedrehter Packesel schoss er wieder durch die vollgestopften Straßen, während ich alle Mühe hatte, ihm auf den Fersen zu bleiben. Am Busfahrkartenbüro, eigentlich nur eine Scheibe an einem Gebäude, das ich ohne ihn sicherlich übersehen hätte, holte ich ihn schließlich ein. Ich kaufte mein Ticket und schlenderte zum Bus. Zeit hatte ich noch genug. Doch das sah Jorge offenbar anders. Flugs kletterte er die Leiter zum Busdach hoch, warf blitzschnell mein Gepäck hinauf, so dass ich gerade noch die Tasche retten konnte, die ich als Handgepäck bei mir behalten wollte.

Als ich den überfüllten Bus bestieg, war ich eigentlich darauf gefasst, mich mit einem Stehplatz begnügen zu müssen. Doch schon stürmte Jorge herbei und begann, eine kleine, einheimische Frau zur Seite zu dirigieren. Sie hatte mit ihren vier Kindern genau den Sitz mit Beschlag belegt, für den ich eine Reservierung hatte. Ungerührt blieb sie sitzen, während ich mit Gewissensbissen kämpfte. Sie war zuerst da gewesen, und sie und ihre Familie brauchten den Sitzplatz zweifelsohne dringender als ich. Doch Jorge war ganz in seinem Element, und ich sah nicht, wie ich ihn hätte bremsen können, ohne seine Ehre zu verletzen. Also ließ ich ihn machen. Die Frau gab schließlich auf und rutschte einen Platz weiter. Und noch ehe der Bus losfuhr, saß ihr einjähriges Kind halb auf meinem Schoß, das Dreijährige schlief in meinen Armen, und die Mutter selbst ließ den Kopf auf meine Schulter fallen und döste leise schnarchend ein.

Eine Woche später, auf meinem Rückweg von Todos Santos, fuhr ich auf einem Lastwagen mit. Als wir Huehue erreichten, reckte ich den Kopf, um Jorge irgendwo in der Menge zu erspähen, wenngleich ich mich fragte, weshalb ich ihn eigentlich erwartete. Doch da war er, stand plötzlich einfach neben dem Laster – als hätte ich ihm ein Telegramm mit Datum, Ort und Zeit meiner Ankunft geschickt – und hieß mich mit seinem Lachen willkommen wie einen alten Freund. Ganz selbstverständlich trug er wieder mein Gepäck ins *Hotel Mary*, ein Service, der anfing, mir zu gefallen. Ich könnte mich glatt daran gewöhnen.

Ich erkundete den Markt, kaufte Mitbringsel für Freunde und merkte am Abend, dass ein Tuch, das ich für jemanden Bestimmten gedacht hatte, doch nicht das Richtige war. Ich wollte es umtauschen. Am nächsten Morgen graste ich den ganzen Markt ab, Stand für Stand, doch die Frau, die es mir verkauft hatte, war unauffindbar. Ich betrat eine der Markthallen von der Straße her, lief zwischen den Buden auf und ab, die voll gestopft waren mit Kleidern, Kunsthandwerk, Obst und Fleisch, verlor die Orientierung und kam irgendwo ganz anders wieder aus der Markthalle heraus. Also noch einmal zurück. Doch plötzlich sahen alle Stände gleich aus, und ich verirrte mich immer wieder in dieselbe Ecke, die Metzgerecke, wo die Luft geschwängert war mit dem Gestank von geschlachtetem Vieh – eine Zumutung für meine zarte Vegetarierseele. Eine Zeit lang konnte ich überhaupt keinen Ausgang mehr finden und glaubte mich schon gefangen in diesem albtraumhaften Labyrinth.

Schließlich fand ich doch einen Weg ins Helle, stand auf dem Gehsteig, erleichtert, endlich wieder durchatmen zu können. Während ich mich noch orientierte, in welcher Richtung wohl mein Hotel lag, schreckte mich von hinten eine laute Stimme auf – Jorge. »*Cómo está?*«, fragte er, und es sprudelte nur so aus mir heraus: dass ich eine Verkäuferin suchte, die ich partout nicht finden könne. Sofort war Jorge wieder in seinem Element, spielte den edlen Retter in der Not: Wie sah sie aus? Wie sah ihr Stand aus? Was hat sie verkauft?

»Ich finde sie«, sagte er. »Ich kenne sie.«

»Bitte, mach dir keine Mühe, Jorge, ich bin müde, und es ist aussichtslos.«

Doch meine Einwände ließ er nicht gelten, war fest entschlossen, mein Problem auf seine Weise zu lösen. Vielleicht hatte er es auch gar nicht verstanden, bei meinem miserablen Spanisch. In einem fort redete er auf mich ein, er wisse genau, wo die Frau zu finden sei. Er führte mich durch die Marktgänge, auf und ab, von einer Halle in die andere, und fragte hie und da, ob jemand die Frau gesehen habe. Mir hingegen erschien es gar nicht mehr so wichtig, das blöde Tuch umzutauschen, doch wie könnte ich mich der Bemühungen dieses Mannes erwehren, der alles tat, um mir mein Leben in dieser fremden Stadt zu erleichtern? Einer Person nach der anderen beschrieb ich die kleine Verkäuferin hinter dem winzigen Stand neben einer Tür an der Ecke einer Halle, die ein Baby in einem Kinderwagen bei sich gehabt hatte. Alle nickten wissend, schickten uns erst dahin, dann dorthin. Und jedes Mal landeten wir bei einer anderen Frau, die mal ein zehnjähriges Kind bei sich hatte, mal gar keines.

»Jorge, es ist gut jetzt. So wichtig ist es nicht«, flehte ich ihn an. Aber er gab einfach nicht auf. Und gerade als ich heftigst protestieren wollte, sah ich ihn plötzlich, den Stand, an dem ich das Tuch gekauft hatte. Ohne Probleme konnte ich es umtauschen.

Mein nächstes Problem war Jorges Bezahlung. Jedes Mal, wenn ich Jorge oder andere Guatemalteken gefragt hatte, was sie für ihre Dienste zu bekommen haben, kam die gleiche Antwort: »Was immer Sie meinen.«

Für einen kurzen Augenblick wünschte ich, in meinem Heimatland zu sein, wo jeder klipp und klar bekundet, was seine Dienste kosten. So schätzte ich also grob einen angemessenen Stundenlohn, zahlte Jorge entsprechend, konnte aber seiner Miene nicht entnehmen, ob er es als zu viel oder als zu wenig empfand. Da ich mein Spanisch üben wollte, schlug ich ihm vor, für anderthalb Dollar die Stunde mit mir Spanisch zu sprechen. Wenigstens kannte ich den üblichen Stundenlohn für diesen Dienst, denn ich hatte mich an meiner Sprachenschule einmal danach erkundigt. Er willigte ein, und wir verabredeten uns für sieben Uhr abends an meinem Hotel.

Punkt sieben stand ich am Eingang des Hotels und wartete und wartete. Kein Jorge weit und breit. Nach einer Stunde gab ich es auf, enttäuscht und verärgert. Am folgenden Morgen schlenderte ich Richtung *zócalo* und traf nach wenigen Metern auf Jorge, der auf dem Bordstein saß, den Kopf in die Hände gestützt. Fast hätte ich ihn für einen Bettler gehalten, der so verzweifelt war, dass er nicht einmal die Hand ausstreckte. Mein Ärger vom Vorabend wich ernster Sorge.

»Was war denn los gestern Abend?«, fragte ich. »Ich dachte, wir wollten Spanisch sprechen.«

»Oooh«, sagte er. »Ich konnte nicht kommen. Ich war auf einer Beerdigung.« Er sah mich mit rot geränderten Augen an.

»Ach, Jorge. Du siehst ganz verkatert aus, als hättest du dir die Nacht um die Ohren geschlagen.«

»Nein. Mein bester Freund ist gestorben.«

Ich setzte mich zu ihm auf den Bordstein, sprach ihm, so gut ich es auf Spanisch konnte, mein Beileid aus. Er habe keine Frau, keine Kinder und nur wenig Geld, sagte er, und jetzt habe er auch noch seinen einzigen Freund verloren. Ja, er habe einen über den Durst getrunken, sagte er, aber nur um die Trauer zu bekämpfen. Er war wirklich ein einziges Häufchen Elend: aufgedunsenes, narbiges Gesicht, kleine, rote Augen, dreckige Kleider und verfilztes Haar – einfach fertig mit sich und der Welt, noch so jung und schon so viel Leid erfahren. Doch urplötzlich fuhr er auf und gab mir spontan Empfehlungen, was ich mir unbedingt noch alles ansehen müsse. Ich war gerührt, wie er sich in seinem Elend meiner annahm.

Später saß ich im Bus, war einer seiner Empfehlungen gefolgt und fuhr nach Aguacatan. Ich dachte darüber nach, was ich von Jorge halten sollte. Wenn ich es mir recht überlegte, hatte er heute auch nicht schlimmer ausgesehen als die Tage zuvor. Seine Fingernägel waren schwarz, sein Haar fettig, seine Kleider verdreckt gewesen. Das war mir noch nie so aufgefallen, und ich war überrascht, wie sehr er mir ans Herz gewachsen war. Wie kam es bloß, dass ich ihn einfach walten ließ, wenn ich Hilfe brauchte? Aber er war ja auf mein Geld angewiesen, und das war das Mindeste, das ich für einen Mann in diesem verarmten Land tun konnte. Doch jetzt fragte ich mich, wer hier eigentlich auf wen angewiesen war.

Ich beschloss, am nächsten Tag abzureisen, und da ich wollte, dass Jorge mir wieder mein Gepäck trug, machte ich mich an der Bushaltestelle auf die Suche nach ihm. Doch er war nirgendwo zu sehen. Carlos, ein anderer Muchacho, geleitete mich durch das

Gewirr von Straßen, fragte auf dem Weg Freunde und Kollegen, wo Jorge sein könnte, bis wir an ein Verschiffungsbüro kamen, in dem Jorge gelegentlich arbeitete.

»*A la frontera*«, antwortete der Geschäftsführer auf Carlos' Frage hin.

»Welche Grenze?«

»*Frontera de México.*«

Natürlich. Da ich über Guatemala City hergekommen war, hatte ich ganz vergessen, dass die mexikanische Grenze nur eine Stunde mit dem Bus entfernt war. Ich fühlte mich erbärmlich im Stich gelassen, und als Carlos anbot, mir am nächsten Morgen das Gepäck zu tragen, stimmte ich nur widerwillig zu.

Carlos kam nicht. Nachdem ich eine Viertelstunde gewartet hatte, lud ich mir mein Gepäck auf den Rücken und nahm die beiden Taschen in die Hand. Die Männer im Hotel waren beeindruckt, lachten und konnten sich gar nicht beruhigen. Ich hatte nie erlebt, dass ein Muchacho einer Einheimischen eine Last abgenommen hätte, und so fragte ich sie, ob sie noch nie bemerkt hätten, dass guatemaltekische Frauen, die halb so groß waren wie ich, mitunter doppelt so schwer schleppten. Doch da lachten sie nur noch lauter.

Fast hatte ich das Ticketbüro erreicht, da erschien wie aus heiterem Himmel ein fröhlich lachender Jorge. Er nahm mir die Taschen aus der Hand und stob die Straße hinunter. Als ein Bus um die Ecke bog, brüllte Jorge dem Fahrer entgegen, er solle anhalten. Eilends half er mir beim Absetzen meines Rucksacks, schnappte ihn sich, verfrachtete ihn auf das Busdach, zurrte ihn an den Halterungen fest und erschien im nächsten Moment im Bus, wo er einen Fensterplatz für mich organisierte.

Während ich mich in den Sitz fallen ließ, schalt er mich: »Warum haben Sie mich nicht gebeten, Ihr Gepäck zu tragen?« Seine Stimme klang eher enttäuscht als wütend.

»Ich habe dich überall gesucht«, verteidigte ich mich. »Aber es hieß, du seiest zur Grenze gefahren.«

»Das stimmt. Gestern Abend. Aber heute Morgen bin ich wieder zurückgekommen.« Als wäre er extra meinetwegen zurückgekehrt. Er schien gekränkt, als hätte ich ihn verstoßen. Nun übertreib mal nicht, sagte ich mir im Stillen. Wenn man so am Existenzminimum lebt wie er, dann braucht man eben jeden Groschen. Aber von der Wahrheit seiner Geschichte war ich dennoch nicht ganz überzeugt. Und selbst wenn sie stimmte, was hatte das mit mir zu tun? Während ich noch nach einer Antwort suchte, ergriff Jorge meine Hand und sagte mit einem bekümmerten Lächeln: »Auf Wiedersehen!«

Doch das war noch nicht ganz das Ende unserer Beziehung. Im nächsten Jahr, als ich noch einmal nach Huehue kam und vom Bus ausstieg, hielt ich nach Jorge Ausschau, enttäuscht, weil ich ihn nirgendwo erblickte. Also nahm ich meine Taschen, die sich schwerer trugen als sonst, und steuerte in Richtung einer Haltestelle, von der aus angeblich Laster nach Todos Santos fuhren. Die Stadt schien eigenartig leer.

Und da plötzlich sah ich ihn. Er schlenderte vor sich hin, ausnahmsweise einmal nichts in der Hand. Ich stürmte auf ihn zu, und als er mich sah, kam er mir flugs entgegen – um mir meine Taschen abzunehmen, dachte ich eigentlich –, doch als er näher kam, breitete er seine Arme aus und hieß mich herzlich willkommen. Völlig überrascht ließ ich mich in seine Arme fallen. Wir lächelten einander an, lächelten und lächelten – ein Lächeln, das Generationen, ja Kulturen miteinander verband.

Später kam es mir komisch vor, wie ich da stand auf der staubigen Straße und diesen jungen Mann umarmte, den ich eigentlich gar nicht kannte. Doch in diesem Moment schien es die natürlichste Sache der Welt. Wobei ich bezweifle, dass Ruth das im Sinn hatte, als sie mir riet: »Und sei nett zu den Muchachos.«

Seither war ich nicht mehr in Huehue. Aber wenn ich heute irgendwo in der Weltgeschichte unterwegs bin, habe ich manchmal keine Lust mehr, meine Taschen allein zu schleppen. Und wenn ich mich verirrt habe oder einfach müde bin, dann wünsche ich mir manchmal, dass plötzlich ein Kerl mit lauter Stimme, flinken Beinen und einem großen Herzen vor mir steht und mir weiterhilft.

Am Ende der Welt

Marybeth Bond • Indien/Pakistan

Ich wollte schon immer etwas ganz anderes machen. Wollte ans Ende der Welt. Und so beschloss ich eines Tages, für ein Jahr auszusteigen und mich auf eine Reise durch Asien zu begeben. Ich gab meinen Job auf und damit die Karriere, an der ich so hart gearbeitet hatte. Mein Haus räumte ich leer und legte mein ganzes Hab und Gut, einschließlich meines Autos, auf Halde. Es konnte losgehen – ans Ende der Welt. Dass ich dort auch ankommen würde, schien sich auf einer Zugreise entlang der indisch-pakistanischen Grenze zu bestätigen.

Nach drei brütend heißen Tagen im Zug von Delhi erblickte ich endlich die Stadt Jaisalmer, die sich aus der flachen, gelben Rajasthan-Wüste wie eine leuchtend goldene Honigscheibe erhob. Der Sandstein, aus der die ganze Stadt erbaut ist, hüllt alles in einen glühenden Schein, vom kleinsten Laden bis zum Palast des Maharadschas. Vor drei Jahrhunderten gelangte Jaisalmer an der alten Karawanenstraße zwischen Indien und Zentralasien zu blühendem Reichtum. Die Zeiten sind allerdings vorbei. Süße Düfte von Jasmin, Zimt und Curry erfüllen die Luft. In den engen, ungeteerten Straßen wogen Frauen in fließenden Schals und safrangelben, türkisfarbenen oder zinnoberroten Saris behände zwischen Kamelen, heiligen Kühen und Rikschas hindurch.

Ich saß bei einer Tasse Tee in einem Straßencafé und genoss den Anblick dreier königlicher Rajasthani-Männer in weißen Tuniken und rosa-orangefarbenen Turbans, bis ich merkte, dass alle Augen auf dem Platz auf mich gerichtet waren. Ich kippte meinen dampfenden Tee hinunter und tauchte ein in das wirre Labyrinth der Gassen innerhalb der alten Stadtmauern.

Im Sommer in der indischen Wüste rechnete ich eigentlich nicht damit, auf amerikanische oder europäische Touristen zu treffen. Doch beim Abendessen an meinem zweiten Tag lernte ich ein Paar aus Paris kennen. Gerard war Fotograf und zum zweiten Mal in Jaisalmer. Im Jahr zuvor hatte er einen Monat lang Aufnahmen von Wüstenbewohnern gemacht. Und nun war er mit seiner Verlobten Nicole hier, um ihr dieses geliebte Land zu zeigen. Begeistert erzählte er, dass er seinen Freund Farid in einem abgelegenen Dorf in der Wüste Thar besuchen wolle, doch seine Freundin schien von der Idee ganz und gar nicht angetan. Sie brachte sowieso kaum ein Wort hervor, weder auf Französisch noch auf Englisch. Mit ihren undurchdringlichen, grünen Augen, die von langen, schwarzen Wimpern umrahmt waren, taxierte sie mich unaufhörlich. Gerard hingegen war ganz erfreut, in mir einen dankbaren Zuhörer für seine Geschichten gefunden zu haben. Was ihn an den Wüstenbewohnern am meisten fasziniert hat, so erzählte er, war, dass sie heute noch genauso leben wie vor Hunderten von Jahren. Und plötzlich, ohne Nicole zu fragen, fragte er mich, ob ich nicht Lust hätte, mitzukommen und seinen Freund in dem Wüstendorf zu besuchen. »Am Ende der Welt«, fügte er hinzu, nicht ahnend, was diese Worte für eine Bedeutung für mich hatten.

Wir verabredeten uns für den folgenden Morgen an der Straßenkreuzung, die als Busstation diente. Gerard stellte mich Farid vor und zwängte sich dann durch den Gang, um neben Nicole Platz zu nehmen. Der Bus war so voll gestopft mit Menschen, Schweinen, Hühnern, Körben und Futter, dass Farid mich nur ansah und auf das Dach deutete. Mit den Händen bildete er eine Räuberleiter, so dass ich mich an einem offenen Fenster festhalten und hinaufziehen konnte. Der einzige freie Platz – zwischen Koffern, Kisten, Vieh und weiteren Fahrgästen – war oben auf zwei dreckigen Ersatzreifen. Farid lächelte, zuckte mit den Schultern, und schon ließen wir uns auf das heiße Gummi plumpsen.

Während der Bus aus der Stadt rumpelte, brannte mir der aufwirbelnde Sand im Gesicht und in den Augen. Ich setzte die Sonnenbrille auf und wickelte mir den Schal um Kopf und Mund, so wie die Männer, die sich eine Turbanecke vors Gesicht hielten, so dass nur die dunklen, durchdringenden Augen frei blieben. Hinter uns wirbelten Staubwolken auf, während wir in Richtung Westen fuhren, mitten hinein in die Wüste und mitten hinein in vergangene Zeiten. Schafe und Ziegen huschten von der Straße. Ein junges Kamel auf wackeligen Beinen sah unter den wachsamen Blicken seiner Mutter vorsichtig auf, während es von einem verloren stehenden Strauch fraß, der an einer Sanddüne klebte.

Je weiter wir in die Wüste kamen, desto eleganter waren die Männer gekleidet, sie trugen riesige Turbane, und auf den wettergegerbten Wangen kringelten sich schwarze Bärte. Die Frauen waren nicht weniger auffallend gekleidet, hatten leuchtbunte, knöchellange Röcke an, bestickt mit Pailletten und winzigen Spiegeln, die bei jedem Schritt funkelten; dazu eng anliegende Oberteile und auf der Stirn, an Ohren, Nase, Hals und Armen jede Menge Silberschmuck. Die Frauen und Kinder, die ihren heimkehrenden Männern freudig entgegenliefen, wirkten wie berückende Schönheiten, die geradewegs den Miniaturgemälden des Mogulenreichs zu entspringen schienen. Mit ihrer Anmut und Schönheit standen sie in lebendigem Kontrast zum ausgedörrten Land und den kargen, immer gleichen Lehmhütten. Ich versuchte mir vorzustellen, wie ihr Alltag aussah, wie sie lebten.

Der Bus fuhr weiter und weiter durch die heiße, endlose Weite der Wüste und leerte sich nach und nach; die Straße war immer weniger als solche erkennbar. Als wir etliche Männer an einer kleinen

Ansiedlung von Lehmhäusern absetzten, aus denen keine grüßenden Frauen kamen, neigte sich Farid zu mir und sagte: »In diesem Dorf hat es seit 500 Jahren keine Hochzeiten mehr gegeben.«

Ich war verblüfft, wusste nicht recht, ob ich ihm das glauben sollte. Und da ich auch nicht wusste, was ich sagen sollte, starrte ich weiter hinaus in die Wüste.

»Die Männer in diesem Dorf heiraten nicht. Frauen, die keine Mitgift haben, werden hierher gebracht und als Gemeinschaftsgut gehalten.« Ich sah zu dem kleinen Dorf, dann zu Farid. »Wie Zuchtstuten«, setzte er trocken hinzu. »Mädchen werden gleich nach der Geburt mit einem Salzbeutel erstickt.«

Bei dieser grausamen Geschichte schüttelte ich energisch den Kopf, hätte mir am liebsten die Ohren zugehalten.

»Frauen, die ein Mädchen gebären, werden häufig ebenfalls getötet.«

Der Bus fuhr davon. Ich wollte Farid einfach nicht glauben, doch ich hatte erst vor kurzem gesehen, wie junge Witwen ihre winzigen Handabdrücke in die Lehmwände des Jodhpur Fort pressten, bevor sie sich auf den Scheiterhaufen ihrer Männer selbst verbrannten. Dieser Brauch, Sati genannt, war im 19. Jahrhundert verboten. Ein paar Tage zuvor hatte ich in einer Zeitung aus Delhi von den vielen Selbstverbrennungen junger Mädchen gelesen. Ehefrauen fangen ganz »zufällig« beim Kochen Feuer, um ihren Männern eine Chance zu geben, wieder zu heiraten und sich eine größere Mitgift zu sichern.

Am Ende der staubigen Straße, nicht weit von der pakistanischen Grenze, war Endstation. Wir stiegen aus. Zehn runde, lehmfarbene Hütten mit strohgedeckten Dächern standen in der endlosen Weite der Wüste eng beieinander. Frauen, Kinder und bellende Hunde kamen angerannt, um uns zu begrüßen. Der Bus drehte um, machte sich mit rasendem Tempo wieder auf den Rückweg nach Jaisalmer und ließ uns im Staub zurück.

Farid wurde von seinem jüngeren Bruder Abdul stürmisch begrüßt, mit Umarmungen und Küssen, wie es unter den Männern der Wüste Tradition ist. Dann geleitete er uns stolz durch das Hüttendorf zum Heim der Familie. Es bestand aus einem großen Raum mit offenen Fenstern, mehreren Feldbetten und einem Tisch. Das Klingeln winziger Fußglöckchen kündigte die herannahende Mutter an. Ihre Haltung war königlich, ihr Gesicht unbedeckt. Sie nickte und lächelte, begrüßte uns warmherzig.

Erschöpft von der Reise, nahmen wir das Angebot, uns ein wenig auf den Feldbetten auszuruhen, dankbar an. Neugierige Kinder streckten die Köpfe durch die offenen Türen und Fenster, kicherten hin und wieder, doch die meisten starrten uns nur still und stumm an. Für sie sahen wir fremder aus als sie für uns. Ich bemerkte ein winziges Mädchen, das schüchtern hinter den Beinen eines älteren Jungen hervorspähte, und als es ins Licht trat, sah ich eine lange, rote Narbe, die sich vom rechten Augenwinkel bis hinunter zum Mund zog. Ich schnappte nach Luft. Sie sei von einer Ratte gebissen worden, erzählte der ältere Junge.

Nachdem wir uns kurz ausgeruht hatten, lud man uns in einen winzigen, unmöblierten Essensraum ein, der quer über den Hof lag. Wir setzten uns auf den Boden und aßen ein deftiges Mahl aus Reis, Linsen und Currykartoffeln. Da es kein Essgeschirr gab, aßen wir wie die Inder mit der rechten Hand. Nach dem Essen führte uns Farid in das Gesellschaftszimmer, um dort Tee zu trinken. Auf den Regalen an der Wand lagen Batterien und verkorkte Flaschen – seltene Gegenstände in der Wüste.

Farids Mutter servierte Tee, und mir fiel auf, dass Farid und Abdul sie mit großem Respekt behandelten. Sie passte nicht recht in mein klischeehaftes Bild von muslimischen Frauen. Farid erzählte mir, dass sein Vater vor Jahren in einem Grenzscharmützel getötet worden sei und seine Mutter ihn und seinen Bruder allein großgezogen habe. Wie gerne hätte ich mich mit ihr in ihrer Sprache unterhalten.

Als die Hitze gegen Nachmittag etwas nachließ, machten wir einen kleinen Rundgang durch das Dorf. Kühe, deren Gerippe sich knochig durch die dünne Haut abzeichnete, schlenderten durch die unbefestigten Gassen. Durch halb geschlossene Tore konnte ich Frauen, Kinder und Alte in ummauerten Höfen sitzen sehen. Ihre Augen folgten jeder unserer Bewegungen.

Auf dem Weg zum Gipfel des Hügels drangen von irgendwoher Gekicher und Gelächter an unsere Ohren. Von oben sahen wir auf Kupfergefäße, die auf den Köpfen der Frauen balancierten und in der Sonne glänzten. Doch als die Frauen uns sahen, verstummten sie auf der Stelle und zogen sich die Schleier vors Gesicht. Sie füllten die Gefäße mit dem schlammigen Wasser, setzten sie wieder auf den Kopf und traten wiegenden Schrittes den Rückweg an.

Nach dem Abendessen im Halbdunkel (Kerzen gab es keine) gesellten sich Farid und Abdul zu uns. Obwohl die indisch-pakistanische Grenze offiziell geschlossen ist, erzählte Farid, unterhielten die Wüstenbewohner einen regen Handel mit Kamelen, Vieh und Nahrungsmitteln, auch mit Elektrogeräten, Waffen und Drogen.

»Gerard war vor dir der erste Fremde hier«, fuhr er fort. »Ich denke, dass kein Fremder je die umliegenden Dörfer besucht hat. Würdest du sie gerne sehen?«, fragte er mich mit eindringlichem Blick und breitem Lächeln.

»Wie denn?«, wollte ich wissen, und meine Stimme klang ungeduldiger, als ich wollte.

»Mit dem Kamel. Motorisiert sind wir hier nicht«, meinte Farid. »Und Wagen, Fahrräder oder Autos würden nur im Sand stecken bleiben, denn Straßen gibt es hinter meinem Dorf keine.«

Ich wandte mich zu den anderen, war sicher, dass sie mitkommen wollten. Gerard war begeistert, doch Nicole murrte, hier sei es doch schon unbequem genug, was das bringen solle, auf einem Kamel zu reiten, nur um in einem noch primitiveren Dorf abzusteigen. Farid wollte die Kamele organisieren und Abdul fragen, ob er mich als Führer und Übersetzer begleiten wolle. Der Gedanke an eine Kameltour durch die Wüste versetzte mich an jenem Abend derart in Aufregung, dass ich kaum einschlafen konnte.

Am folgenden Morgen weckte mich Farid beim ersten Sonnenstrahl und erzählte mir ganz eifrig, seine Mutter habe jemanden zu einem Nachbarn geschickt, um fragen zu lassen, ob er das Pflügen nicht unterbrechen und uns seine beiden Kamele vermieten wolle. Und auch Abdul komme gerne mit.

Ich wusste, dass der Bus erst in fünf Tagen wieder ins Dorf kommen würde. Und fünf Tage waren allemal Zeit genug für eine kurze Wüstensafari. Oder sollte ich etwa hier bleiben und mir die ganze Zeit Nicoles Gejammer anhören? Fünf Tage lang! Nein danke. Da erschien mir eine Solotour durch die Wüste allemal verlockender.

Ich konnte es kaum abwarten, aber etwas mulmig war mir schon. Wenn etwas schief ging, wäre kein Mensch da, um mir zu helfen. Doch je schwieriger und abenteuerlicher die Reise schien, desto verlockender fand ich sie. Ich versuchte, die Sache besonnen und mit klarem Kopf anzugehen, war aber schon völlig im Bann der romantischen Vorstellung, die alte Handelsroute zu bereisen, die einst Teil der Seidenstraße gewesen war. Vor über 1000 Jahren waren unzählige Reisende über diese 6000 Kilometer lange Straße zwischen Rom und China gewandert – irgendwo unter dem wehenden Wüstensand waren ihre Fußstapfen vergraben.

Nach dem Abendessen spielte ich mit Gerard und Nicole eine Runde Karten, als plötzlich Farid hereinschneite und stolz verkündete, dass der Nachbar mit seinen beiden Kamelen morgen bereitstehe. »Der Kamelbesitzer kommt auch mit«, sagte er. »So kann er sich unterwegs um die Tiere kümmern.«

Ich legte die Karten aus der Hand. »Ich habe mir eine Rundreise ausgedacht«, fuhr Farid fort. »Sie führt uns in ein paar indische Dörfer und außerdem ein Stück über die Grenze nach Pakistan.«

Am nächsten Morgen, die Sonne warf schräge Schatten durch den morgendlichen Dunstschleier, ging es los. Ich kletterte auf den knochigen Rücken des Kamels, um mich auf einen gepolsterten Sattel aus Wolldecken zu setzen. Doch meine ohnehin begrenzten Reitkünste reichten für ein Kamel offenbar nicht aus. Das Vieh richtete sich auf, stellte sich auf die Hinterbeine, und ich rutschte geradewegs nach vorn auf seinen Hals. Im nächsten Moment begab es sich auf alle Viere, schwankte und wankte, und der Boden unter mir schien plötzlich ganz weit weg. Abdul stieg zusammen mit dem Kamelbesitzer auf das andere Tier. Sie führten mein Kamel an einem Seil, das an einem Holzstock befestigt war, der durch die Nase des Tieres ging. *»Au revoir! Bonne chance!«*, riefen Gerard und Nicole uns zum Abschied zu, während unsere kleine Wüstenkarawane davonzog.

Es dauerte nicht lange, da rann mir hinter meiner Sonnenbrille der Schweiß über die Wangen. Mit jedem Tropfen, der an Hals und Brust hinuntertroff, verdampfte auch ein Teil meiner Energie. Binnen einer Stunde war ich patschnass und wie betäubt. Die ausgedörrten Hügel ringsum waren mit kärglicher Vegetation gespickt. Jeder Baum, Strauch oder Grasbüschel, egal, wie klein, fesselte meine Aufmerksamkeit. Abdul und der Kamelbesitzer ritten still vor sich hin. Von Zeit zu Zeit kamen wir an einzelnen Bauern vorbei, die mit Turban auf dem Kopf hinter einem Kamel hergingen und einen Holzpflug in der Spur hielten. Die Wüstenbauern bauen Hirse an, wusste ich von Farid, das zu Mehl gemahlen wird, aus dem dann die flachen *chapatis* gebacken werden, das Hauptnahrungsmittel der Rajasthani. Wir sahen auch einen Schäfer, der eine Herde mit ein paar mageren Schafen, skelettartigen Kühen und Ziegen hütete.

Während wir weiter durch die endlosen Sandhügel trabten, wurde die Landschaft zunehmend karger. Meine anfängliche Begeisterung ließ in der marternden Hitze und dem ständigen Wind, der mir den Sand ins Gesicht peitschte, rasch nach. Meine Gedanken kehrten sich nach innen, und ich versank in Erinnerungen, dachte an einen Segeltörn vor der mexikanischen Küste und stellte mir vor, wie platschende Wellen meinen Körper kühlten. Dann kehrte ich in die Wirklichkeit zurück, wo ich stocksteif auf dem Rücken eines Kamels saß, das mich wie eine Gefangene durch die Thar-Wüste schaukelte. Minuten schienen wie Stunden. Seit meiner Abreise aus San Francisco hatte ich keine Armbanduhr mehr getragen, doch nun hätte ich zu gerne gewusst, wie spät es war.

Abdul sprach nur wenig Englisch, der Kamelbesitzer gar keines. Eigentlich war meine Situation zum Schreien komisch, wenn ich mich nur nicht so elend gefühlt hätte. Die Sonne stand direkt über uns, als wir am Horizont Strohdächer entdeckten. Von Kopf bis Fuß verdreckt, ganz wackelig vor Hitze und völlig entkräftet vom Wasserentzug, hatte ich eine Riesenwut auf mich selbst, weil ich die Strapazen eines Kamelritts durch die Wüste dermaßen romantisiert hatte. Spaß war das keineswegs, gestand ich mir ein, während mir Tränen in die Augen stiegen und ich einen Kloß im Hals spürte. Ich war so am Ende, dass ich mir nicht vorstellen konnte, die Reise fortzusetzen.

Im Dorf regte sich absolut nichts. Mein Kamel hielt an und knurrte. Es schien auch nicht glücklicher als ich. Ich stieg ab und war derart schwach, dass ich geradewegs umkippte und im Dreck landete. Sofort eilte Abdul herbei und half mir sachte wieder auf. Meine Beine waren stocksteif, und mein ganzer Körper schmerzte. Ich musste dringend aus der Sonne und Flüssigkeit zu mir nehmen. Abdul führte mich in den Schatten und machte sich dann auf die Suche nach einer Familie, die uns in ihre Hütte ließ und uns etwas zu essen gab. Ich sah ihn mit mehreren Frauen sprechen. Dann kam er zurück und führte mich in eine gastlich aussehende Hütte.

Neben der offenen Tür standen zwei Paar bunte Lederpantoffeln mit nach oben gebogener Spitze. Ich zog meine Plastiksandalen aus, stellte sie daneben und betrat den Raum. In einer Ecke waren Decken und Teppiche aufgestapelt, in der anderen befand sich eine kleine Feuerstelle. Neben dem Herd standen dicke Tonkannen, etwa einen Meter hoch und einen halben Meter breit, in denen das kostbare Wasser für die Familie aufbewahrt war. Decken und Teppiche, Kochutensilien, Tonkannen und zwei Kupferkrüge, in denen das Wasser geholt wurde, waren die einzigen Gegenstände auf dem sauberen Lehmboden. Konserven, Flaschen, Radio oder Fernseher gab es nicht, ebenso wenig Bilder, Fotos, Bücher oder sonstiges bedrucktes Material.

Eine bildhübsche, etwa 30 Jahre alte Frau in einem rot, grün, gelb gemusterten Gewand fächerte das Feuer in der dämmrigen Hütte. Sie hatte weder einen Schal um den Kopf noch einen Schleier vor dem Gesicht, und obwohl ihre Hände faltig und ledrig waren, war ihr Gesicht samtglatt. An ihrem Oberarm zählte ich 18 Armreifen, am Unterarm 13. Um ihre Knöchel hatte sie schwere Fußringe aus Knochen, und zwei Silberglöckchen schmückten ihre Zehen. Ihr Nasenstecker deutete darauf hin, dass sie verheiratet war; und die Menge ihres Schmucks kündete vom Reichtum ihres Mannes.

Ich saß auf dem Boden und sah ihr zu, wie sie Tee bereitete. Sie vermied es, mich anzusehen. Keiner sprach ein Wort. Trotz der kulturellen Kluft, die zwischen uns lag, spürte ich doch eine Art Respekt: Ich war für sie zwar eine Fremde, aber nicht bedrohlich. Die Familie würde durch mich ein kleines Zubrot verdienen und hätte am Brunnen beim Wasserholen etwas zu erzählen.

Als mich die Müdigkeit überkam, kauerte ich mich auf den Boden, schob mir mein Bündel unter den Kopf und machte die Augen zu. Sekunden später träumte ich davon, tief unter Wasser zu schwimmen. Als ich erwachte, war das Mittagessen fertig, und Abdul setzte sich zu uns. Ohne zu sprechen, aßen wir Reis, Currykartoffeln und warme *chapatis*. Um meinen ausgetrockneten Körper wieder mit Flüssigkeit zu versorgen, trank ich eine Tasse heißen Gewürztee nach der anderen.

Nach dem Mittagessen bat ich Abdul, es für heute gut sein zu lassen, und nett und zuvorkommend, wie er war, willigte er ein. So verbrachte ich einen ruhigen Nachmittag allein in der Hütte der Frau, las, schrieb Tagebuch und nickte immer wieder ein. Am Spätnachmittag erkundete ich das Dorf. Ich spazierte zwischen den Lehmhütten herum, während Hunde bellten und Kinder sich versteckten. Die Männer, so erfuhr ich, waren auf den Feldern beim Pflügen und die Frauen unterwegs beim Wasserholen, ein Fußweg von über einer Stunde.

Als meine Gastgeberin bei Sonnenuntergang vom Wasserholen zurückkehrte, machte sie sich sogleich daran, das Abendessen zuzubereiten.

Ihr Mann, Abdul und der Kamelbesitzer gesellten sich kurz nach Einbruch der Dunkelheit zu uns, doch die vier Söhne des Hauses blieben vor der Hütte. Die Männer plauderten, bis das Essen serviert wurde. Die Frau sprach kein Wort. Es gab wieder Reis, *chapatis* und Kartoffeln, und wieder aßen wir, ohne zu sprechen. Ich wurde wie ein männlicher Gast behandelt; die Frau aß erst mit den Kindern, als wir mit dem Essen fertig waren.

Mit Abduls übersetzerischer Hilfe machte ich ihr Komplimente wegen ihres prächtigen Schmucks. Sie war erfreut und scherzte mit ihrem Gatten und den anderen Männern. Ich verstand zwar nicht, was sie sagte, aber ihr Humor war offensichtlich. Sie zeigte auf mich und kicherte. Abdul sagte, sie ziehe mich auf, weil ich keinen Schmuck trage, der den Reichtum meines Mannes zeigte, und meine, es tue ihr leid für mich. Wie es sei, wollte sie wissen, ohne Ehemann, der mir Schmuck schenke, und ohne Schmuckstücke als Mitgift, um einen Mann zu gewinnen? Natürlich hätte ich ausschweifende Erklärungen über moderne amerikanische Frauen abgeben können, doch mit einem Mann als Übersetzer ließ ich das besser bleiben.

Was am Tag mein Sattel gewesen war, wurde am Abend zum Nachtlager. Abdul half mir, die Baumwolldecken auf dem Boden der Hütte auszubreiten, und mein Bündel diente mir als Kissen. Die fehlende Privatsphäre machte mir nichts aus. Auf meiner Trekkingtour durch Nepal hatte ich häufig mit Einheimischen zusammen in beengten Quartieren übernachtet. Allerdings störte mich, dass es kein Waschwasser gab. Doch da ich wusste, dass die Frau stundenlang gegangen war, um Wasser für ihre sechsköpfige Familie sowie für drei Gäste zu holen, wollte ich nicht um mehr bitten als das, was mir in einer kleinen Schale zugeteilt wurde. Ich stierte hinein. Sollte ich mir damit die Zähne putzen? Das Gesicht waschen? Meine Achseln? Oder einfach meinen Durst löschen? Ich tauchte meine Zahnbürste ein und trank den Rest aus.

Am Morgen kam ich der Einladung der Gastgeberin nach und half ihr, die *chapatis* über dem offenen Feuer in der winzigen Küchenecke zu kochen. Der Gedanke, dass sie wahrscheinlich glaubte, mir ein paar nützliche Haushaltstipps zu geben, die meiner Suche nach einem Ehemann hilfreich sein könnten, amüsierte mich. Und schließlich, als die Sonne langsam über dem Horizont aufstieg, zogen wir weiter.

Die schrecklichen Strapazen vom Vortag begannen aufs Neue, und meine Faszination für kleine Lehmhüttendörfer schwand dahin. Sie sahen alle gleich aus. Irgendwann passierten wir die unbewachte Grenze zwischen Pakistan und Indien, wo sich öde Dünen bis an den endlos weiten Horizont erstreckten. Inzwischen konnte ich die muslimischen Frauen von den Hindu-Frauen unterscheiden. Die Musliminnen waren komplett verhüllt, waren von Kopf bis Fuß in Schwarz gekleidet, blieben jeglichen Blicken verborgen und zeigten sich nur in der eigenen Familie unverschleiert. Die Rajput-Hindu-Frauen dagegen, zu denen auch meine Gastgeberin der vergangenen Nacht zählte, trugen leuchtend bunte Gewänder.

Ich dachte über das Leben der Frauen in der Thar-Wüste nach, den Status, den sie mit Schmuck und Heirat erlangten, verglich es mit meinem eigenen, unabhängigen Dasein.

Allein in der Wüste, um mich nur der blaue Himmel, Sand und zwei schweigsame Männer, gab es kein Entrinnen vor der bitteren Wahrheit. Mittlerweile taten mir alle Knochen weh. Ich rutschte im Sattel hin und her, bis ich einigermaßen bequem saß, und wusste dabei, dass ich diese Höllenqualen nur mir ganz allein zuzuschreiben hatte. Doch sich darüber klar zu werden, dass man ganz allein verantwortlich ist für das, was man tut, ist für eine alleinreisende Frau wohl ein nötiger Initiationsritus. Genau. Diese Reise durch die Wüste war mein ganz persönlicher Initiationsritus. Was kann ich aushalten? Wo liegen meine Grenzen?

Als wir mit unseren Kamelen das Dorf erreichten, in dem wir die zweite Nacht verbringen wollten, war die Sonne fast untergegangen. Mit letzter Kraft ließ ich mich vom Kamel rutschen und flüchtete in den Schatten. Abdul und der Kamelbesitzer machten sich auf, um Futter für die Tiere sowie Abendessen und Quartier für uns zu organisieren. Ich saß auf dem Boden und starrte ins Leere. Stunden schienen zu vergehen, bis Abdul zurückkehrte. Er entschuldigte sich und sagte, dass keiner bereit sei, uns Quartier zu geben. »Eine alleinreisende Frau ist ihnen nicht geheuer«, sagte er.

Als ich ihn daran erinnerte, dass ich für einen Schlafplatz auf dem Boden doch gut bezahlen würde, meinte er nur, dass es nichts mit Geld zu tun habe, sondern mit Ansehen.

Also machte ich mir auf dem flachen Dach der Dorfschule meine Schlafstatt zurecht, kletterte mit ein paar Decken unterm Arm die Holzleiter hinauf und breitete sie in einer Ecke aus. Abdul reichte mir ein paar kalte *chapatis*, die er für alle Fälle mitgenommen hatte. Schnell verschlang ich sie, damit der heulende Wind mein dürftiges Mahl nicht völlig mit Sand bedeckte.

Da kam ein hoch gewachsener, kräftig aussehender Mann die Leiter herauf und sprach mit Abdul. Sie sahen mich an, schüttelten den Kopf und hatten offenbar etwas Wichtiges zu besprechen – vielleicht hatte Abdul ja einen Ehemann für mich gefunden. Ob ich Lust hätte, ein wenig Rajasthani-Musik zu hören und das örtliche Gebräu zu probieren, fragte Abdul. Wenn ja, könne er das über diesen Mann, den Dorfältesten, arrangieren.

Kein Essen, kein Schlafplatz, aber Musik. Na schön. Ich fühlte mich zwar ein wenig veräppelt, aber ich stimmte zu.

Elf Männer, alle mit orangeroten Turbanen, kamen herbei, setzten sich im Schulhof zusammen und machten Musik. Einer spielte Handharmonika, ein anderer *sarangi*, ein violinartiges Instrument. Abdul erzählte mir, dass die melancholischen Lieder von Liebe und Kämpfen handelten. Der Zauber der monotonen Klänge machte mich bald schläfrig, und das weiße Gebräu, *asha* genannt, war für meinen Geschmack viel zu stark. Ich verzog mich in meine Schlafecke auf dem Dach, um allein zu sein.

Der Wind blies kalt, und der Halbmond stand hoch am pechschwarzen Himmel. Die Sterne schienen um die Wette zu funkeln, und ich war ganz ergriffen von der Schönheit dieser Wüstennacht. Allerdings wurde meine Freude im nächsten Moment niedergerungen von meiner Müdigkeit und Einsamkeit. Trotz der drückenden Hitze kauerte ich mich unter meiner Decke zusammen, um mich vor dem wehenden Sand und Staub zu schützen, und versuchte zu schlafen. Der ganze Sand der Wüste schien sich über mein Bett zu legen. Die Männer sangen und lachten immer noch, während ich langsam wegdämmerte.

Gefahr!

Ich schreckte auf. Der Halbmond war untergegangen, der Wind hatte sich gelegt, die Nacht war dunkel und still. Ich lag mucksmäuschenstill, mein Herz klopfte wie verrückt, es schnürte mir vor Angst die Kehle zu. Irgendwer zerrte an meiner Decke. Dann roch ich Alkohol und spürte, wie jemand versuchte, unter meine Decke zu schlüpfen. Eine kalte Hand berührte meinen Hintern. In panischer Angst strampelte ich wie wild mit den Füßen, stieß mit der Ferse in einen Körper, schlug mit den Armen um mich und schrie aus Leibeskräften: »Lass mich los!«

Ich schnellte vor, um meinen Angreifer auszumachen, und konnte gerade noch den Schatten des Kamelbesitzers erkennen, der über das Dach huschte und sich eilig über die Holzleiter davonmachte. Wo war bloß Abdul? Trotz der Hitze und der vielen Decken zitterte ich am ganzen Leib. Jetzt sei nicht hysterisch, rügte ich mich. Vergiss es. Leg dich wieder schlafen. Schließlich konnte ich von Glück sagen, dass der Kamelbesitzer sich aus dem Staub gemacht hatte, denn ich hätte nicht die Kraft gehabt, einen entschlossenen Angreifer abzuwehren. Ich zitterte und zitterte und begann zu beten.

Für den Rest der Tour begegnete ich dem Kamelbesitzer mit kalter, abweisender Miene. Er wusste, warum. Auch Abdul merkte, dass etwas vorgefallen sein musste, und war als mein Leibwächter nun umso aufmerksamer.

Am dritten Tag machten wir in einem letzten Dorf Station, und wieder war ich froh, mir die Beine vertreten zu können. Im Dorf war keine Menschenseele zu sehen, nur bellende Hunde liefen uns entgegen. Doch ich konnte sehen und spüren, dass uns, wie in den anderen Dörfern auch, hinter halb verschlossenen Läden und Türen neugierige Blicke folgten. Als Abdul von seinem Kamel stieg, kamen sofort ein paar Männer angelaufen. »*Pagal, Pagal*«, riefen sie, und ein Alter fuchtelte sogar drohend mit einem Gewehr. Abdul sagte kein Wort, stieg schleunigst wieder auf, stieß die Tiere an, und wir ritten, so schnell es ging, aus dem Dorf. Die Männer folgten, schrien und beschimpften uns, bis wir weit genug weg waren.

Für die Dorfbewohner, so erklärte mir Abdul, bedeute eine alleinreisende Frau nichts Gutes. Eine solche Frau müsse entweder verrückt oder eine Hexe sein. Und mit so einer wollten sie nichts zu tun haben. Irgendwie fühlte ich mich fast geehrt, als verrückt zu gelten und als Hexe aus dem Dorf vertrieben zu werden.

Da Abdul fortan Dörfer vermeiden wollte, in denen er niemanden persönlich kannte, waren wir in den letzten beiden Nächte gezwungen, unser Lager in den Sanddünen aufzuschlagen. Bevor er sich zur Ruhe legte, streute Abdul rohe Zwiebelringe aus. »Das hält die *pena* fern«, sagte er.

»Was ist das, *pena*?«, fragte ich.

»Eine Schlange, die nachts hier kreucht, auf deine warme Brust kriecht und dir Gift in die Nasenlöcher spritzt.« Doch die kreuchende *pena* konnte mich nicht am Schlafen hindern. Ich war zu müde, um Angst zu haben.

An unserem letzten Tag erhaschte ich in der Ferne einen Blick auf zwei munter spielende Gazellen mit gewundenen Hörnern. Zurück in Abduls Dorf, hielten wir zuerst am Wasserloch, um die Kamele zu tränken. Die Frauen, die uns kommen hörten, eilten herbei, um uns zu begrüßen. Sie standen auf der anderen Seite der Wasserstelle, zeigten auf mich und kicherten.

Abduls Mutter begrüßte uns warmherzig und sichtlich erleichtert. Ich war froh, wieder zurück im Dorf am Ende der Welt zu sein, das dank motorisierter Transportmittel Anbindung an die Zivilisation hatte.

Meinen Traum hatte ich mir erfüllt, bekam für kurze Zeit einen Einblick in das Leben am Ende der Welt. Aber es war noch mehr geschehen. Ich hatte mich auf die Suche begeben, trotz der gefahrvollen Risiken, und die Folgen meiner Entscheidung akzeptiert. Ich war auf mich ganz allein gestellt, eine Außenseiterin, aber mit neuen Erkenntnissen über das Leben und mich selbst.

Mondschein und Wodka

MARY MORRIS • MONGOLEI

Zugreisen haben immer mit Erzählen zu tun. Züge schreiben Geschichten. Geschichten, die im Zug spielen und außerhalb: Liebespaare, die sich zum Abschied zärtlich umarmen; Arbeiter, die sich eine Pause gönnen; Frauen und Männer, die sehnsüchtig abfahrenden Zügen nachblicken; kleine Ausreißer, die sich in einen Waggon stehlen wollen.

Im Zug habe ich schon alle möglichen Bekanntschaften gemacht, traf Menschen, die für die Dauer der Fahrt Freunde oder gar ein Paar wurden. In der intimen Atmosphäre des Zuges schien alles möglich. Auf meiner Reise durch das Urubamba-Tal in Peru traf ich im Puno-Cuzco-Express einen Mann, dem ich mich spontan auf eine Tour durch die Anden anschloss. Im Nachtzug von Chung-king erzählte mir eine Frau die halbe Nacht lang ihre Lebensgeschichte. Auf einer Fahrt durch Italien traf ich eine Frau, die mich drängte, unbedingt mit ihr nach Bulgarien zu kommen – das sei der richtige Ort für mich, da sei sie ganz sicher, meinte sie. Viele meiner Zugbekanntschaften luden mich ein – in ihre Wohnung und auch mal in ihr Bett. Und so trat ich eine Zeit lang in ihr Leben, sozusagen unverbindlich, denn jeder schien zu wissen, dass man Reisende nicht aufhalten kann.

Schon als kleines Mädchen waren mir Züge wohlvertraut, schnelle Eisenbahnen, die durch die Große Ebene des Mittleren Westens donnerten. Als ich fünf war, ging es in den Ferien nach Idaho, ins Sun Valley. Wir fuhren mit dem Zug. Mein Vater wollte nachkommen, allerdings nur für kurz, denn er hatte viel zu tun.

Und so saßen meine Mutter, mein Bruder und ich in einem winzigen Abteil, wobei ich glaube, dass meine Mutter sich damals etwas überfordert und im Stich gelassen fühlte. Trotzdem legte sie mit uns Kindern eine Engelsgeduld an den Tag. Sie wurde nie wütend oder böse: weder als wir aus Versehen die Zahnpasta ins Klo spülten, noch wenn ihr wieder mal unser kleiner Koffer auf den Kopf fiel. Elegant gekleidet, ganz in Blau mit Pumps und makellos geschminkten Lippen, ging sie mit uns in den Speisewagen zum Essen, wo sie unsere Trinkgläser mit behandschuhten Fingern so hinstellte, dass sie nicht umkippten. Sie sah aus, als wollte sie nach Paris, Rom oder Hongkong – jedenfalls nicht in ein kleines Kaff namens Boise in Idaho.

Ich stahl mich davon, setzte mich in den Wagen mit dem gläsernen Kuppeldach und starrte in den Himmel über den Kornfeldern. Da saß ich Stunde um Stunde – ein verträumtes, verlassenes Mädchen, dessen Vater zu viel arbeitete und dessen Mutter die leidige Aufgabe zufiel, uns Kinder in die Ferien aufs Land zu befördern. Ich beobachtete, wie die Sterne langsam den Himmel übersäten und glitzerten wie die Lichter einer Großstadt, bis meine Mutter kam und mich zurück in unser warmes, vollgestopftes Abteil führte.

Aber ich war hellwach, stierte unter einer hochgeklappten Ecke des Rollos aus dem Fenster in die Nacht auf vorbeiziehende Städte und die dunklen Weiten der Prärie, während sich meine kleine, vertraute Welt immer weiter entfernte, je weiter wir nach Westen kamen.

Kurz vor Tagesanbruch schlich ich mich in meinem Schlafanzug noch einmal in den Waggon mit dem gläsernen Kuppeldach und wartete auf den Sonnenaufgang. Ganz langsam wurde es hell über der Prärie, während der Zug mit gleichmäßigem Tempo dahinraste. Und mit einem Mal sah ich die weißen Gipfel der Berge vor mir. Noch nie in meinem Leben hatte ich Berge gesehen – die Gletscherkappen badeten im Sonnenlicht –, und diese hier zeichneten sich leuchtend und schimmernd vor dem endlos blauen Himmel und der flachen, grünen Weite ab. Dieses Bild werde ich nie vergessen, denn an jenem Tag, auf jener Zugfahrt mit der Union Pacific Railroad, erfuhr ich zum ersten Mal, dass eine Reise voller Überraschungen steckt, wie ich sie auch später im Leben noch des Öfteren erleben sollte.

Der Zug fuhr durch die Berge, weiter und weiter. Und als meine Mutter mich wieder zurück ins Abteil holen wollte, hielt auch sie inne, überwältigt vom erhabenen Anblick dieser hohen Berge.

Im hohen, mit dunklem Holz verkleideten Wartesaal der Transsibirischen Eisenbahn saßen verschleierte, muslimische Chinesinnen auf Säcken mit Reis und Bulgur. Europäische Studenten blätterten in ihren Reiseführern oder schliefen auf ihren Seesäcken. Osteuropäische Diplomaten in marineblauen Anzügen und Hemden mit abgenutzten Krägen gingen an den Türen auf und ab. Die Bahnhofsgeräusche waren altvertraut. Aus den Lautsprechern plärrten Ansagen auf Chinesisch. Reisende unterwegs nach Ulan Bator, Moskau, Warschau, Bukarest, Belgrad, Berlin, London und sogar nach Mekka sahen nervös auf die Uhr oder verabschiedeten sich von ihren Liebsten, wenngleich es hier weniger hektisch zuging, als ich es normalerweise aus China kannte.

Meine Fahrkarte hatte ich bereits, meine Transitvisa für die Mongolei und die Sowjetunion ebenfalls – alles schien in bester Ordnung.

Und so lehnte ich mich gegen meinen Seesack und blätterte durch meine Zeitungen, wobei ich vor Müdigkeit hätte umsinken können. Doch plötzlich wurden die Türen des Wartesaals geöffnet, und die wogende Menschenmenge der Reisenden drängte zur Tür, in Richtung Zug.

Ich hielt mich am Ende der Schlange, schleifte meinen Seesack hinter mir her und trat auf den Bahnsteig. Und da stand sie – die Transsibirische Eisenbahn. Ein armeegrüner Zug mit rund einem Dutzend Waggons, Baujahr ungefähr 1950. »Peking–Moskau« stand darauf, und vor jedem Waggon stand ein chinesischer Bediensteter mit roter Mütze und wies jedem Reisenden einzeln seinen Waggon zu. Ich staunte nicht schlecht.

Mein Waggon trug die Nummer 3. Ein Zugbegleiter, der auffallend groß war und nicht sehr chinesisch aussah, nahm mir meinen Seesack ab, geleitete mich auf meinen Platz, verstaute mein Gepäck auf der unteren Ablage und wünschte mir eine angenehme Reise. Er war für diesen Waggon bis nach Moskau abgestellt und sprach ausreichend Englisch und Französisch, um sich mit den Touristen über das Nötigste verständigen zu können.

Ich betrachtete die Spitzenvorhänge, die kleine Lampe, den Schreibtisch, auf dem ein Spitzendeckchen lag, den Stuhl, das kleine Sofa, das sich zum Bett ausklappen ließ. Auf Anraten einer Freundin hatte ich nicht erste Klasse gebucht, sondern Luxusklasse. In der ersten Klasse gab es Viererabteile mit harten Betten, in der Luxusklasse hingegen Zweierabteile mit weichen Betten. Die Reise sollte sechs Tage dauern, es kostete 200 Dollar – eindeutig die bessere Wahl.

Ich nahm das Nötigste für den Tag aus meinem Seesack – *Anna Karenina*, das ich unbedingt mal wieder lesen wollte, mein Tagebuch, etwas zu knabbern und meine Zahnbürste – und hievte es auf die Ablage über mir. Das Sofa war recht bequem. Bestimmt würde ich gut darauf schlafen. In der kleinen Nasszelle entdeckte ich einen Duschschlauch und ein Waschbecken – ich würde mich also doch nicht mit Katzenwäsche begnügen müssen.

Ich setzte mich an den kleinen Tisch ans Fenster, während vor meinem Abteil noch geschäftiges Treiben herrschte. Mein Zugbegleiter servierte mir eine Kanne Tee und sagte, es gebe jederzeit Nachschub aus dem Samowar.

Ich seufzte zufrieden, lehnte mich zurück und schlug gerade mein Tagebuch auf, als meine Mitreisende mit Sack und Pack und unverkennbarem Liverpooler Akzent ins Abteil kam. »Hier sind wir also. Wir beiden Hübschen. Ist das nicht wunderbar!«, rief sie, ließ ihr Gepäck auf den Boden fallen und warf ein paar Sachen auf die oberste Ablage. Sie hieß Cecilia, war groß, aschblond, von kantiger Statur und hatte eine raue, laute Stimme. Sie plapperte in einer Tour, und es dauerte nicht lange, da war ich bestens über sie informiert: Sie lebte mit ihrem zweiten Mann in Singapur, hatte zwei Kinder, Eheprobleme und ihren Andeutungen nach wohl auch eine Affäre. »Bin nach London unterwegs«, sagte sie. »Brauchte mal eine Pause.«

Und so sollte es weitergehen, denn redselig, wie sie war, fand Cecilia auch die ganzen kommenden sechs Tage kein Ende und breitete Dinge aus, die ich so genau eigentlich gar nicht wissen wollte – Details ihres Privatlebens, ihre Meinung über die königliche Familie, ihre politische Einstellung. In dem engen, kleinen Abteil gab es für mich buchstäblich kein Entkommen.

Ich stand auf, um mich zu recken und zu strecken, und Cecilia setzte sich in Fahrtrichtung an den Tisch am Fenster. Diesen Platz nahm sie für den Rest der Reise in Beschlag, trank Tee, hörte Rock-'n'-Roll-Kassetten und aß Snacks.

Ich ging aus dem Abteil, sah aus dem Fenster, hörte den Pfiff zur Abfahrt und eine kurze Ansage auf Russisch und Chinesisch. Die Frau eines jugoslawischen Diplomaten aus dem Abteil neben dem unseren stand neben mir und sah ebenfalls aus dem Fenster. »Jetzt geht es los«, sagte sie auf Englisch, wandte den Kopf zu mir und lächelte – das einzige Lächeln, das ich auf der ganzen Reise sehen sollte. Noch ein Pfiff, diesmal schriller und lauter, und im nächsten Moment spürte ich das Ruckeln der anfahrenden Räder.

Unter dem Fenster entdeckte ich einen Klappsitz, zog ihn herunter und blieb eine ganze Weile sitzen, sah zu, wie die Wohnviertel Pekings vorbeizogen, die Flut von Fahrradfahrern langsam weniger wurde und schließlich ganz verebbte. Immer mehr Reisfelder kamen in Sicht. Bauern mit breitkrempigen Strohhüten standen gebeugt in den aufgeweichten Feldern und pflanzten Reis. Ochsen zogen Pflüge über die gelbbraunen Felder. Völlig selbstvergessen schaute ich hinaus, bis einer der anderen Reisenden plötzlich rief: »Die Mauer, die Mauer.« Und da sah ich sie. Sie schlängelte sich durch die Berge, war hier und da verfallen, kippte über einen Kamm ab, nur um ein Stück weiter wieder aufzusteigen und weiterzukriechen – wie ein furchtloses Fabelwesen, stark, aber nicht immer stark genug. Dann wurde sie ganz allmählich kleiner, bis sie nur noch als dünne Linie erkennbar war, wie ein Riss in der Erde – und dann war sie ganz verschwunden.

Der Speisewagen glich eher einer chinesischen Waschküche als einem Restaurant – laut, siedend heiß. Ich nahm mir, wie alle anderen auch, von einem Servierwagen, der durchgeschoben wurde, ein warmes, chinesisches Bier. Proppevoll war es, so dass ich keinen freien Platz fand. Doch da sah ich Pierre, den französischen Saxophonspieler, den ich aus der mongolischen Botschaft kannte. Er winkte mich vom anderen Ende des Wagens zu sich heran, und ich quetschte mich mit auf seinen Sitz. »Na also«, sagte er und legte mir den Arm um die Schultern. »Geschafft.« Um den Tisch saß eine lärmende Runde von Schweizern, Franzosen, Deutschen und Holländern. Alle möglichen Sprachen wurden durcheinander gesprochen, wobei Französisch vorherrschend schien.

Über uns drehte sich ein kleiner Ventilator, von der Sorte, wie man sie auf Büroschreibtischen findet, doch gegen die Hitze versagte er kläglich. Alle schwitzten wie verrückt. Schalen mit frittiertem Fleisch, gedünstetem Gemüse und Reis wurden durchgereicht. »Mach mal jemand das Fenster auf«, rief Pierre, und irgendeiner aus der Runde, der gebrochen Chinesisch sprach, übersetzte Pierres Ruf. Doch die durchgeschwitzte Bedienung ignorierte uns einfach, bis irgendwer selbst das Fenster öffnete, woraufhin der chinesische Koch fuchsteufelswild wurde, laut brüllte und es wieder zuknallte. »Staub«, hatte er geschrien, wie uns jemand übersetzte. »Staub.« Also tranken wir warmes Bier, aßen scharfes Essen und schmorten weiter in diesem Backofen von Speisewagen.

Die Hitze ließ nicht nach. Auch in meinem Abteil war es stickig, aber die chinesischen Zugbegleiter gestatteten nicht, ein Fenster zu öffnen. »Die Wüste«, hieß es. Doch im ganzen Zug wurden die Proteste immer lauter, so dass der für meinen Waggon zuständige Begleiter schließlich erlaubte, im Abteil das Fenster zu öffnen, solange wir die Türen geschlossen hielten. Cecilia war zum Speisewagen gegangen, obwohl ich mir nicht vorstellen konnte, dass sie dort tatsächlich etwas essen würde. Aber so hatte ich das Abteil wenigstens für mich, setzte mich an das offene Fenster und ließ mir den Wüstenstaub ins Gesicht blasen.

Das Bild der Landschaft hatte sich gewandelt. Ackerland und Reisfelder lagen hinter uns. Wir durchfuhren die nordchinesische Provinz der Inneren Mongolei, und die Gegend war jetzt gebirgiger und rauer. Das dürre Grasland, auf dem gelegentlich Schafe zu sehen waren, erstreckte sich bis zum Horizont. Die eigentliche Wüste jedoch lag noch vor uns. Ich ließ meinen Blick durch das offene Fenster schweifen, während es langsam Abend wurde und die Hitze sich legte.

Um acht Uhr vierzig erreichten wir an jenem Abend den Außenposten Erhlien, die Grenzstadt zwischen der Inneren und der Äußeren Mongolei, das Tor zu Russland. Der Bahnhof, eine kleine Holzbaracke, wirkte ein bisschen wie im Wilden Westen. Chinesische Grenzer bestiegen den Zug, kontrollierten die Pässe und Visa und hießen uns dann aussteigen.

Draußen auf dem Bahnsteig atmete ich die kühle Abendluft. Keiner wusste, wie lange wir hier warten mussten. Doch zu meinem großen Erstaunen, ja fast zu meinem Schrecken rollte der Zug plötzlich davon. Ich sah zu, wie er langsam entschwand, bis er ganz weg war. Die muslimischen Chinesen lächelten nur milde, doch die Europäer waren entsetzt. Doch dann fiel mir ein, was mir ein Freund erzählt hatte, der diese Reise schon einmal gemacht hatte. »An der Grenze fahren sie die Züge weg«, hatte er gesagt. Klar, die Räder mussten ausgewechselt werden, denn an der Grenze ändert sich die Spurbreite, weswegen der internationale Schmuggel zwischen Asien und Europa hier nahezu unmöglich ist. Außerdem hat jedes Land seinen eigenen Speisewagen, und für die Mongolei musste nun ein neuer angehängt werden.

Die frische Abendluft tat mir gut. Es war eine schöne Nacht, eine Vollmondnacht. Alle anderen Reisenden gingen in das Bahnhofsgebäude, doch ich vertrat mir gern die Füße auf dem Bahnsteig. Muslimische Chinesen spazierten vorbei. Von ihren Frauen war allerdings nichts zu sehen. Sie blieben in den Zügen, denn muslimische Chinesinnen zeigen sich nicht in der Öffentlichkeit. Sie blieben die ganze Zeit in ihren Abteils, wo sie sich aus riesigen Proviantsäcken bedienten, die sie stets dabeihatten, und auf kleinen, tragbaren Öfen kochten. Und da sie sich zu bestimmten Zeiten gen Mekka verbeugten, wusste ich immer, wo gerade Osten war und wie spät es ungefähr war.

Nach einer Weile ging ich in die Bahnhofsbaracke, wo ich an einem kleinen Schalter Briefmarken kaufte, um ein paar Postkarten von der Grenze der Inneren und Äußeren Mongolei zu schreiben – für viele der entlegenste Winkel der Welt. Dabei war er eigentlich ganz gut zu erreichen. Anschließend kaufte ich an einem kleinen Stand eine Tüte getrocknete Aprikosen und eine warme Orangenlimonade, setzte mich auf eine Holzbank und schrieb meine Karten, während ringsum Grenzposten patrouillierten und von den Deckenlautsprechern verzerrte Musik dröhnte.

Etwa eine Stunde später traf ich auf dem Bahnsteig bekannte Gesichter, Muslime, die ich aus dem Büro der staatlichen Touristeninformation CITS, China International Travel Service, kannte, wo sie auf dem Boden neben mir gehockt hatten. Wir begrüßten uns wie alte Freunde, lachten und freuten uns über unser Wiedersehen. Sie zeigten auf den Kugelschreiber in meiner Hand und bedeuteten mir mit einer schwungvollen Handbewegung über die Stirn, wie sehr sie im Zug geschwitzt hatten. Dann deuteten sie lächelnd auf den gelben Mond am Himmel über der Mongolei und falteten die Hände, um mir zu bekunden, welche Wohltat er brachte.

Gegen Mitternacht tauchte der Zug mit neuen Rädern und einem mongolischen Speisewagen wieder auf, und wir überquerten die Grenze zur Volksrepublik Mongolei. Es war nun merklich kühler, fast schon kalt, und ich holte mir einen Pullover aus meinem Abteil. Nach ein paar Hundert Metern hielt der Zug an, und mongolische Beamte stiegen ein. Passkontrolle. Mit ihren breiten, bronzefarbenen Gesichtern erinnerten sie mich an die Ureinwohner Amerikas. Angeblich sind alte Volksstämme aus Zentralasien über die Beringstraße in die westliche Hemisphäre gelangt. Sie gelten als die Ahnen der Ureinwohner Amerikas.

Hierzulande waren sie eindeutig Teil des Polizeistaates. Auf der Suche nach Schmuggelware nahmen sie den Zug gründlich unter die Lupe, spähten unter die Klappbetten, inspizierten die Ablagen, schoben Koffer hin und her. Dann endlich, um ein Uhr nachts, stiegen sie wieder aus, und der Zug fuhr weiter in die Mongolei.

Schlafen konnte ich nicht, und so beschloss ich, mir den neuen Speisewagen anzusehen. Der glich eher einer Moschee: bogenförmige Fenster, verzierte Polstersitze und rote Vorhänge. Auch Pierre war da. Er saß mit zwei Holländerinnen an einem Tisch. Das neue mongolische Servicepersonal – ein Ehepaar – war bereits dabei, mit dem Frühstücksgeschirr zu klappern. Beide hatten äußerst markante Züge. Er trug ein kleines, bunt gemustertes Käppchen, sie einen Schal um den Kopf.

Pierre bestellte eine Flasche mongolischen Wodka und gab eine Runde aus. Das Ehepaar verteilte Gläser und gesellte sich zu uns. Und während draußen die ersten Ausläufer der mondhellen Gobi-Wüste vorbeibrausten, saßen wir im dämmrigen Speisewagen bei mongolischem Wodka und prosteten uns zu.

Mein längster Kurztrip

PRAMILA JAYAPAL • USA

Eine lange Reise war das nicht, die Acht-Stunden-Fahrt von Seattle in die Wallowa Mountains im östlichen Oregon. Ein Ausflug, verglichen mit meinen bisherigen Touren, ein Kurztrip in die herrlichen Berge, wo ich im Haus einer Bekannten eine Woche lang ganz allein mit Schreiben verbringen wollte. Ich brauchte mich noch nicht einmal umzustellen, was Zeit, Sprache, Essen und meinen Biorhythmus anbelangte.

Ich bin in meinem Leben schon viel gereist, war in entlegenen Dörfern in Afrika, mit Schafhirten hoch in den Bergen Indiens, in abgeschiedenen Siedlungen inmitten der Wüste, die jeglichen Vorstellungen von Zivilisation spotteten, sah Orte am Ende der Welt – und doch führten die Pfade immer weiter. Mal reiste ich in Gesellschaft, mal allein, und als mein eigener Hirte vertraute ich stets mehr auf mein Gefühl als auf Geplantes, mehr auf Überraschungen als auf Überlegtes.

Als ich fünf war, zog ich mit meinen Eltern von Indien nach Indonesien. Für meine Familie war das ein wagemutiges Abenteuer, ein Aufbruch in eine unbekannte Welt. Ich war noch zu klein, um mich zu fürchten, aber schon alt genug, um die fieberhafte Aufregung um mich herum zu spüren. Ein paar Jahre später machten meine Eltern Urlaub in Europa und schickten meine Schwester und mich für diese Zeit zu meinen Großeltern. Ich reiste also mit meiner Schwester allein von Singapur nach Indien. Jede von uns bekam eine Mappe mit Papieren um den Hals gehängt, Stewardessen geleiteten uns von Flugzeug zu Flugzeug und versorgten uns mit Spielzeug und Karten. Ich bin von klein auf gewohnt zu reisen, es war schon immer die selbstverständlichste Sache der Welt. Ein Leben, ohne zu reisen, kann ich mir bis heute nicht vorstellen.

Später auf der High School verreiste ich öfter mit Freunden, ging auf Klassenfahrten und Konzertreisen. Mit unserem Chor reiste ich ins Ausland, wo wir für Familien sangen, die dort für Ölgesellschaften arbeiteten. Ich flog mit Freunden nach Bali, in die Regenwälder von Java und Sumatra, an einsame Orte, wo man nur mit einer kleinen Propellermaschine hinkam. Was manch einem vielleicht als abenteuerlich erscheinen mag, war für mich völlig normal.

Als ich 16 war, machte ich meine erste große Reise ganz allein, denn meine Eltern schickten mich ins Land der unbegrenzten Möglichkeiten, nach Amerika, aufs College. Es war mehr als nur eine Reise. Ein neues Kapitel in meinem Leben begann, das ich ganz alleine in Angriff nehmen musste. Von nun an würde ich auf eigenen Füßen stehen. Meine Eltern waren Tausende Kilometer weit weg, und ich würde sie nur einmal im Jahr während der Sommerferien sehen. Nur meine Schwester war in der Nähe, sie lebte wenige Stunden von meiner Uni in Washington, D.C., entfernt, in Philadelphia.

Mit nur zwei Koffern voll Klamotten, ohne Strümpfe und ohne feste Schuhe kam ich in Amerika an, eine unerfahrene, naive 16-Jährige. Ich fühlte mich einsam und verlassen, doch dieses Gefühl ganz konkreter Einsamkeit war – wie mir später klar wurde – ein Klacks gegen die Solotour im übertragenen Sinne, die ich in den nächsten 14 Jahren in Amerika machen würde, eine Reise durch ein fremdes Land und eine fremde Kultur, bei der mir niemand zur Seite stand.

Über diese 14-jährige Wallfahrt, die erst zu Ende ging, als ich im Alter von 30 Jahren wieder nach Indien zurückkehrte, um dort zu leben, habe ich immer wieder intensiv nachgedacht. In Gedanken drehte und wälzte ich meine Zeit in Amerika hin und her wie schwere chinesische Handmassagekugeln, versuchte, meine Gefühle und Erfahrungen während des Um- und Eingewöhnens zu verstehen. Erst als ich wieder zurück war in dem Land, in dem ich geboren wurde, erkannte ich, dass wir wissen müssen, woher wir kommen, um zu verstehen, wohin wir gehen.

Inzwischen weiß ich, dass es beim Reisen nicht darum geht, von A nach B zu gelangen, sondern um eine Bewegung des Geistes. Das schmerzliche Gefühl des Alleinseins führt dazu, dass man sehr viel bewusster über sich und seine Umgebung nachdenkt. Von Gott und der Welt verlassen zu sein, niemanden zu haben, mit dem man seine Abenteuer teilen kann, alle Entscheidungen selbst treffen zu müssen, nur allein oder mit Fremden ausspannen zu können, keinen vertrauten oder geliebten Menschen um sich zu haben, allein aufzuwachen – was das bedeutet, kann nur ermessen, wer es durchgemacht hat, und zwar mit allen Freiheiten und allen Schmerzen, die damit verbunden sind.

Allerdings muss ich gestehen, dass ich das Alleinsein nie als etwas Bedrohliches empfunden habe, denn ich bin ja von klein auf daran gewöhnt. Ich habe zwar hin und wieder einen Begleiter vermisst, doch die Unabhängigkeit, die ich durch das frühe Verlassen meines Elternhauses entwickeln musste, hat mich stark gemacht. Ich ließ damals auch meine erste große Liebe zurück. Das war zwar schmerzhaft, doch zu wissen, dass es ihn gab, ermöglichte mir, das Alleinsein zu genießen, ohne mich einsam zu fühlen.

Meine zweite große Solotour begann, als ich mich nach zwölf gemeinsamen Ehejahren von ebenjener großen Liebe trennte. Die Entscheidung, ihn zu verlassen und fortzugehen, war qualvoll und zog sich über ein Jahr hin. In unserer Familie war ich die Erste, die aus der Ehe ausbrach. Und das war nicht nur ein Affront gegen meine Beziehung, sondern auch gegen soziale und kulturelle Werte.

Es fiel mir nicht leicht, mich auf diese Reise zu begeben, vielmehr zögerte ich sie immer und immer wieder hinaus, da ich mir nicht sicher war, ob ich überhaupt verreisen wollte. Aber es ging nicht anders. Und dann, kurz vor meiner Abreise, erlebte ich Momente, in denen ich am liebsten vor mir selbst davongelaufen wäre.

Ich sage mir immer wieder, dass die Ruhe ebenso Teil der Reise ist wie die Unrast, und trotzdem ist Stille manchmal schwer zu ertragen. Und auch wenn ich weiß, dass es in unbekannten Gefilden jede Menge zu entdecken gibt, schraube ich meine Erwartungen möglichst nicht allzu hoch. Vielleicht, weil ich mit dieser Haltung nicht so leicht enttäuscht werden kann (ähnlich wie bei den arrangierten Hochzeiten, von denen meine Mutter immer erzählt).

Ein Jahr lag meine Trennung nun zurück. In der zermürbenden Phase des Loslassens und Festhaltens, der quälenden Gespräche über das, was war und was nicht war, was sein könnte und nicht sein könnte, war keine Zeit für mich geblieben. Mein Exmann und unser gemeinsamer vierjähriger Sohn wollten über Thanksgiving nach New York, und so nahm ich das Angebot einer Freundin an, die mich für eine Woche in ihr Haus in den Wallowa Mountains eingeladen hatte, damit ich schreiben und wieder Ruhe finden konnte.

Eigentlich war ich es gewohnt, monatelang allein zu reisen, auch an entlegenste Orte, doch aus irgendeinem Grund erfüllten mich die vergleichsweise lächerliche Achtstundenfahrt und die bevorstehende Woche mit panischer Angst, einer Angst, größer und schrecklicher als die Angst, wenn ich nachts allein durch die verlassenen Straßen irgendeiner unbekannten Stadt spazierte. Durch fremde Länder reisen, das kannte ich, damit konnte ich umgehen. Diese Reise jedoch, diese Art von Alleinsein, war etwas völlig Neues.

Ich beruhigte mich damit, dass eine Woche schnell verging und ich eine erfahrene Weltenbummlerin war. Ich versuchte zu vergessen, dass Thanksgiving war – das erste, das ich allein verbringen würde, seit ich in Amerika war (sonst hatte ich es immer mit Freunden und später mit meinem Mann verbracht) – und zudem unser Hochzeitstag. Vor neun Jahren hatten wir an Thanksgiving geheiratet. Ich ignorierte das flaue Gefühl im Magen, das sich mit jedem neuen Gedanken an unsere gescheiterte Beziehung einstellte, und kämpfte mit dem Drang, mich Hals über Kopf in irgendwelche Festtagszerstreuungen zu stürzen.

Netterweise informierte mich die Eigentümerin meines kleinen Urlaubsdomizils vor meiner Abfahrt per E-Mail darüber, dass Schnee gefallen war und sich die Fahrt über die Gebirgspässe möglicherweise schwierig gestalten würde. Ich solle auf jeden Fall mit mehr als acht Stunden Fahrt rechnen, Winterreifen und Schneeketten aufziehen, mich warm einpacken und eine Thermoskanne mit etwas Heißem zu trinken mitnehmen. Vorsorglich gab sie mir die Telefonnummer eines Freundes, der kurz vor Oregon wohnte, falls ich im Schnee stecken bliebe und die Nacht im Auto verbringen müsste.

Um sicherzugehen, dass ich für eine unerwartete Nacht im Auto gerüstet war, gaben mir Freunde Schlafsäcke und Decken mit, während ich eine volle Flasche Scotch einpackte. Sie rieten mir, ausreichend frisches Obst und Gemüse mitzunehmen, doch ich kaufte haufenweise Chips und Knabberzeug, das ich seit meiner Studienzeit nicht mehr gegessen hatte.

Irgendwann fragte mich eine Freundin auf den Kopf zu, warum ich mir ausgerechnet den Feiertag für eine strapaziöse Fahrt durch Eis und Schnee ausgesucht hätte, und das, obwohl ich nicht gerne Auto fahre, den Schnee nicht gewohnt war, noch nie Schneeketten aufgezogen hatte und das Ganze aller Voraussicht nach zu einer einzigen Schlitterpartie geraten würde.

Gute Frage.

Weil ich musste. Ich musste mir beweisen, dass ich es schaffen würde. Nach zwölf Jahren Ehe wollte ich weiter. Allein.

Doch ich war völlig aufgewühlt, rief drei Tage vor meiner Abreise eine Freundin an, fragte, ob sie nicht mitkommen wolle. Sie würde ja gerne, sagte sie, könne sich aber so kurzfristig nicht freimachen, erklärte sie. Beruhigend redete sie auf mich ein, versuchte, mir schonend beizubringen, dass mich kein Mensch zwinge zu fahren, dass es völlig in Ordnung sei, wenn ich es mir anders überlegte. Sie verstehe meine Panik und kenne das Gefühl, sagte sie. Als sie sich vor ein paar Jahren getrennt habe, hätte sie auf gar keinen Fall allein sein können. Gib dir Zeit, riet sie mir. Mute dir nicht zu viel auf einmal zu.

Ich konzentrierte mich auf die Vorbereitungen für die bevorstehende Fahrt, der ich mit Grauen entgegensah. Doch wenn ich die glücklich überstand, so sagte ich mir, dann würde es mir besser gehen. Ich packte eine ganze Tasche mit CDs, alles Mögliche, für jede Stimmungslage etwas: Bob Dylan mit seinen melancholischen Balladen über verlorene Liebe, alte Lieblingsmusik wie Talking Heads und Elvis Costello, Soulmusik von Cesaria Evora und Shawn Colvin, Sitarklänge von Anoushka Shankar sowie Indianerlieder. Ich stopfte eine Einkaufstasche nach der anderen voll mit allem nötigen und unnötigen Kram, und das, obwohl ich sonst nur ganz wenig und ganz gezielt packte.

Bücher wollte ich keine mitnehmen. Ich wollte bewusst nichts lesen, nur schreiben, wollte horchen, ob sich meine innere Schreibstimme eher meldete, wenn ich nicht abgelenkt war. Doch in letzter Minute gab ich auf und warf doch noch eine Tasche mit etwa 20 Büchern ins Auto – Gedichtsammlungen, neu erschienenen Romanen, gewichtigen Sachbüchern und ungelesenen Zeitschriften von mindestens drei Monaten. Es war einfach nicht die Zeit für Mutproben.

Am Morgen meiner Abreise wachte ich schon in aller Herrgottsfrühe auf. Gegen acht Uhr wollte ich los und ohne Pause bis in die Wallowas durchfahren. Wenn alles glatt ging, würde ich noch vor Einbruch der Dunkelheit ankommen, noch bevor die Straßen überfroren und die Gebirgspässe unsicher wurden. Im Fernsehen sah ich mir die Wettervorhersage an und musste über mich selber schmunzeln, denn das hatte ich vor der Abreise noch nie getan. Doch der Wetterbericht war schrecklich: vereiste Straßen, Unfälle auf allen Autobahnen rings um Seattle. Fahren Sie nicht, wenn es nicht unbedingt sein muss, warnte der Meteorologe, und warten Sie, bis sich der Nebel verzogen hat und die Sonne wieder zu sehen ist.

Ich wartete, aß drei Orangen, trank einen Kaffee nach dem anderen, sah nach, ob ich alles gepackt hatte, las noch einmal die Gebrauchsanweisung für die Schneeketten, die ich am Abend zuvor gekauft hatte, und vergewisserte mich noch einmal, dass mein Handy ganz aufgeladen war. Dann breitete ich die Landkarten von Washington und Oregon auf dem Esstisch aus, um meine Route noch einmal durchzugehen. Von Seattle aus würde ich nach Osten über den Snoqualmie-Pass fahren, dann durch das Apfelanbaugebiet von Yakima und weiter über die Horse Heaven Hills. Danach ging es in südlicher Richtung durch Prosser und das Tri-Cities-Gebiet – Kennewick, Pasco sowie Richland und West Richland – hinein nach Oregon. Ein kleines Stück weiter südlich lag der über 900 Meter hohe Blue-Mountain-Pass. Dort würde ich die Autobahn verlassen und in Richtung Osten weiterfahren bis in die Kleinstadt La Grande, von wo aus es nur noch ein kleines Stück nach Joseph war, meinem Reiseziel am Rand von Oregon.

Joseph ist ein kleines, verschlafenes Nest am Fuße der hohen Berge, benannt nach dem Häuptling der Nez-Perce-Indianer. Die Wallowa Mountains, eine wenig besuchte Region in Oregon, sind atemberaubend schön. Im vergangenen Sommer war ich schon einmal dort gewesen, um einen Schreibworkshop zu leiten, und war fasziniert von der herrlichen Landschaft. Diesmal würde ich die Berge im Winter erleben. Der See außerhalb des Dorfes würde zugefroren und die mächtigen Berge schneebedeckt sein.

Endlich, um halb zehn Uhr morgens, kam die Sonne zum Vorschein. Schnell sprang ich ins Auto und fuhr los. Als ich die Brücke außerhalb von Seattle überquerte, durchrieselte mich ein Gefühl von Freiheit und Abenteuer, vertraut und wunderschön, wie ein alter, lange vermisster Freund. Musik spielte, und ich begann, mich im Takt dazu zu wiegen.

Plötzlich nahm ich die Umrisse meiner Umgebung in aller Deutlichkeit wahr – kahle, starre Bäume; Stalaktiten, zu Eis gefrorene Tropfsteine, die sich an raue Gemäuer hakten; dunkler Nebel, der sich über den Hügeln und Bergen langsam lichtete; Schneebatzen, die an Bäumen und Ästen klebten. Ich fuhr weiter und weiter, hinaus aus der Stadt, hinein in unbekannte Gefilde.

Bob Dylan schmetterte seine Songs, während ich viel zu schnell über die Autobahn raste, die gelben Markierungen auf der Straße vor mir wie zuckende Blitze wahrnahm. Die Straße schlängelte sich um hohe, dürre Pappeln, die wie Pilger am Straßenrand standen, die Arme betend gen Himmel gestreckt. Dahinter hohe stählerne Strommasten, die in ununterbrochener Reihe nebeneinander standen, wie Helfer, die eine Kette bildeten, um die Stromleitungen über die schneebetupfte, grünbraune Landschaft hinauf in die Berge zu führen. Es ging höher und höher in die Blue Mountains hinein, und ich genoss den rauen, ernsten Sound von Tracy Chapman, der zu meiner Stimmung genau passte. Ich war allein und spürte die Freiheit, das Gefühl, etwas Neues zu beginnen. Die Landschaft war einfach großartig – die Blue Mountains lagen unter einem weißen Zuckerguss aus Schnee; entlang der Ströme und Flüsse, die sich zu glitzernden Eisflächen gewandelt hatten, auf denen das Sonnenlicht schimmerte, zogen sich weite Täler und steile Felswände.

Die Sonne schien mir ins Gesicht, der Wind pfiff durch den Fensterspalt – ich musste an die Worte einer Freundin denken, die sie mir kurz nach der Trennung von meinem Mann geschrieben hatte. »Du wirst es überstehen. Das dauert zwar ewig, doch mit der Zeit wird sich alles fügen, du wirst wieder Land sehen, das dir vage bekannt vorkommt, und dann wirst du merken, dass du sogar wieder glücklich bist.« Ja. Genau das war es. Zum ersten Mal seit langem empfand ich ein tiefes, alles durchdringendes Gefühl der Freude. Und so flüchtig es sein mochte, es war etwas, an dem ich mich festhalten konnte.

Gegen vier Uhr am Nachmittag erreichte ich Joseph, hielt kurz am Grab des Häuptlings, um ihm still zu danken, dass ich sein Land für meine Reise nutzen durfte. Ich fühlte, wie mir leichter ums Herz wurde. Alle Strapazen, Anspannung und Angst fielen von mir ab, als ich in das einfache Landhaus trat, mit Deckengebälk aus Holz, einem Ofen, der bereits angefeuert war, und einer Aussicht auf die Schatten der Berge vor dem dunkel werdenden Himmel.

Ich setzte mich auf den Fußboden mitten ins Zimmer vor den Ofen, lauschte dem Knistern und Knacken des Feuers und sog den Duft des Räucherstäbchens ein, das ich angezündet hatte. *Du wirst es überstehen*, sagte ich mir. *Du wirst es überstehen, vielleicht sogar mehr als gut.*

Das Haus war zweistöckig und hatte unregelmäßige Decken. Im obersten Stock führte eine steile Stiege zu einem gemütlichen Meditationsraum. Linda, die Hauseigentümerin, hatte an einem meiner Schreibworkshops teilgenommen und mir das Haus als ein kleines Dankeschön angeboten. Ihr großzügiger, sanfter Geist war im ganzen Haus zu spüren. Räucherstäbchen, Kerzenhalter, Duftlämpchen, wunderschöne Keramik und Gläser sowie eine Frauenstatue aus Bronze schmückten den Tisch im Wohnzimmer. Der Ofen stand vor einer gemauerten Wand, knisterte beruhigend und verbreitete angenehme Wärme.

Ich musste auf niemanden Rücksicht nehmen. Ich wachte früh auf, gegen sechs, wenn es noch dunkel war und man außer den blassblauen Umrissen der fernen Berge vor dem heller werdenden Horizont noch nichts erkennen konnte. Mein Schlafzimmer lag im oberen Stock. Von dort genoss ich die morgendliche Aussicht durch die vom Boden bis zur Decke reichende Fensterfront. Nach einer kleinen Meditation im Bett stand ich auf, tappte nach unten und feuerte den Ofen an. Dann setzte ich mich auf das Sofa vor das flackernde Feuer, genoss meinen warmen Kaffee und die herrliche Aussicht und sah den Hirschen vor meinem Fenster zu. Anschließend setzte ich mich an den großen Esstisch aus massivem Holz und schrieb. Das Schreiben ging mir gut von der Hand, ich konzentrierte mich ganz auf die Worte und wurde weder von Anrufen noch E-Mails abgelenkt. Gegen halb zwölf machte ich dann Pause, dehnte meine müden Glieder und machte einen langen Spaziergang durch die Stadt, besuchte das Grab von Häuptling Joseph oder ging an den kleinen See. Wieder zurück im Haus, duschte ich heiß oder nahm ein Bad, aß zu Mittag und schrieb noch einmal für ein paar Stunden. Und wenn ich die endlose Stille nicht mehr ertrug, stellte ich den Fernseher an und verfolgte die endlosen Analysen der Neuauszählung der Wahlstimmen im Bundesstaat Florida für die Präsidentschaftswahl 2000. Lesestoff hatte ich zwar zur Genüge dabei, aber ich rührte ihn nicht an – die Worte und Geschichten anderer würden mich nur durcheinander bringen.

Tagsüber beschlich mich zuweilen die Einsamkeit, sie erwischte mich kalt und raubte alle Wärme. Die Abende zogen sich am längsten hin, da gab es kein Entkommen vor dem Alleinsein. Die Stille schallte dann laut in meinen Ohren, und die Verlassenheit stieg langsam in mir auf wie ein unentrinnbarer, schmerzender Krampf. Es gab in diesem Nest keine Kneipen oder Cafés, wo ich jemanden zum Reden hätte finden können, und auch keine Sehenswürdigkeiten. Also aß ich mein mitgebrachtes Knabberzeug und kaufte Nachschub, tröstete mich mit meiner Flasche Scotch, die rasch zur Neige ging, stellte Musik an und auch wieder aus, wenn ich ein Stück hörte, das unverhofft Erinnerungen weckte, die mich zu Tränen rührten. Nachts lag ich lange wach, sah durch die Fenster am Fußende meines Bettes in die hellen Sterne und spürte den leeren Platz neben mir. An Thanksgiving, meinem neunten Hochzeitstag, machte ich mir eine Vier-Käse-Pizza warm und becherte Gott weiß wie viel Rotwein. Was hatte ich unlängst noch gelesen? Die Wahrheit wird dich am Ende befreien, doch in der Zwischenzeit gehst du durch die Hölle.

Meine flotte Feder und die Einsamkeit schienen unentwirrbar miteinander verbunden. Meine Geschichten drehten sich um ebenjene Gefühle, erzählten von Angst und Einsamkeit, von Ungewissheit und Zerbrechlichkeit. Ich schrieb und schrieb, weinte, lachte und spürte mich so intensiv, dass ich irgendwann völlig erschöpft war. Ich überstand die Tage, einen nach dem anderen, blühte an manchen sogar regelrecht auf, fühlte mich, als steckte ich meine Grenzen des Erträglichen immer weiter – wie eine Reisende, die immer weiter vordringt in ein neues Land. Und schließlich erklärte ich mich bereit, die Wahrheit zu akzeptieren, vor der ich immer davongelaufen war: Letzten Endes ist jeder allein.

Bis zu meiner Abreise hatte ich zwei komplette Geschichten fertig, einen Roman angefangen, mehrere Flaschen Scotch und Bier geleert und 50 Räucherstäbchen abgebrannt. Im Radio wurde vermeldet, dass über Washington und Oregon ein heftiger Schneesturm aufziehe und man Autofahrten am besten verschieben solle. Eigentlich wollte ich früh am Morgen los, doch bis ich mit Packen fertig war, war es bereits halb zehn. Für die Fahrt rüstete ich mich mit Unmengen Kaffee, zwei Törtchen, die eine Nachbarin gebacken hatte, und einem Apfel. Dann wollte ich mich noch mit Knabberzeug und Scotch eindecken, für den Fall, dass ich irgendwo stecken blieb, doch da Sonntag war, hatten alle Geschäfte zu.

Also fuhr ich ohne los. Das Wetter trübte ein, und im Radio wurde weiter vor schweren Schneefällen gewarnt. Ich spürte den steifen Wind, musste kräftig gegenlenken. Gezwungenermaßen kroch ich im Schneckentempo über die Straßen, ohne Musik, damit ich mich besser auf die schmalen Gebirgsstraßen konzentrieren konnte, die aus den Wallowa Mountains führten. Neben mir schlug der Grande Ronde River hohe, schäumende Wogen, und auf der Straße vor mir lag schwarzes Eis versteckt in Kurven und Kehrschleifen. Die Streufahrzeuge waren bereits durch, denn überall lag Salz. Doch die Straßen waren noch immer gefährlich glatt. Als ich die Berge schließlich und endlich hinter mir hatte, tat ich einen tiefen Seufzer der Erleichterung. Die Sicht war zwar noch immer miserabel, aber immerhin war ich jetzt auf der Autobahn.

Dort ging es allerdings auch nicht schneller voran. Für die knapp 50 Kilometer vom Snoqualmie-Pass bis Washington State brauchte ich geschlagene drei Stunden. Und da ging plötzlich nichts mehr. Es schneite inzwischen wie wild, das Gewirbel immer kleinerer Flocken wurde dichter und dichter. Es gab keine Möglichkeit umzukehren, mir blieb nur, mit Hunderten anderer liegen gebliebener Autos am östlichen Fuß des Passes auszuharren. Fast zwei Stunden lang steckte ich fest und sah dem Abend entgegen. Die Dunkelheit senkte sich langsam herab, immer mehr Schnee bedeckte die Straßen.

Schnee war für mich immer etwas Schönes gewesen, aber das hier war alles andere als schön. Kurz darin herumzutoben, ist das

Eine, sich mit dem Auto hindurchzukämpfen, das Andere. Jedes Mal, wenn ich versuchte, mich auch nur einen Zentimeter vorwärts zu bewegen, kam ich ins Rutschen, schlitterte gefährlich auf den schmalen Streifen zwischen Straße und Seitengeländer zu. Die Straße war zu schmal, um inmitten des Staus die Schneeketten aufzuziehen. Das war Segen und Fluch zugleich. Ehrlich gesagt, wenn mich jemand gefragt hätte, ob ich mich lieber von Senegal nach Ghana oder über den Mekong von Thailand nach Laos durchschlagen wolle, als in der Dunkelheit Schneeketten aufzuziehen, ich hätte ohne zu Zögern getauscht. Alles wäre mir lieber gewesen als das hier.

Drei Stunden lang rutschte ich voller Anspannung auf der Straße entlang, um gerade mal 15 Kilometer weiter zu kommen. Und in meiner optimistischen Stimmung von heute Morgen hatte ich obendrein vergessen, mein Handy aufzuladen, so dass es sich mitten in einem Telefonat mit einer Freundin verabschiedete, die ich angerufen hatte, damit sie mich tröstete.

Ich steigerte mich derart in meine Situation hinein, dass ich mich schon im schwarzen Klammergriff des Todes sah. Während ich in den nächsten anderthalb Stunden nur wenige Kilometer vorwärts kroch, dachte ich an all die Menschen, von denen ich mich noch gerne verabschiedet hätte, an all die Konflikte, die nun ungelöst bleiben würden, an meinen Sohn, den ich vergötterte und wohl nie wieder sehen würde. Und vor allem wurde mir bewusst, wie ich mich in diesem Moment verzweifelt nach Gesellschaft sehnte, nach jemandem, der für mich da war. Ich bekämpfte die Tränen, die mir in die Augen stiegen, schnaufte tief durch, um das beklemmende Gefühl in der Brust loszuwerden, und hörte vor lauter Angst und Einsamkeit zwanzigmal hintereinander *Alison* von Elvis Costello – wie eine Besessene.

Endlich erreichte ich eine Stelle, an der die Straße breiter wurde, und sah ein paar Leute, die Schneeketten aufzogen. *Die helfen dir sicher*, dachte ich erleichtert. Ich schwenkte an den Straßenrand, stieg aus und lief durch die kalte, Schneenacht auf die drei Autos zu. Doch die Fahrer würdigten mich kaum eines Blickes, gaben mir mit knappen Worten und Gesten zu verstehen, dass sie mit sich selber genug zu tun hatten und viel zu arg froren, um mir mit meinen Ketten zu helfen.

Auf dem Rücken neben meinem Auto liegend, machte ich mich allein ans Werk, die Hände taub vor Kälte, da ich meine Handschuhe verschlampt hatte. Ich fühlte mich, als würde ich mit aller Gewalt versuchen, einen quadratischen Stöpsel durch ein rundes Loch zu bekommen. Als ich es halb geschafft hatte, hörte ich plötzlich jemanden neben mir sagen: »*Hóla!* Brauchen Sie Hilfe?« Ich blickte hoch und sah einen Latino mit seiner Frau. Er schlotterte am ganzen Leib, trug dünne Baumwollsocken in offenen Sandalen. Die beiden sprachen nur wenig Englisch, doch Hilfsbereitschaft versteht man auch ohne Worte. Nach 15 Jahren in Amerika fühlte ich mich das erste Mal wie eine Fremde, ein Gefühl, das diese beiden bestimmt schon des Öfteren gehabt hatten. Gemeinsam legten wir die Schneeketten an und plauderten ein wenig. Ob alles in Ordnung sei, fragte ich. *Sí, sí,* nickten sie kräftig. Zum Abschied gaben wir uns die Hand, und ich bedankte mich bei ihnen etwas umständlich, doch ich wusste, dass sie mich richtig verstanden.

Mit meinen Ketten, die laut durch Eis- und Schneematsch rasselten, rollte ich über die Straße. Die Lichter der Autos drangen matt durch den dicken Nebel. Als ich den Fuß des Passes erreicht hatte, nahm ich die Schneeketten problemlos wieder ab und genoss die ruhige Weiterfahrt. Ringsum funkelten Sterne am dunklen Nachthimmel, und es kam mir vor, als wäre ich nie weg gewesen.

Nach zwölf Stunden war ich endlich daheim. Mein Haus war so ruhig und dunkel – himmlisch. Es machte mir nichts aus, dass es so still war – die Einsamkeit war mir willkommen, denn diesmal war ich an einem sicheren Ort. Zu Hause. Ich schenkte mir ein großes Glas kaltes Bier ein und machte mir ein heißes Bad.

Und während ich in den duftigen Lavendelschaum eintauchte, begriff ich: Meine dritte Solotour hatte soeben begonnen.

Reif für die Insel

Michelle Kehm • Thailand

Endlich machte ich mich auf die Socken, kehrte Indien den Rücken und fuhr von Delhi nach Bangkok, wo ich völlig entkräftet, ausgehungert und etwas kränkelnd ankam. Das störte mich aber nicht im Mindesten, denn Müdigkeit und Erschöpfung schärften meine Sinne und mein Empfinden für Spirituelles.

Ich quartierte mich in meinem angestammten Gästehaus ein, schlief den ganzen Tag, ging am Abend zu McDonald's, wo ich mir wie eine typische amerikanische Touristin den Bauch voll schlug mit Pommes und Hot Fudge Sundae. Anschließend ging ich ins Kino und sah mir *Akte X* mit thailändischen Untertiteln an. Ich war in einer völlig neuen Welt, froh, einige Zeit in Indien verbracht zu haben, aber auch froh, jetzt hier zu sein.

Ich wollte auf eine Insel, eine *ko*. Ein paar Jahre zuvor hatte ich die Südküste Thailands bereist, wo die meisten und bekanntesten *ko*s liegen: Ko Samui, Ko Phangan (berühmt für Vollmondpartys), Ko Tao. Doch die Inseln dort unten sind aufgemotzte Touristenfallen und ein einziger Fleischmarkt, und ich wollte lieber ein ursprüngliches Paradies, wo ich mich entspannen konnte.

Ich entschied mich für Ko Chang, ein kleines Stück Paradies im Golf von Thailand, nur einen Steinwurf entfernt von Kambodscha. Viele Einheimische machen auf Ko Chang Ferien, das wusste ich. Aber das war mir gerade recht, denn ich bin gerne in Gesellschaft von Thais. Ich wusste auch, dass der Komfort in Ko Chang, an westlichen Standards gemessen, eher primitiv war – es gab keine langen Kinonächte, keine Internetcafés, keine verwöhnten Pauschaltouristen, die mit dem Lockenstab unterwegs waren. Außerdem lag die Insel nur fünf Stunden Fahrt von Bangkok entfernt, was mir nach der Höllentour aus Indien wie ein Katzensprung vorkam.

Ich kaufte mir einen ganzen Packen neuer Musikkassetten für meinen Walkman (in Bangkok wimmelt es von Ständen, die Raubkopien zu einem Spottpreis verkaufen), ein paar Bücher, einen Bikini für zehn Dollar, und los.

Unterwegs nach Ko Chang

Ko Chang gehört mit seinen 52 Nachbarinseln zu Thailands »National Marine Park«. Die wenigen Dörfer leben vom Fischfang, Kokosnussanbau und Schmuggel. Die anderen Inseln im Meeresnationalpark sind so gut wie unbewohnt.

Um elf Uhr morgens holte mich der Minibus ab. Es war ein heißer, regnerischer Tag, und ich empfand es als Luxus, hinten im Bus zu sitzen, meine neu erstandenen Kassetten zu hören, aus dem Fenster zu sehen und mit niemandem sprechen zu müssen. Nach unzähligen Fahrten in den voll gestopften, ungefederten Bussen Indiens, im Stehen und bei über 40 Grad Hitze, war dieser kleine klimatisierte Achtsitzer mit bequemen Sesseln der reinste Segen.

Rund fünf Stunden später waren wir in Trat, wo uns der Bus an einer der Anlegestellen für die Fähre nach Ko Chang absetzte. In der Nähe gab es ein Restaurant und mehrere kleine Billigläden, die alles verkauften, was ein Tropentourist vor der Überfahrt auf die einsame Insel noch brauchen könnte: Sandalen, Sonnenmilch, Schnorchel, Thai-Whiskey. Ich kaufte ein Fährticket und sah hinaus auf das grünblaue Meer. Ko Chang – ein großer Landfleck mitten im Meer mit Kokospalmen und welligen Hügeln – war gut zu sehen. Die Insel lag nur etwa einen halben Kilometer vor der Küste.

Wie schön, wieder hier zu sein! Das letzte Mal war ich vor zwei Jahren am Golf von Thailand gewesen. Jeder Augenblick ist hier wie ein ganzes Leben, durchdrungen von Schönheit, Friede, Langsamkeit. Die warme Meeresluft roch stark nach Salz, brennenden Kokosnussfeldern, Fischsoße und Gewürzen, die auf den Marktkarren feilgeboten wurden. Und irgendwie schien sogar das Rumoren der alten, miefenden Motorboote, die die ruhigen grünen Wasser der See durchschneiden, heiter und harmlos.

Die Fähre war überfüllt mit einheimischen Urlaubern, Händlern, die Reis und Obst vom Festland auf die Insel brachten, sowie mit ein paar *farangs*, Ausländern wie mir. Ich ergatterte einen Sitzplatz zwischen salzverkrusteten Seilen, gackernden Hühnern und Reissäcken. Die Motoren erstickten jede Unterhaltung; Passagiere versteckten sich vor der Sonne, dösten oder blickten hinaus aufs Wasser. Ich lehnte mich zurück an mein Gepäck und genoss die Aussicht – dichte Wälder, unberührte Strände, Kokosnusshaine. Keine Bettenburgen direkt am Strand, keine Eis- und Imbissstände, nicht einmal eine von den Wellen halb verschlungene Sandburg. Ich fühlte mich unternehmungslustig. War ganz bei mir selbst. Lebendig.

Eine Dreiviertelstunde später legten wir auf Ko Chang an. Alle sprangen auf einen Wagen, der zum Strand mit den Touristenunterkünften fuhr, zu dem nur eine Straße führt. Da ich keine Ahnung hatte, wo ich eigentlich hin wollte, stieg ich einfach mit allen anderen Rucksacktouristen aus und ging geradewegs ans Ufer. Der Anzahl der sonnenverbrannten *farangs* nach zu urteilen, die sich hier überall am weißen Sandstrand aalten, war dies der belebteste Ort der Insel.

Ich spazierte am Strand entlang, die Füße im warmen Wasser der Brandung, und besah mir die Bungalows. Überall brutzelten Leute in der Sonne, spielten Gitarre oder planschten im Wasser. Ich lief ein gutes Stück bis ans Ende des Strands, fand aber keine Stelle, wo es etwas leerer war. Da ich inzwischen müde und verschwitzt war, beschloss ich, mich für eine Nacht in White Sand einzuquartieren. Ich wollte schwimmen, ausspannen und mich am nächsten Tag weiter auf die Suche nach dem perfekten Strand machen.

Khlong Phrao

Am nächsten Morgen fuhr ich per Anhalter die kurze Strecke zum Strand von Khlong Phrao – eine schöne, ruhige Bucht mit schneeweißem Sand und ein paar vorgelagerten Inseln. Die Bucht schien perfekt, und so spazierte ich los, um die Gegend genauer zu erkunden.

Doch die Unterkünfte in Khlong Phrao erwiesen sich größtenteils als sündhaft teuer, 100 Dollar pro Nacht – unverschämt für Thailand. Und so lief ich den ganzen Morgen auf der Suche nach einem Zimmer am – sehr langen – Strand auf und ab.

Gegen zehn, als die Sonne begann, unerträglich heiß vom Himmel zu brennen, verzogen sich die Einheimischen wie üblich plaudernd in ihre kühlen Häuser. Ich hingegen war noch immer am Strand unterwegs, schleppte einen zehn Kilo schweren Rucksack auf dem Buckel, schwitzte aus allen Poren. Aber ich wollte nicht aufgeben. Ich spürte kleine Stiche an Armen und Beinen. Mir war zwar klar, dass es am Strand Sandflöhe gab, ich konnte sie schließlich sehen, aber soweit ich wusste, waren die einzigen bissigen Sandflöhe weiß und griffen nur in der Morgen- und Abenddämmerung an. Und diese hier waren schwarz. Vor Sandflöhen müsste ich also eigentlich sicher sein.

Auf meiner letzten Reise nach Thailand hatten mich die Viecher bei lebendigem Leibe gefressen, und ich hatte mich so sehr mit den juckenden Stichen gequält, dass ich mir hoch und heilig und für alle Zeiten geschworen hatte, bei meinen nächsten Reisen hierhin den Strand während der Beißstunden zu meiden. Sollten diese Biester mich jetzt am helllichten Mittag attackieren? Dann konnte ich nichts machen. Ich befand mich mitten auf einem weiten Strand und hatte noch immer keinen Unterschlupf gefunden. Bestimmt kommt das Jucken vom salzigen Schweiß, der in der Bruthitze kristallisiert, versuchte ich mich zu beruhigen. Tja. Damit machte ich mich selbst zum Mittagsmenü.

Für die nächsten drei Tage verkroch ich mich, übersät mit Flohstichen, in einem billigen Bungalow, ich verbarrikadierte mich vor dem Paradies, angeekelt von den miesen, kleinen, schwarzen Ungeheuern. Ich saß in der Falle – wie ein tollwütiges Tier, wurde ganz hysterisch, weil mir von dem Flohgift von Kopf bis Fuß einfach alles juckte.

Wie es ist, von Flohbissen im wahrsten Wortsinn übersät zu sein, lässt sich kaum beschreiben. Es ist einfach schrecklich. Der ganze Körper schreit, will gekratzt werden, doch Kratzen ist natürlich das Allerverkehrteste. Juckende Flohbisse sind eine Herausforderung für Körper und Geist. Und immer unterliegt der Geist. Selbst der leichteste Reiz, das zufällige Reiben von Stoff auf der Haut, erzeugt eine solche Welle tierischer Kratzwut, dass man, einmal angefangen, nicht wieder damit aufhören kann. Und kommt man kurz darauf wieder zur Besinnung, ist man über und über mit Blut bedeckt, kleine Hautfetzen kleben überall an den Laken, und das bisschen Haut, das noch übrig ist, brennt wie Feuer. Wahrscheinlich haben flohgeplagte, stromernde Strandköter genau aus diesem Grund kein Fell.

Mittlerweile wusste ich, wie ich den Flohbissen zu Leibe rücke: kalte Dusche, pappige, rosa Zinksalbe, prickelndes Wundpuder (ein Thai-Produkt, das kühlendes Menthol enthält und sich auf der Haut herrlich erfrischend anfühlt), spezielles, brennendes, gelbliches Öl, das ich von Einheimischen bekommen hatte, eine Geheimmixtur, die man direkt auf die Bisse tupft: ein Spritzer aus dem winzigen Fläschchen, das nicht größer als ein kleiner Finger ist – und Abrakadabra! Die wunde Stelle brennt wie Feuer! Nach Beendigung der Prozedur glüht der ganze Körper noch mindestens eine halbe Stunde lang nach. Wenn ich Glück hatte, schlief ich unterdessen ein. Doch spätestens mitten in der Nacht weckte mich der nächste Kratzanfall, und ich kratzte und kratzte und kratzte ...

Ich war ein einziges verkratztes Häufchen Elend. Von Kopf bis Fuß zugekleistert mit Zinkpaste und Wundpuder, muss ich ein Bild für die Götter geboten haben. »Oh! Die arme *farang*!«, tuschelten die Einheimischen, wenn sie mich sahen. Verständlich, dass ich nichts wie weg wollte von diesem vermaledeiten Strand. Zu allem Elend spürte ich auch noch eine schmerzhafte, kleine Schwellung unter meinem rechten Arm. Ich wusste, dass ich damit zum Arzt musste, doch da keiner der Einheimischen Englisch sprach, konnte ich nicht herausfinden, wo und wie ich einen finden sollte. Mit Händen und Füßen beschrieb ich ihnen »Doktor«, und als schließlich einer kapierte, was ich meinte, ließ ich mir das Wort auf Thai auf einen Zettel schreiben. Dann stellte ich mich an den Straßenrand und versuchte zwei Stunden lang vergeblich, ein Auto anzuhalten, das mich mitnahm. Jedem, der stoppte, hielt ich den Zettel unter die Nase, doch alle schüttelten nur entschuldigend den Kopf. Keiner nahm mich mit, und ich hatte keine Ahnung, warum, denn ich verstand nicht, was sie sagten. (Später erst erfuhr ich, dass die Straße nach heftigen Regenfällen unterspült war).

Also ergab ich mich in mein Leid, trollte mich wie ein herrenloser Köter davon und trampte die ganze Strecke wieder zurück – bis zum flohfreien White Sand Beach.

Dort angekommen, stieg ich gleich am erstbesten Mietbungalow, dem *La Plaloma*, aus. Am äußersten Ende der langen Reihe mit Touristenunterkünften wäre es bestimmt ruhiger gewesen, und eigentlich hatte ich mich darauf eingestellt, wieder den ganzen langen Strand auf und ab zu laufen, um eine schöne Unterkunft zu finden, doch die Leute im *La Plaloma* waren mir sympathisch, und so blieb ich gleich zwei Wochen.

Tor zum Paradies

In der Lounge traf ich auf den Besitzer des *La Plaloma*, einen Schweden, der perfekt Englisch sprach. Bestens! So konnte er mir helfen, einen Arzt zu finden. Er hätte mich schon einmal gesehen, erzählte er mir, bei meiner ersten Reise. Die Unterkunft, die er mir zeigte, war sehr schön: ein kleiner Bungalow mit abgeteiltem Bad, Kachelboden und einer kleinen Veranda mit Meerblick. Felsige Steine säumten den Strand, und die rollenden Wellen, die sich gegen die Felsen brachen, klangen wie leise hallender Donner. Das Allerbeste aber war, dass es hier keinen Sandstrand unmittelbar vor meiner Tür gab – von daher auch keine Scharen von Sonnenanbetern und keine Sandflöhe! Ein völlig abgelegener Ort. Ruhig. Perfekt. Der Preis lag bei sechs Dollar pro Nacht. Endlich – ich war angekommen.

Ich packte aus und hängte meine Sachen draußen auf die Wäscheleine, damit der Seewind sie auslüftete. Ich duschte und legte mich schlafen. Als ich aufwachte, war es bereits früher Abend, und die Sonne ging langsam unter. Ich liebe es, zu dieser Tageszeit im Meer zu baden. Das Abendlicht färbte die schaumigen Wellen orange und rosa, und das Wasser ist schillernd grün. Fantastisch. Das Salzwasser tat meiner wunden, aufgekratzten Haut zwar gut, aber ich fühlte mich noch immer nicht ganz fit. Wegen des Geschwürs hatte ich mir ein Antibiotikum besorgt (in Asien werden Antibiotika frei verkauft), doch unglücklicherweise raubten mir die Pillen jede Kraft.

Und so setzte ich mich an meinem ersten Abend im *La Plaloma* auf die Veranda und schrieb bei Kerzenlicht Tagebuch, genoss die laue Brise und lauschte dem Meer, das gegen die nahen Felsen schlug. Zum ersten Mal seit fast zwei Monaten ließ meine innere

Anspannung nach. Ich atmete tief durch, hauchte Indien aus (wo jeder etwas von einem will) und sog Ko Chang ein (wo jeder einen in Ruhe lässt). Keiner lief mir nach, wollte mir etwas verkaufen oder mich nackt sehen. Hier war ich für mich. Ganz allein. Nur ich, das Meer und die Insel.

OP auf Thailändisch

Der schmerzhafte Knoten unter meinem Arm wollte auch nach Tagen nicht kleiner werden. Das Antibiotikum schien nicht zu wirken, machte mich nur schlapp und müde, verursachte einen bitteren Geschmack im Mund und ließ meinen Schweiß nach Medizin riechen. Ich musste also aufs Festland und es von einem Arzt ansehen oder möglicherweise gar herausschneiden lassen.

So machte ich mich frühmorgens zur Fähranlegestelle auf, nahm das erste Boot hinüber aufs Festland, wo ich mich von einem Taxi ins Trat Hospital bringen ließ. Das Trat Hospital, so hatte ich vom Besitzer des *La Plaloma* erfahren, sei sehr gut, was mich beruhigte. Sorge bereitete mir nur der Knoten.

Den Taxifahrer bat ich zu warten, während ich mich im Krankenhaus anmeldete. Es war sauber und, an westlichen Maßstäben gemessen, hochmodern, was mich sehr erstaunte. Nach kurzem Blick auf den Knoten erklärte mir der Arzt, es handle sich um ein entzündetes, eingewachsenes Haar, was bei schwülheißem Klima öfter mal vorkomme. Ich musste mich auf eine kalte Trage legen, er gab mir eine Betäubungsspritze; ehe ich mich versah, hatte er den Knoten herausgeschnitten und erteilte mir für eine Woche Badeverbot.

Erneut fiel ich in meinem grotesk-komischen Aufzug überall auf – eine *farang* im knappen, ärmellosen Oberteil mit einem riesigen weißen Verband in der rechten Achselhöhle. Und abermals trollte ich mich wie ein geschundener Strandköter, fuhr im Taxi zurück zur Anlegestelle und nahm die Nachmittagsfähre nach Chang.

Wie sich bald erweisen sollte, war die Operation gar nicht mal das Schlimmste. Richtig schlimm wurde es erst ein paar Tage später. Der Arzt hatte mir verordnet, den Verband alle paar Tage in der Inselklinik auf Chang wechseln zu lassen. Und wer sich je ein Pflaster von einer Wunde gerissen hat, weiß, wie weh das tut. Obendrein ist die Haut in der Achselhöhle äußerst sensibel und wird durch eine offene Schnittwunde nicht unempfindlicher. Beim ersten Verbandswechsel wand ich mich vor Schmerzen und schrie die arme, thailändische Krankenschwester in Grund und Boden. Die simple Prozedur war derart schmerzhaft, dass ich noch Stunden danach weiche Knie hatte und völlig geschafft war. Dreimal musste ich durch diese Hölle; doch dann heilte die Wunde allmählich, und ich durfte den Verband selbst wechseln. Ganz in Ruhe und ungestört in meinem Bungalow.

Khlong Phlu und weiter

Ich mietete mir ein Mofa, um mir die Khlong-Phlu-Wasserfälle anzusehen, die knapp zehn Kilometer entfernt lagen. Mit den Mofaschlüsseln drückte mir der Besitzer des *La Plaloma* noch ein großes Bund Bananen in die Hand, die er in seinem Hof frisch geerntet hatte. Zunächst machte ich eine kleine Erkundungstour entlang der Weststraße, wo ich jeder Menge Schlaglöcher ausweichen musste, auf der nassen, roten, lehmigen Erde alle paar Meter ins Rutschen geriet. Eine Frau erzählte mir, sie sei in Schlammlöcher geraten, wo es ihren Schuh einfach in die Tiefe gezogen hatte. Bis zum Ellbogen habe sie darin herumgewühlt, bis sie den Schuh zu fassen bekam und herausziehen konnte. Es sei wie eine dicke, feste Schmiere.

Auf der Fahrt zu den Wasserfällen gab es immer wieder heftige Schauer, so dass ich von der Straße abfuhr und unter Palmen wartete, bis der Guss vorbei war. Herrlich, wie auf einmal alles rennt, um vor dem Regen Schutz zu suchen, und zwanzig Minuten später wieder hervorkriecht, wenn die Sonne alles so schnell trocknet, als wäre nie ein Tropfen vom Himmel gefallen. Auch als ich mitten über den Pfad zum Wasserfall wanderte, zog Regen auf. Ich konnte es förmlich riechen. Aber ich war schon zu weit gegangen, um umzukehren. Also lief ich einfach weiter. Und just in dem Moment, da ich die fantastischen Khlong-Phlu-Wasserfälle erblickte, fing es an zu schütten.

Trotzdem blieb ich ein paar Minuten lang stehen, bestaunte die Wasserfälle, die durch den Regen rauschten und tosten. Dann zog ich mir die Schuhe aus (Riemensandaletten sind bei Regen nicht gerade das angemessene Schuhwerk) und lief barfuß zurück durch den dichten, grünen Regenwald. Die rote, lehmige Erde war schlammig und weich unter meinen Füßen, und in den warmen Pfützen schwammen Blätter. Nichts war zu hören außer dem wilden Rauschen des Flusses und den dumpfen Schlägen der schweren Regentropfen, die dicke Blätter vom tropischen Baumdach schlugen. Lehmige Erde matschte zwischen meinen Zehen, und ich fragte mich, was meine Freunde zu Hause wohl gerade machten. Ganz sicher trugen sie Schuhe an den Füßen.

Viel habe ich auf Chang nicht unternommen. Es regnete häufig, und nachts stürmte es schrecklich – aber es war wunderschön. Straßen wurden überschwemmt, Flüsse traten über die Ufer und blockierten den Zugang zum Strand. In den meterhohen Wellen spielten Einheimische Frisbee. Zahllose Quallen wurden angespült, so dass der Strand aussah wie ein geliertes Minenfeld. Ich las alles, was ich in die Finger bekommen konnte, und als mir der Lesestoff ausging, begann ich, die Wochen alte *Bangkok Post* zu lesen, die jemand in der Lounge des *La Plaloma* hatte liegen lassen.

Tagelang konnte man nichts anderes tun, als im Haus zu bleiben. Vor meiner Thailand-Reise hatte ich, wie gesagt, einen Monat in Indien verbracht. Dort hatte ich an einem Seminar über tibetischen

Buddhismus teilgenommen, das von Seiner Heiligkeit dem Dalai-Lama höchstpersönlich gehalten wurde. Er sprach darüber, wie wichtig es sei, den Dingen ihren Lauf zu lassen, denn das Festhalten an materiellen Dingen und Gefühlen führe zu nichts als Leid. Reichlich Stoff zum Nachdenken also, vor allem an Regentagen. Außerdem beschäftigte mich meine Abreise. Mir war ein wenig bange davor, in die Staaten zurückzukehren, wo die Menschen gleichzeitig alles und nichts hatten. Ich wusste, ich musste mich der Realität stellen, die ich zurückgelassen hatte und vor der ich geflüchtet war: Miete, Arbeit, Beziehungen, Vorurteile, Konsum. Die Rückkehr machte mir panische Angst. Hier auf Chang konnte ich über allem stehen. Ich lebte von einem Augenblick zum nächsten, war erfüllt von Zuversicht, ich bereute die Vergangenheit nicht und hatte keine Zukunftspläne. Ich lebte einzig für den Moment, und das wollte ich nicht mehr missen. Ich versuchte, mich für die Rückkehr zu wappnen, las immer wieder meine Aufzeichnungen aus dem Seminar des Dalai-Lama. Ich dachte so intensiv nach, dass ich irgendwann an einen Punkt gelangte, an dem mein Geist über meine Gefühle siegte. Und da erst fühlte ich mich willens und bereit, mich den Herausforderungen, die mich zu Hause erwarteten, zu stellen. Ich fühlte mich stark. Furchtlos. Weise. Ganz.

An meinem letzten Abend in Ko Chang schrieb ich folgende Zeilen in mein Tagebuch:

Nun bin ich bereit abzureisen. Wohin? Ich weiß es nicht. Ich lebe in diesen Tagen nur im Hier und Jetzt und lasse mich von meiner Intuition leiten, nicht von bestimmten Gedanken. Ich bin eingetaucht in die östliche Welt, und zwar lange genug, um ihre Energie aufzunehmen, ihr Leben. Wie beglückend! Den Menschen in Thailand ist die Gegenwart genug, um glücklich zu sein. Danke, Ko Chang, für diese Weisheit.

Juwel der Seychellen

Wuanda M. T. Walls • Seychellen

> Wir selbst halten die Wunder, nach denen wir suchen:
> Afrika mit all seinen Wundern liegt in uns.
> Sir Thomas Browne

Mahé, 14. Februar

Liebe ReVonne, meine Sternenfeder,

ich bin da! Im Paradies. Endlich, nach fast 30 Stunden Fahrt, mit Zwischenstopp in Paris und Jidda, bin ich angekommen. Du kannst also aufatmen, meine Liebe.

Die Flüge waren alle sehr angenehm. Ehrlich gesagt, hatte ich schon fast vergessen, wie schön es ist, mit der Air France zu fliegen. Aber bevor ich anfange, dir die Annehmlichkeiten der Air France aufzuzählen, muss ich noch etwas anderes loswerden. Ich wusste gleich, dass ich nach Europa unterwegs war, als ich Passagiere mit verhätschelten Kötern im Arm sah, diesen unberechenbaren kleinen Kläffern, die immer im Mittelpunkt stehen müssen. Du weißt, was für eine Sorte ich meine. Das genaue Gegenteil von deinem wunderbaren Dalmatiner oder den Terriern, die ich vergöttere.

Ich weiß noch, wie entsetzt ich war, als ich in den 70-er Jahren in Brüssel beobachtete, wie Hunde in den feinsten Restaurants mit am Tisch saßen. Einige waren eigens für den Anlass herausgeputzt, trugen glitzernde Halsbänder und weiche Wollhemdchen. Sie betrugen sich überaus anständig, saßen aufrecht am Tisch, auf die Hinterläufe gestützt, die Vorderpfoten artig auf die Leinentischdecke gelegt, so dass ich mir vorkam wie in einer Szene aus George Orwells *Farm der Tiere*. Ich konnte es einfach nicht fassen – Hunde, die behandelt werden wie Menschen. Mein Begleiter, ein feinfühliger Franzose, der mein Entsetzen bemerkte, warf mir nur einen Blick zu, der mehr sagte als tausend Worte: »Tja, Prinzessin, andere Länder, andere Sitten.« Egal. Bis heute finde ich diese Sitte vollkommen bizarr, obwohl ich zugeben muss, dass es mich das vornehme Gehabe der Tiere gleichzeitig ziemlich fasziniert.

Aber zurück zum Flug. Auf der anderen Seite des Gange saß ein gepflegter Herr mit seinem Pudel, um den die Flugbegleiterinnen ein Mordsaufheben machten. Das genoss der Pudel natürlich. Aber als er mich anblickte, erstarrte mir das Blut in den Adern, und ich hätte ihn am liebsten auf den Mond geschossen. Ich weiß nicht, was mich da überkam, denn wie du weißt, bin ich normalerweise ein friedlicher Mensch. Aber ich glaube, der Köter konnte meine Gedanken lesen.

Das Flugzeug war voll mit Studenten, Touristen und allen möglichen anderen Reisenden. Ich hatte einen Platz in der Le-Club-Klasse, die etwas komfortabler ist als die amerikanische Business Class. Und noch ehe der fliegende Teppich abhob, begann die Vorstellung. Zuerst verteilte eine große, mittelschlanke, schlicht gekleidete Frau reiferen Alters internationale Zeitungen sowie ein paar dieser herrlichen französischen Magazine, die wir beide so gerne lesen. Und während ich noch dabei war, die neueste *Marie Claire Maison* durchzublättern, bekam ich Champagner und frisches Obst serviert, danach Feigen, Käse und knusprige Croissants. Anschließend gab es herrlich aromatischen kolumbianischen Kaffee. Sogar die Speisekarten waren so schön, dass eigentlich nur noch der Bilderrahmen fehlte. Nachdem das Essen bestellt war, wurden kleine Kulturbeutel verteilt, darin ein Givenchy-Parfüm, eine Zahnbürste, Zahnpasta, Mundwasser, Erfrischungstücher und eine Schlafmaske. Wie du dir denken kannst, war das Essen ausgezeichnet. Ebenso der Brandy danach. Pardon, ich meine natürlich den Calvados.

Alles in allem kein Vergleich mit der faden Kost, die in den guten alten amerikanischen Airlines serviert wird. Kein Wunder, dass sie im internationalen Vergleich den untersten Rang einnehmen. Ich war also im siebten (Hunde-)Himmel.

Und nun bin ich da. Im Paradies. Obwohl ich erschöpft war von der Reise, zog ich keine drei Stunden später meine flotte Tropenkluft an, schlüpfte in den von Mercedes handgeschneiderten Rock aus dem geblümten Stoff, den ich ein paar Wochen zuvor gekauft hatte, und das kolumbianische T-Shirt. Ich trage diese Kombination natürlich wie versprochen zu Ehren von Mercedes und ihrer südamerikanischen Heimat.

Und so verließ ich mit der Kamera in der Hand meine hübsche Suite im *Seychelles Sheraton* – ein imposantes Gebäude, das in den azurblauen Indischen Ozean hineinragt –, um die Umgebung zu erkunden. Es war Vormittag, ein herrlicher, strahlender Tag, die Luft erfüllt von süßlichen Düften: Patschuli, Vanille und Zimt. Dazu wehte mir eine würzige Meeresbrise um die Nase. Gleich vor dem Hotel traf ich auf mächtige Riesenschildkröten (dieselbe Gattung wie auf den Galapagosinseln), die schwerfällig neben posierenden Touristen herumkrochen. Die armen Schildkröten! Wenig später machte ich mich auf zur Bucht, wo ich mich auf einen Felsen setzte und mein Gesicht in die Sonne hielt. Die Strahlen waren so wohltuend, so warm, so angenehm, dass ich meine Kleider ablegte.

Und das Rauschen der Brandung war so verlockend, der cremefarbene Strand so einladend, dass ich für einen kurzen Moment wie verzaubert war. Mit weit aufgerissenen Augen bestaunte ich die Korallen und verstreut liegenden, kleinen Muscheln auf dem Strand. Gegenüber lag das Inselchen Therese Island. Ich atmete tief ein, drehte mich um und sah auf riesige grüne Berge, über und über bedeckt mit Palmen, Zimtbäumen, Mahagonibäumen und majestätischen *sangdragon,* Drachenblutbäumen. Es ist eine tropische, frischgrüne, üppige Vegetation mit seltenen Orchideen, Farndickicht, süß duftenden Früchten – Choux choute, Guaven, Jamalque und Corasol –, Heilpflanzen und einer auf der ganzen Welt einzigartigen Flora. Ich stand im Einklang mit der Welt, strotzte vor Energie und war überglücklich.

Doch da riss mich Gelächter aus meinen Tagträumereien. Langsam drehte ich mich um und erblickte eine Gruppe Männer mit nackten Oberkörpern, honig- und kastanienbraun, die direkt auf mich zukamen. Doch ihre scheuen Blicke und zurückhaltenden Gesten waren sehr höflich, kein Vergleich mit den dreisten, schmierigen Kandidaten in der Karibik. Ich vermied es, sie direkt anzusehen, und drehte mich weg.

Mein Blick wanderte stattdessen zu meinen Füßen, denn winzige, bunt schillernde Fische tummelten sich um meine Zehen – was für eine reizende Begrüßung! Ich hörte ein Boot nahen, die Touristenfähre nach Therese Island, wie ich vermutete. Drei der Männer gingen zu dem Boot, während zwei zurückblieben. Einer der beiden, Charles, schlenderte zu mir herüber. Ob ich auf das Boot warte, fragte er höflich, und als ich verneinte, bot er mir Kokosmilch aus einer Nuss an.

Seine direkte, aber unaufdringliche Art gefiel mir, und ich glaube, einen so brennenden Durst wie in diesem Moment hatte ich noch nie. Der kühle, süße Saft der Kokosnuss schmeckte so lecker, dass ich an mich halten musste, um nicht alles gierig auf einmal hinunterzustürzen. Wie ein erfrischender Bach rann das süße Nass durch meinen Körper und belebte Erinnerungen an Bermuda, Kolumbien, Brasilien und Panama. Charles stand neben mir, geduldig und ruhig, während ich die letzten Tropfen schlürfte. Und dann lud er mich ganz feierlich ins Haus seiner Familie ein, das ein Stück weiter die Straße hinauf lag. Warum nicht, dachte ich mir, reichte ihm die leere Kokosnussschale und folgte ihm.

Es war Mittagessenszeit, und überall roch es nach scharfen exotischen Gewürzen, frisch gebackenem Brot und Meeresfrüchten, die, so wie es aus den Küchen roch, in Currysud köchelten. Nur wenige Autos fuhren auf den sauberen Straßen, und nirgendwo waren Abfälle zu sehen, die die Schönheit dieser malerischen Landschaft hätten beflecken können. In die köstlichen Düfte mischte sich ein Hauch von Jasmin sowie der berauschende Duft der *paille-en-quene*, einer Orchideenart. Jedes Haus, an dem wir vorbeikamen, hatte einen terrassenförmig angelegten Garten, beschattet von Jackbaumfrüchten, Ylang-Ylang sowie dem flammend roten Blattwerk der Bougainvillea. Litchi, Frangipani und Hibiskus zogen bunt gefiederte Vögel an, die tirilierend auf den niedrigen Zweigen saßen. Sternenfeder, stell dir vor, ich habe sogar meine geliebten Tauben in Begleitung leuchtend roter Madagaskarvögel gesehen. Einfach fantastisch! Die Tauben gehörten sicher zu einer anderen Gattung, aber sie boten einen ebenso ruhigen und friedlichen Anblick und gurrten unter einem Keulenkolbenbaum.

Im Haus von Charles' Familie begrüßten mich alle mit einem strahlenden Lächeln. Das geräumige, mit Zwischenstockwerken versehene Haus war luftig und gemütlich, die Wände ockerfarben und türkis gestrichen. Ich habe einmal gelesen, dass diese Farben in stattlichen französischen Villen des 17. Jahrhunderts verwendet wurden.

Charles' Mutter, seine Schwestern und Brüder, seine Nichten und Neffen waren überaus zuvorkommend und neugierig, und ich war angetan von ihrer Warmherzigkeit und Schönheit. Jedes Gesicht war wie ein Sinnbild für Harmonie unter den Völkern – Juwelen Afrikas, Europas, Asiens (einschließlich Indonesien, Indien und Malaysia), zusammengefügt zu einem ebenmäßigen Ganzen. Die

Seychellois sind berühmt für ihre rassische Vielfalt und das harmonische Miteinander. Charles' Schwestern erinnerten mich an die Philippinas, die ich vor Jahren in Spanien kennen gelernt hatte: die gleichen runden Gesichter, mandelförmige Augen, leuchtend schwarzes, glattes Haar und makellose, bernsteinfarbene Haut.

Aber du willst wahrscheinlich mehr über Charles erfahren, stimmt's? Also: ein kräftiger Afrikaner, mittelgroß, schlank, schönes, ebenmäßiges Gesicht mit hohen Wangenknochen, Knopfnase, volle, feuchte Lippen.

Bei Tisch war er sehr aufmerksam, und ich war erstaunt über die Berge von Essen. Wie in Spanien und Südamerika wird auch auf den Seychellen die Hauptmahlzeit recht früh eingenommen. Ich probierte ein bisschen von allem, konnte nicht genug kriegen von den fleischigen Palmherzen, Brotfrüchten, Papayas, *brede* (einem grünen Gemüse) und den Krabben und Tintenfischen in Currysud. Der *bourgeois*, ein roter Fisch, der größer und fleischiger ist als sein Vetter, der Red Snapper aus dem Atlantik, mit Limettensaft mariniert und in Ingwer, Knoblauch, rotem Pfeffer, Zwiebeln, Thymian und Muskat gegart, zerging auf der Zunge. Sternenfeder, dieses Gericht musst du probieren und deinen Freunde servieren:

Red Snapper Seychellois
2 Pfund rote Filets vom Red Snapper
1 rote Chilischote, dünne Streifen
1 grüne Chilischote, dünne Streifen
3 Knoblauchzehen
1 mittelgroße, rote Zwiebel, grob gehackt
2 Teelöffel Ingwer, klein gehackt
4 Limetten, gepresst
2 Teelöffel Olivenöl
Salz, Cayennepfeffer, Muskat

Limettensaft mit Muskat verrühren und das Filet eine Stunde lang darin marinieren. Abgießen und trockenklopfen. Das Filet in Öl von beiden Seiten braun anbraten und herausnehmen, bevor es verkocht. Beiseite legen. Knoblauch, Zwiebel, Ingwer und Pfefferschoten unter ständigem Rühren leicht anbraten, bis die Chilischoten weich sind (etwa vier bis sieben Minuten). Das Gemüse entnehmen. Das Filet in die Pfanne geben und mit dem Gemüse bedecken. Mit Salz und Pfeffer abschmecken und bei mittlerer Hitze noch ca. fünf Minuten lang kochen lassen. Etwas Limettensaft darübergeben und mit Reis servieren.

Nach dem Mittagessen nahm Charles mich mit auf einen kleinen Rundgang durch sein Dorf, Port Glaud. Während wir die schmale Straße entlanggingen, erzählte er mir, dass Mahé die größte der Granitinseln der Seychellen ist (die Seychellen sind die einzige Granitinselgruppe der Welt), 25 Kilometer lang und knapp acht Kilometer breit, Sitz der Hauptstadt Victoria. Von den 115 Inseln des Archipels ist Mahé die gebirgigste. 90 Prozent der 70.000 Bewohner leben hier. Die meisten Inseln sind unbewohnt und werden von den Seychellois für künftige Generationen bewahrt. Auf den Seychellen gibt es mehr Naturschutzgebiete und Marineparks als sonst irgendwo auf der Welt.

Ich weiß schon, was du jetzt denkst: Warum lässt du dir das alles von diesem Mann erzählen, wo du doch bereits alles Wissenswerte über das Land gelesen hast? Ehrlich gesagt, erstaunt es mich immer wieder, wie stolz, patriotisch und bewandert andere im Vergleich zu uns Amerikanern sind, wenn es um ihr Heimatland geht. Abgesehen davon genieße ich es, Dinge aus erster Hand zu erfahren.

Während wir an der Schule vorbeigingen (es gibt relativ wenig Analphabetismus, und alle Kinder sprechen fließend Französisch, Kreolisch und Englisch), an der Klinik (medizinische Versorgung ist kostenlos) und dem Friedhof (mit Sicht auf die bewaldeten Hügel und Berge des Morne Seychellois National Park), benannte Charles sämtliche Pflanzen und Blumen am Weg – die süß duftenden, die zur Parfümherstellung verwendet werden, wie auch die verschiedenen Heilpflanzen. Als ich ihn nach den Pflanzen fragte, die in der Magie verwendet werden, lächelte er mich nur an und wollte wissen, ob ich Anthropologin sei. »Nein, bin ich nicht. Ich habe gelesen, dass Magie und Zauberei 1958 verboten wurden, aber ich interessiere mich für Heilpflanzen, Voodoo und afrikanische Religionen«, antwortete ich. Mit ernsten Augen blickte er mich an, kurz und eindringlich, und sagte dann, wir würden später darüber sprechen.

Alle Passanten grüßten uns mit einem warmen Lächeln und strahlenden Augen. Manche Männer und Frauen trugen ausgesuchte, leuchtende Blumen, schön und duftend, um sie auf die Gräber zu stellen. Kinder – strahlend wie die Blumen – rannten ihren Eltern voraus, lachten, sangen und spielten, so wie fröhliche, glückliche Kinder es eben tun. Mir fiel auf, dass die Männer und Frauen den gleichen beschwingten Gang hatten wie Charles – entspannt, gleichmäßig, kräftig und irgendwie friedlich.

Von Charles erfuhr ich auch, dass es hier keine Giftschlangen gibt und die Inseln von Wirbelstürmen verschont bleiben, dass sie außerhalb der zyklonischen Zone liegen. Außerdem sind Tropenkrankheiten hier unbekannt, man muss sich vor der Reise also nicht den lästigen Impfprozeduren aussetzen. Als ich erfuhr, wie sich Präsident France Albert René für die Umwelt, die Bürger und die Natur des Landes engagiert, war ich restlos begeistert. Dass es keine Luftverschmutzung gibt und die Bewohner sich einer überaus guten Gesundheit erfreuen, ist nicht zuletzt eine Folge seiner Politik. Die Lebenserwartung der Seychellois liegt bei 71 Jahren, Krebs und andere Zivilisationskrankheiten sind praktisch unbekannt. Ich bin schon weit gereist, habe aber nie einen Ort erlebt, an dem die Regierung das, was sie predigt, auch in die Tat umsetzt. Welch eine Huldigung an Gondwanaland, jenen vergessenen Riesenkontinent, der vor 130 Millionen Jahren auseinander brach und Indien, Australien, die Antarktis, Afrika und Südamerika hervorgebrachte und von dem Wissenschaftler vermuten, dass er Teil von Afrika war und sich abspaltete, als Asien wegzudriften begann. Heute gilt Afrika als Urkontinent aller fortgetriebenen Landschollen, und die Inselnation der Seychellen ist Afrikas kleinste. Übrigens handelt es sich um eine matriarchalische Gesellschaft, die Frauen führen das Regiment und haben dieselben juristischen, politischen, wirtschaftlichen und sozialen Rechte wie die Männer. Und es ist ganz normal, dass Frauen Kinder von verschiedenen Vätern haben. Der Puritanismus hätte es in dieser paradiesischen Gesellschaft schwer ...

Nachdem ich mich von Charles verabschiedet hatte, ging ich zurück in meine Lehmhütte, hängte das »*Ne pas déranger*«-Schild an die Tür und sah in meinen Begrüßungskorb, der gefüllt war mit allerlei Leckereien. Zur Feier des Tages machte ich mir eine Flasche Seybrew auf, ein leichtes Bier und das Nationalgetränk der Seychellen.

Ich betrachtete mich im Spiegel, während ich dem Klang der Wellen lauschte, die gegen die Felsen unter meinem Balkon brandeten. Mein Gesicht wirkte heiter und strahlend. Ich ging auf den Balkon und zog mich aus. Die warme Brise, die nach Erde und Meer duftete, streichelte meine Haut. Nackt räkelte ich mich im Liegestuhl. Die Äquatorsonne war zu schön. Ich schloss die Augen, schwelgte für die nächste halbe Stunde in einem Zustand der Glückseligkeit. Langsam stand ich wieder auf, lehnte mich über das Balkongeländer und sah hinunter auf das saphirblaue Meer – ein überwältigender Anblick. Ich drehte mich um, sah nach oben und erblickte zu meinem großen Erstaunen einen Mann, der mich mit aufgerissenen Augen und einem breiten Grinsen von oben bis unten begaffte.

Erst wollte ich ihn durch eine provozierende Geste zurechtweisen, etwa indem ich mit den Brüsten wackelte, sagte aber nur: »Na, jetzt hast du was zu erzählen, was?« und zog mich in mein Zimmer zurück.

Vor dem Abendessen beschloss ich, mich dem Hotelmanager vorzustellen und mich für den Begrüßungskorb zu bedanken. Auf dem Weg zu seinem Büro traf ich auf Mr. Rubio, der für Essen und Getränke zuständig ist. Ich war überrascht, denn Señor Rubio ist Kolumbianer. Das muss ich unbedingt Mercedes erzählen. Ich weiß, sie wird mir nicht glauben, aber dem herzlichen, freundlichen Herrn fiel sofort mein T-Shirt auf, und er wollte wissen, ob ich Kolumbianerin sei. Das Leben ist einfach wunderschön!

Alles Liebe

Angel

Für Jean Walden und Ed Smith

Mit den Sylvias auf Pilgerreise

LOUISE WISECHILD • MEXIKO

Schon als Kind, sonntags in der Kirche, war ich fasziniert von Wundern. Wunder waren Magie: Schwache wurden stark, Blinde wurden sehend, Hungrige wurden satt, Lahme lernten laufen.

In diesen Geschichten widerfuhr ganz gewöhnlichen Menschen Übernatürliches. Und auch ich sehnte mich danach, etwas Außergewöhnliches zu erleben, etwas Göttliches erfahren zu dürfen. Doch es hieß, dass Wunder in der modernen, wissenschaftlichen Welt nicht mehr geschähen – als bräuchte man sie heute nicht mehr.

In Mexiko ist das anders. Vor allem auf dem Land, wo der Fortschritt noch nicht Einzug gehalten hat, erbitten die Menschen bis heute diese Form von göttlicher Hilfe. Wenn sie auf ein Wunder hoffen, pilgern sie nach Juquila, um dort die Heilige Jungfrau um Fürsprache zu bitten. Der Weg führt weit über die Berge, erzählten meine Freund in Oaxaca. Ich suchte in meinem Reiseführer nach dem Ort, doch er war nicht verzeichnet. Schließlich fand ich ihn auf einer Landkarte als kaum erkennbaren, winzig kleinen Punkt.

In der Gegend um Oaxaca hatte ich schon viele Bildnisse *Virgen de Juquila*, der Heiligen Jungfrau von Juquila, gesehen, in Häusern, in Kirchen und an Devotionalienständen. Auf Altären steht ihr Bild in goldenen Plastikrahmen neben der Jungfrau von Guadalupe und dem Jesuskind: das feine, tiefbraune Gesicht umrahmt von wallendem tiefschwarzen Haar, auf dem eine goldene, sternenverzierte Krone sitzt. Sie trägt einen weißen, reich bestickten Umhang und sieht unverkennbar mexikanisch aus. Ihr kaffeebraunes Gesicht ist heiter und friedvoll. Die Augen sind geschlossen und nur durch feine, schwarz gemalte Wimpern angedeutet. Meine Freunde nannten sie *La Virgencita*, kleine Jungfrau. Sie sei ja auch als kleine Frau dargestellt, meinten sie.

Eine Freundin erzählte mir, ihr Bruder habe eine schlimme Diagnose bekommen und sollte unverzüglich operiert werden. Über Nacht pilgerte er nach Juquila. Und als er sich zur Operation bei seinem Arzt zurückmeldete, sei er genesen. »Er war völlig gesund.« Alle meine mexikanischen Freunde haben diese Stätte mindestens einmal mit ihren Familien besucht. Die meisten legten die Strecke per Bus zurück, in einer siebenstündigen Fahrt über enge, gewundene Straßen quer durch die Berge von Oaxaca.

Wie üblich war ich eine halbe Stunde zu früh am großen Busbahnhof der zweiten Klasse, anders als einheimische Reisende, die normalerweise drei Minuten vor Abfahrt ganz gemächlich zum Bus schlendern. Insofern war ich überrascht, dass der Bus schon brechend voll war. Überall saßen Familien in feinem Sonntagsstaat. Es roch nach Orangen, die herumgereicht und zu den Tacos und Tamales gegessen wurden, die Händler in den Gängen verkauften.

Nur noch zwei Plätze waren frei, und ich zwängte mich zum hintersten durch. Ich war gewohnt, im Bus auf Leute zu treffen, die zum Markt unterwegs waren, auf Käufer und Verkäufer, die jede Menge Säcke und Bündel, zuweilen auch lebendes Vieh dabeihatten. Ich hatte auch schon Mexikaner getroffen, die im Bus zu einem Fest in ihr Dorf, ihr *pueblo*, reisten oder den Sonntag dort mit ihrer Familie verbringen wollten. Ich war in Bussen gereist, die zur Grenze fuhren und voll waren von Männern mit stummen, teils ernst angespannten Gesichtern, vielleicht bereiteten sie sich gedanklich auf ihren illegalen Grenzübertritt vor. Doch in diesem Bus war alles anders. Als wäre ich in ein Fest geraten. Männer und Frauen beugten sich quer über den Gang, plauderten, lachten; kleine Kinder standen auf den Sitzen, um mit ihren Kameraden dahinter schwatzen zu können. Die Gepäckablagen über ihren Köpfen waren gestopft voll, und so schob ich mein Gepäck unter den Sitz und nickte dem jungen Burschen neben mir freundlich zu. Er nickte zurück. Ich war offenbar die Einzige, die allein reiste – und die einzige Ausländerin. Ich zog mein Tagebuch hervor und begann zu schreiben, glücklich und zufrieden mit der Privatheit, die das Alleinreisen mit sich bringt, zumal inmitten einer Menge von Leuten, die alle in Gesellschaft waren.

Mit heftigem Schnauben setzte sich der Bus in Bewegung, und ich wickelte mir meinen *rebozo*, ein langes, handgewebtes Schultertuch, wie es Mexikanerinnen traditionell tragen, um Kopf und Schultern, während die kühle Morgenluft durch die ausgestellten Fenster des alten Busses blies. Der Busfahrer drehte Musik an, meine Sitznachbarn aßen noch immer Orangen, und die gleichmäßige Bewegung des Busses lullte mich in leichten Schlummer. Ein paar Stunden später hielt der Bus an einer Straße, die gesäumt war von strohgedeckten Gartenlokalen. Aus dem Dschungel dahinter ragten Bananenbäume und Palmen hoch zum Himmel. 40 Minuten Rast, verkündete der Fahrer, und alle Leute stiegen aus und verteilten sich auf die verschiedenen Lokale. Ich folgte dem Fahrer in das Café gleich vor dem Bus, stellte mich an die Theke, hinter der drei in Schürzen gekleidete Frauen große Kessel mit heißer Schokolade und Kaffee füllten und *mole*, Kekse mit Schokoladen- und Nussfüllung, zubereiteten. Ich bestellte Kaffee mit heißer Milch sowie ein paar Tamales. Während die Frau sich anschickte, meine Bestellung zu erledigen, kam eine meiner Mitreisenden auf mich zu.

»*Hola*«, sagte sie und blickte mir offen ins Gesicht. Sie war groß und hatte eine auffallend gerade Haltung. »Reisen Sie allein?«, fragte sie auf Spanisch.

»*Sí*«, sagte ich und nickte.

»Meine Schwägerin und ich sind auch allein unterwegs«, erzählte sie und winkte eine kleine, rundliche Frau herbei. Wie sich herausstellte, hießen beide Frauen Sylvia. Die erste nannte ich für mich Sylvia Eins – weil ich sie zuerst kennen gelernt hatte und weil sie sich gerade und aufrecht hielt wie eine Eins, gekrönt von einem dichten Lockenschopf. Sylvia Zwei hatte weichere Züge und war molliger – wie eine Zwei, die auf dem Boden sitzt.

Sylvia Eins bestritt die Unterhaltung, während Sylvia Zwei zuhörte, und das schien für die beiden typisch zu sein. Sie erzählte, sie kämen aus der Stadt Puebla und seien bereits zwölf Stunden mit Bussen unterwegs gewesen. Sie, Sylvia Eins, habe die Pilgerreise nach Juquila schon mehrmals gemacht.

Mit einem Händeschütteln stellte ich mich den beiden vor. Die Hand von Sylvia Eins fühlte sich kräftig und trocken an – obwohl sie mir die Hand auf Mexikanisch gab: kein festes Drücken, sondern nur ein weiches, sachtes Berühren. Der Händedruck von Sylvia Zwei war zaghafter.

Da kam mein Kaffee, und ich suchte mir einen Tisch. Ich genoss das Alleinsein, wollte weiter Tagebuch schreiben. Danach stellte ich mich in die Schlange vor den Bus, wartete, bis es ans Einsteigen ging, und nickte den beiden Sylvias freundlich zu. Sie nahmen ihre Plätze vorne im Bus ein, während ich mich wieder nach hinten verzog. Die Straße war sehr kurvenreich, so dass es etlichen Leuten hinten im Bus schlecht wurde und sie sich übergeben mussten. Die mitgenommenen Plastiktüten wurden immer wieder entleert und an andere Leidgeplagte weitergereicht. Unterdessen hörte ich Musik aus dem Walkman, Mercedes Sosa. So bekam ich wenigstens die Würgegeräusche nicht mit. Später erfuhr ich von Sylvia Eins, dass die Leute die Marter der Reiseübelkeit als Teil des Opfers ansehen, das sie der *Virgencita de Juquila* bringen. Sie für ihren Teil, so erklärte sie mir weiter, nehme schließlich auch das Opfer einer

34-stündigen Busfahrt nach Juquila auf sich, nur um knapp zwölf Stunden am Ort der Heiligen Jungfrau zu sein. Jeder Schritt, jede Phase sei Teil der Pilgerreise.

Auf früheren Reisen hatte ich vom Bus aus Wallfahrer gesehen, die den Weg zur Jungfrau von Guadalupe in Tepeyac zu Fuß gingen. Sie waren mitunter eine Woche lang unterwegs. Ich erlebte auch Pilger, die die Granitstufen hinauf zum Schrein der Jungfrau von Guadalupe auf Knien erklommen. Bei San Miguel de Allende besuchte ich eine Kirche, die für Selbstgeißelungszeremonien berühmt ist. In der Kirche befinden sich Statuen blutender Heiliger mit Riemenpeitschen in der Hand. Ein grauenerregender Anblick, wie ich finde. Meiner Ansicht nach achten wir unsere Körper nicht genug, dabei sind Selbstachtung und Lebensfreude doch durchaus gottgefällige Dinge. Warum drücken wir unsere Gottesfürchtigkeit nicht lieber in Gesang, Tanz und dem Bau prachtvoller Altare aus? Ich kann mir nicht vorstellen, dass es den Heiligen gefällt, wenn wir unsere von Gott geschaffenen Körper quälen.

Ich schickte ein stilles Stoßgebet zur Heiligen Jungfrau von Juquila: »Danke, dass mir nicht schlecht ist«, flüsterte ich, sinnierte über die Geheimnisse dieser Pilgerreise, und da ich den heimischen Traditionen ehrfürchtig begegnen wollte, fügte ich hinzu: »Und zeig mir, wie ich mich verhalten soll, okay?«

Langsam näherten wir uns Juquila. Vor und hinter uns krochen zahllose weitere Busse aus allen Teilen Mexikos über die winzige, anderthalbspurige Straße zur Stadt hinauf. Grelle Reklametafeln am Straßenrand wiesen auf Duschen und freie Zimmer. Wo ich auch hinsah, überall waren Scharen von Menschen. Wie sollte ich bei dem Massenandrang in dieser kleinen Stadt bloß ein Einzelzimmer finden, zumal alle in Gruppen zu reisen schienen?

Erleichtert stellte ich fest, dass Sylvia Eins und Zwei vor dem Bus auf mich warteten. Bei der Masse mexikanischer Pilgerreisender schmolz mein Bedürfnis nach Privatsphäre und Extrawürsten rasch dahin. Festen Schrittes ging Sylvia Eins voran, bahnte uns einen Weg durch die Menge, und ich war erleichtert, als ich mehrere Hotels erblickte. Das erste sah sehr groß und viel versprechend aus, doch es war bereits belegt. Ebenso das zweite und das dritte. Schließlich fanden wir ein freies Doppelzimmer. Die beiden Sylvias teilten sich ein Bett, ich nahm das andere. Eigentlich hatte ich vor auszupacken, mich dann allein auf den Weg zu machen und mich eventuell später wieder mit den beiden zum Abendessen zu treffen.

Inzwischen zog sich Sylvia Eins mitten im Zimmer um, streifte völlig ohne Scham ihre Kleider ab. Sie hatte eine sehr sportliche Figur – stramme Waden und kräftige Rückenmuskeln, die sich an ihrer geraden, fast militärisch aufrechten Wirbelsäule entlangzogen. Ihre wohlgeformten Brüste steckten prall in einem BH, und auch am Bauch hatte sie nichts als Muskeln. Sie legte ihre Jeans ab, schlüpfte in kurze Hosen, zog sich ein sauberes T-Shirt an, verkündete, dass wir nun als Erstes zur Kirche gingen, und steuerte mit herausgestrecktem Hintern zur Tür.

Ich zögerte einen Moment, doch ehe ich etwas erwidern konnte, sagte sie: »Fertig? Dann nichts wie los.« Sehnsüchtig sah ich auf mein Bett, wo ich eigentlich ein kleines Nickerchen machen und mich von der Busfahrt erholen wollte. Doch ich griff nach meinem Tagesrucksack und folgte den beiden aus der Tür, versuchte, mich an den Gedanken zu gewöhnen, dass aus meiner geplanten Solotour nun ein Gruppenausflug wurde. Das Zimmer zu teilen, war eine Sache, aber die ganze Pilgerreise in Gesellschaft zu unternehmen, hatte ich eigentlich nicht geplant. Ich reise nämlich gerne allein.

Ich liebe die Freiheit, nach Lust und Laune verweilen oder weitergehen zu können, meinem eigenen Rhythmus zu folgen, meine Neugier zu befriedigen, wann immer ich will, und neue Eindrücke ungestört aufzunehmen. Und genau das erschien mir an einem Wallfahrtsort, einem Ort der Wunder, besonders wichtig. Zudem schärft das Alleinreisen die Aufmerksamkeit, schafft innere Offenheit und Aufnahmebereitschaft. Wenn ich in Gesellschaft reise, konzentriere ich mich nur allzu oft auf die anderen oder opfere eigene Wünsche den Bedürfnissen der Gruppe. In Mexico City reiste ich in einer Gruppe nach Tepeyac, dem Ort der wundersamen Marienerscheinung der Jungfrau von Guadalupe. An der Wallfahrtsstätte ist der Umhang mit dem eingeprägten Abbild Marias zu sehen, der dem Azteken gehörte, dem die Heilige Jungfrau auf dem Hügel Tepeyac unter dem Namen *Virgen de Guadalupe* erschien. Mit meiner Reisegruppe stand ich länger vor diesem Umhang, als mir lieb war. Und anschließend, als wir auf den umliegenden Hügeln prächtige bronzefarbene Statuen besichtigten, die mich tief bewegten, hatte ich nur fünf Minuten und musste wieder zurück. Ich schwor mir daher, mich diesmal nicht drängen zu lassen – auch nicht von den beiden Sylvias.

Die Kirche war, verglichen mit den goldverzierten mexikanischen Kirchen, die ich bislang gesehen hatte, sehr schlicht. Es fehlten die zahlreichen Nischen für Heilige, Marienstatuen oder Reliquien, Knochen von Heiligen, die in lebensgroße Statuen eingefügt sind, die in Glassärgen ruhen. Sie hatte einfache weiß gekalkte Wände, Bankreihen bis zum Hauptschiff, in dem Berge von Blumensträußen lagen, die sämtlich aus orangefarbenen Paradiesvogelblumen gebunden waren und in weißen Hüllen steckten. Hoch oben an der vorderen Wand stand in einer kleinen gewölbten Nische die winzigste Marienstatue, die ich je in Mexiko gesehen hatte. Eigentlich glich sie weniger einer Statue als einer kleinen Indianerpuppe in einem besonders schmuckvollen Gewand, auf dem Kopf eine leuchtend gelbe Krone mit einem blauen Kreuz. Gebannt starrte ich hinauf. Auch die Einheimischen rings um mich starrten mit ehrfurchtsvollen Blicken nach oben zur *Virgen de Juquila*, murmelten inbrünstig Gebete und bekreuzigten sich. Neben mir stand Sylvia Zwei.

Sylvia Eins war im Mittelgang auf den Boden gesunken und rutschte auf blanken Knien bis nach vorn, starrte auf das Bildnis der Jungfrau von Juquila, hielt ihr Kreuz in Händen, das an der Stelle, wo Längs- und Querholz aufeinander trafen, einen Kreis aufwies. Selbst auf Knien rutschend, hielt sie ihren Rücken aufrecht und gerade, ihre Miene unverwandt und ernst, aber ohne Qual. Die große Mehrheit der Pilger aber stand.

Alle hatten Kerzen gekauft, die an den Ständen vor der Kirche feilgeboten wurden, neben Rosenkränzen und Marienbildnissen, die von roten oder gelben Weihnachtsbirnen erleuchtet wurden und bedeckt von Glitzergold leuchteten und funkelten. Eine kleine Tür neben dem Altar führte zu einem verrußten Raum. Hunderte von Kerzen standen dicht an dicht auf drei Granittafeln, die Flammen züngelten hoch hinauf, der Heiligen Jungfrau entgegen. Sylvia Eins, deren Knie inzwischen feuerrot waren, da sie bis zum Altar gerutscht war, deutete auf eine freie Stelle für unsere Kerzen. *La Virgencita* schien winzig klein neben der augenscheinlichen Größe und Schwere der Bittgesuche. Ich versuchte, mich in diesem Raum voller Kerzen ins Gebet zu versenken, meine innige Bitte leise vorzutragen, aber es ging nicht. Ich hatte erwartet, dass mich dieser Ort, an den schon so viele gepilgert waren, tief bewegen würde; aber jetzt bewegte mich nichts als distanzierte Neugierde.

Inzwischen hatten sich neue Massen von Bittstellern in den erhellten Raum gedrängt. Ich sah mich nach den beiden Sylvias um, konnte sie aber nirgendwo entdecken. Also steuerte ich auf den nächsten Ausgang zu und suchte die ganze Kirche ab. Nichts. Ich ging wieder zurück in den kleinen Raum neben dem Hauptaltar, war sicher, sie dort mit flehend erhobenem Blick vor der Heiligen

Jungfrau zu finden. Vergebens. Und auch entlang der Gänge, wo Souvenirverkäufer Fotos der Heiligen Jungfrau sowie Erdnüsse, Tacos und Eis verkauften, konnte ich sie nicht erspähen. Sie waren wie vom Erdboden verschluckt.

So beschloss ich, zurück auf unser Zimmer zu gehen, mein Nickerchen zu machen und bis zur Abendessenszeit auf sie zu warten. Aber unglücklicherweise hatte Sylvia Eins den Schlüssel. Wer auch sonst. Hätten wir eine Karte dabeigehabt, dann hätte sie die selbstverständlich ebenfalls bei sich gehabt, dachte ich etwas missmutig. Gut, dann würde ich eben an der Rezeption um einen zweiten Schlüssel bitten. Vielleicht waren die beiden ja auch auf dem Zimmer. Waren sie aber nicht, wie ich vom Mann an der Rezeption erfuhr, den ich nach einem zweiten Schlüssel fragte. »Nein«, sagte er trocken. »Es gibt für dieses Zimmer nur einen Schlüssel, und den hat ihre Freundin.«

»Aber was ist mit dem Zentralschlüssel«, beharrte ich, als wäre ich hier im *Holiday Inn*. Aber er sah mich nur an und schüttelte den Kopf. »Es gibt keinen Schlüssel«, wiederholte er und zuckte die Achseln. Ich ging die Treppe hinauf zu unserem Zimmer, setzte mich auf die oberen beiden Stufen, wartete, versuchte, nicht daran zu denken, wie gerne ich jetzt auf meinem Bett liegen würde. Ich kramte mein Tagebuch heraus und starrte auf eine leere Seite. Schließlich gab ich auf, ging zurück zur Kirche, hoffte, dass ich durchhalten würde.

Am oberen Ende der Straße standen sie, die beiden Sylvias. Kaum hatte sie mich erspäht, marschierte Sylvia Eins auf mich zu, das Kreuz noch immer in den Händen. »Wir haben dich gesucht«, sagte sie streng.

»Ihr habt mich gesucht?«, fragte ich etwas verärgert. »Ich habe überall nach euch Ausschau gehalten. Ich habe sogar am Zimmer auf euch gewartet. Wo wart ihr denn?«

Sylvia Eins ignorierte meine Einwände, schüttelte nur missbilligend den Kopf. »Du musst besser dabeibleiben«, sagte sie. Sylvia Zwei, hinter ihrer Schwägerin, wirkte müde und fragte sich bestimmt, warum Sylvia Eins bloß darauf bestanden hatte, mich ins Schlepptau zu nehmen. Aber vielleicht war es ihr auch gar nicht so Unrecht, da somit die strenge Aufmerksamkeit ihrer Schwägerin nicht ausschließlich auf sie gerichtet war. Als Sylvia Eins mit ihrer Standpauke fertig war, trat sie auf die Straße, winkte ein Taxi herbei und trieb uns einzusteigen.

Mir war nicht ganz klar, wohin es ging, denn das Taxi fuhr aus der Stadt hinaus, über sanfte Hügel und Berge. Als der Wagen gefährlich nahe an den Rand eines ausgezackten Gefälles geriet, das ein Hurrikan verursacht hatte, der unlängst in der Gegend gewütet hatte, blieb mir fast das Herz stehen. Sylvia Eins erzählte von ihrer Familie, ihrer Beziehung zu Sylvia Zwei und davon, wie ihre erste Pilgerreise zur Jungfrau von Juquila drei Jahre zuvor der ganzen Familie Segen gebracht hätte. Ich verstand nur die Hälfte, aber das Wesentliche bekam ich mit. Sie saß neben mir auf dem Rücksitz, beugte sich über das Kreuz auf ihrem Schoß zu mir, so dass ich ihr Gesicht praktisch direkt vor der Nase hatte, und sagte: »Okay, hast du verstanden, was ich gesagt habe? Dann wiederhole es bitte ganz genau.«

Ich war sprachlos, musste vor dieser Herausforderung kapitulieren, die sowohl mein Gedächtnis als auch meine Spanischkenntnisse überforderte. Die Mexikaner, die ich bislang getroffen hatte, waren alle unendlich geduldig mit meinem holprigen Spanisch und immer höflich. Oft bedauerte ich, dass sie meine Aussprache und Grammatik nicht verbesserten, denn ich hatte das Gefühl, dass ich schneller lernen würde, wenn sie strenger wären. Trotzdem – jetzt war ich nur müde, schwitzte, hatte Hunger und war unterwegs zu einem unbekannten Ziel. Ich überlegte, ob ich Sylvia Eins nicht einfach klar machen sollte, dass ich noch nie einen Spanischkurs gemacht hatte und sie deshalb etwas nachsichtiger mit mir sein solle. Doch dann sagte ich mir, dass Pilgerreisen nicht zuletzt auch dazu dienen, die Menschen und Dinge zu nehmen, wie sie sind, und in allem, so gut es geht, einen Sinn zu suchen. Sylvia Zwei saß still und selig auf dem Vordersitz. Ich probierte, es ihr nachzutun und mich in Gelassenheit zu üben. Vorsichtig erklärte ich Sylvia Eins, dass ich glaubte, den größten Teil ihrer Worte verstanden zu haben, ansonsten hätte ich mich schon gemeldet. Doch sie sah mich nur ernst an. Ihr Mann müsste ein äußerst tapferer Zeitgenosse sein, um einem solch forschenden Blick standhalten zu können, dachte ich bei mir.

Das Taxi setzte uns am Ende einer breiten, ausgefahrenen und staubigen Straße ab, die hinauf in die Berge führte. Sylvia Eins erklärte mir langsam und deutlich, dass ein Teil unseres Opfers darin bestehe, den Gipfel des Berges zu erklimmen. Also schön, sagte ich mir, körperliche Ertüchtigung soll ja gut gegen Müdigkeit sein. 20 Minuten später waren wir am Gipfel des Pedimento angelangt, des Berges der Bitten. Hier, in den hohen, sanften Bergen, soll die Heilige Jungfrau von Juquila zum ersten Mal erschienen sein. Genau hier, so erzählte mir Sylvia Eins, hätten die Menschen ihr damals ihre Bitten vorgetragen. »Und wenn deine Bitten erhört werden«, fuhr sie fort, »dann musst du binnen eines Jahres wiederkommen, um der Jungfrau für dein Wunder zu danken.« Und deshalb trug sie ihr Kreuz, in das eine Danksagung sowie der Name ihrer Familie geritzt war. Und tatsächlich, vor uns auf den Hügeln waren Tausende von Kreuzen zu sehen.

Ich ging zu einem Straßenverkäufer, der *milagros* verkaufte, metallene Gebetsamulette. Sie waren verziert mit den unterschiedlichsten Motiven: Körperteilen wie Händen, Augen, Ohren, Bäuchen, Armen, Füßen, Brüsten und Lungen; kleinen Jungen und Mädchen; Kühen, Hunden, Hühnern, Eseln, Mais und Bohnen.

Doch es gab nicht nur diese Symbole für Bitten um Gesundheit und reiche Ernte, sondern auch *milagros* mit Autos und Häusern sowie bündelweise Spielgeld, das einem Reichtum bescheren sollte. Mein Blick wanderte über die Auslage vor mir. Ganz unten am Rand entdeckte ich ein *milagro* aus drei messingfarbenen Miniaturbüchern mit winzigen eingeätzten Borten, sie sahen aus, als stünden sie nebeneinander auf einem Regal. Bücher hatten dafür gesorgt, dass ich noch an Wunder glauben konnte, die vielen Geschichten von außergewöhnlichen Ereignissen, die über die Grenzen von Kulturen und Zeiten führten, die mich durch tiefste Verzweiflung begleiteten und mir dann ein Licht ins Dunkel brachten. Ich zahlte drei Pesos für dieses *milagro* und stellte mich hinter die beiden Sylvias in die lange Schlange der Pilger.

Langsam schoben wir uns voran in Richtung zweier steinerner Stauten, die von langen Reihen Kerzen beleuchtet waren. Die größere Statue war aus rötlich getöntem Granit gehauen; die kleinere war schwarz. Beide stellten sie die Jungfrau von Juquila dar, doch ihre Gesichter waren ausgeprägter als das der Figur in der Kirche. Die Augen waren weit geöffnet und blickten uns direkt entgegen, als wir näher kamen. Ihre Körper waren irden und lebensecht. Hunderte von *milagros* baumelten an roten Fäden an ihr herunter, dazwischen vereinzelt Geldscheine, echte und unechte, kleine Zettel mit dringenden Fürbitten neben Fotografien von Kindern und Erwachsenen. Sylvia Eins sagte, ich könne mein *milagro* segnen lassen, indem ich es vor die Statuen hielt wie die Frau vor uns. Und falls meine Bitte erhört würde, dann könne ich der Jungfrau von Juquila mein *milagro* das nächste Mal als Opfergabe bringen. Die Leute vor mir murmelten Gebete, und ich beobachtete sie, wie sie vor den Statuen standen und der Heiligen Jungfrau in die Augen sahen.

Dann war ich an der Reihe. Ich trat vor die beiden Statuen, und sofort hatte ich alles um mich vergessen – die Menschen, die hinter mir warteten, die betende Frau neben mir, die Gegenwart der beiden Sylvias. Es war, als würde ich in einen Strudel gesogen, wo so mächtige Kräfte strömten, dass alle Gedanken erloschen. Es pulsierte nur noch unendliche Güte. Ich schloss die Augen und schöpfte aus meinem tiefsten Innern Atem. Ich fühlte die lebendige Kraft der aufragenden Berge, das fruchtbare Land, das sich ringsum erstreckte. Das Blut summte in meinen Ohren, und das Dunkel hinter meinen Lidern war golden wie eine Mischung aus Sonne und Erde. Ich wurde ursprünglich, beständig, ein Teil dieser Berge. Ganz nahe am Herzen, tief innen neben meinem Rückgrat, fühlte ich eine Woge wie aufwallendes Wasser, Wasser, das aus der Mitte meines Kreuzbeins emporsprudelte, ich spürte den flüssigen Strom meines Geistes. Das Blau des Himmels war vollkommen, flößte mir Mut und Zuversicht ein, direkt durch den Mund, schmeckte wie eine seltene Frucht, die mir reif und saftig durch die Kehle glitt und von meinem Bauch weiter in alle Organe wanderte.

Ich machte die Augen auf, und mein Blick fiel auf die kleinere, dunklere Statue. »Oh, danke, *gracias*«, sagte ich und hielt mein *milagro* an seinem roten Faden dicht an ihren Bauch. Durch meine Finger floss kribbelnde Energie, wie eine winzige elektrische Segnung.

Ich trat zur Seite, während eine junge Frau in knappem Oberteil und Jeans nachrückte. Die Sonne neigte sich am Horizont, warf lange Schatten auf die Berge, und die Menschenmenge wurde kleiner. Erneut waren die beiden Sylvias verschwunden. Völlig entspannt folgte ich einer Familie hinter die Schreine. Und da sah ich Sylvia Eins etwas weiter unten am Hang stehen, von wo aus sie mir aus einem Meer von Kreuzen und Blumen zuwinkte. Obwohl sie mich ein bisschen an einen Offizier erinnerte, freute ich mich, sie zu sehen. Unter so vielen Familien schien es ganz selbstverständlich, mit den beiden Sylvias zusammen zu sein anstatt allein.

Sylvia Zwei hatte ihr Kreuz an einen Baum gelehnt, wo es sich in Legionen von *milagros* reihte. Sie hockte in einer Höhle und kratzte mit einem Plastiklöffel lehmigen Putz von den Wänden. Um die Höhle zu betreten, musste ich mich bücken. Sylvia Eins folgte mir, reichte mir ebenfalls einen Plastiklöffel, und wir füllten eine halbe Plastiktüte mit staubiger Erde. Danach kippte Sylvia Eins Wasser aus einer Flasche dazu und verrührte alles mit den Fingern. Ringsum werkelten Kinder, Großmütter, Teenager und Pärchen mit der staubigen Erde und beteten. Manche formten Figuren mit Gebeten um Gesundheit darauf, andere gestalteten Herzen, erflehten sich damit Liebe und Harmonie. Am häufigsten aber wurden runde Scheiben geformt, etwa in der Größe von Tortillas, in die dann Häuser und Lastwagen, Tiere und Menschen geritzt wurden. Sodann wurden die Scheiben außerhalb des Schreins an die Wand gehängt.

Sylvia Zwei fertigte ein Auto mit Rädern aus Plastikdeckeln von den Wasserflaschen. Ich modellierte ein Herz und ritzte ein Buch hinein. *Esperar* ritzte ich mit einem Stöckchen in den Ton, »hoffen«, denn Hoffnung wünschte ich mir für meinen weiteren Weg. Alle waren fröhlich, lachten, spielten mit der Erde. Ich sah zwei kleinen Mädchen zu, die einträchtig Hand in Hand vorbeispazierten. Keiner schien betrübt – ein Kindergarten der Generationen, der jeden einlädt, seine Gebete und Träume in Ton zu fassen.

Auf dem Weg den Hang hinab kaufte Sylvia Eins kleine Holzstecken, die süßlich harzig rochen. Sie schenkte mir einen als *recuerdo*, als Erinnerung an meinen Besuch. Dann fuhren wir im Taxi zurück in die Stadt. Eigentlich freute ich mich nun auf etwas zu essen und einen gemütlichen Abend, doch Sylvia Eins hatte natürlich wieder andere Pläne. Sie dirigierte uns zu einer weiteren Menschenschlange, die an der Seite um die Kirche herumging.

Als die Sonne den spätnachmittäglichen Himmel erst orangerot und dann hellrosa färbte, stillten Mütter ihre Babys und Kleinkinder, zurrten danach ihre *rebozos* wieder fest, in denen sie die Kleinen warm und geborgen an ihren Körpern wiegten. Väter trugen die älteren Kinder auf den Schultern oder hielten sie an der Hand, während die Schlange sich weiter in die zunehmende Dunkelheit schob. Es ging eine Treppe hinauf, in einen Raum hinter der Kirche, hinter dem Altar. Sylvia Eins erzählte mir, dass die Kirche vor zweihundert Jahren bis auf die Grundmauern niedergebrannt sei, bis auf das Abbild der *Virgen de Juquila*, die man völlig unversehrt im Schutt gefunden habe. Nacheinander berührten wir die Scheibe, hinter dem das puppengleiche Abbild der Madonna stand. Als meine Hand das kühle Glas spürte, musste ich daran denken, wie ich kurz zuvor auf dem Berg in die weit geöffneten Augen der Jungfrau geblickt hatte. Und ich fragte mich, ob die Kirche vielleicht deshalb niedergebrannt war, weil die Heilige Jungfrau lieber draußen in der freien Natur sein wollte.

Anschließend schleifte Sylvia Eins uns zurück zu den Ständen, wo es kleine Plastikkrüge zu kaufen gab, die wir mit Weihwasser und gesegnetem Öl füllten, das es kostenlos im hinteren Teil der Kirche gab. »Wenn du krank bist, dann nimmst du etwas von dem Öl und trinkst einen Schluck von dem Wasser«, sagte Sylvia Eins, gestikulierte dabei mit der Hand, als schütte sie ein wenig hinein, und rieb sich dann über Bauch und Hals. Die Hände voll mit kleinen Krügen, Blumen und Bildnissen der Jungfrau von Juquila, ging Sylvia Eins voran zum Hotel und führte uns anschließend in das Restaurant, das sie von ihren letzten Besuchen hier kannte. Dort aßen wir Hühnchen mit Schokoladensoße. Ich war erschöpft, nicht nur von dem Tempo, das Sylvia Eins den ganzen Tag lang vorgelegt hatte, sondern auch, weil sie andauernd mein Spanisch verbesserte. »Ich wette, wenn du Kinder hättest, würdest du sie ständig antreiben, die hätten ja keine ruhige Sekunde«, bemerkte ich beim Abendessen, woraufhin Sylvia Zwei kicherte und beifällig nickte. »Sie ist immer so«, fügte sie hinzu, und wir mussten alle lachen, während Sylvia Eins sich noch gerader im Stuhl aufrichtete.

Am späten Abend dann, als ich mich gerade auf meinen lang ersehnten Schlaf freuen wollte, teilte mir Sylvia Eins mit, dass wir am nächsten Morgen die Messe besuchen würden, bevor dann jeder in seinen Bus stieg. Nachdem ich Wort für Wort deutlich wiederholt hatte, war ich sicher, dass wir um sechs Uhr aufstehen wollten – *levantarse* –, weil um sieben die Messe begann. Und so fiel ich aus allen Wolken, als der Wecker von Sylvia Eins bereits um vier Uhr früh rasselte und mir eine Minute später das Licht von der Decke direkt in die Augen funzelte.

»*Qué pasa?*«, fragte ich brummig.

»Zeit aufzustehen. Messe«, erklärte sie fröhlich.

»Aber es ist doch erst vier Uhr früh!«

»Die Messe beginnt um fünf«, antwortete sie mit fester Stimme.

»Aber du hast doch gesagt, sie sei um sieben«, protestierte ich, ergab mich aber sogleich, als sie sich mit dunklen, befehlenden Augen über mich beugte.

»Du kannst zuerst ins Bad«, sagte ich höflich.

Wir waren die Ersten, die an der dunklen, verschlossenen Kirche eintrafen. Mit starrem Blick sah ich zu Sylvia Eins, die dieses Mal eine dicke, über einen Meter hohe Kerze trug. Zehn Minuten später wurden die mächtigen Holztüren aufgesperrt, und bis um halb sechs war die Kirche derart überfüllt, dass Hunderte von Leuten die Messe draußen über Lautsprecher verfolgen mussten.

Ich verstand kein Wort von dem, was gesagt wurde, zumal der Lautsprecher die auf Spanisch gemurmelten Gebete noch verzerrte. Es gab drei verschiedene Arten, sich zu bekreuzigen: die reduzierte Version, bei der nur das Gesicht berührt wurde, und eine ausführlichere, die die Schultern mit einschloss. Zum Abschluss des Kreuzzeichens küsste man dann die Daumenspitzen. Da ich nicht katholisch aufgewachsen war, hatte ich mein eigenes Kreuzzeichen erfunden, stieß mit den Fingern leicht auf Gesicht und Schulter und führte am Ende den Daumen an die Lippen – so wollte ich mich unauffällig in die Schar der Gottesfürchtigeren einfügen.

Sylvia Eins jedoch bemerkte meine verwischte Handbewegung aus dem Augenwinkel, starrte mich entgeistert und missbilligend an. Ich lächelte nur, zuckte die Schultern und bekannte, keine Katholikin zu sein: *»No soy católica.«* Mit strengen Blicken klemmte sie ihren Daumen zwischen Zeige- und Mittelfinger, hob ihn entschlossen hoch und forderte mich energisch auf, es ihr nachzutun. Mehrere Male machte sie mir vor, wie das Kreuzzeichen richtig geht, und beobachtete mich mit Argusaugen, damit ich auch ja keinen Fehler machte. Gelang mir das Kreuzzeichen, nickte sie kräftig. Doch unter ihrer strengen Aufsicht führte ich die Finger auch oft falsch, und sie wies mich wieder von neuem an. Sie ließ mich sogar noch zwei Extrakreuzzeichen machen, als die Messe schon vorüber war, nur um sicherzugehen, dass ich es richtig gelernt hatte.

Ich atmete erleichtert auf, als ich in den Bus Richtung Küste stieg, und winkte den beiden Sylvias zum Abschied zu. Nach etwa einer Stunde Fahrt hatte der Bus eine Panne, so dass wir stundenlang der glühenden Hitze ausgesetzt waren. Ich nutzte die Zeit, um der Jungfrau von Juquila ein Dankgebet zu sprechen, weil sie mich aus meiner Einsamkeit befreit und mir die beiden Sylvias zur Seite gestellt hatte, ohne die ich den Berg Pedimento nicht gesehen und die Nacht womöglich auf der Straße verbracht hätte. Und wenn ich – so betete ich weiter – um ihrer Gnade willen dieses Opfer bringen und in der heißen Mittagssonne ausharren müsse, dann wolle ich mich dieser Vorsehung gerne beugen. Vor allem aber hoffte ich, eines Tages wieder an diesen Ort zurückzukehren, um ihr zu danken. Und dann würde ich mein *milagro* an seinem roten Faden neben all die anderen an den Bauch der Madonnenstatue hängen.

Türkischer Honig

MARGARET MCCONNELL • TÜRKEI

Beim Reisen ändert man mitunter seine Meinung – nicht nur in Bezug auf die Reiseroute, sondern oft über ein ganzes Land. Jahrelang habe ich immer wieder gehört, dass die Türkei ein gefährliches Reiseland sei, insbesondere für Frauen. Und keine Frau, die ich kenne, hat überhaupt in Erwägung gezogen, allein dorthin zu reisen. Klar habe ich mich mit derlei Warnungen auseinander gesetzt, habe sie auch ernst genommen, aber mit der Zeit bekam ich meine Zweifel. Ich begann, meine Meinung über die Türkei zu ändern, und das sollte der Beginn einer großen Liebe werden.

Ich reiste nach Istanbul. Allein. Und bis ich ankam, hatten sich trotz aller Schauergeschichten auch meine allerletzten Bedenken zerstreut, so dass ich die zahllosen Sehenswürdigkeiten, Gerüche und Eindrücke völlig unbefangen in mich aufnehmen konnte. Ich durchquerte den kleinen, rauchigen Flughafen, der so ganz anders war als alle anderen, die ich kannte. Keine endlosen Ladenreihen mit Urlaubsartikeln wie Sonnenbrillen, Sonnencremes und billigen Taschenbüchern, wie ich sie sonst kannte, stattdessen Kioske, die Gewürze feilboten, Sesamgebäck und Amulette, um böse Geister abzuwehren. Der westliche Kleidungsstil schien vorzuherrschen, doch die Mode glich eher der von vorgestern – schwarze Anzüge in gerader Schnittform der fünfziger Jahre. Arbeiter trugen kurzärmelige Kragenhemden, dazu etwas steif wirkende Hosen und landestypische Sandalen. Hie und da entdeckte ich zwar Leute, die traditioneller gekleidet waren und fließende Gewänder trugen, doch sie schienen ausländische Touristen zu sein, so wie ich.

Ich ging hinaus, wo mich die Wärme der mittäglichen Sonne begrüßte. Für den Anfang hatte ich mich mit ein paar türkischen Vokabeln bewaffnet: *merhaba* (Guten Tag) und *teşekkür ederim* (Danke). Und die brachte ich auch gleich an. Nach einem türkischen »Hallo« streckte ich einem Taxifahrer den Zettel mit Namen und Adresse meines Hotels hin und bedankte mich, als er mein Gepäck in den Kofferraum warf. Mit einem anerkennenden Lächeln nickte er mir zu. Die erste Herausforderung hatte ich gemeistert und lehnte mich entspannt zurück, um die Fahrt und die warme Brise, die durch die offenen Fenster des Taxis wehte, zu genießen.

Auf meinen früheren Reisen durch Westeuropa hatte ich des Öfteren davon gesprochen, eines Tages die Türkei bereisen zu wollen. Und von allen Seiten hatte ich nur Warnungen wegen der »Gefahren« in diesem Land gehört – von Raubüberfällen über Entführungen bis hin zu Menschenhandel. Mit der Zeit aber gelangte ich zu der Überzeugung, dass sich bei solchen Unkenrufen vieles vermischte: Angst vor dem Unbekannten, Orient-Express-Romantik und leider auch ein Hauch von Rassismus. Ich vertraute darauf, dass mein in der Großstadt geschulter Instinkt mich schon vor den Gefahren dieses neuen Abenteuers beschützen würden. Meine Zuversicht wurde allerdings auch gleich auf die Probe gestellt.

Die Taxifahrt führte scheinbar endlos über eine einsame Autobahn, obwohl in meinem Reiseführer nichts von einer langen Fahrstrecke zwischen Flughafen und Innenstadt stand. Die Zeit verging, kleine, wellige Hügel zogen vorbei, aber keine Metropole erschien am Horizont. Sollte meine vom Schicksal verhängte Entführung etwa schon begonnen haben? So schnell? Und so gezielt? Oder war dies nur die zwar teurere, dafür aber landschaftlich schönere Touristenstrecke? Ich beschloss, mich im Hotel über die Route zu informieren, bevor ich das Taxi bezahlte. (Das machte ich dann auch. Dass ich es wagte, seine Berufsehre in Zweifel zu ziehen, kränkte den Taxifahrer derart, dass ich beschloss, meine Großstadtantennen in Zukunft etwas einzufahren.)

Natürlich erschienen nach einer Weile die Umrisse der Stadt – eine Postkartenidylle, ein Meer aus stolzen Kuppelgebäuden und Minaretten, die schräg zum funkelnden Bosporus hin abfielen. Trotzdem wirkten die Straßen gar nicht mal so fremd. Zuerst ging es durch ein neueres Stadtviertel, das nicht anders aussah als andere europäische Großstadtviertel, Wohnblocks mit Geschäften im Erdgeschoss. In der Mitte der Straße fuhr eine moderne Straßenbahn. Unmittelbar links neben mir ging ein Mann mit einem kleinen Jungen und einem großen, schwarzen Bären auf dem Gehsteig. Das war dann doch etwas ungewöhnlich ...

Dann schlängelte sich die Straße langsam hinein in den nächsten Stadtteil, wurde enger und kurviger, bis ich irgendwann merkte, dass wir mittendrin waren in dem Meer aus Kuppelgebäuden und Minaretten. Wie sich herausstellte, lag mein Hotel gegenüber der Hagia Sofia in einer engen Gasse. Von meinem Zimmer aus hatte ich einen direkten Blick auf die terrakottafarbenen Mauern der einstigen byzantinischen Kirche, die später zur Moschee und dann zum Museum umfunktioniert wurde. Ich setzte mich in den Hof des Hotels, lauschte dem Gebetsruf des Imam, der über Hunderte von Lautsprechern durch die ganze Stadt tönte. Dazu schallte Jim Morrisons *Texas Radio* aus den Hotellautsprechern: »*Listen to this and I'll tell you about the heartache – I'll tell you about the heartache and the loss of God.*« Ich saß da, hörte zu, war zufrieden mit mir und der Welt – endlich war ich angekommen.

Ich war begeistert von Istanbul. Mit der Besichtigung von Moscheen, Museen und Palästen ließen sich ganze Tage füllen. Ich konnte gar nicht genug bekommen von diesen Sehenswürdigkeiten, versenkte mich in die Geschichte der Stadt. Aber es waren eher die kleinen, intimen Facetten der Kultur, die meinem Bild von der Stadt Farbe gaben. Jeden Morgen kaufte ich mir beim Straßenhändler eine Gurke, die er mir schälte, salzte und auf einen Stiel steckte. Sonst verkaufte er nichts, bloß Gurken. Ich beobachtete ein junges türkisches Pärchen, das Urlaubsfotos machte, ihr kleiner Sohn posierte im steifen, schwarzen Anzug stolz vor der Blauen Moschee.

Ich liebte die Basare, auf denen es immer etwas zu erleben gab. Wer mit allzu romantischen Vorstellungen nach Istanbul kommt, mag von den Basaren entsetzt sein, denn es werden mehr Goldwaren, Pelze und T-Shirts verkauft als traditionelle Produkte.

Doch auf dem Misr-Basar, dem Lebensmittelmarkt, erwachten all meine Sinne. Die Gewürzstände mit ihren offenen, duftenden Fässern waren ein Genuss für Augen und Nase. Die Läden waren klein und dunkel, sie boten eine geradezu märchenhafte Vielfalt an Pulvern – Vorrat für ein ganzes Leben. Sogar von den Decken hingen Gewürzsäcke, einer neben dem anderen. Es gab Gewürze in allen Farben und Formen – Kurkuma, Cayennepfeffer, Paprikapulver und Safran türmten sich zu kleinen, spitzen Bergen. Am liebsten wäre ich in die Fässer getaucht und durch das wundervolle Meer aus Farben geschwommen. In anderen Läden gab es Türkischen Honig in allen möglichen Pastellfarben und Geschmacksrichtungen.

Auch die Teppichgeschäfte waren ein Erlebnis. Ernsthafte Interessenten wie Schaulustige waren hier gleichermaßen willkommen und konnten bei einem Glas Tee zusehen, wie die Händler ihre Teppiche wie Pizzateig in die Luft wirbeln und elegant wieder auf ordentliche Haufen sinken lassen. Das verführt selbst Touristen, die »nur zum Spaß« vorbeischauen, zum Kauf. Die Händler wissen das, und so wird der Besuch im Teppichgeschäft für alle zu einem geselligen Nachmittag in einer süß nach Tee duftenden Atmosphäre, voller verlockender Kaufangebote und türkischer Gastfreundschaft.

Im Laufe der Tage traf ich auf andere Frauen, die allein in Istanbul unterwegs waren. Sogar in meinem Hotel lernte ich zwei Frauen kennen, die allein reisten. Wir verbrachten ein paar Abende zusammen, besuchten sogar ein traditionelles türkisches Wasserpfeifen-Café. Sophia war Amerikanerin und genoss es, wenn sie mit ihrem auffälligen Äußeren die Blicke auf sich zog. Sie spazierte in kurzen Hosen und ärmellosem T-Shirt durch die Altstadt, wo sie eine traditionell männliche, türkische Kopfbedeckung kaufte und sie sich auf den kurzhaarigen, schwarzen Lockenschopf setzte. Sie war überzeugt, dass sie mit ihrem burschikosen Aussehen die Männer abschrecken würde. Chifon dagegen, eine Australierin schwedischer Herkunft, war groß mit femininer Figur und langem braunen Haar. Sie trug einen Overall, der keine nackte Haut zeigte, wurde trotz ihres eher konservativen Erscheinungsbildes ständig angegrabscht, was für mich eine völlig neue Erfahrung war. Mein Aussehen lag irgendwo dazwischen; ich trug Kleider, die meine Arme und Beine bedeckten, doch alles in allem wirkte ich wie Sophia eher jungenhaft. Und so war die Aufmerksamkeit, die mir gelegentlich zuteil wurde, nicht unangenehm. Hin und wieder hörte ich Bemerkungen wie »Suchen Sie mich?« oder »Warum sind Sie so schön? Sind Sie vielleicht Französin?«

Als wir das Wasserpfeifen-Café betraten, waren wir die Attraktion unter den vorwiegend männlichen Gästen. Man wies uns einen Tisch zu, und sofort hatten wir Gesellschaft von drei jungen Türken. Soweit ich verstand, gaben sie sich als Touristenführer aus, vielleicht wollten sie uns auch unter ihre Fittiche nehmen und waren sogleich dabei, uns bei der Bestellung von Huka, Tabak und Tee zu helfen. »Sie sind bestimmt Nichtraucherin«, meinte einer der Männer zu mir. Doch die seltene Gelegenheit, in einer durch und durch männlichen Domäne zu sitzen, wo Politik gemacht und philosophiert wurde, war es mir wert, das Rauchen einmal zu probieren.

Chifon schien ihre Zeit in Istanbul zu genießen und nahm die männliche Aufmerksamkeit gelassen; und Sophia trotzte der dezenten Anmache keck auf ihre Art. Und so war ich überrascht zu erfahren, dass sich keine der beiden das Land außerhalb der Stadt ansehen wollte, und zwar nicht, weil ihre Reisepläne dazu keine Zeit ließen, sondern weil sie es für gefährlich hielten. Ich aber wollte unbedingt noch mehr von diesem Land sehen.

Zwei Jahre zuvor hatte ich mir einen Türkei-Kalender gekauft und in meinem Arbeitszimmer aufgehängt. So sickerten die Bilder durch das Jahr langsam in mein Unterbewusstsein und setzten sich dort fest. Jeden Monat erschien eine neue atemberaubende Sehenswürdigkeit. Dreißig Tage lang hatte ich das Bild der wuchtigen Steinstatuen von Nemrut Dagi vor Augen, im nächsten Monat kam das türkisblaue Meer, so klar und leuchtend, dass es den vielen paradiesischen Orten, die ich bisher gesehen hatte, in nichts nachstand. Im nächsten Monat faszinierte die Architektur des griechischen, römischen und osmanischen Reichs die Hobbyhistorikerin in mir, und dann kam wieder Natur – Pamukkale, jene weißen Terrassen, über die sich märchenhaft ein Wasserfall ergießt. Ich ahnte nicht, dass ich eines Tages tatsächlich dort sein und einen wund gelaufenen Zeh darin baden würde, während sich die Sonne langsam senkte und die Leuchtkraft dieser Schattierungen von Himmelblau besonders hervorhob. Ich wendete ein Kalenderblatt nach dem anderen, bestaunte immer wieder neue Bilder wie etwa Kappadokien mit seiner Tuffsteinlandschaft und den berühmten Höhlenkirchen.

Ein Jahr ist eine lange Zeit. Zeit genug, über ein Land nachzudenken. Und schließlich beschloss ich, mich hineinzuwagen in dieses Land, denn die wunderschönen Bilder sollten lebendig werden.

Nun war ich da. Von Istanbul aus reiste ich weiter landeinwärts. Überall begegneten mir die Menschen mit geradezu entwaffnender

Herzlichkeit. Viele wollten mit mir plaudern – um ihr Englisch zu üben, wie sie sagten –, und ich durfte zwei Hochzeiten miterleben. Da die Menschen in entlegeneren Dörfern selten Kameras besitzen, baten mich viele, Fotos von ihren Familien zu machen. Anschließend schrieben sie mir fein säuberlich ihre Adressen auf mit der Bitte, ihnen für den Kaminsims Abzüge zu schicken. Eine Frau kam mit einem neugeborenen Lamm herbei, das sie stolz in die Kamera hielt. Drei kleine Mädchen, etwa acht Jahre alt, baten um ein Foto und streckten drei Finger in die Luft, damit ich auch ja nicht vergaß, jedem von ihnen Abzüge zu schicken. Auf dem schattigen Weg zur römischen Bibliothek in Ephesus folgte mir eine Schar ausgelassener Kinder. »*Hello! Hello!* Woher kommen Sie?« Wo ich auch war, immer wurde ich auf einen Tee eingeladen.

Tee ist das Fundament des sozialen Lebens in der Türkei. Abgesehen von den zahllosen Cafés, wo man bei einem Gläschen Tee verweilen kann, gibt es an jeder Ecke fliegende Teeverkäufer. Und sollte mal keiner greifbar sein, genügt ein kurzer Telefonanruf, und schon ist einer zur Stelle – so wie ich es bei einem Besuch in einem menschenleeren Museum erlebte. Der Museumskurator folgte mir auf Schritt und Tritt, führte mich in einem kleinen, privaten Rundgang durch die Ausstellung und erklärte mir einzelne antike Exponate. Dann griff er zum Telefon – ein wichtiges, geschäftliches Telefonat, wie ich glaubte –, und im nächsten Moment erschien ein Teeverkäufer. Wir gingen weiter, unterhielten uns, während wir das kräftige Elixier schlürften, und jeder von uns tat so, als verstünde er den anderen ganz genau. Der Wunsch nach Verständigung – Kultur zu teilen, den Augenblick gemeinsam zu erleben – wiederholte sich auf meiner Reise immer wieder, auch an jenem Tag, der wohl mein schönster in der Türkei war.

Ich war schon mehrere Wochen unterwegs, als ich in das kleine Höhlendorf Goreme im Tal von Kappadokien kam. In dieser Tufflandschaft liegen überall kleine Höhlen versteckt, die als Wohnungen dienen. In der sengenden Hitze des Sommers sind diese alten Behausungen, Kirchen und sogar Hotels nicht nur interessant anzusehen, sie sind vor allem angenehm kühl. Für drei Dollar pro Nacht quartierte ich mich in einer Pension in Goreme ein. Mir fielen die ausnehmend schönen Tischdecken auf, und ich erfuhr, dass man sie im Nachbardorf kaufen könne, in dem es auch ein Schloss aus Vulkangestein zu besichtigen gebe. Und man mag es nicht glauben, aber in diesem abgeschiedenen Dorf erstand ich in einem kleinen Touristenbüro namens »Green Turtle Tours« für nur einen Dollar fünfzig eine Wanderkarte. Die darin beschriebene Wandertour Nummer Zwei führte zum Nachbardorf Ushinar, wo es angeblich die Tischtücher gab.

Die Wanderung gestaltete sich als Kletterpartie. Die meisten Wegweiser waren recht eindeutig, bis auf eine Stelle, an der es eine kleine Abzweigung gab. Ich kraxelte zunächst auf einen Hang, dann wieder hinunter auf den eigentlichen Weg. Schließlich kehrte ich um, ging ein Stück in die Richtung, aus der ich gekommen war, und traf zwei Frauen, die sich ebenfalls verirrt hatten. Gemeinsam fanden wir schließlich den richtigen Pfad und trennten uns wieder, als das Dorf in Sicht kam. Was ich sah, überraschte mich. Das Dorf zog sich an einer Straße um einen kegelförmigen Vulkanhügel herum, bis hinauf zur Spitze, an der das Schloss emporragte.

Ich begann den spiralförmigen Aufstieg – und hörte kurz darauf von hinten einen Traktor nahen, der über die enge Straße bergauf schnaufte. Am Steuer saß ein älterer Mann mit wettergegerbtem Gesicht, der mich winkend einlud aufzusteigen, da es zu heiß zum Laufen sei. Es gab nur einen Sitzplatz für den Fahrer, und so hielt ich mich an einem Griff fest, während es weiter steil bergan ging. Kleine Häuser säumten die Straße, und immer wieder mussten wir uns an Blumenkübeln und Haustieren vorbeizwängen. Alte, korpulente Frauen kamen aus den Häusern, winkten und lachten, als sie den Einheimischen mit seiner neuen Touristenfreundin erblickten. Lachend winkten wir zurück. Am oberen Ende der Straße sprang ich ab, sagte Lebewohl, und er fuhr weiter.

Ich schlenderte ins Dorf, fragte nach den Tischdecken und wurde sogleich wieder eingeladen – auf einen Tee und zum »Englischüben«. Im Nu hatte ich meine Tischdecken gefunden und ging als Nächstes bis zum Schloss hinauf. Doch als ich den Eintrittspreis sah, beschloss ich, es doch lieber nur von außen zu betrachten. Der Schlossführer wollte gar nicht glauben, dass ich mir dieses Bauwerk entgehen ließ (Säle aus behauenem Tuffstein und Aussichtstürme über das Tal), und als ich mich anschickte zu gehen, nahm er mich am Arm, führte mich umsonst durch das ganze Schloss und wies eifrig auf alle Besonderheiten hin. Da er kein Englisch sprach, erfuhr ich nicht wirklich viel über das Schloss. Doch das war auch gar nicht wichtig, denn dafür erfuhr ich etwas über den Stolz dieses Mannes auf sein Land, seine Kultur und sein Heimatdorf.

Von ganz oben bot sich eine herrliche Aussicht, und ich erspähte sogar eine Art Hauptstraße, die mir als der kürzere Rückweg erschien. Später, als ich auf dieser Straße zurück nach Goreme marschierte, hielt neben mir ein Taxi, das bereits voll besetzt war mit holländischen Touristen. Aber ich sah ein bekanntes Gesicht. Ein paar Tage zuvor hatte ich den Fahrer meilenweit weg von hier in einem Café kennen gelernt. Er hatte mir seine Karte gegeben und mir angeboten, dass ich ihn anrufen könne, wenn ich für einen Ausflug statt des Busses lieber ein günstiges Taxi nutzen möchte. Nun erkannte er mich mitten auf der Straße wieder und musste lachen: Da hatte er mich doch glatt erwischt, wie ich zu Fuß und ohne seinen Service zu nutzen unterwegs war. Die anderen mussten zusammenrutschen, und ich zwängte mich hinein. An meinem Hotel setzte er mich ab, ohne mir etwas zu berechnen, und winkte zum

Abschied. Und mit diesem Erlebnis endete mein Lieblingstag in der Türkei.

Am Ende meiner Reise hatte ich fast alle Orte aus meinem Kalender besucht. Als ich in Pamukkale meinen wunden Zeh in das kaskadenartig herabstürzende, kalkreiche Wasser eintauchte, da wusste ich, dass ich meinen Kalender durchreist hatte. Und zwar nicht nur auf den Fotos, sondern wirklich und tatsächlich. Meine Furcht vor der Türkei war verschwunden, und ich merkte: Ich war in dieses Land verliebt.

Beduinenpfade

Bernice Notenboom • Jordanien

Mit den Beduinen – Kameltreibern, die mit einer Karawane aus Saudi-Arabien gekommen waren – saßen wir bei einer Tasse Tee. Um uns die Wüste, ruhig, weit und schön. Als verantwortungsvolle Kamelreiterin drehte ich mich um und sah nach meinem Lasttier. Meine Kameldame benahm sich äußerst ungewöhnlich. Sie hatte die Augen mit den dunklen Wimpern geschlossen, die haarigen Ohren eng an den Kopf gelegt, und zwei glitzernde Pfropfen verschlossen plötzlich ihre Nüstern. Gerade als ich das brühend heiße Glas mit zuckerigem Tee an die Lippen hob, eilte Hamoudi herbei, zog mir hastig meinen *Kouffieh*-Schal übers Gesicht und warf eine Schafsfelldecke über meinen restlichen Körper.

»*Aashifa* kommt«, sagte er besorgt.

Dann warteten wir still inmitten der Wüste Wadi Rum im südlichen Jordanien auf den heraufziehenden Sandsturm. Eine dicke, dunkle Wolke näherte sich so schnell und lärmend wie ein Güterzug. Ich hielt den Atem an, als die ersten Sandkörner auf mich prasselten.

Sechs Tage war ich nun schon durch die Wüsten bei Petra und im Wadi Rum unterwegs, nur begleitet vom Beduinen Hamoudi. Von seinem Dorf aus hatten wir uns auf den Weg gemacht, um einen Kamelritt durch die verzweigten Wadis in der Gegend um die alten Ruinen von Petra zu machen, der Hauptstadt des nabatäischen Königreichs. Wir durchquerten die heißen Sandebenen des Wadi Araba, um zu den massiven Felsabbrüchen im Wadi Rum an der Grenze zu Saudi-Arabien zu kommen.

Ich war aus einem einfachen Grund hier: Ich wollte die Stille und Erhabenheit der Wüste durch die Augen der Nomaden erleben. Diese Kulturen haben mich schon immer fasziniert, denn Nomaden haben eine völlig andere Auffassung von Wurzeln, Heimat und Besitz. Ich wollte mit den Nomaden ziehen, allein, um die nomadische Kultur gänzlich in mich aufzunehmen und ohne westliche Annehmlichkeiten klein und demütig zu werden. Ich war neugierig darauf, das einfache Leben in einer unwirtlichen Gegend auszuprobieren.

Die Beduinen ziehen mit ihren Ziegen und Schafen durch das *Sagrah*, das Land des endlosen Sands, und schlagen ihre Zelte aus schwarzer Wolle für gewöhnlich in entlegenen Wadis nahe einer Quelle auf. Beduinen reisen mit leichtem Gepäck. In weniger als 15 Minuten können sie ihre Besitztümer zusammenpacken, um zum nächsten Weideplatz zu ziehen.

Bevor wir uns auf den Weg machten, breitete Hamoudi eine Karte aus und zeigte auf Orte, an denen wir während unserer sechstägigen Tour eventuell Wasser finden könnten. Bei der heißesten Etappe im Wadi Araba lagen die Quellen am weitesten auseinander.

»Wir gehen Kamelweg«, sagte Hamoudi am ersten Morgen und zeigte auf meinen Seesack. »Kamelweg ist Beduinenweg.« Meinen Seesack nahmen wir nicht mit. Und so hatte ich, als wir aufbrachen, nur die Kleider dabei, die ich am Leib trug.

»Wir essen mit Beduinen, schlafen unter Sternen, trinken Wasser aus Quellen, so wie Beduinen«, erklärte Hamoudi, während er mir den *kouffieh* um den Kopf band.

»Du jetzt Beduinenfrau«, sagte er lächelnd. Dann dirigierte er das Kamel auf die Knie, ich stieg auf den kräftigen Rücken des Tieres, und wir zogen aus dem Dorf hinaus und hinein in die nackte, trockene Wüste. Plötzlich wurde mir bewusst, dass ich in Bezug auf

Nahrung und Wasser gänzlich auf Hamoudi angewiesen war. Ich hatte keine Kleider zum Wechseln dabei und würde in Zelten bei Menschen schlafen, die ich nicht kannte. Hatte ich vor lauter Abenteuerlust den Verstand verloren?

Den ganzen Tag waren wir durch Wadis gewandert und hatten Berge mit atemberaubenden Blicken über die Wadi-Araba-Wüste erklommen. Als die Dämmerung langsam hereinbrach, fragte ich mich, wo wir wohl die Nacht verbringen würden.

»Wenn Schatten sich legen, dann legen wir uns auch«, sagte Hamoudi, als könnte er meine Gedanken lesen.

An der Quelle im Wadi Mousa wurden wir von einer kleinen Kamelherde begrüßt. Gleich dahinter entdeckte ich zwischen großen Steinen die Umrisse eines Beduinenlagers. Das Innere des großen Zeltes war von einer Laterne beleuchtet. Hühner, Kamele, Schafe und Ziegen pickten Essensreste vom Boden, scherten sich nicht um die Gegenwart von Fremden. Hamoudi stieg ab und küsste den *sheik*, den Führer des Lagers, dreimal auf die rechte Wange. Die Frauen zog sich schnell ihre *mandeel* über die Gesichter, um ihr amüsiertes Lachen zu verstecken, als sie mich mit wackeligen Beinen und wund gesessenem Hintern zum Gästebereich des Zelts schwanken sahen. Im Zelt trennte ein Vorhang die Männer und ihre Gäste von den Frauen.

Flugs verzogen sich die Frauen in ihren Bereich, wo sie Nahrung und Kleidung lagerten, webten, sich um die Wäsche kümmerten und kochten. Ich wollte den Frauen folgen, wurde jedoch sofort zurück in den männlichen Bereich geführt. Ich galt als Gast der Männer. Ich fragte Hamoudi, ob ich später zu den Frauen gehen könne, aber er sah mich nur irritiert an und muss sich gefragt haben, wie ein Gast bloß auf die Idee komme, den Frauenbereich besuchen zu wollen.

Die älteste Frau war im ganzen Gesicht tätowiert. Als sie bemerkte, wie ich die verschnörkelten Muster auf ihrer Stirn bestaunte, packte sie mich am Kinn und zwang mich, den Mund zu öffnen, als wäre ich ein Pferd. Neugierig untersuchte sie meine Zähne und wurde ganz aufgeregt, als sie meine Goldkrone entdeckte. Dann erhellte ein wohlwollendes Lächeln ihr Gesicht, bei dem ihre Vorderzähne zum Vorschein kamen – alle mit Gold überkront.

Ich fragte Hamoudi, wie viele Kinder der Scheich habe.

»27«, sagte er stolz. Wie konnte man sich bloß 27 Geburtstage merken?, fragte sogleich mein westlicher Verstand.

Die Wüste schien voller Rätsel zu stecken. Irgendwie hatte unser Gastgeber erfahren, dass wir zu seinem Lager unterwegs waren. Man hatte uns zu Ehren eine Ziege geschlachtet, die bereits seit drei Stunden kochte, damit sie auch alle Gewürze und Aromen gut aufnahm. Bei diesem traditionellen Beduinengericht namens *mansaf* wird Ziegenfleisch in einer Marinade aus würzigem, getrocknetem Joghurt geschmort, auf einem Bett aus Nüssen und Reis angerichtet und mit der Hand gegessen. Mit Daumen und den Fingern der rechten Hand (niemals der linken! Diese Hand wird ausschließlich zur Verrichtung der Körperhygiene benutzt) rollt man Fleisch, Reis und Joghurt zu kleinen Bällchen. Wir scharten uns um das große Serviertablett, und das Essen war fast zu heiß, um es anzufassen.

Ich konnte nicht umhin, starrte die ganze Zeit auf das kulinarische Hauptstück dieses Festmahls: die Zunge der Ziege, die über allem thronte. Nach beduinischer Tradition ist diese Delikatesse dem Ehrengast vorbehalten. Ich musste die Augen schließen, als ich schließlich das letzte Stück des geschmacklosen, haarigen Stücks Fleisch hinunterschluckte. Damit die Ziegenzunge schneller in meinen Magen rutschte, stellte ich mir vor, sie wäre ein saftiges Filet.

Bei Sonnenaufgang waren unsere Kamele bereits bepackt mit allerlei Proviant: ofenfrischem *shrak* (beduinischem Brot), Ziegenkäse, Tomaten, Orangen und jeder Menge *hisheh*, Tabak, der für lange, heiße Touren durch die weite Wadi-Araba-Wüste unverzichtbar ist. Als wir das Lager des Scheichs verließen, fragte ich Hamoudi über die beduinische Gasfreundschaft aus.

»Wie lange genau ist ein Gast willkommen?«

»Drei Tage«, lachte er. »So lange kann der Gastgeber dich durchfüttern.«

Gegen Mittag kamen wir im Wadi Sabra an, einem trockenen Flusstal, das als alte Karawanenstraße bis heute Petra und Jerusalem verbindet. In der Ferne konnte ich hoch auf dem Jabal Harun, mit 1350 Metern der höchste Gipfel im Petra-Tal, den weißen Schrein des Propheten Aaron sehen. Aaron, der Bruder des Moses, soll dort oben begraben sein. Er starb, als die Israeliten unter Moses' Führung in die Wüste Moab zogen. Bis heute wird der Schrein von Moslems, Christen und jüdischen Pilgern besucht.

Im Trockenbett des Wadi Sabra lagen verstreut Tonscherben. Auf den Dämmen oberhalb erkannte ich Ruinen von Wasserzisternen, Gräber, ein Amphittheater sowie Behausungen mit geschmückten Säulen. Die Nabatäer, ein aus dem westlichen Arabien stammendes Nomadenvolk, waren die ersten Siedler in diesem Tal gewesen. Die Stadt Petra, wo bis heute viele der unglaublichen architektonischen Meisterleistungen der Nabatäer erhalten sind – Steinbauten, Wasseranlagen und Gräber –, wurde von der UNESCO zum Weltkulturerbe erklärt.

Von Hamoudis Dorf waren wir inzwischen ein gutes Stück entfernt, campierten unterwegs immer wieder bei Beduinenfamilien. Auch Petra lag weit hinter uns. Das Land vor uns sah nicht gerade einladend aus; im Süden schimmerte ein gelber Dunstschleier. Wir waren am Rande der Wadi-Araba-Wüste angekommen.

Die Schatten des Tages waren längst verschwunden, aber wir wanderten dennoch weiter. Unsere Kamele waren müde. Sie waren den ganzen Tag im heißen Wüstensand gelaufen, und wir hatten kein einziges Beduinenlager entdeckt. Von einem kleinen Kamm im

Wadi Araba aus blickten wir auf die weite Wüste unter uns. In der dunstigen Ferne spiegelte sich die glühende Sonne verschwommen über dem Roten Meer – eine unwirkliche, rote Glut am Himmel. Plötzlich streckte Hamoudi den Arm in die Höhe, kniff die Augen zusammen und zeigte auf den hellsten Stern am südlichen Horizont.

»Beduinenstern«, sagte er stolz. »Wir ziehen mit Stern von Bethlehem!«

Weihnachtsgeschichten fielen mir ein, und ich konnte mir sehr gut vorstellen, wie die drei Weisen aus dem Morgenland hier über die Sanddünen Syriens kamen.

Im sandigen Dunstschleier der windgeschliffenen Dünen marschierten wir weiter. Winde formen die Kammlinien der Dünen. Hamoudi konnte diese Linien lesen wie einen Kompass und steuerte unsere Kamele nach ihrem Verlauf.

»Wie kann man in dieser endlosen Wüste bloß den richtigen Weg finden?«, fragte ich Hamoudi.

»Keine stillen Berge, nur heilige Wege«, erklärte er. Später erfuhr ich, dass er dieses Wissen von seinen Ahnen hatte, die seit Generationen die Wüste durchquerten.

Die Beduinen haben zwanzig Lieder, die sie singen, um sich von Durst, Hitze und wund gerittenen Stellen abzulenken. Während der zwei Tage durch die Wadi-Araba-Wüste sangen wir sie alle.

Als wir im Wadi Rum ankamen, fühlte ich mich wie in einer anderen Welt: zeitlose, brennende Wüstenlandschaft aus Stein und Fels, durchsetzt von majestätischen *jebels*, Granitfelsen, eingekapselt in verhärteten Sanddünen. Während unsere Kamele durch den rosafarbenen, roten und weißen Sand trotteten, hörten wir die hypnotisierenden Klänge der *rababah*, der Saiteninstrumente der Beduinen. Wir waren auf eine andere Karawane getroffen, die von Saudi-Arabien her kam. Auf einem kleinen Feuer brodelte Tee in Töpfen, Männer sangen, klatschten, lachten und schwatzten. Wir gesellten uns zu ihnen. Der Älteste zeigte auf einen Berg in der Ferne.

»Lawrence von Arabien«, flüsterte er, als sei das eine geheime Information. Der Berg bestand aus sieben Säulen. Wahrscheinlich hatte dieser Berg den als Lawrence von Arabien bekannt gewordenen Engländer Thomas Edward Lawrence zu seinem Buch *Die sieben Säulen der Weisheit* angeregt. Ich blickte hinaus über die weite großartige Wüstenlandschaft und verstand, warum sich Lawrence mit den Arabern und der Wüste verbündet hat. Er kämpfte im Aufstand gegen die Osmanen auf der Seite der Araber und half Emir Faisal, dem König der Hashemiten, die osmanischen Türken 1918 in Syrien zu besiegen.

Und plötzlich, wie aus dem Nichts, traf mich die Sandlawine wie zerschmettertes Glas. Der heftige Sturm machte mich ganz schwindelig. Er dauerte nur Sekunden, dann war er vorüber und hinterließ eine tiefe Stille.

Zaghaft öffnete ich die Augen, voll ungewisser Erwartung. Ergreifend und eindrucksvoll hatte sich dieser Sandsturm als gewaltiges Naturereignis gezeigt, doch jetzt lag wieder eine friedliche Stille über der Wüste.

Die Beduinen fingen wieder zu singen an, als wäre nichts geschehen. Hamoudi nippte an seiner Tasse Tee, die nun zur Hälfte mit Sand gefüllt war. Als er meine entsetzte Miene sah, lächelte er schelmisch und zeigte lächelnd seine gelben, fauligen Zähne.

»Zucker, Sand, dasselbe. Alles eins«, sagte er.

Hitze, Mond und Tanz

HOLLY SMITH • SPANIEN

Über Córdoba lag brütende Sommerhitze. Schweißtriefend marschierte ich bei 40 Grad im Schatten mit meinem zehn Kilo schweren Rucksack den Gehsteig entlang und fragte mich, ob die Kleider darin wohl ebenfalls patschnass waren vom Schweiß, der mir am Rücken klebte. Spätestens jetzt war mir klar, warum in sämtlichen Spanien-Reiseführern die Sommerhitze so hervorgehoben wird. Gelegentlich machte ich Rast, um etwas Kühles zu trinken, fragte nach dem Weg zur Moschee – *Dónde está la mezquita, por favor?* – und nach einem Hotel. Der gezeigten Richtung folgend, lief ich eine weitere Stunde unter der sengenden Sonne, bis ich endlich ankam und meinen Rucksack absetzen konnte. Seit zwei Monaten war ich nun unterwegs, und mein Orientierungssinn war im Großen und Ganzen auch recht zuverlässig. Doch der glühend heiße Nachmittag brachte mir einmal mehr zu Bewusstsein, dass ich allein war, dass ich die Sprache nicht richtig beherrschte, dass ich mich allein durchwurschteln musste, um billige Hotels, Restaurants oder die Sehenswürdigkeiten zu finden. Wobei genau das natürlich auch den Reiz einer Solotour ausmacht.

Nachdem ich mir ein Zimmer nahe der Mezquita gemietet hatte, genehmigte ich mir eine erfrischende Dusche im Gemeinschaftsbad und begab mich dann zur Touristeninformation. Dort hörte ich zufällig eine Unterhaltung mit, halb auf Spanisch und halb auf Englisch, verstand aber genug, um mitzubekommen, dass im Patio de Los Naranjos am Abend um zehn Uhr für 1000 Peseten Eintritt ein Konzert mit Flamencotanz stattfinden würde.

Als ich am Abend auf den ummauerten Hofplatz der Mezquita trat, nahm die farben- und formenfreudige Mischung alter und neuer spanischer Stile all meine Sinne gefangen. Im 18. Jahrhundert wurden die bereits existierenden Gemäuer von den Mauren immer wieder erweitert, so dass die Moschee mit ihrer einzigartigen Architektur heute die größte und ungewöhnlichste der Welt ist. Die Herrschaft der Mauren wurde im 13. Jahrhundert durch die Katholiken beendet, die während der folgenden drei Jahrhunderte die Moschee zu einer Kathedrale aus- und umbauten, ohne die alte Architektur unkenntlich zu machen – im Gegenteil. Sie schufen innerhalb des ursprünglich offenen Gebetsraums der Moschee eine christliche Kirche und verwandelten das Minarett in einen Glockenturm. Durch die offen stehenden Türen der Kathedrale, die buchstäblich mitten in der Moschee liegt, konnte ich in das Zebramuster der maurischen Bogengänge blicken, ein rot-weißes Labyrinth aus Ziegel und Stein; und direkt vor mir blickte ich auf den Glockenturm. Ein jahrhundertealter Kieselweg schlängelte sich durch den Hof, durch einen großen Garten, wo unter Orangenblüten und duftend bunten Sommerblumen Klappstühle standen.

Mindestens 300 Menschen fanden hier Platz. Ich wählte einen Stuhl am Durchgang, etwa in der 15. Reihe. Erwartung lag in der Luft; der Hof füllte sich nach und nach mit lächelnden Menschen, die einander mit einem fröhlichen *»Buenas noches«* und Wangenküsschen begrüßten. Hier und da fuhr plötzlich jemand aus seinem Sitz auf, um irgendwem auf der anderen Seite des Durchganges zuzurufen; Frauen klappten mit einer gekonnten Handbewegung ihre Fächer auf, um sich abzukühlen, ein Scheinwerfer wurde getestet, und auf der Bühne hauchte jemand ein *uno, dos, tres* ins Mikrofon.

Da bemerkte ich einen Mann mit einem freundlichen Lächeln, leuchtend blauen Augen und einem englischen Reiseführer in der Hand, der nach einem freien Platz Ausschau hielt. Ich winkte ihm zu und zeigte auf den freien Sitz neben mir. Ian war Engländer, hatte vor vier Monaten an seinem 40. Geburtstag beschlossen, seinen Job aufzugeben, um drei Monate lang durch Indien zu reisen. Für Spanien hatte er sieben Wochen eingeplant, von denen er zwei bereits hinter sich hatte. Wir verstanden uns auf Anhieb, lachten, tauschten Reiseerlebnisse aus und fieberten der Vorstellung entgegen.

Beide hatten wir schon viel gehört über den Flamenco, jenen berühmten spanischen Ausdruckstanz voller *espíritu*. Die Geschichte des Tanzes ist zwar nicht lückenlos geklärt, doch herrscht Einigkeit darüber, dass seine Ursprünge in Andalusien liegen. Vor allem Zigeuner und maurische Kulturen haben diese Tanzform stark beeinflusst. Hauptelemente sind Gesang, Tanz und Gitarrenspiel. *Canto hondo*, der tiefe, geradezu tragische Gesang der Andalusier, wird mit rauen, kehligen Stimmen gesungen. Die Bewegungen der Tänzer drücken Empfindungen und Gefühle aus, Improvisation und Interaktion zwischen Tänzern und Musikern sind wesentliche Elemente. Ian und ich waren beide wohlvertraut mit der Flamencogitarre, dem spontanen Schlag- und Zupfspiel, das die spanischen Flamencogitarristen weltberühmt gemacht hat. Die komplizierten Rhythmen der Kastagnetten und das Klatschen mit den Händen unterstützen die Tänze und Klänge. Wundervoll!

Und da kam sie, wogte in einem limettengrünen Flamencokostüm über die Bühne. Das von Schulter bis zu den Waden reichende, eng anliegende Kleid hatte weite Rüschen an Ärmeln und um die Knie, die in einer langen Schleppe ausliefen, die sie mit gelenkigen Drehungen und flinken Fersentritten hin und her schlug. Obwohl sie noch recht jung war, sang sie mit starker, leidenschaftlicher Stimme ihre Liebeslieder und erntete tosenden Applaus.

Anschließend trat eine Gruppe von etwa 20 Sängern auf die Bühne, die ernste, schwermütige Lieder darboten. Zwei von ihnen sangen eine offenbar wohlbekannte Weise im Duett, und das spanische Publikum stimmte mit ein. Die Menge rief den Sängern stürmisch zu, ermunterte sie weiterzusingen und spendete frenetisch Beifall, während die Musik in der abendlichen Luft noch nachhallte. Ich blickte hinter mich, sah über der Mezquita orangerot den Mond aufgehen. Morgen würde Vollmond sein. Ian und ich teilten unsere Freude darüber mit einem scheuen Lächeln.

Nach der Sängergruppe trat der Moderator wieder auf die Bühne, um wortreich und enthusiastisch den Hauptakt des Abends anzukündigen: *bonitísima, preciosísima, perfectísima, maravillosíssima* – die Superlative sprudelten nur so aus ihm hervor, während sich hinter ihm auf der Bühne zwei Gitarrenspieler und vier Männer einfanden. Als sie zu spielen begannen, schloss ich die Augen, um die Musik mit allen Fasern meines Körpers zu spüren. Einer begann zu singen, die anderen unterstützten ihn mit einem tiefen und kräftigen Klatschen der Hände. Obwohl ich den Text nicht verstand, war es ein vertrauter Klang, der Reiseerinnerungen in mir wachrief: Ich hörte die Melodien einer Beerdigungsprozession, die ich zufällig einmal in Malaysia miterlebt hatte, sowie ein Gamelan-Orchester, das ich in einem indonesischen Dorf gehört hatte. Und obwohl es ein spanisches Lied war, hörte ich sogar den Muezzin zum Gebet rufen. Und plötzlich, in der warmen Nacht auf diesem alten Hof, ergab alles einen Sinn. Ich hörte die Geschichte des Landes durch die Musik und fühlte die Narben, die zurückgeblieben sind. Ian warf mir einen besorgten Blick zu, als er die Gänsehaut auf meinen Armen bemerkte.

Und dann erschien sie; unsere Blicke waren gebannt auf das schwarze Flamencokleid geheftet und verfolgten die kreisförmigen Bewegungen, die die Schleppe vollführte, während sich die Tänzerin durch die Musiker und Sänger auf der Bühne wiegte und jedem Einzelnen ermunternde Blicke zuwarf. Im Saum ihres rot bestickten

Schultertuchs spiegelte sich jede ihrer Bewegungen; die roten Lippen und der Haarschmuck leuchteten hell gegen das dunkel geflochtene Haar. Als sie den Blick flüchtig auf uns richtete, erkannte ich darin einen winzigen Hauch von höhnischem, stolzem Trotz. Mit vor Staunen offenen Mündern kniffen Ian und ich uns gegenseitig in den Arm.

Langsam begann sie den Tanz, nahm mit weiten, bestimmten Schritten die ganze Bühne ein. Der hohle Klang der klatschenden Hände ertönte im Gleichschlag mit dem Klappern ihrer Schuhe. Die flinken Arme und der schwingende Körper verstärkten ihre unglaubliche Präsenz. Als der Takt der Musik schneller wurde, warf sie weit ausladend die Arme, um die unteren Saumlagen ihres Kleids zu heben, so dass man ihre wundervoll flinken, wirbelnden Füße sehen konnte. Dann hielt sie plötzlich inne, schlenderte gemächlich zur Seite, zögerte kurz und hob von neuem zu wilderen Rhythmen an. Schneller und immer schneller tanzte sie, vollführte ein grandioses Crescendo, als sie sich plötzlich auf einem Fuß zu Boden neigte und ... die Musik abrupt stoppte. Ein kurzer Moment der Stille, ein Keuchen – und dann donnernder Applaus.

Dann kam sie noch einmal auf die Bühne; diesmal in einem roten Kleid, das ihre Hüften eng umschloss und statt wippenden Rüschen weite Chiffonlagen hatte. Immer öfter nahm sie nun Augenkontakt mit dem Publikum auf, und als die Kirchenglocken zu läuten anfingen, blickte sie hinauf zum Glockenturm, warf den Kopf zurück, vollführte einen Stepptanz zum Rhythmus der Glocken und lachte über ihren eigenen spontanen Einfall.

In diesem Moment bemerkte ich, dass der Tanz aus vielen kleinen Tänzen bestand. Der runde Scheinwerferkegel über ihr betonte die runde maurische Bogenarchitektur im Hintergrund. Ihre anmutigen, fließenden Handbewegungen bildeten sich als Schattenspiele vor der Rückwand ab. Eine friedliche Ruhe durchströmte mich, als sie mit ihren Händen eine Geschichte erzählte und ich dabei an die Schattenspiele auf den *odalans*, den Tempelfesten in Bali, denken musste. Die Chiffonlagen ihres Kleides hoben und senkten sich in der sanften Abendbrise. Ian drehte sich zu mir und strich mir sacht über die Wange. Es war fast ein wenig irritierend, als sie den Tanzschritt wieder beschleunigte, dann plötzlich stockte, sich umdrehte und erschöpft auf einen Stuhl an der Seite der Bühne setzte. *»Olé«*, rief das versammelte Publikum lautstark im Chor.

Es blieb kaum Zeit, Atem zu schöpfen, da trat einer der Männer auf die Bühne und fing zu tanzen an. Nicht langsam und gemächlich, nein, der Tänzer mit dem schütteren, grauen Haar und dem durchtrainierten Körper legte los wie der Blitz, und seine Augen funkelten im heiteren Gesicht. Urplötzlich zog er sein Taschentuch heraus, schwenkte es zum Publikum, legte es sich sorgsam über die Schulter und machte eine abschließende Verbeugung.

Dann kam ein zweiter, junger Mann hinzu, der mit seinen gestiefelten Füßen in fliegendem Galopp wie ein Pferd über die Bühne klapperte. Er wirbelte und zwirbelte und schien überhaupt nicht zu atmen. Mit einer schnellen Drehung und einem Nicken in ihre Richtung schritt er zurück, und die Tänzerin erhob sich vom Stuhl, um noch einmal zu beginnen. Das Publikum reckte die Köpfe, um sie besser sehen zu können. Mit einem schallenden Stampfen der Füße bannte sie die Aufmerksamkeit und hielt die Zuschauer mit Blicken fest. Sie tanzte ungezwungen und hemmungslos, verzehrte uns mit ihren Gesten, hob uns in den Himmel, nahm uns immer wieder den Atem, um uns im nächsten Moment mit Grazie und Anmut zu besänftigen. Und als der Tanz schließlich endete, waren wir matt und mitgenommen, doch unser anhaltender und stürmischer Applaus kam aus tiefster Dankbarkeit, aus tiefstem Herzen.

Still und stumm saßen wir ein paar Minuten nebeneinander, bis Ian und ich beschlossen, noch ein Bier zu trinken. Als wir uns an die behelfsmäßige Bar gesetzt hatten, sagte Ian: »*Un momento por favor*«, und zog etwas aus seinem Portemonnaie. Vergangene Woche, so erzählte er, habe er einen Nachmittag in einem Olivenhain inmitten von wilden Mohnblumen verbracht. Ein paar der Blumen habe er gepresst, um sie sich für besondere Momente aufzuheben, und nun wolle er mir eine schenken. Eine Rose fände er zwar eigentlich angebrachter, fuhr er fort, aber es sei hoffentlich trotzdem ein schönes Andenken an diesen wundervollen Abend. Dann küsste er mich leicht auf die Wange. Inmitten der feierlichen Stimmung der Menge führten wir eine stumme Unterhaltung. Wir sahen uns um, bestaunten die kunstvoll bestickten Schultertücher der Frauen und die perfekt gebügelten Hemden und Hosen der Männer. Als ich Ian erzählte, dass ich ebenfalls meine besten Sachen trüge, hob er nur amüsiert die Augenbraue. Wir mussten über uns selber lachen – ich in meinem bedruckten Baumwollrock, er in Shorts und T-Shirt. Nach einem solchen Abend, so Ian, könne man eigentlich auch nach Hause fahren; und ein Teil von mir stimmte ihm zu, denn die Eindrücke und Erlebnisse blieben dann vielleicht frisch und rein. Aber ich wusste, ich würde noch fünf weitere Monate unterwegs sein, und ich brannte auf künftige Abenteuer. Was für Leute würde ich kennen lernen? Was würde ich sehen, hören, riechen und fühlen? Die Freiheit, die das Alleinreisen mit sich bringt, schärft die Sinne und ermöglicht viele Zufallsbekanntschaften. Zum Abschied stießen wir auf den Mond an, der nun hoch am Himmel stand, und küssten einander auf beide Wangen.

Meine Füße schienen über den Boden zu schweben, als ich zu meinem Hotel zurückging. »*Buenas noches*«, grüßten die Konzertbesucher auf der Straße nach allen Seiten und amüsierten sich köstlich, als ich versuchte, ein paar der Tanzschritte nachzuahmen.

Solo in Samarkand

Ena Singh • Usbekistan

Als ich eines Tages die staubigen, rostigen Regale der Bibliothek an meinem College in Delhi durchstöberte, geriet mir eine illustrierte Geschichte der Mogul-Dynastie in die Hände. Inmitten der Regale las ich im Stehen über Babur, den ersten Großmogul der Dynastie. Als Nachfahre des Mongolenherrschers Timur-Leng (Tamerlan) eroberte Babur 1497 im Alter von nur 14 Jahren Samarkand. Er verlor die Stadt dreimal, bevor er aufgab und sich gen Osten wandte, nach Indien. Babur wollte Samarkand einnehmen, Tamerlans ehemalige Hauptstadt an der Seidenstraße, eine schon damals sagenumwogene, wohlhabende Metropole mit wunderschönen Moscheen und Gärten. Ich war gefesselt von den farbigen Illustrationen, obgleich das Buch schon vergilbt und staubig war. Jede Seite war bebildert mit den funkelnden blauen Kuppelbauten. Im Vergleich mit der würdigen Anmut der weißen Kuppeln des Tadsch Mahal, die ich sehr gut kannte, fand ich diese frech, ja geradezu aufreizend und wollte sie unbedingt mit eigenen Augen sehen, zumal irgendwer beim Anblick der hohen Wangenknochen meiner Großmutter einmal gesagt hatte: »Hmm, mongolisches Blut.« Vielleicht hatten sich Tamerlans Soldaten auf ihrem Weg hinunter nach Khyber und durch den Punjab vielleicht tatsächlich mit meinen Urahnen vermischt?

Während der folgenden 15 Jahre führten mich meine Ausbildung, meine Arbeit und meine Abenteuerlust durch weite Teile Indiens und Amerikas, oft allein. Doch keine Region der Welt war so geheimnisvoll wie Zentralasien. Die Chance, dorthin zu reisen, bekam ich vier Jahre nach dem Ende der Sowjetunion, als ein Freund, der in Moskau lebte, mir sagte, dass er mir einen Besuch in Usbekistan organisieren könne: Mit einem russischen Visum hätte ich die Möglichkeit, mich ohne zusätzliche Visa drei Tage lang in der ehemaligen Sowjetrepublik aufzuhalten. Ich war begeistert. Meine Familie hatte zwar Bedenken, aber ich war fest entschlossen.

Drei Tage. Das hieß, einen Tag und eine Nacht in Samarkand und möglicherweise noch einen Tag in Buchara. Die Nacht in Samarkand war ein Muss, denn ich wollte die Kuppelbauten unbedingt im Mondschein erleben. Nochmals versuchte meine Familie, mich von meinem Plan abzubringen: Es sei verrückt, allein zu reisen, ohne die Sprache zu sprechen und ohne auch nur eine Menschenseele zu kennen. Alle dachten es, aber keiner traute sich, es mir, der eingefleischten Feministin, ins Gesicht zu sagen: Für eine alleinreisende Frau sei es besonders gefährlich. Ich hörte einfach nicht hin. Der Ort lockte, und ich folgte seinem Ruf.

Ich flog von Delhi nach Moskau, verbrachte ein paar Tage in Russland und nahm dann den Nachtflug der Uzbekair in die usbekische Hauptstadt Taschkent. Der Freund eines Freundes hatte mir ein Mietauto samt Fahrer organisiert, denn Samarkand liegt drei Stunden Fahrt von Taschkent entfernt. Sascha, der Fahrer, war ehemaliger Soldat der russischen Armee, und ich war sicher, dass mir in seiner Obhut nichts passieren konnte. Alle schienen sich mehr Sorgen um mich zu machen als ich selbst.

An einem sommerlichen Spätnachmittag fuhren wir aus Taschkent in Richtung Südwesten durch flaches, grünes, fruchtbares Land, auf dem Bauern in den Feldern arbeiteten. Golden leuchtete das Getreide, Pferde trabten vorbei, und das Vieh graste. Ich machte es mir auf dem Rücksitz des Sedan gemütlich und genoss die ruhige Fahrt über die ebenen Straßen, die sich durch das Land schnitten, geradewegs zum Horizont, ohne Biegungen und Kurven.

Gut zwei Stunden hinter Taschkent kamen wir in die Berge. Aus der Entfernung sahen sie irgendwie verwittert und faltig aus, doch je näher wir kamen, desto weicher und gerundeter wirkten sie, überdeckt von grünen und gelben Grasschichten. Das Tal öffnete sich, wurde weiter, Kirschbäume säumten die Straße, dahinter Obstgärten. Gelegentlich fuhren wir an einer Fabrik vorbei. Obwohl die Gegend nicht reich war, waren einige der aus Lehm gebauten Häuser und Läden mit blauen Samarkand-Kacheln verziert.

Ich fragte Sascha, was die Fabriken produzierten. Er lächelte, und ich war verblüfft, eine ganze Reihe Goldzähne blitzen zu sehen, ein Zeichen für Wohlstand, wie ich später erfuhr. Da er nichts weiter sagte, wurde mir klar, dass er kein Englisch sprach. Und da ich kein Russisch sprach, unterhielten wir uns für den Rest der Fahrt meist mit den Händen.

Ich machte ihm begreiflich, dass ich durstig war und gerne etwas Wasser trinken wollte. Er hielt am Straßenrand, lächelte wieder sein goldblitzendes Lachen und antwortete: *»No problem.«* Aus einer Flasche mit einem Blechdeckel, auf dem »Made in China« stand, schenkte er mir Wasser ein, und ich lächelte dankend. Auch das Auto hatte Durst. Und so füllte Sascha vor der Weiterfahrt noch Kühlwasser nach.

Die Sonne senkte sich langsam; Männer luden Heuballen auf Maulesel und ritten nach Hause; Mütter riefen ihre Kinder herein, die dazu aber wenig Lust zu haben schienen, denn sie spielten fröhlich weiter vor den Häusern; die Frauen trugen leichte, weite Pumphosen und lange Hemden, die bis zu den Waden reichen, eine Tracht, die der indischen *salwar kameez* ähnelt. Um die Haare hatten sie leuchtend bunte Tücher gebunden. Sie hatten Züge einer Mongolin, ihre Haut war hell, die Wangen rosig.

»Samarkand 22«, stand auf einem Meilenstein. In Gedanken sah ich schon die blauen Kuppeln vor mir. Bald würde ich in der Stadt sein, die Babur einst so faszinierte und von der auch ich seit über einem Jahrzehnt träumte, seit jenem Tag in der College-Bibliothek. Gleich würde die Khazret Khizr zu sehen sein, die Moschee des Heiligen der Reisenden, die laut meinem Reiseführer jedem Besucher schon von weitem grüßend entgegenblickt.

»Samarkand 5«, las ich nun. Doch statt einer Moschee sah ich eine Polizeikontrolle. Ein großer Usbeke in schnieker, marineblauer Uniform hielt uns an, fragte nach Saschas Führerschein und den Fahrzeugpapieren. Nachdem er den Kofferraum unseres Autos durchsucht hatte, inspizierte er unsere Taschen. Ehe ich mich versah, hatte er sich meine Geldbörse geschnappt und untersuchte das dicke Geldscheinbündel mit großem Interesse. Dann wollte er meinen Pass sehen, blätterte durch die Seiten und fragte nach meinem Visum, zuerst auf Usbekisch, dann auf Russisch.

»Sie braucht keines«, erklärte Sascha auf Russisch. »Sie ist weniger als 72 Stunden in Usbekistan und hat ein gültiges russisches Visum. Das genügt.«

»Nicht, wenn sie nach Samarkand will«, informierte uns der Polizist. Zwei oder drei weitere Polizisten traten hinzu. Sascha wiederholte seine Worte, tapfer und geduldig. Er sah mich an und sagte dann auf Englisch: *»Little problem«*, woraufhin sich alle Mann zurückzogen und in einiger Entfernung unter einem Baum die Sache heftig diskutierten. Ich wartete im Auto, so etwas kannte ich aus dem bürokratischen Indien, wo Entscheidungen grundsätzlich eine hitzige Debatte vorausgeht. Sascha würde die Situation schon in den Griff bekommen, da war ich zuversichtlich.

Die Sonne war inzwischen untergegangen, und der Vollmond schob sich silbrig über den Horizont. Unter dem Baum ging die Diskussion weiter, wurde gelegentlich unterbrochen, wenn andere Autos vorbeikamen, angehalten, durchsucht und wieder weitergewunken wurden. Sascha kam zurück und nahm eine Flasche

Whisky aus dem Handschuhfach. *»Problem«*, murmelte er und verschwand wieder hinter den Bäumen. Und außer Hörweite ging die Diskussion weiter. Meine Zuversicht schwand ein wenig.

Mittlerweile war schon eine Stunde vergangen, und langsam machte ich mir ernsthafte Sorgen. Ich sah mich schon im Kerker schmoren. Warum bloß hatte ich die Warnungen meiner Familie einfach in den Wind geschlagen? Dies war schließlich das Land von Tamerlan und Dschingis Khan! Wie gern wäre ich jetzt in Sicherheit zu Hause in Delhi gewesen. Oder wenigstens in Taschkent. Meinetwegen auch in Moskau.

Die Männer kamen zurück. Ich sah in ihre Gesichter, versuchte in ihren Mienen zu lesen, doch sie waren wie versteinert. *»Problem. Problem«*, murmelte Sascha vor sich hin. Ein dicker Polizist öffnete die Autotür, setzte sich neben mich auf den Rücksitz und strich mit seinen Wurstfingern über das marineblaugoldene Emblem auf meinem Pass. Keiner erklärte mir, was los war.

Sascha setzte sich hinters Steuer, wir fuhren in die Stadt hinein, dann durch ein Hoftor direkt auf ein Gebäude zu, allem Anschein nach das Polizeihauptquartier. Mein Traum vom blauen Kuppeldachparadies schien damit geplatzt. Also doch Kerker? Sascha ging mit dem Beamten hinein, ich sollte im Auto warten. Vielleicht wird ja doch noch alles gut, sagte ich mir, sonst hätten sie mich gleich zurückgeschickt. Ich stellte mir vor, wie ich meiner Familie und Freunden zu Hause in Delhi von diesem Abenteuer erzählen würde, schüttelte die Gedanken aber gleich wieder ab – noch war es nicht durchgestanden.

Die Männer kamen heraus, und Sascha wirkte sichtlich entspannter, lächelte sogar. Der dicke Polizist begleitete ihn, meinen Pass noch immer zwischen den Wurstfingern. Da fuhr ein Polizeiauto heran, mit Sirene und Blaulicht, schwenkte neben uns und parkte. Wieder Diskussionen. Schließlich kam einer der Beamten herüber und stierte mich durch das Fenster an. »Sind Sie Touristin?«, fragte er auf Englisch. Ich nickte. »Okay, Sie können fahren«, informierte er mich, gab mir meinen Pass zurück, den ich sofort erleichtert entgegennahm, und schon stoben wir durch das hohe Eisenportal davon. Fünf Minuten später waren wir an unserem Hotel. Zu gerne hätte ich gewusst, warum wir angehalten worden waren und warum wir dann doch hatten weiterfahren dürfen. Aber ich musste meine Neugier zügeln, da niemand da war, der mir die ganze Geschichte auf Englisch erklären konnte.

Immerhin war ich nun da – im Intourist Hotel in Samarkand, einem schmucklosen Betonklotz. Als ein Vermächtnis der Sowjetunion war Intourist die offizielle Touristenzentrale, die alle ausländischen Besucher im Land registrierte. Das Abendessen nahmen wir auf der Terrasse ein, unter den Sternen, bestellten Schaschlik-Kebabs und *lepioshka*, ungesäuertes Brot aus dem Lehmofen. Es war schon spät, und wir waren die letzten Gäste. Eigentlich hatten mir die Polizisten den Appetit verdorben, doch der war schnell wieder geweckt, als frischer Kebab-Duft über unseren Tisch wehte. Genüsslich kaute ich, wollte den Geschmack mit dem vergleichen, den ich von zu Hause her kannte, und kam zu dem Schluss, dass man bei den usbekischen Kebabs das Fleisch stärker schmeckt, während die Kebabs zu Hause raffinierter gewürzt sind.

Bevor ich mich zur Ruhe begab, wollte ich wenigstens noch eines der Monumente im Mondschein sehen. Und da das Gur-Emir-Mausoleum nur fünf Minuten zu Fuß entfernt lag, konnte ich der Versuchung nicht widerstehen, es zu dieser fortgeschrittenen Stunde noch zu erkunden. Da mein Mut im Laufe des Tages etwas gesunken war, fragte ich Sascha, ob er mich nicht begleiten wolle. *»No problem«*, sagte er.

Seit der Begegnung mit der Polizei war das Wort *»Problem«* zum meistbenutzten in unserem Vokabular geworden – *»problem«*, *»little* *problem«* und *»no problem«*. Mit diesen Abstufungen ließen sich unsere Abenteuer ganz gut beschreiben.

Die Straße war dunkel und leer, bis auf ein paar wenige Herumtreiber. Die Häuser zu beiden Seiten der breiten Gehwege standen etwas zurückversetzt, die Lichter waren erloschen, die Bewohner schliefen. Ein sanfter, kühler Wind sang in den Blättern der Bäume. Nach wenigen Minuten erreichten wir einen weiten Platz, und vor uns leuchtete die flötenartige Kuppel des Gur-Emir-Mausoleums blauweiß im Mondlicht. Stufen führten hinunter auf einen großen, kachelgemusterten Hof. Der Wärter führte uns herum, knipste im Mausoleum das Licht an, und die goldblauen Muster erstrahlten in all ihrer Pracht. In den neun Gräbern ruhen Tamerlan, sein Enkel, sein Lehrer. Das Grabmal wurde ursprünglich für den Enkel Tamerlans errichtet, nicht für Tamerlan selbst; daher liegt das Grab des Enkels in der Mitte, Tamerlan wurde später erst daneben gebettet. Er starb unerwartet auf einem Eroberungszug nach China, und da die Berge bis in seine Heimat Kesch verschneit und unpassierbar waren, fand er erst später im Mausoleum seine letzte Ruhestätte. Nun liegt er in einem Grab aus Jade unter einer Kuppel blau wie der Himmel und golden wie die Sonne.

Wir eilten zurück zum Hotel, da es um elf Uhr seine Pforten schloss. Mein Zimmer im ersten Stock war einfach, aber sauber und gemütlich und hatte einen Balkon. Ich trat hinaus in die kühle Abendbrise, blickte noch einmal auf das Gur-Emir-Mausoleum, das sich hoch in den Himmel streckte, und erkannte in einiger Entfernung weitere Kuppeln und Mausoleen. Ich fühlte mich fünf Jahrhunderte zurückversetzt, doch die vielen Lichter der Stadt nahmen mir ein wenig von dieser Illusion. Dennoch – ich hörte den Lockruf der einzigartigen Schönheit der Stadt, dem schon Babur gefolgt war.

Vor lauter Aufregung war ich am folgenden Morgen schon früh wach. Das Frühstück wurde in einem geräumigen Speisesaal serviert, der auf einen Garten hinausging. Es gab Spiegelei, Käse und *lepioshka*. Durch weiße Storegardinen, die vor der grellen Sommersonne schützten, sah ich den Wind in den Bäumen spielen.

Nach einer Weile schien der Wind von den Bäumen im Garten genug zu haben und verfing sich schadenfroh in den Vorhängen, beulte sie aus und ließ sie wieder zusammenfallen.

Unsere Englisch sprechende Fremdenführerin verspätete sich, und während Sascha und ich auf sie warteten, beobachteten wir die anderen Gäste, die einander begrüßten, indem sie sich die rechte Hand aufs Herz legten und sich verneigten. Schließlich erschien Tanya, um uns abzuholen, sie stakste auf ihren türkisfarbenen Absätzen los, wir hinterher.

Unser erstes Ziel war der Registan, ein riesiger, mit Alabasterquadern gepflasterter Hofplatz. Das usbekische Wort *»registan«* bedeutet »sandig« (wie auch in der neuindischen Sprache Urdu). Der Platz ist an drei Seiten von hohen Gebäuden begrenzt – zwei Medresen und einer Moschee mit einem auffallend schiefen Minarett. Die Medresen, große quadratische Gebäude, waren umsäumt von Studierzimmern mit von Spitzbogen überwölbten offenen Hallen, die auf den Hofplatz sahen. Klassische, blau glasierte Kuppeln krönten die Gebäude, und bezaubernde Mosaiken bedeckten jeden Quadratzentimeter der Gemäuer. Die Ulug-Beg-Medrese hat ein imposantes, sternenverziertes Torgewölbe und ist nach dem Astronomen Ulug Beg benannt, Tamerlans Enkelsohn. Ulug Beg war der Ansicht, dass in den Medresen auch Naturwissenschaften und Astronomie gelehrt werden sollten, was allerdings auf Widerstand stieß. In den Räumen, die die Medresen säumen, sind heute Souvenirläden, in denen es Teppiche, Schmuck und andere Andenken zu kaufen gibt.

Vom Registan aus führte uns Tanya zum Observatorium des Ulug Beg, das auf einem Hügel gelegen ist. Am Eingang steht die Statue des Mannes, nach dem das Observatorium benannt ist. Ein weiser Mann, berichtete Tanya, der drei Jahrzehnte lang regiert habe. Von den Maulbeerbäumen, die um die Statue standen, waren ein paar Früchte herabgefallen und hatten den Boden mit purpurroten Klecksen betupft. Von Tanya erfuhr ich, dass es in ganz Eurasien seinerzeit insgesamt sechs Observatorien gab, dieses hier aber für die große Genauigkeit der astronomischen Tafeln Ulug Begs besonders berühmt war. Das ursprüngliche Gebäude jedoch wurde kurz nach seiner Fertigstellung von Invasoren zerstört; nur der Sockel des Sextanten blieb unversehrt und wurde später unter Schutt und Asche gefunden. Zum Glück ist mit dem Zerfall des Gebäudes nicht auch die große Lehre verloren gegangen, die sich von hier aus in die ganze Welt verbreitete. Nicht weit entfernt sind in einem kleinen Museum Karten von Tamerlans Reich aufbewahrt, das sich einst bis ins nördliche Indien erstreckte. Auf zahllosen Karten der Seidenstraße waren alte Reise- und Handelsrouten verzeichnet, die alle in Samarkand zusammenliefen – ein Gewirr aus kreuz und quer laufenden Linien, die allesamt zur Seidenstraße zählten. Jetzt wurde mir einiges klar – früher war mir immer etwas schleierhaft gewesen, wo genau die Seidenstraße eigentlich lag.

Zu Zeiten, als Samarkand die Perle der Seidenstraße war, so erzählte Tanya, gedieh ein farbenprächtiger Basar rund um den Registanplatz. Händler aus allen möglichen Ländern verkauften ihre Waren: schimmernde Seide, weiche Musseline, sonnengetrocknete Keramik und feines Porzellan, glänzende Perlen, Juwelen und Edelsteine, Gold, Teppiche und Gewürze. Hier trafen sich Kamelkarawanen, gerissene Verkäufer, Abenteurer und wagemutige Reisende. Offenbar hatten auch unsere Vorfahren eine Vorliebe für Importwaren und nahmen lange Wege auf sich, um sie zu bekommen.

Anschließend fuhr Sascha unsere kleine Reisegesellschaft zur Bibi-Chanym-Moschee. Auf dem Weg von unserem Parkplatz mussten wir über einen Basar, wo es an jeder Ecke kleine Läden gab, in denen in *tandirs*, Lehmöfen, die bei uns zu Hause in Indien *tandooris* heißen, kleine Köstlichkeiten gebacken wurden. Die Ausmaße der Moschee, die den Basar ehrfurchtgebietend überragte, waren gigantisch, und ich bekam einen steifen Hals, als ich zum Haupteingang hochblickte. Die Gattin Tamerlans ließ die Moschee in Abwesenheit ihres Mannes errichten, als Überraschungsgeschenk für seine siegreiche Heimkehr. Doch die Moschee brach unter dem Gewicht ihrer gewaltigen Größe zusammen. Erst vor ein paar Jahren hat man mit der Erneuerung des Gebäudes begonnen. Auf dem Hofplatz der Moschee war es ruhig; keine Besucher, Gläubigen oder Touristen. Inmitten eines überwucherten Gartens stand eine Säule mit Versen des Heiligen Buches. Ich konnte die Säule nicht mit den Armen umfassen, so dick war sie. Wir setzten uns unter einen Baum. Ein alter Mann trat zu uns, zeigte eine blumenförmige, blaugelbe Kachel, ähnlich der Kachelborte am Sockel der Bibi-Chanym-Moschee. Er hatte die Kachel während der Renovierungsarbeiten ergattert und wollte sie an uns verkaufen.

Unser nächstes Ziel war Shakhi Zinda, eine Nekropole etwas außerhalb der Stadt. Gut 30 Stufen, die Stufen zum Paradies genannt, führen zu den Gräberstätten. Wer auf dem Weg hinunter die gleiche Zahl Stufen zählt wie auf dem Weg hinauf, hat eine reine Seele und Anspruch auf einen Platz im Himmel. Ich stieg hinunter in einen engen Durchgang. Zu beiden Seiten lagen die Gräber der Edelfrauen des Königshauses, einzelne Mausoleen mit beeindruckenden, türkisfarbenen Kuppeln. Nur Frauen lagen hier begraben, im Schutz der Heiligen, die in unmittelbarer Nähe ruhte – Tamerlans Nichte. Sie sei schön wie der Mond gewesen, heißt es, schlank wie eine Zypresse und klug wie Sokrates. Selbst der Engel Salomon, so Tanya, wäre von ihrem Anblick betört gewesen. Jedes Grab war ein buntes Mosaik aus prachtvollen blauen und glänzend türkisfarbenen Kacheln, dazwischen leuchtend gelbe und weiße. Die ursprünglichen Kacheln waren mit kunstvollen Schnörkeln verziert, die neueren hatten einfache, verschachtelte geometrische Muster, doch alle waren sie von hypnotisierendem Glanz – wie ein funkelndes Meer, in dem sich die Sonne spiegelt. Die Kacheln des Mausoleums hatten die Farben des Himmels – wolkenweiß, sonnengelb. Waren die Kuppeln wegen dieses herrlichen Blaus so wunderschön? Oder brachte umgekehrt die Kuppelform das Blau erst richtig zum Glänzen? Blau war die Farbe dieser Stadt – die Farbe des Wassers und des Lebens, des Himmels und des Todes.

Ich ging durch den Gang zurück zu den Stufen und zählte sorgfältig. Und siehe da – ich kam auf ein anderes Ergebnis als vorher. Also kein Platz im Himmel für mich. Aber eine Pilgerreise nach Samarkand erfüllte bestimmt denselben Zweck. Überall auf der Welt scheint das Licht vom Himmel auf die Erde. Doch in Samarkand, so heißt es, scheint es von der Erde in den Himmel.

War Samarkand vielleicht der Himmel auf Erden? Ich fragte Tanya, wie sie über die Umwälzungen im Land dachte. Die Perestroika sei gut, sagte sie, es gebe mehr Freiheiten. Doch heute mache die Inflation vieles wieder zunichte, und sie wisse nicht mehr richtig, was sie denken solle.

Tanya war aus Leningrad. Ihr Vater, ein österreichischer Kommunist, war nach Russland emigriert, wo er ihre Mutter, eine Jüdin, geheiratet hatte. Obwohl er Kommunist war, wurde er unter Stalin misstrauisch beobachtet und eines Nachts abgeholt. Sie wusste nicht, was aus ihm geworden war, ob er noch lebte oder nicht. Tanya und ihre Mutter wurden nach Samarkand geschickt. Obwohl das alles schon lange zurücklag, bekam sie beim Erzählen feuchte Augen. Von ihrem usbekischen Mann ließ sie sich scheiden und zog wieder zu ihrer Mutter. Ihr Bruder lebte mit seiner russischen Frau nahe der lettischen Grenze. Für ihn war es schwierig, alles unter einen Hut zu bringen, und er kam nicht oft zu Besuch. Sein letzter Besuch lag zwei Jahre zurück, und der war ihm nur möglich gewesen, weil Tanya die Hälfte der Reise bezahlt hatte. Sie selbst konnte aus Samarkand nicht weg, denn anderswo wäre das Leben für sie zu teuer. Und für viele Russinnen wie sie war das hier die Heimat. So wie das neue Land nach einem neuen Selbstverständnis suchte, so suchten auch seine Bewohner nach einer neuen Identität, lernten, Usbeken zu sein. Ihre Wurzeln mochten anderswo liegen, doch jetzt würden sie wohl oder übel hier bleiben.

Tanya war besorgt um meine Sicherheit. Gebranntes Kind, das sie war, hatte sie Angst vor Milizen und bürokratischen Obrigkeiten. Ich hingegen war da eher gelassen, denn in meinem Heimatland enden Scherereien mit Offiziellen in Verzögerungen und theatralischem Gebaren, aber nicht im Knast oder im Exil. Allerdings kann ich nicht leugnen, dass die ständigen Uniformen und Amtsmarken in diesem Land auch bei mir ein gewisses Unbehagen auslösten. Die Sowjetunion existiert zwar nicht mehr, doch Obrigkeitsdenken und Willkür lassen sich nicht so einfach ausradieren, und meine Herfahrt hatte mich sehr wohl an die langen Schatten der Geschichte erinnert.

Sascha fuhr uns zum Gemüsemarkt, um ein paar Zutaten für das Mittagessen zu kaufen. Mit einem roten Plastikeimer in der Hand gingen wir auf Einkaufstour. Der Lebensmittelbasar erstreckte sich über Hunderte von Quadratmetern mitten im Herzen der Stadt. Teils war er behelfsmäßig überdacht, um die heiße Sonne fern zu halten, teils lag er unter freiem Himmel. Hinter den grob zusammengezimmerten Ständen, die sich dicht an dicht aneinander reihten, standen Männer und Frauen. Bottiche und Körbe mit einer unglaublichen Vielfalt an Obst, Gemüse und Gewürzen in allen Farben waren ausgelegt: Granatäpfel, saftige Pfirsiche, gelbe Zitronen, scharfe rote Chilis, glänzend grüne Paprika, goldener Gelbwurz, klebrig braune Datteln und Berge von weißer Butter. Kirschen sah ich in vier Farbtönen, einige groß wie Äpfel. In das laute Geschnatter und Geplapper mischte sich das Geklingel der Geldmünzen. Mir gefiel die bunte, quirlige Atmosphäre, ich fühlte mich wie zu Hause. Die Menschen waren gekleidet wie vor 500 Jahren, sie sprachen die gleiche Sprache, aßen das gleiche Essen. Die Beständigkeit wirkte beruhigend, wie eine Garantie, dass die Muster des täglichen Lebens, der Alltag der gewöhnlichen Leute überdauern, auch wenn die Herrscher mit ihren Mausoleen, die Machthaber mit ihren Beamten kommen und gehen.

Sascha und ich nahmen ein Kilo tiefschwarzer Kirschen aus großen Blechkübeln, ein Kilo Aprikosen und ein großes *lepioshka*. Voll bepackt mit Essen, verabschiedeten wir uns von Tanya und machten uns auf den Rückweg nach Taschkent.

Eine halbe Stunde später bog Sascha von der Landstraße ab in eine grüne Nebenstraße, die mitten durch einen Apfelhain führte. Wir stiegen aus, er stellte seine Aktenmappe auf den Boden, damit wir einen Tisch hatten, wusch das Obst, deckte Tomaten und Gurken auf sowie etwas Brot und eine Büchse Rindfleisch. Im kühlen Schatten des Obsthains genossen wir unser Picknick, sogen die saubere, klare Luft des stillen Nachmittags ein.

Zurück auf der Landstraße, zog die weite Landschaft vorbei. Berge umrahmten das Tal von Samarkand. Ich fragte mich, warum sie so kahl und öde waren, wo das Tal doch so fruchtbar war. Ganz in der Ferne sah ich sogar Schnee auf einem Berg. Das Land war reich, doch die Menschen waren arm: Männer wie Frauen arbeiteten trotz sengender Hitze draußen auf dem Feld; Kinder planschten in Mulden und Pfützen, genossen das kühle Nass. Immer wieder sah man an der Straße kleine Stände mit Obst und Gemüse.

Plötzlich hielt Sascha an. »*Little problem*«, sagte er. Irgendetwas war mit dem Auto. Sascha schlurfte zwischen Kofferraum und

Motorhaube hin und her, hämmerte und drückte, feilte an irgendeinem Teil herum, damit es besser passte. Er bekam das Problem behelfsmäßig in den Griff, aber ohne Werkstatt würde es nicht gehen. Also fuhren wir einen Umweg zu einer kleineren Stadt. Während Sascha in die Werkstatt ging, blieb ich im Auto sitzen, sah den Leuten zu, die im Schatten vor ihren Häusern saßen. Unter einem Torbogen waren zwei Männer in ein Brettspiel vertieft, Teekanne und Tassen mit grünem Tee daneben. In der Nähe werkelte eine Frau geschäftig an einem Teestand, während zwei ihrer Kunden auf dem Boden hockten und warteten, bis sie bedient wurden – wie in einem *chai*-Shop in den Straßen Delhis. Sascha kam zurück. Die Notlösung hielt bis Taschkent, wo wir spät in der Nacht eintrafen.

Jetzt ein Hotel, ein kühles Zimmer, ein kaltes Bad und ausruhen – ein Segen. Am nächsten Morgen bekam ich sogar eine Erklärung des Pass-Abenteuers auf Englisch: Der Mann, der mit uns im Auto nach Samarkand gefahren war, war Polizeioffizier, und das Gebäude, zu dem wir dirigiert worden waren, war in der Tat das Polizeihauptquartier. Dort hatte man eine saftige Geldstrafe für mich diskutiert – also tatsächlich weder Handschellen noch lebenslange Haft im Kerker. Schade, ich war fast enttäuscht! Ich hätte die saftige Geldstrafe gerne bezahlt und wäre weiter nach Buchara gefahren, war aber gerührt über Saschas Sorge um meine Finanzen.

Am folgenden Tag ging mein Flug von Taschkent. Durch das Flugzeugfenster blickte ich hinunter auf das Land, das kulturell so viel mit Indien gemeinsam hat: eine verwandte Sprache, die Kleidung, das Essen. Die Kuppeln des Tadsch Mahal haben hier in diesem Land ihre Heimat. So wie die hohen Wangenknochen meiner Großmutter. Ich kehrte zurück mit einem tieferen Verständnis meiner Geschichte. Und die blauen Kuppeln gesehen zu haben, die ich vor so langer Zeit auf den verblassten Buchseiten bestaunt hatte, erfüllte mich mit einem tiefen Glück.

Wagamama

JENNIE PEABODY • JAPAN

Junko lag mit einer Erkältung flach. Dabei hatte ich gehofft, meine Zeit des Alleinreisens wäre erst einmal vorbei, doch sie hatte beschlossen, am Tempel 33 einen Tag dranzuhängen, um wieder auf die Beine zu kommen. Ich versuchte, meine Enttäuschung zu verbergen, doch es wollte mir nicht recht gelingen. Reisegefährten kommen und gehen auf der *henro michi*, der Pilgerroute, doch als ich am Tag zuvor nach 14 Tagen einsamer Wanderschaft beim Abendessen auf Junko getroffen war, erschien es mir wie ein Geschenk von Kobo Daishi. Sie war unter meinen Reisebekanntschaften die erste Frau, die wie ich als *henro*, als Pilger, zu Fuß unterwegs war. Und außerdem waren wir etwa gleich alt: sie 26, ich 23. Ich zeigte ihr die Fotos meiner Familie, die ich in mein Tagebuch geklebt hatte, ein Stück Wirklichkeit in meinem unwirklichen Dasein in diesem fremden Land.

Sie schenkte mir ein paar japanische *ame*, ihre Lieblingssüßigkeit. Dieses einfache wechselseitige Geben und Nehmen war beglückend, wie ein Band, das über das übliche oberflächliche »*Hello*« und »*Thank you*« hinausging, von dem ich während der drei Wochen, die ich nun unterwegs war, mehr als genug gehört hatte.

Im Gegensatz zu anderen Pilgerschaften, die einen bestimmten Wallfahrtsort zum Ziel haben, bestand meine Pilgerstrecke gleich aus 88 Zielen. Die 88-Tempel-Pilgerwanderung wird zu Ehren Kobo Daishis (774–835 v.Chr.) unternommen, des größten Heiligen und Gelehrten Japans. Die Tempel liegen an einem Rundweg auf der japanischen Insel Shikoku, der Geburtsinsel Kobo Daishis. Die

Wanderung beginnt und endet am selben Ort, der Pilger selbst aber kehrt als neuer Mensch an den Anfangspunkt zurück.

Kobo Daishi ist der Begründer der buddhistischen Shingon-Sekte. Doch die Priesterschüler machen nur einen kleinen Prozentsatz der *henro* aus, die sich zu Fuß auf die Pilgerroute begeben. Die große Mehrheit der Pilger auf Shikoku sind Laien – nicht unbedingt bewandert in der buddhistischen Lehre, aber beseelt davon, ein persönliches Ziel zu erreichen. Seit Jahrhunderten begeben sich *henro* auf die 1500 Kilometer lange Strecke – über Berge, durch ländliche Gebiete und Dörfer, an der Küste entlang –, um Genesung zu erbitten, für sich selbst oder Familienangehörige, um für Sünden zu büßen oder um sich ganz in Gedanken zu versenken und den Geist zu schärfen. Ich für meinen Teil unternahm die Pilgerwanderung, um die Tempel zu fotografieren, um mehr über diese Kultur zu erfahren, die sich von meiner eigenen so sehr unterscheidet, um einzutauchen in das Herz einer japanischen Legende.

Henro kleiden sich traditionell in weiße Gewänder, also in der Farbe, in der in Japan die Toten begraben werden, was historisch dadurch begründet ist, dass man diese strapaziöse Wanderung entweder überlebte und stärker daraus hervorging oder starb und unterwegs begraben werden musste. Alle *henro* führen einen Holzstab mit (es gibt sie an den meisten Tempeln zu kaufen), ein Symbol für den im Geiste mitwandernden Kobo Daishi. Ich habe seine Gegenwart am stärksten auf den *henro michi* gespürt – den Fußwegen abseits der asphaltierten Wege und Landstraßen, mit denen man in den vergangenen 50 Jahren ganz Shikoku durchzogen hat. An jenem Morgen – es regnete in Strömen, und der Weg war voller großer Pfützen – machte ich mich also wieder allein auf, ohne Junko – zu meinem nächsten Ziel, dem Tempel 34, Tanema-ji.

Nach Tanema-ji pilgern vor allem Schwangere, um für eine gesunde Geburt zu beten. Bei der Ankunft überreicht die Schwangere dem Priester eine neu gekaufte Holzschöpfkelle. Der schlägt den Boden der Kelle aus, ein symbolischer Durchgang, durch den das Kind nun in die Welt treten kann. Die Frau nimmt die Kelle wieder mit nach Hause und legt sie für die Dauer ihrer Schwangerschaft auf den Familienaltar. Nach der gesunden Geburt des Kindes schreibt sie dann ihren Namen und ihr Alter auf den Griff der Kelle und bringt sie in den Tempel zurück. Vor dem Tempel, an einer Bretterwand, hingen Hunderte solcher Holzschöpfkellen – dunkle Silhouetten vor einem weißen Himmel. Ihre versetzte Anordnung – eine hoch, die nächste tief, dann wieder hoch – erinnerte mich an jene Schutzgitter, die Eltern an Treppen befestigen, damit ihre Kinder nicht herunterfallen können.

Am nächsten Tag brach die Sonne wieder durch, warf einen Lichtstrahl durch die Bäume auf die leeren Seiten meines Tagebuchs. Der Weg über die Berge vom Tempel 35 bis zu dieser abgeschiedenen, grünen Oase war bis auf die Spinnweben fantastisch gewesen. Direkt auf Augenhöhe zogen sich zwischen Bäumen und Büschen jede Menge Spinnfäden quer über den Pfad. Da ich sie nicht einfach zerstören wollte, bückte ich mich unter ihnen durch, doch oft übersah ich sie und hatte sie ihm Gesicht kleben. Und hatte ich sie schließlich aus dem Gesicht gestrichen, klebten sie mir an den Händen. Doch dieses relativ kleine, lästige Übel nahm ich gerne auf mich, um für einige Stunden abseits vom asphaltierten Weg zu wandern.

Der kleine Bach unter meinen Füßen plätscherte auf seinem Weg zu größeren Gewässern stetig vor sich hin. Es war schon komisch – da schrieb ich Briefe an Freunde und Familie zu Hause, wie einsam ich sei, und doch verspürte ich hier auf meinem Gang durch die Wälder den Wunsch, meine Rückkehr in die Zivilisation so lange wie möglich hinauszuschieben. Meine dürftigen Japanischkenntnisse, die ich mir in einem sechswöchigen Crashkurs angeeignet hatte, reichten gerade einmal aus, um einzukaufen, nach Bädern zu fragen oder mir in Tempeln oder Gasthöfen für die Nacht eine Schlafstatt zu reservieren. Kompliziertere Unterhaltungen waren unmöglich. Wenn ich allein unterwegs war, hatte ich einen Grund, mich einsam zu fühlen. Wenn ich mich aber einsam fühlte, obwohl ich von Menschen umgeben war, dann zweifelte ich an mir selbst.

Doch irgendwann musste ich meinen einsamen Pfad verlassen und zurück in die Zivilisation. Am Tempel 36 traf ich auf eine ganze Busladung voll älterer *henro* – vorwiegend japanische Rentner, die nicht den traditionellen Fußmarsch auf sich nahmen, sondern sich von Tempel zu Tempel chauffieren ließen. Die Pilgerschar begab sich zum innersten Heiligtum des Tempels, wo man dem Brauch gemäß nach der Ankunft betet. Auf den letzten Stufen dorthin fiel mir ein Mann auf, kaum größer als einszwanzig, der an mir vorbeihinkte und mir über die Seiten seines Gebetsbuches hinweg immer wieder flüchtige Blicke zuwarf. Wahrscheinlich war er von meiner Körpergröße von fast einsachtzig ebenso fasziniert wie ich von seiner. Als er seine Gebete beendet hatte, kam er auf mich zu, deutete mit seinem knorrigen Zeigefinger auf seine Nase und sagte: »*Boku wa kyujuyon-sai. Hachijûhachi kasho mairi wa, hajimete*«, er sei 94 und das erste Mal auf der 88-Tempel-Pilgerwanderung. Dann langte er in seinen Beutel, kramte nach etwas, fand es aber nicht. Ich langte ebenfalls in meine Tasche und zog eines meiner Namensbänder heraus, auf denen mein Name auf *katakanka* geschrieben stand, einer Silbenschrift, die er lesen konnte.

Namensbänder gehören auf dieser Pilgerreise traditionell ins Gepäck. An jedem Tempel wird eines abgelegt, damit Kobo Daishi weiß, wie weit man auf der Suche nach ihm und seinem Segen gekommen ist. Mit Gesten gab mir der kleine Mann zu verstehen, dass er mein Geschenk nicht annehmen könne, und wollte es mir zurückgeben. Doch ich bestand darauf. Schließlich umklammerte er es mit beiden Händen und verneigte sich demütig. Ich fragte ihn, ob ich ihn allein, abseits seiner Pilgergruppe, fotografieren dürfe, und er richtete sich stolz auf. Ich hätte noch Dutzende von Fragen gehabt – etwa, weshalb er mit seinen 94 Jahren die Pilgerreise auf sich nahm –, doch selbst wenn es mir gelungen wäre, diese Frage zu formulieren, stand zu bezweifeln, dass ich die Antwort verstanden hätte. Ich musste die Begegnung so annehmen, wie sie war, und dankbar dafür sein – eine echte Übung, meine maßlose Neugier zu zügeln.

Als ich an jenem Abend in den Speisesaal des Gasthofs kam, sah ich zu meinem großen Erstaunen Junko da sitzen. Sie blickte von ihrem Teller auf und machte ein ebenso verdutztes Gesicht wie ich. Sie hatte die Zwei-Tages-Etappe doch glatt an einem Tag bewältigt, eine bemerkenswerte Leistung, scherzte sie, wo sie doch viel kürzere Beine habe als ich. Sie grinste von einem Ohr zum anderen, als sie bemerkte, dass ich meine *yukata* nun richtig herum zugemacht hatte, also rechts über links. Bei unserer ersten Begegnung nämlich, so erzählte sie mir, hätte ich das leichte Baumwollgewand falsch herum getragen. Ich wusste nicht, dass es falsch herum und richtig herum überhaupt gab, traute mich aber nicht nachzufragen.

»Nur Tote tragen das Gewand mit der linken Seite oben«, erklärte sie.

Noch vor dem Morgengrauen war ich wach, sah in den tiefblauen nächtlichen Himmel und auf das Meer, das das leuchtende Rosa der aufgehenden Sonne aufsog. Junko und ich wollten eine Fähre auftun, die uns über eine schmale Bucht zum nächsten Tempel brachte. Doch die Anlegestelle war zunächst nicht zu finden, und selbst Junko musste ein paar Mal stehenbleiben und sich orientieren. Ich bin sicher, dass ich sie allein nie gefunden hätte.

Später an jenem Nachmittag sichtete ich ein verlassenes Fahrrad auf einem *henro michi*, der eine Abkürzung war. Matt und müde und die lange Strecke vor Augen, die wir noch vor uns hatten, schlug ich vor, dass wir damit weiterreisten. »Ich radle, und du kannst dich in den Korb am Lenker setzen.«

»Wie E.T.!« Junko war auf der Stelle einverstanden. Wir schwatzten und lachten, und das gab mir die nötige Energie, um die restliche Strecke durchzuhalten.

Wir waren uns einig, am Tempel 37 einen Tag Pause einzulegen und den Nachmittag in einem Buchladen in der Stadt zu verbringen. Ich fand ein Buch über Marlene Dietrich, mein *aidoru*, also mein Idol, seit meiner Highschool-Zeit. Und Junko erzählte, dass sie für Madonna auf ihrer Blond-Ambition-Tour schwärme, ihrer triumphalen Welttournee. Marlene und Madonna – zwei starke Frauen, die mit dem traditionellen japanischen Frauenbild so gar nichts zu tun haben. Bis ich Junko traf, hatte ich mir Japanerinnen immer als fügsam und überaus feminin vorgestellt, doch Junko hat mit dieser Klischeevorstellung gründlich aufgeräumt. Sie ist eine unabhängige und äußerst eigenwillige Frau.

An einem Tag schafften wir die ganze Strecke bis zum Tempel 38 am Kap Ashizuri. Allein wäre ich wahrscheinlich nur halb so weit gegangen. Junko wollte ihre Wäsche waschen, und nachdem ich meinen Rucksack am *minshuku*, dem Tempelgasthof, abgesetzt hatte, ging ich noch einmal los, um den weiten Blick vom Kap aus zu genießen. Auf einer kleinen, ummauerten Aussichtsplattform auf der vorspringenden Klippe hatte man das Gefühl, über dem Meer zu schweben. Der Ort war berüchtigt für Selbstmorde. Beim Blick in die Tiefe und nach allen Seiten verstand ich auch, warum. Das Meer wogt vor und zurück, nähert sich der Küste und bricht schließlich seine tödlichen Wellen gegen die zerklüfteten Felsen. Die atemberaubende Kulisse ließ mich wie betäubt verharren, und ich fragte mich, was es wohl für ein Gefühl war, aus dieser Höhe in den Tod zu stürzen – eine bedrohliche Versuchung; besser, ich brachte mich schnell in Sicherheit. Der Wind am Kap war fast so stark wie die Wellen und wehte mich ein paar Mal fast um – insbesondere, da ich ein Paar *geta* an den Füßen trug, Holzsandalen, die ich am Tempel bekommen hatte und auf denen ich unsicher herumstakste.

Von der Küste führte uns eine bergige Straße weiter und weiter hinauf, schien sich endlos nach oben zu winden. Als es endlich wieder bergab ging, lagen nur noch 1,5 Kilometer Fußmarsch vor uns, doch das bei sturmwindartigen Böen, die an meinem Rucksack rissen und zerrten, dass er beinahe davonflog. Mein Rücken und meine Beine schmerzten vor Erschöpfung, als wir am Pilgergasthaus des Tempel 39 ankamen.

An den folgenden Tagen gingen wir lange Strecken auf schmalen Straßen, wo Autos und Lastwagen gefährlich dicht an uns vorbeifuhren. Zudem goss es in Strömen, was auf die Stimmung drückte – wir waren nass bis auf die Haut. Am letzten Tag war meine Stimmung schon beim Mittagessen im Keller, was Junko bemerkte.

»Jennie, so ruhig heute? Heimweh? Wenn etwas ist, dann sag es mir ruhig.«

Zuerst redete ich ein wenig drum herum, doch dann brachte ich es heraus: »In Amerika bin ich stolz darauf, unabhängig zu sein. Hier in Japan fällt es mir schwer, um Hilfe bitten zu müssen und nicht verstanden zu werden. Auf andere angewiesen zu sein und bescheiden zu sein, muss ich erst noch lernen.«

»Bevor ich dich kennen lernte«, fiel sie ein, »mochte ich Amerikaner nicht. Aber du bist« – und sie zeigte dabei auf das Wort *otonashii* in meinem Wörterbuch – »sanftmütig und gütig. Du hast ein sehr gutes japanisches Benehmen.«

Tatsächlich war mir gar nicht wohl bei dem Gedanken, wie abhängig ich mich inzwischen von Junko gemacht hatte. Ich musste mich nicht mehr selbst um telefonische Reservierungen für Übernachtungen kümmern, musste nicht mehr verstehen, was der Mensch am anderen Ende der Leitung sagte, musste mich auch nicht mehr so sehr auf die Unterhaltungen mit anderen *henro* beim Abendessen konzentrieren, denn Junko war ja an meiner Seite. Nun aber fühlte ich mich verpflichtet, mich nach ihren Plänen zu richten (sie hatte es eilig, da sie wieder zurück zur Arbeit musste), was bedeutete, an einem Tag die doppelte Strecke zurückzulegen, die ich allein gegangen wäre. Das schnelle Tempo laugte mich aus, und wenn ich es nicht herunterschraubte, würde ich zu früh in Takamatsu sein, wo ich meine Mutter treffen wollte, die sich meiner Pilgerwanderung in den letzten beiden Wochen anschließen wollte. Ich überlegte, ob ich nicht mehr Vertrauen in mich selbst und Kobo Daishi setzen und meinen Weg allein fortsetzen sollte.

An jenem Abend, beim Essen am Tempel 40, tobten draußen Blitze, Donner und Regen. Ich musste schmunzeln, doch Junko runzelte die Stirn, denn wir hatten vereinbart, dass wir einen Tag Pause einlegen, sollte es regnen. Aber offenbar hatte Junko den besseren Draht zu den Wettergöttern als ich – das Gewitter verzog sich, so plötzlich wie es gekommen war. Ich hoffte schon beinahe, dass ich krank würde, um am nächsten Tag nicht mitzumüssen. Ich sah ein, dass ich aufbegehren und ihr sagen musste, dass ich noch bliebe. Schließlich waren wir einander zu nichts verpflichtet. Wo war nur mein Selbstvertrauen, das mich ursprünglich auf diese 1500 Kilometer lange Solotour durch ein fremdes Land geführt hatte? Ich fand einfach nicht den Mut, mich aus freien Stücken von Junko zu trennen, hoffte, dass sie von sich aus anbieten würde, noch einen Tag hier zu bleiben. Und ich betete um Regen.

Am nächsten Morgen beim Frühstück fasste ich mir ein Herz und erklärte Juno ganz offen, dass es mir besser gehen würde, wenn ich noch eine weitere Nacht am Tempel 40 bliebe.

»Schön. Bleib nur«, sagte sie knapp.

»Aber ich will mich eigentlich nicht trennen.«

»Schön. Dann komm mit.«

Die Erinnerungen an die einsamen Wanderwochen waren noch zu frisch. Die düstere Vorstellung, wieder als Außenseiterin unterwegs zu sein, verjagte jedes Gefühl körperlicher Erschöpfung. Und so ergab ich mich einmal mehr Junkos Führung. Auf dem Weg vom Badezimmer stieß ich mit dem Kopf an die viel zu tiefe Türfassung und sah sofort eine tiefere Bedeutung darin. War es ein Zeichen, dass ich bleiben sollte? Oder war das die Strafe dafür, dass ich Junkos Pläne hatte durchkreuzen wollen? Verzweifelt suchte ich nach der lenkenden Hand höherer Mächte.

Ich ging vom Tempel ein Stück die Straße hinunter zur Post, um einen Brief aufzugeben, und schoss ein paar Fotos von mehreren *henro*, die auf dem Weg zum Tempel 40 mitten durch den Verkehr marschierten – ein Gegensatz von Vergangenheit und Gegenwart: weiße Roben in einer Reihe gegen das Chaos dunkler Autos auf dem schwarzen Asphalt. Als ich meine Kamera senkte, sah ich Junko, die abmarschbereit und etwas irritiert an einem Baum stand und auf mich wartete. Rasch setzte ich meinen Rucksack auf, und wir zogen los. Obwohl ich am Morgen nach dem Aufwachen noch hundemüde gewesen war, kehrten meine Kräfte auf der Straße zurück. Ich war beschwingt von den Fotos, die ich eben gemacht hatte, und dachte an die Briefe, die ich unlängst von zu Hause bekommen hatte.

Wenn ich mit Junko wanderte, lief ich meistens etwas schneller und war ihr ein paar Meter voraus. Das war uns beiden recht, denn so waren wir nicht allein, aber trotzdem konnte jede ihrem eigenen Rhythmus folgen und sich in stille Gedanken versenken. Nicht selten verfiel ich in eine kleine meditative Trance, da wir die meisten unserer Gedanken für uns behielten. Doch heute spürte ich nach wenigen Schritten, wie sich von hinten scharfe Blicke durch meinen Rucksack bohrten. Irgendwann drehte ich mich um und fragte: »Bist du sauer wegen irgendwas?«

»Sauer?«, fragte sie.

»Wütend«, legte ich nach.

Nein, lachte sie halbherzig, das sei sie nicht. Wir gingen also weiter, aber irgendetwas lag in der Luft.

»So müde scheinst du ja nicht mehr zu sein«, bemerkte sie, als wir Rast machten.

»Ja, wundert mich auch«, lächelte ich. »Ich denke, die Briefe von zu Hause haben mich aufgemuntert.«

»Nun, wenn du fröhlich bist, dann bin ich es auch. Aber«, fügte sie hinzu, »vorhin war ich schon ein bisschen wütend.«

»Gomen nasai«, entschuldigte ich mich.

»Du bist *wagamama«*, lachte sie scherzend. Ich sah das Wort im Wörterbuch nach – »selbstsüchtig, egoistisch«. Das war wie ein Schlag ins Gesicht. Ich wurde nachdenklich und ganz still. Wieso bin ich egoistisch, wenn ich einen zusätzlichen Tag bleiben möchte, und Junko ist es nicht, wenn sie darauf beharrt weiterzugehen, fragte ich mich. Gestern noch war ich »sanftmütig und gütig« gewesen, heute »selbstsüchtig und egoistisch«.

Wir liefen weiter, ein junger Mann im Auto hielt neben uns, schwenkte mit der Kamera und fragte, ob er ein Foto machen dürfe. Wir taten ihm den Gefallen, und ich gab ihm meinen Apparat, damit er für mich auch eins machte. Junko wies mich darauf hin, dass meine Linsenkappe zu war. Mist, dann waren die Bilder von heute Morgen gar nicht auf dem Film. Doch als ich Junko das sagte, stichelte sie nur *»Kobo Daishi«* als hätte der Heilige ihren Wunsch eben vor meinem erhört. Ich drehte Junko den Rücken zu, damit sie die Tränen nicht sah, die mir über die Wangen kullerten, und marschierte weiter. Ich fragte mich allerdings, ob Kobo Daishi nicht doch auf meiner Seite war, mich bewegen wollte, auf der Stelle umzukehren und zurück zum Tempel 40 zu gehen und die Fotos zu schießen, die mir am Morgen entgangen waren, um *meine* Pilgerwanderung, *meine* Reise zu *meinen* Bedingungen zu machen. Ich war völlig verunsichert, wusste nicht, wie ich mich in dieser Kultur verhalten sollte. Als Amerikanerin bin ich der Überzeugung, dass ein gewisser Egoismus durchaus sein Gutes hat. Und dennoch, wenn ich versuchte, mich gegen Junko zu behaupten, war mir, als würde ich gegen eine Wand rennen. Ich muss nachgeben, mich zurücknehmen, kapitulieren, dachte ich.

Gegen Mittag waren wir nur noch etwa 45 Minuten Fußmarsch vom nächsten *minshuku* entfernt, und so hatte Junko nichts dagegen, die Mittagspause auszudehnen. »Möchtest du nicht noch weiter wandern und unsere Reservierung ändern?«, fragte ich, denn soweit ich mich entsann, hatte sie am Morgen noch vorgehabt, weiter als bis zu diesem Gasthaus zu gehen.

»Nein«, antwortete sie. »Eine Rast tut ganz gut.« Und nach einer kurzen Pause fügte sie hinzu: »Hast du nicht noch mehr Zeit? Du solltest dir mehr Zeit nehmen.«

Mit ihren widersprüchlichen Bemerkungen brachte sie mich völlig durcheinander, obwohl ich sie im Nachhinein ganz gut verstehe. Sie schmeichelte mir, wenn ich in guter japanischer Manier um den heißen Brei herumredete – da war ich »sanftmütig und gütig«. Und sie kritisierte mich, wenn ich die Dinge offen und direkt aussprach – das fand sie »selbstsüchtig und egoistisch«. Es war für mich eine schmerzliche Bestätigung des berühmten Sprichworts *»Deru kui wa utareruîô«*: Der Nagel, der hervorsteht, wird niedergehämmert. Ich war der Nagel unter Junkos Hammer, aber wohl doch ein sehr nachgiebiger – denn indem ich ihr ein langsameres Tempo zugestand, kam sie vielleicht ins Grübeln in Bezug auf ihre eigenen *wagamama*-Eigenschaften.

Am Abend erreichten wir unser Tagesziel, ein herrliches Seebad auf halber Strecke zum nächsten Tempel. Von den Zimmern aus überschaute man in einer von Bergen umsäumten Bucht riesige Austernbänke. Erstaunlicherweise gab es Duschen, unter denen sogar ich stehen konnte. Als wir gefragt wurden, ob wir zwei Einzelzimmer möchten, bejahte Junko begeistert mit *»Hai«*, ich hingegen hätte lieber wie gewohnt das Zimmer mit ihr geteilt. Als eine Art Friedensangebot schenkte sie mir eine Dose Saft, und zusammen setzten wir uns an den Kai und beobachteten den Sonnenuntergang.

Junko und ich hatten eine eigene Sprache entwickelt und unserem Mischmasch aus Japanisch und Amerikanisch auch einen Namen gegeben: *Jenko-go* (abgeleitet aus der ersten Silbe meines Namens und der zweiten Silbe ihres Namens; die angehängte Nachsilbe *go* ist das japanische Suffix für »Sprache«). Und so fragte ich Junko eines Tages auf gebrochen Jenko-go, was sie zur Pilgerwanderung durch Shikoku angeregt habe. »Ich war an einem Tiefpunkt«, vertraute sie mir an. »Ich ging nach Indien, um Ruhe zu finden. Dort sah und erlebte ich viele Dinge, die ganz anders waren als in Japan. Situationen, von denen ich glaubte, man könne sie mit gesundem Menschenverstand lösen, waren den Leuten, die ich in Indien traf, gar nicht immer so klar. Das brachte mich dazu, mich mehr mit meinem eigenen Hintergrund zu befassen. Ich wollte mehr über Japan wissen. Ich kam zurück und brauchte Zeit für mich allein. Und da erinnerte ich mich an meine Großmutter, die mir von der *hachijûhachi*, der 88-Tempel-Pilgerwanderung, erzählt hatte. Deswegen bin ich hier.«

Eine starke, energische, sprühende Frau, die in einer Gesellschaft lebte, die Unabhängigkeit nicht ohne weiteres billigt. Beim Reisen in fremde Länder meint man, eine andere Kultur zu beobachten, aber paradoxerweise blickt man dabei oft in einen Spiegel und sieht sich selbst. Ich begriff, dass ich in der naiven Überzeugung nach Japan gereist war, hier in erster Linie etwas über die japanische Lebensweise zu erfahren. Doch was mich das gemeinsame Reisen mit Junko über mich selbst lehrte, ging viel weiter als alles, was ich über sie und ihre Kultur erfuhr.

Der Herbst hatte begonnen, und wie die *momiji*, die Ahornblätter am Fuß der Berge, veränderten auch Junko und ich die Farben. Wir waren mit eingefahrenen, überkommenen Vorstellungen losgezogen, doch die unverfrorene, unabhängige Amerikanerin und die höfliche, fügsame Japanerin gab es nicht mehr. Die *wagamama*-Episode war ein kleines Kräftemessen gewesen, eine Art natürlicher Konkurrenzkampf, um zu sehen, wer von uns beiden stärker war. Jetzt hatten wir beide zu Ruhe und Frieden miteinander gefunden – zu einer Kameradschaft, die mit jedem Schritt stärker wurde.

Der Weg entlang des Tempel 45 verlief parallel zu einem Fluss, ein schöner, gewundener Pfad, den man in beschaulicher Ruhe erwandern sollte, doch Junko und ich legten ihn rennend zurück. Die Sonne senkte sich bereits, und ich wollte den Tempel unbedingt noch fotografieren, bevor es dunkel wurde. Doch als wir ankamen, stand die Sonne schon zu tief, und so gingen wir geradewegs auf unser Zimmer.

Am nächsten Morgen erzählte mir Junko, ich hätte im Schlaf auf Japanisch *»Hayai! Yukkuri!«*, Schnell! Langsam!, gerufen und dann irgendwas Unverständliches auf Englisch gemurmelt.

»Bikkuri shita«, brachte Junko ihre Verwunderung zum Ausdruck. »Ganz laut. Bin davon aufgewacht, *mayonaka gurai,* gegen Mitternacht. Du hast leicht gelächelt im Schlaf.«

Meine nächtlichen Ausrufe waren doppeldeutig. Entweder hatte ich gemeint »Wir gehen viel zu schnell! Lass uns langsamer machen!« oder »Los, schneller! Du bist viel zu langsam!«, was Junko wohl eher zupass kam. In Wirklichkeit gaben wir beide etwas zu und nach, um zusammenzubleiben, bis wir den schwersten und steilsten Teil der Pilgerwanderung, am Tempel 73, hinter uns gebracht hatten. An jenem Morgen bestand Junko darauf, dass ich mir so viel Zeit nahm, wie ich brauchte, um meine Fotos zu machen, bevor wir wieder weitergingen.

Iwaya-ji, Tempel 45, war ein bezaubernder Ort hoch oben in den Bergen. Selbst die *henro*, die mit dem Bus kamen, mussten am Parkplatz ein gutes Stück unterhalb des Tempels aussteigen und die zahllosen Stufen zu Fuß erklimmen, die vom Flussbett hinauf zum Gipfel führten. Oben angelangt, ging eine schmale Holzleiter auf einen noch höher gelegenen Altar, der in eine steil aufragende Felswand gemeißelt war. Nur wenige *henro* waren mutig und gelenkig genug, auch diesen letzten Aufstieg zu wagen. Junko wollte hinaufsteigen, aber nur wenn ich voranginge. Und als ich von ganz oben hinunterblickte auf die Schar der anderen Pilger, verspürte ich ein zartes Gefühl von Glückseligkeit. Dort oben, in der kleinen Felsnische, verstand ich, warum die Götter vorzugsweise in himmlischen Gefilden weilen. Denn es herrscht grenzenlose Stille. Und die verliert sich, je näher man der Erde kommt.

Wochen später wanderten wir vom Tempel 60 in den Bergen hinab ins Tal, was länger dauerte, als ich dachte. Diese Gegend wird häufig von schweren Wirbelstürmen heimgesucht, und so gestaltete sich der *henro michi* zu einem echten Hindernislauf über umgestürzte Bäume. Angesichts der unbändigen Gewalt des Sturms – eine Gewalt, die ich zu Beginn meiner Pilgerwanderung in meiner Naivität unterschätzt hatte – wurde ich ganz klein und bescheiden.

Überall lagen umgestürzte Bäume im Weg – wir kletterten darüber oder krochen unten durch. Doch dann kamen wir an eine riesige, vom Sturm gefällte Kiefer. Es gab nur eine Möglichkeit: ein paar Meter den Damm hinaufzukraxeln, den Baum oben an der Spitze zu überwinden und dann auf der anderen Seite wieder hinunterzuklettern.

Der *henro michi* führte uns schließlich hinaus auf eine steil abschüssige Straße. Im Zickzack, um unsere Knie zu schonen, gingen wir bergab, scherzten über unsere »Skiabfahrt«: Schneepflug, Schuss, Stopp, Einkehrschwung, Schneepflug, Schuss, Stopp, Einkehrschwung. Es erinnerte mich an einen älteren *henro* am Tempel 20, dem ich auf ähnliche Weise erklärt hatte, wie er am besten über den steilen Abhang hinunterkommt.

Am Fuße des »Skiabhangs« trafen wir nicht wie erwartet auf ein gemütliches Gasthaus, sondern auf ein riesiges, schmuckloses Granitsteingebäude. Zunächst dachte ich, es handelte sich vielleicht um ein Museum, doch wie sich herausstellte, war es der reichste Tempel auf Shikoku – Koon-ji. Das riesige Gebäude beherbergte schmuckvolle Statuen von Gottheiten, die auf einer Art Bühne vor langen Sitzreihen für die Besucher standen. Höchster Komfort – hier bekam man keine Krämpfe in den Beinen vom langen Knien! Ich musste mir unwillkürlich vorstellen, wie hier ein als buddhistischer Mönch verkleideter Fernsehprediger alle dazu überredet, ihm ihr gesamtes Vermögen zu überschreiben.

In dem Buch *Japanese Journey*, das mich ursprünglich zu dieser Reise angeregt hatte, las ich, dass Tempel 61 in den letzten Jahrzehnten zum reichsten der 88 Tempel wurde, weil hier gesprochene Gebete sowie der Segen eines hiesigen Priesters kinderlosen Paaren helfen. Den Tausenden von Babyfotos nach zu urteilen, die in den Gängen des Gästehauses hängen, würde ich sagen, dass moderne Methoden künstlicher Befruchtung mit diesem Weg offenbar nicht mithalten können.

Draußen auf dem Tempelhof trat ein *henro*, der mit dem Auto gekommen war, auf uns zu und fragte, warum wir hier im Gästehaus übernachten wollten, obwohl Tempel 62 doch nur wenige Kilometer entfernt sei. »Weil wir müde sind«, erwiderte Junko kurz und knapp.

Was für ihn nur fünf Minuten bequeme Autofahrt waren, bedeutete für uns über eine weitere halbe Stunde auf müden, wackeligen Beinen, die bereits acht Stunden gelaufen waren. Ich erinnerte Junko daran, dass Kobo Daishi vermutlich nicht per Anhalter mit uns fahren würde, dass wir seine Gegenwart vielmehr auf dem *henro michi* spüren. In diesem Moment schwang ein *henro* gleich zwei Wanderstäbe durch das Tor. Er erzählte, er lege durchschnittlich 35 Kilometer pro Tag zu Fuß zurück. Alle Achtung – vielleicht sollte ich das für meine nächste 1500-Kilometer-Wanderung während der Taifunzeit ebenfalls anstreben.

Meine erste japanische Teezeremonie erlebte ich unter einem Sonnensegel auf dem Hofplatz des Motoyama-ji, Tempel 70. Der Teemeister gab eine sorgfältig abgestimmte Menge grünen Tee und Wasser in eine Teeschale und reichte sie mir mit einer tiefen Verneigung. Junko zeigte mir, wie man die Schale erst ein paar Mal feierlich dreht, bevor man daraus einen kleinen Schluck nippt. Ich war begeistert von dem feierlichen Ritual. Wie oft schon hatte ich Essen und Trinken hastig in mich hineingeschlungen und nicht einmal bemerkt, wie es schmeckt. Junko war überrascht, dass mir die warme, grüne Flüssigkeit so gut schmeckt – selbst vielen Japanern, so sagte sie, sei der Geschmack zu bitter.

Als Gutenachtgeschichte erzählte ich Junko von der Legende, die sich um den Aufstieg zur Klippe oberhalb des Shusshaka-ji, des Tempel 73, rankt, den wir uns für den folgenden Nachmittag vorgenommen hatten. Im zarten Alter von sieben Jahren kraxelte der kleine Daishi, der damals noch Kukai hieß, auf den 480 Meter hohen Berg unweit seines Heimatdorfes. Von hoch oben warf er sich von der Klippe und flehte gen Himmel: »Wenn ich berufen bin, Menschen zu retten – dann rette mich, O Buddha! Wenn nicht, dann lass mich sterben!« In diesem Moment wurde der Junge von einer unsichtbaren Kraft am Gewand gepackt, die ihn unversehrt wieder auf dem Gipfel des Berges absetzte. Junko sagte, eigentlich sei sie nicht erpicht darauf, hohe Berge zu erklimmen, aber den Aufstieg zu jener berühmten Stelle wolle sie doch gerne machen.

Vom Tempel 73 aus folgten wir einem sanften Abhang in das Allerheiligste gleich unterhalb des Gipfels. Meinen Wanderstab lehnte ich an eine Felswand, um beide Hände für den steilen Aufstieg frei zu haben. Junko nahm ihren mit, da sie sich mit Kobo Daishi an ihrer Seite sicherer fühlte. 50 Meter ging es steil bergan, die längste und schwierigste Kletterstrecke auf der ganzen Pilgerwanderung. Ich musste gut überlegen, wo ich Hände und Füße platzierte, und ob die Kraft in Armen und Beinen ausreichte, um mein Gewicht hochzuziehen. In einem gut koordinierten Zusammenspiel meiner geistigen und körperlichen Fähigkeiten gelangte ich schließlich bis hinauf auf den höchsten Punkt, von wo aus ich einen Rundumblick über das ganze Tal genoss. Einige Minuten später traf auch Junko ein. Beseelt von meinem Erfolg, fühlte ich mich versucht, mein Leben in die Hände der Engel zu geben – so wie seinerzeit der junge Daishi.

Ich erinnere mich, wie ich als Kind einmal in einem Swimmingpool bei Nachbarn meine eigene Unsterblichkeit auf die Probe gestellt hatte. Ich war überzeugt, dass ich unter Wasser würde atmen können, wenn ich nur wollte. Nach einer, wie mir schien, endlosen Phase geistiger Vorbereitung tauchte ich also eines Tages auf den Grund des Beckens, im festen Glauben, dass es mit gelingen könnte, zählte bis drei und ... schluckte literweise Wasser! Spuckend, hustend, würgend tauchte ich auf, hatte mich aber rasch wieder gefasst, damit die anderen nichts merkten von meinem wissenschaftlichen Unverstand. Doch eigensinnig, wie ich war, sagte ich mir trotzig: »Du hast nur nicht fest genug daran geglaubt.«

Und nun, 20 Jahre später, auf dem Berg des jungen Daishi könnte ich meinen inzwischen gereifteren Glauben noch einmal auf die Probe stellen. Ich sah die Schlagzeile schon vor mir:

»Amerikanische Riesin stürzt sich von der Klippe. Doch der Versuch, es Buddha nachzutun, schlug fehl.«

Aber wie sollten meine Familie und Freunde meinen dramatischen Selbstmord verkraften? Junko würde erklären müssen, wie sie, selbst in Todesangst am Felsen hängend, zusehen musste, wie die *henna gaijin*, die verrückte Ausländerin, sich über den Rand in die Tiefe stürzte. So stellte sich Junko das Ganze sicherlich nicht vor.

Also dankte ich Kobo Daishi lieber für seinen starken Glauben an den Buddhismus, denn so musste ich meinen nicht erproben, und bot Junko an, beim Abstieg ihren Rucksack zu tragen – sie brauchte beide Hände mehr als ich.

An jenem Abend war es zur Abwechslung mal nicht mir, sondern Junko etwas bange zumute. Wir hatten uns an das gemeinsame Wandern gewöhnt, und der Gedanke, alleine weitergehen zu müssen, flößte ihr Angst ein. Doch wir mussten uns trennen, da ich in wenigen Tagen von Takamatsu aus mit meiner Mutter weiterreisen würde. Ich redete Junko gut zu – sie würde es schaffen, schließlich kannte sie ja die Sprache.

An unserem letzten gemeinsamen Tag schlugen Junko und ich das Lokalblatt auf, und ein Foto von uns am Zentsu-ji, dem Tempel 75 und Geburtsort Kobo Daishis, starrte uns entgegen. Drei Tage zuvor hatte uns dort eine Journalistin interviewt. Sie wollte von mir wissen, wie ich von der Pilgerwanderung erfahren hätte und wie Junko und ich einander begegnet seien. Dass der Größenunterschied zwischen uns so groß war, fiel mir erst bei diesem Foto auf. Oft witzelten wir darüber, dass sie zwei Schritte ging, wenn ich einen machte, und dem Foto nach zu urteilen stimmte das auch.

Wer unser Leben verändert oder wessen Leben wir verändern, das können wir nicht vorhersehen. Ich kam nach Shikoku, um etwas über Japan zu erfahren. Doch je genauer ich andere beobachtete, desto genauer beobachteten auch sie mich. Wo ältere *henro* mich nur mit neugierigen Blicken musterten, riefen Kinder ganz frei und unbedarft *»gaijin!«*, Ausländerin. Auf mich ganz allein gestellt zu sein, war nicht bedrohlich gewesen, aber es hatte Einschränkungen mit sich gebracht. Und dann traf ich Junko. Mit ihr tauschte ich Einsamkeit gegen Gesellschaft, Unabhängigkeit gegen Freundschaft, meine eigene Brille gegen einen Spiegel.

Dann kam der Tag des Abschieds. Wir standen vor dem Hotel und verabredeten uns für zwei Wochen später in Osaka (wo ich meine Mutter zum Flughafen bringen würde). So fiel uns die Trennung nicht ganz so schwer. Zudem hatten wir in unsere Gebetsbücher jeweils eine Kopie des Zeitungsartikels über uns geheftet. *»Ganbatte, neh!«*, Halt gut durch!, rief ich Junko nach, als sie um die Ecke bog, um ihre Pilgerwanderung zu vollenden.

Dasselbe flüsterte ich auch mir zu, als ich zurück in die Hotellobby ging. Nun war ich wieder allein – das erste Mal seit über einem Monat. An der Rezeption versuchte ich, ganz zwanglos zu wirken, fragte die Angestellte, ob sie heute schon in die Zeitung geschaut habe.

»Mmm, mimashita«, nickte sie.

Aber das war nicht die Reaktion, die ich mir erhofft hatte, und so deutete ich noch einmal voller Stolz auf das Foto, damit sie auch ja wusste, wer ich war. Mein prahlerisches Benehmen amüsierte sie. *»Mmm, mimashita«*, wiederholte sie immer wieder lachend.

Klar hatte sie mich gesehen – die *wagamama*.

Schwestern

Lisa Schnellinger • Senegal

Zwei Tage in Senegal, und ich fühle mich wie ein hässliches Entlein.

Zum einen ist mein Haar eine zerzauste Mähne. Das heiße, windige Dezemberwetter hat es in ein einziges schweißverklebtes Gestrubbel verwandelt. Ich lasse es gerade lang wachsen, aber die einzelnen Strähnen sind noch zu kurz, um sie zum Zopf zu flechten oder zum Pferdeschwanz zu binden. Und dann meine Kleider: derbe Hosen und Hemden aus irgendwelchen Secondhand-Läden. Viel habe ich absichtlich nicht dabei, und meine wenigen Klamotten wasche ich regelmäßig im Waschbecken aus. Aber das macht sie auch nicht schöner, denn sie waren schon ziemlich abgetragen, als ich sie vor drei Wochen in Seattle einpackte. Alles praktisch gedacht, aber das bringt mir im Moment gar nichts, ich fühle mich einfach ziemlich schmuddelig.

In Marokko, meinem letzten Zwischenstopp, wollte ich absichtlich unattraktiv wirken, denn als alleinreisende Blondine wurde ich dort permanent belästigt. Hier aber schafft mein heruntergekommenes Äußeres eine Distanz, die ich nicht will.

Senegalesinnen tragen *boubous*, leuchtend bunte, gemusterte Wickeltücher als lockere doppellagige Kleider, die sowohl beleibtere als auch magere Figuren vorteilhaft umspielen. Passend dazu werden Stoffbahnen um den Kopf gewickelt, wie Turbane. Und das ist nur die einfache Alltagskleidung – wenn sie sich herausputzen, etwa für eine Flugreise in ein anderes Land, dann legen sie haufenweise Goldschmuck an, Perlen und glänzende Edelsteine. Zarte, duftige Schals betonen weich gerundete Arme und Schultern. Unter den *boubous* blitzen weitere Stoffe hervor, um die Muster hervorzuheben. Die Frauen sind so bezaubernd schön, dass es schwer fällt, sie nicht anzustarren. Selbst die alten und weniger schönen Frauen versprühen Charme und Lebendigkeit.

Ich will mehr über Senegalesinnen erfahren und habe mich auf diese Reise begeben, um Geschichten über ihren Alltag zu schreiben; und ich merke, dass ich mich etwas herrichten muss, um hierher zu passen.

Zumal auf Gorée, einer Insel unweit vor Dakar, die mit der Fähre bequem zu erreichen ist. Für die nächsten drei Wochen in Senegal soll Gorée mein Zuhause sein. Das Eintausend-Seelen-Dorf ist voll von scharfen Beobachtern, insbesondere wenn es um Weiße geht. Die ersten Europäer kamen vor 500 Jahren hierher, um afrikanische Sklaven nach Amerika zu verschiffen. Millionen strömten durch diesen Hafen. Heute geht der Strom in die umgekehrte Richtung: Aus westlichen Ländern kommen Hilfsgüter und Kredite sowie Touristen, die den historischen Hafen des Elends begaffen wollen.

Gleich am ersten Morgen durchwandere ich den Großteil der Insel. Unter meinen Füßen spüre ich trotz der gepflasterten Wege die geschichtsträchtige Erde. Ziegen staksen durch Sand und Staub, alle unmarkiert, ihre Besitzer kennen sie auch so. Gemeinschaftswasserpumpen quietschen, und Frauen und Kinder mit Eimern eilen herbei, stoßweise, wie kleine Wellen auf Pfützen oder Bächen. Im Gegensatz zu Marokko, wo Männer das sichtbare Leben dominieren, fällt auf, dass hier Frauen für Tätigkeiten in der Öffentlichkeit zuständig sind.

Ich kaufe eine Hand voll Ketten bei zwei Perlenverkäuferinnen – einer alten Frau und einem jungen Mädchen, die richtiggehend um mich buhlen – und bei einer anderen Frau eine bunt bedruckte Baumwollhose. Zum Mittagessen setze ich mich an einen Tisch am Ufer nahe der Fähre, wo mich ein attraktiver, lässiger, junger Mann mit einem zweideutigen Lächeln bedient. Nach Marokko genieße ich diese dezente, zurückhaltende Anmache.

Während ich Krabben und Reis in einer dicken roten, unglaublich scharfen Soße löffle, kommt eine Frau mit einer Tasche auf mich zu. Wild gestikulierend, teilt sie mir auf Französisch mit, dass sie mir die Haare machen könne: winzig kleine Zöpfchen, auf afrikanische Art geflochten.

Ich zögere. Als Kind der 1960er Jahre habe ich gelernt, mich dafür zu schämen, was Weiße den Schwarzen angetan haben. Die afrikanische Haartracht symbolisiert schwarzen Stolz. Und wenn eine Weiße ihr Haar geflochten trägt, empfinde ich das als Anmaßung, als Provokation. Doch mir gefallen die kunstvollen Frisuren, und irgendwie muss ich mein störrisches Haar bändigen. Zöpfe sind bei dieser Hitze bestimmt ganz angenehm, sage ich mir. Man muss sie nicht kämmen und aufwändig pflegen. Und wenn ich mir damit albern vorkomme, dann mache ich die Zöpfe einfach wieder auf. Außerdem, so überlege ich weiter, tue ich etwas für die Wirtschaft des Dorfes, wenn ich Geld für eine neue Haartracht ausgebe, und das wissen die Senegalesen bestimmt zu schätzen.

Gunayba führt mich hinüber zum Fährsteg, wo ich mich setze und sie sich daranmacht, mein Haar glatt zu ziehen und zu kleinen Flechten zu ordnen. Bei der Vorstellung, dass ich mich vermutlich gerade zur Hauptattraktion von Gorée verwandeln lasse, werde ich ganz zappelig. Es ziept und zerrt, immer wieder kneife ich die Augen zu – erhasche zwischendrin die neugierig starrenden Blicke von Einheimischen. Einige lächeln, besonders die Frauen. Aber ich weiß ihr Lächeln nicht zu deuten – lächeln sie spöttisch oder anerkennend?

Gunayba zieht einen Kamm durch mein Haar, aber der Wind weht es immer wieder durcheinander. Eine Stunde lang arbeitet sie, webt, der Form meines Schädels folgend, vierzehn Reihen in engen

Linien nebeneinander. Meine Kopfhaut ist nicht gewöhnt an die sengende Sonne und das heftige Ziehen, das bis in die Wurzeln zu spüren ist. Aber ich erdulde die Prozedur schweigend, wie bei einem Initiationsritus, mit dem ich in die Gemeinschaft der Frauen aufgenommen werden soll.

Meine drei älteren Schwestern machten immer viel Aufhebens um mein langes Haar, als ich noch klein war, sie kämmten es, steckten es zu einem Knoten, wie bei einer Prinzessin. Später lernte ich sogar, auf Lockenwicklern zu schlafen. Die weichen Wickler waren zwar unbequem, aber nichts gegen das, was meine Schwestern auf sich nahmen. Maggie verwendete als Backfisch harte Plastikrollen mit harten Stecknadeln; Chris klemmte sich im High-School-Alter Riesenwickler groß wie Schösslinge ins Haar; und Ann wickelte ihr Haar während ihrer College-Zeit auf Orangensaftdosen mit Stecknadeln groß wie Hufnägel. Haare waren unsere Leidenschaft.

Jetzt, da mein Haar in Zöpfchen langsam in meinem Nacken verschwindet, wird mir etwas mulmig zumute. Als die Frisur fertig ist, bleiben ein paar Einheimische stehen, finden sogar bewundernde Worte. *»Très bon!«* Diejenigen, die schweigen, halten mich bestimmt für eine dumme Touristin, die auf Teufel komm raus wie eine Senegalesin aussehen will.

Gunayba hält mir einen Spiegel vor, damit ich ihr Werk bewundern kann. Vorsichtig betaste ich meinen Kopf, der jetzt ein ganz neuer Kopf ist – wie von einer Strickmütze mit Makramee bedeckt. Sie zeigt mir, wie fest die Flechten sitzen, zeigt mir, dass ich sie einschäumen und ausspülen kann. Dann schüttle ich kräftig den Kopf, und die längeren Zöpfe fliegen ein wenig. Jetzt fühle ich mich leichter, sauberer. Fast hübsch. Die Zöpfe hängen dicht an dicht, fest genug, um heiße, staubige Fahrten in überfüllten Kleinlastern und Bussen zu überstehen oder stundenlange Wanderungen mit einem vollen Korb auf dem Kopf.

Später an jenem Tag stehe ich in einem kleinen Laden an einer Straßenecke und versuche mit Müh und Not, mich mit meinem schlechten Französisch verständlich zu machen. Da bietet eine Frau mit scharfen, lachenden Augen an zu übersetzen.

»Sie sind aus den Staaten«, sagt Sarita und stellt erst sich und dann Nanu vor, den Ladenbesitzer. Sarita ist Afroamerikanerin und Mitte 40. Nachdem sie jahrelang immer wieder nach Afrika gereist war, lebt sie nun in Gorée. Wie schön, jemandem aus der Heimat zu begegnen, der meine Sprache spricht.

Wir treffen uns zum Abendessen am Strand und tauschen uns aus, plaudern über gescheiterte Beziehungen, über Sprachschwierigkeiten und mangelnde Wasserversorgung. Sarita erzählt mir, wie schwierig es gewesen sei, sich in das senegalesische Alltagsleben einzufinden. Und ich erzähle ihr von meinen Erlebnissen mit anbaggernden Männern in Marrakesch und Dakar.

Mit Sarita kann ich mehr anfangen als mit den 20-jährigen Rucksacktouristinnen, die sonst unterwegs sind. Sie hat Karriere, Haus und Auto aufgegeben, um hierher zu kommen, sieht Afrika als studierte Frau in einem größeren Kontext, außerdem hat sie Lebenserfahrung. Es ist, als würde ich mit einer meiner Schwestern reden, ich spüre Vertrautheit, trotz unserer unterschiedlichen Lebenswege. Sie gibt mir Ratschläge mit der Güte einer klugen, großen Schwester und hat den ansteckenden Humor einer Schwester, mit der man schon viel erlebt hat. Ich höre mir ihre Ratschläge gerne an und möchte, dass sie mich mag.

Vor ihr kann ich zugeben, dass ich nicht recht weiß, was ich von meiner neuen Frisur halten soll, und mich frage, wie das bei den Senegalesen wohl ankommt.

Sie hört zu, nickt sanft und sagt dann: »Du weißt ja, es gibt diese Hassliebe zwischen Senegal und Amerika, aber ich denke, Senegalesen sind ziemlich tolerante Menschen.«

»Ja«, sage ich, »und ich hoffe, dass sie sich durch meine Frisur geschmeichelt fühlen.«

Sarita nickt zuversichtlich, und sogleich fühle ich mich entspannter, taste über meinen Kopf und spüre, wie das geflochtene Haar mich am Nacken kitzelt. Wir beobachten, wie das Licht der Abenddämmerung langsam schwindet, flirten mit den Kellnern und Passanten, tuscheln und kichern.

Am nächsten Tag gehe ich in meinen Hosen im traditionellen Gorée-Stil und mit feuchten Zöpfen durch die etwas abgelegeneren Straßen des Dorfes. Ich suche nach Anzeichen für den heutigen Feiertag, das Fest Abrahams, dessen Gottesgehorsam symbolisch für den muslimischen Glauben ist, und hoffe, dass mir der Anblick geschlachteter Bullen erspart bleibt. Am Hafen habe ich gesehen, wie man die Tiere von der Fähre führte.

In einem offenen Hof sehe ich etwa zwei Dutzend Frauen in leuchtend bunt gemusterten Kleidern an großen Eisenkesseln stehen und das Mittagessen zubereiten. *»As-salaam alaikum«*, grüße ich, und sie erwidern den Gruß mit dem üblichen *»Wa alaikum as-salaam«*, Friede sei auch mit dir. Manche mustern mich neugierig, starren auf meine Kleidung und meine Haare; andere ignorieren mich. Ich verweile ein wenig, will sie trotz kultureller und historischer Grenzen erreichen, will Kontakt herstellen, will, dass sie mich nicht nur als einfache Touristin abstempeln.

Eine Frau stampft in einer riesigen Holzschale mit einem Holzstößel einen Brei aus roten Pfefferkörnern. Sie muss stehen, um den schweren Knüttel zu bewegen. Neugierig und mit unverhohlener Bewunderung sehe ich ihr zu, und nach einer Weile laden mich die Frauen ein, es auch einmal zu versuchen. Ich lege mich derart ins Zeug, dass die Frauen zurückspringen, aus Angst, dass ich ihre Kleider bespritzen könnte. Ich entschuldige mich und versuche es mit etwas weniger Kraft, aber es will nicht recht klappen, weshalb ich den Stößel gerne wieder aus der Hand gebe.

Der gestampfte Pfeffer wird mit einer Soße aus Senf und weißem Essig vermengt. In siedendem Öl brutzeln Unmengen roter Würste. Fleisch, Zwiebeln, grünes Gemüse und rote Pfefferschoten werden zu einem dicken *roux* sautiert. Am Ende wird alles unter den Reis in den riesigen Kesseln gemischt, den die Frauen mit großen Schaufeln ständig umrühren. Vom appetitlichen Duft fängt mein Magen an zu knurren. Nach vier Monaten im Südpazifik, wo ich als Stipendiatin forschte, bevor ich nach Afrika kam, lechze ich nun förmlich nach deftiger Hausmannskost.

Eine der Frauen, die auf einem Stuhl neben den Kesseln sitzt, sieht mich eine ganze Weile lang unverwandt an, aber sie lächelt nicht. Abgesehen von der hellen Hornbrille und der schwarzen Hautfarbe sieht sie in ihrem himmelblauen Gewand aus wie ein Standbild der Heiligen Jungfrau Maria. Ihr Gesicht ist so rein und klar, dass sie nicht von dieser Welt scheint. Als sie mich einlädt, auf einem Stuhl neben ihr Platz zu nehmen, fühle ich mich hoch geehrt.

Ich lächele schüchtern und lausche der Unterhaltung, die meist auf Französisch geführt wird, hin und wieder aber auch in Wolof, der einheimischen Sprache. Ich rede nur, wenn ich angesprochen werde. Mit meinem holprigen Französisch versuche ich ihnen zu beschreiben, wie sehr es mir hier im Gegensatz zu Marokko gefällt. Ich schaffe es sogar zu formulieren, dass ich ihre Kleider und Gesichter wunderschön finde und ich mich sehr freue, hier in ihrem Kreis sitzen zu dürfen. Sie nicken feierlich. Als ich erzähle, wie es zu meiner Frisur gekommen ist, zeigt eine der Frauen an das hintere Ende des Hofes, wo ich zu meiner Freude Gunayba entdecke – und sogleich ernte ich noch mehr Beifall für meine Zöpfe. Was ich erzählt habe, wird nun den Frauen zugerufen, die außer Hörweite stehen, und ganz allmählich öffnet sich der Kreis, und ich bin mittendrin.

Ganz in der Nähe finden sich die Männer in einem Versammlungsraum zu einer Predigt ein. Sie tragen elegante Kaftans in gedeckten Farben, wogen mit ernsten, aber sanften Mienen vorbei. Einer von ihnen macht Fotos von den Frauen. Ich frage die »Jungfrau Maria«, ob die Frauen mir wohl auch erlauben würden, ein paar Fotos zu schießen, und sie nickt.

Bevor ich loslege, frage ich jede Frau einzeln um Erlaubnis, und während ich die richtige Position suche, mich neben sie oder vor sie stelle, ihre Schönheit rühme und jeder Einzelnen danke, tauen sie auf. Einige nennen mich sogar »Schwester« – ein Wort, dass mir unter die Haut geht.

Schwestern – das sind Ann, Chris, Maggie. Meine drei Schwestern gehören zu meinem Leben, seit ich auf der Welt bin. Wenn sie schwatzen und kichern, höre ich mich selbst. Zwar sind wir in alle Winde zerstreut – Ann lebt als Börsenanalystin in New York, Chris verwaltet Lagerhallen bei Cleveland, Maggie leitet eine Tierklinik in Pittsburgh, und ich lebe als Schriftstellerin in Seattle –, doch jede von ihnen kennt mich in- und auswendig. Stundenlang können wir über alles Mögliche quatschen, ich kann mir meinen Liebeskummer von der Seele heulen oder von einem neuen Apartment schwärmen. Jederzeit kann ich eine meiner Schwestern anrufen, die mich verstehen und lieben. Meine Schwestern werden mich nie im Stich lassen. Unsere tiefe Verbindung ist immer stärker als alle Unterschiede.

Schwesternschaft ist für mich die reinste, selbstverständlichste Beziehung. Die unzähligen Stunden, die man gemeinsam gespielt hat, die man an Mutters Tisch gesessen oder hinter ihrem Rücken Geheimnisse über Männer und Sex ausgetauscht hat, das wortlose Verstehen – eine eigene Sprache und eigene Gesten –, all das hat Bande geknüpft, ohne die ich nicht wäre, die ich bin.

Und dieses tiefe, zärtliche, starke Band schwingt in mir, wenn Afroamerikaner sich untereinander »Schwestern« und »Brüder«

nennen. Später, als ich erwachsen wurde, habe ich gelernt, dass »Schwester« nicht gleich »Schwester« ist. So eng ich mich meinen schwarzen Freunden und Kollegen verbunden fühle, so sehr unsere Wertvorstellungen oder Interessen sich ähneln – für sie werde ich nie eine richtige »Schwester« sein.

Doch hier in Afrika geht das plötzlich. Während ich Fotos von den Frauen mache, in jedes einzelne Gesicht blicke, jedes Gewand, jedes Stoffmuster betrachte, erkenne ich hinter der einheitlichen schwarzen Hautfarbe klar und deutlich die individuellen Züge. Aber vor allen Dingen sehe ich sie als Frauen – die über eine jahrtausendealte Erblinie vielleicht alle von einer Mutter abstammen.

Nicht alle Frauen fühlen sich wohl vor meiner Kamera, einige stehen steif und starr davor; sie sind unsicher, schließlich erschaffe ich sie in gewisser Weise neu, und sie wissen nicht, welche Gestalt sie am Ende haben werden. Ich versuche, ihnen respektvoll entgegenzukommen, verspreche, ihnen die Bilder zurückzugeben. Das scheint zu funktionieren, denn sie entspannen sich und lächeln. Einige schneiden mir zuliebe sogar Grimassen, während sie sich Essen in den Mund stopfen. Ich mache kleine Scherze und übertriebene pantomimische Gesten, um die riesigen Servierplatten und die Berge von Pfefferschoten darzustellen, und sie lachen hellauf. Als die Männer kommen, um die Servierplatten abzuholen, da sie getrennt von den Frauen essen, beharren zwei der Frauen darauf, dass ich auch die Männer fotografiere.

Und schließlich laden mich die Frauen ein, mit ihnen zu essen – zunächst probiere ich nur einen kleinen Bissen, dann aber läuft mir das Wasser im Munde zusammen.

Sie ziehen meinen Stuhl in ihre Mitte und scharen sich in kleinen Grüppchen um eine Gemeinschaftsschale groß wie ein Autoreifen, die gefüllt ist mit Reis, Gemüse und Fleisch, das noch übrig ist, nachdem die Männer bedient worden sind. Es ist so köstlich, dass ich am liebsten gleich die ganze Schale essen will. Ich versuche, mich zurückzuhalten, aber die Frauen beobachten mich, drängen mich, mehr zu essen. Sie schaufeln eine Hand voll Reis nach der andern auf, drücken und kneten ihn zu kleinen Bällchen, damit das orangefarbene Öl herausläuft, und stecken sich den Bissen dann in den Mund. Für uns sechs ist mehr als genug in der Schale.

Satt und träge sitzen wir nach dem Essen beisammen. Niangua, die ganz gut Englisch spricht und eine imponierende Ausstrahlung hat, zieht mich neben sich. Ihre große Gestalt ist in tieforangefarbene Tücher gehüllt, die glühenden Augen sind ausdrucksvoll geschminkt, und beim Lachen kräuselt sich das sonst eher kühl wirkende Gesicht. Sie hat offenbar einen Narren an mir gefressen, weil ich beim Essen genauso zugelangt habe wie sie. Und sie findet es außerordentlich komisch, als ich ihr beim Abwasch helfen will. Das könne warten, meint sie.

Da kommt ein europäischer Tourist vorbei. Er starrt die Frauen an wie Statisten in einer Kulisse. Niangua runzelt die Stirn, zeigt erst auf ihn, dann auf ihre Augen und schüttelt den Kopf. Ich nicke: »Er schaut, aber er sieht nichts«, sage ich. Niangua lächelt und hebt die flache Hand hoch, um auf amerikanische Art gegen meine zu schlagen. »Ich mag dich!«, sagt sie, und die Wärme in ihrem Blick durchströmt mich wie ein wohliger Duft. Ich freue mich wie ein Kind.

Meine Eltern, die ihre vier Mädchen zu unabhängigen Frauen erzogen, hatten beide starke Mütter, die ihre große Kinderschar in Deutschland praktisch allein großzogen. Hier, im großen Kreis dieser Frauen, fühle ich mich wie auf einem riesigen Familientreffen – gemeinsames Kochen, Scherzen und Essen. Wie Thanksgiving in Ohio: Alle putzen sich heraus, versuchen, sich beim Kochen oder Abwasch möglichst nicht zu bekleckern, kreischen und lachen viel und laut, sagen beim Naschen aus den Töpfen »Mmh!« und »Aah«.

Sogar die Gesichter erscheinen mir vertraut. Eine der Frauen hat die gleiche Stirn wie meine Tante Mary; eine andere lacht wie meine Cousine Mary Kay; die Nächste sitzt da wie Chris. Ich komme mir vor wie in Tante Bettes Küche, wo die Frauen kalte Platten anrichten, bergeweise Kartoffelsalat zubereiten, Coleslaw aus dem Kühlschrank holen und plaudern, während die Männer im Hof das Grillfleisch wenden, Bier trinken und Hufeisen werfen.

Eine lange Zeit bin ich nun schon weg. Nicht nur aus den Staaten, sondern auch von der Familie und den Familientreffen, wo mich alle schon als Baby kannten.

Tränen steigen mir in die Augen, und in stockenden Worten erzähle ich Niangua von meiner Familie und von der ewigen Anmache der Marokkaner, die mir schwer zugesetzt hat. Sie nimmt mich in den Arm, drückt mich an ihren großen, weichen Busen – eine mütterliche Zuwendung, die mir in diesem Moment mehr bedeutet als eine Umarmung von meiner eigenen Mutter. Getröstet und ein wenig verlegen wegen meiner Tränen, springe ich nun doch auf, um abzuwaschen, so wie ich es von Familientreffen gewohnt bin. Während ich mit den fettigen Platten hantiere, lachen die Frauen, weil ich so ernst bei der Sache bin. Ihr Lachen tut gut und heitert mich auf.

Nach dem Abwasch sitzen wir im Schatten beisammen. Eine Gruppe von Ausflugstouristen kommt vorbei, und einige der Frauen versteifen sich unter ihren gleichgültigen Blicken. Wenig später kommt eine zweite Touristengruppe vorbei. Sie bleiben stehen, stieren die Frauen an und warten darauf, dass ihr Reiseleiter ihnen etwas zu dieser Spezies und ihrem Verhalten erzählt.

Ich blättere durch mein französisches Konversationsbüchlein und stoße auf den Satz »*J'en ai marre*«, ich habe die Schnauze voll. Ich weiß zwar nicht recht, wie man das Verb richtig konjugiert, aber ich frage Niangua, ob sie die Schnauze voll habe von den Touristen.

»Klar habe ich die Schnauze voll von den Touristen«, ruft sie laut und fällt dabei fast vom Stuhl.

»Diese Frauen dort feiern das Fest Abrahams«, erzählt der Reiseleiter seiner Gruppe. Und Niangua kann gar nicht mehr aufhören zu lachen.

Einer der Touristen fragt, ob er ein Foto machen dürfe, doch die Frauen schütteln alle entschieden den Kopf.

Das Festmahl mit den Frauen teilen zu dürfen, war für mich ein Durchbruch, erzähle ich Sarita am Abend beim Essen. Niangua hat mich auf einen Tee in ihr Haus nach Dakar eingeladen, und eine andere Frau hat mir von einem bevorstehenden Tanz erzählt, zu dem nur Frauen zugelassen sind. Sarita freut sich mit mir.

Sarita lebt seit mehreren Monaten auf Gorée, und oberflächlich betrachtet, hat sie sich gut angepasst. Zudem hat sie die Statur der Senegalesinnen, trägt ihr Haar wie sie und hat sich *boubous* schneidern lassen, die ihr überaus gut stehen. Ihr Französisch ist ordentlich, und sie fängt an, Wolof zu lernen. Ich beneide sie um ihre Stärke und ihr inneres Gleichgewicht, um die Routine, die sie beim Einkaufen hat, um die Besuche, die sie gelegentlich macht, und um die vielen Leute, die sie hier kennt und grüßt. Sie hat eine Wohnung gemietet, ist in ihrem Viertel integriert und flirtet ab und zu mit einem Verehrer. Doch dass ihre Vorfahren Sklaven waren, macht es ihr nicht unbedingt leichter. Zwar hat sie sich Gorée als neue Heimat auserkoren, doch zu Hause fühlt sie sich hier noch nicht. Ja, wir fragen uns sogar, ob die Bewohner hier sie nicht vor allen Dingen als privilegierte Amerikanerin ansehen.

Für mich aber ist Sarita meine Gorée-Schwester. Wir lachen über Wortspiele und darüber, wie man lästige Verehrer abwimmelt, ziehen über andere Amerikaner her, tauschen uns über Neuigkeiten von Familie und Freunden in den Staaten aus. Wenn ich wochenlang unterwegs bin, ohne einem einzigen vertrauten Menschen zu begegnen, macht mir das immer schwer zu schaffen. Und hier habe ich in Sarita in nur wenigen Tagen den vertrauten Menschen gefunden, den ich mir auf Reisen immer ersehne. Sie ist meine Brücke zur Heimat.

Am Sonntagnachmittag gehen Sarita und ich zusammen auf den *sabar*, den Frauentanz. In den Klang der Trommeln und die Bewegungen der Tänzerinnen mischen sich ab und zu die Worte des Sponsors, einer politischen Partei. Doch die Frauen hören nicht hin. Sie tanzen zu Hunderten. Die Männer trommeln, doch die Trommelmusik könnte genauso gut von einer Kassette kommen, so wenig Beachtung wie die Frauen ihnen schenken.

Beim Tanzen ist der ganze Körper im Einsatz, schüttelt sich und wackelt wie Pudding. Vor sieben Jahren nahm ich bei senegalesischen Lehrern Tanzunterricht in afrikanischem Tanz, doch die unnachahmlichen Bewegungen habe ich nie richtig gelernt. Wenn ich genau hinsehe, könnte ich mir einbilden, zu erkennen, welche Körperteile gerade bewegt werden, aber es geht nicht um die Bewegung einzelner Gliedmaßen. Wenn das Becken schwingt, dann kommt das aus den Füßen. Wenn der Kopf sich bewegt, dann nur, weil er sich aus Schultern und Brust hebt. Und alle Bewegungen entspringen einer Dynamik, für die es keinen anatomischen Begriff gibt.

Im Tanz weben sie ganze Geschichten, wie die Muster auf ihren Stoffen, wie Musik, die Note für Note zu einem harmonischen Stück findet. Ein paar Ausländerinnen werden in den Kreis genommen, doch ihre einstudierten Bewegungen erscheinen im Vergleich zu den weichen, fließenden Bewegungen der Senegalesinnen hart und abrupt. Da können sie noch so schnell hüpfen und springen.

Die Senegalesinnen stellen sich zur Schau, sie heben ihre Röcke, werfen Haare und Glieder, stampfen und scharren mit den Füßen.

Frauen im mittleren Alter tanzen völlig losgelöst, wirken zwanzig Jahre jünger. Halbwüchsige Mädchen bewegen sich kühn und selbstbewusst, in Gruppen und einzeln. Ihre Körper nehmen den Klang der Trommeln auf und schütteln ihn wieder los. Sie bewegen sich mit einer Hingabe, die unweigerlich erotisch wirkt. Doch die Tänze sind nicht aufreizend gemeint, belehrt mich Sarita, die sich ärgert, wenn Außenstehende die Tänze allzu vereinfacht sehen. Die Mädchen bleiben oft bis in ihre zwanziger Jahre hinein Jungfrauen. Dennoch versprühen die Bewegungen der kernigen, gesunden Frauen eine prickelnde Sinnlichkeit. Der Unterschied jedoch liegt darin, dass sich die *Sabar*-Tänzerinnen in der Sicherheit des Kreises wiegen, sich nicht sorgen müssen, dass ihre Bewegungen als offene Einladung verstanden werden.

Die entfesselte Leidenschaft der Senegalesinnen bewegt mich zutiefst. Ich fühle ihre Energie in mir; obwohl ich nicht mit ihnen tanze, bin ich doch bei ihnen.

Da fällt mir ein, wie ich als kleines Mädchen mit Ann, Chris und Maggie an Weihnachten daheim im Wohnzimmer tanzte. Wir sangen mit äußerster Hingabe, schwellten die Brüste und schmissen die Füße hoch. Und schließlich mussten wir über uns selber lachen, warfen uns in einem wilden Haufen übereinander, ließen unseren Gefühlen freien Lauf – wie im *Sabar*-Tanz, wie bei diesem Fest. Ein Gefühl wie ein Band, das alle Welt zusammenflicht.

Glück.

Abendessen mit James Joyce

Nan Watkins • Schweiz

Willkommen, Leben! Als Millionster zieh ich aus, um die Wirklichkeit der Erfahrung zu finden …

James Joyce, *Ein Porträt des Künstlers als junger Mann*

Ich bin zum ersten Mal in Zürich. Nicht, weil es ein berühmtes Finanzzentrum ist. Und auch nicht wegen der vielen Luxusgeschäfte in der Bahnhofstraße. Nein, ich bin wegen James Joyce hier. In der neutralen Schweiz fand der irische Dichter einen sicheren Hafen. Und hier, in seinem selbstgewählten Exil, liegt er auch begraben. Ich bin in Zürich, um meinen Lieblingsschriftsteller zu ehren, jenen Vertreter der Moderne, dessen sprachmächtige Werke seine Zeitgenossen derart schockierten, dass sie in Irland nicht gedruckt wurden. Mich hingegen erfreuen Joyce' Texte. Ganz einfach!

Einer der großen Vorteile des Alleinreisens ist die Freiheit, alles selbst zu entscheiden, ohne sich mit einem Reisegefährten abstimmen zu müssen. Heute zum Beispiel gehe ich trotz des heftigen Novemberregens lieber zu Fuß, als mir vom Bahnhof zum Hotel ein Taxi zu nehmen. Ich ziehe mir den Filzhut tief ins Gesicht, den ich mir in München gekauft habe, um mich vor dem schlimmsten Regen zu schützen – Regenschirme nehme ich auf Reisen nicht mehr mit –, überquere die Straßenbahnschienen und die Brücke über den Limmat. Es gießt wie aus Eimern, und ich kann gerade noch so die Enten und Schwäne erkennen, die sich im kalten Wasser unter mir tummeln. Die Alpen sind nicht zu sehen, zu wolkenverhangen ist der Himmel.

Mühelos finde ich das kleine Hotel. Doch wie bekomme ich bloß die Glastür auf? Einen Griff kann ich nirgendwo entdecken, sie lässt sich auch nicht aufdrücken. Da bemerke ich einen Knopf rechts daneben. Ich drücke ihn, und siehe da, die Tür schiebt sich auf wie eine Ziehharmonika, gerade so weit, dass ich hindurchpasse.

Zum ersten Mal in meinem Leben habe ich online reserviert, und zum Glück hat es geklappt. Ich bekomme zwei Schlüssel, von denen ich allerdings erst noch herausfinden muss, wie sie funktionieren, denn sie sehen nicht aus wie normale Schlüssel. Ich komme mir vor wie Alice im Wunderland, die auf ihrem Weg durch eine Märchenwelt diverse Prüfungen bestehen musste. Triefend nass steige ich die Treppen hinauf. In jedem Stockwerk geht ein Energiesparlicht an, das genau so lange leuchtet, bis ich ein Stock weiter bin. Schließlich gelingt es mir, mit einem der Schlüssel meine Zimmertür aufzusperren, hinter der ein gemütliches Bett auf mich wartet, mit altmodischem Leinenüberwurf und einer flauschigen Daunendecke. Mein Fenster geht auf die Straße hinter dem Hotel, und ich höre Frauenstimmen und einen Mann, der im Regen singt.

Ich will meine Zeit hier gut nutzen, also konzentriere ich mich, greife mir meinen Stadtplan und mache mich auf den Weg durch den strömenden Regen, um zwei rote Rosen zu kaufen, die ich Joyce und seiner Frau Nora aufs Grab legen will. Die Rosen sorgsam eingewickelt, laufe ich ein Stück zurück zur Haltestelle, wo ich unter dem kleinen Dach am Bahnsteig auf die Straßenbahn warte.

Schaffner, die Fahrkarten verkaufen und die nächsten Haltestellen ansagen, so wie ich das aus meiner Studienzeit in München kenne, gibt es hier nicht. Hier muss man vor der Fahrt Automaten mit Schweizer Franken füttern. Ich studiere die Preise, blicke aber überhaupt nicht durch. Also frage ich auf Deutsch eine ältere Frau, wo der Zoo ist. Ich habe einmal gelesen, dass Joyce' Frau nach der Beerdigung ihres Mannes den Wunsch geäußert habe, auf dem

Friedhof unweit des Zoos begraben zu werden, weil er von dort aus seine geliebten Löwen würde hören können.

»Heute ist nicht gerade der beste Tag für einen Besuch im Zoo«, antwortete die Frau im Schweizer Dialekt. Ich erkläre ihr, dass ich zum Fluntern-Friedhof möchte, und sie nickt verständig, als sie meine Blumen sieht. Geduldig beschreibt sie mir den Weg – Linie 6 bis zur Endstation. Ich krame also mühsam das richtige Kleingeld für den Automaten zusammen und kaufe mir mein Ticket.

Erleichtert, fast mit einem wohligen Gefühl, sitze ich schließlich in der warmen, trockenen Straßenbahn, die sich langsam um die Kurven und den Hügel hinaufschlängelt. Es geht an der Universität vorbei und mitten durch das baumbestandene Viertel, in dem James und Nora Joyce wohnten. Ich genieße die sanfte Fahrt, lausche dem Krächzen und Knarzen der Räder, wenn es um die Kurve geht.

Oben angekommen, sehe ich auf der anderen Straßenseite gleich den Eingang zum Zoo. Der Friedhof muss ganz in der Nähe liegen, denke ich mir und steuere auf ein paar hohe Bäume zu. Richtig. Ein schmiedeeisernes Tor führt auf den Friedhof Fluntern, wo mein Blick sogleich auf mehrere Schilder fällt, die darauf hinweisen, dass sämtliche Blumen bei der Friedhofsverwaltung abzugeben sind. Ich zögere. Ich bin doch nicht Tausende von Kilometern gereist, um meine Rosen für James Joyce irgendeinem Friedhofsverwalter in die Hand zu drücken. Ich gehe also weiter, habe keinen blassen Schimmer, wo auf diesem riesigen Gelände das Grab sein könnte, und wegen meiner eingeschmuggelten Rosen will ich auch niemanden fragen. Ich bin erstaunt, wie schön der Friedhof ist – er gleicht eher einem Park als einem Friedhof. Ich schlendere den sanften Hang hinauf, vorbei an akkurat gepflegten Gräbern, die von kleinen Hecken und ordentlich beschnittenen Büschen umsäumt sind. Irgendwann werde ich das Grab schon finden, sage ich mir, und wenn es dauert, bis es dunkel wird.

Ein ganzes Stück geht es über einen Kieselweg, der auf die Spitze des Hügels zuläuft. Hier entdecke ich einen Holzwegweiser zu den Gräbern von James Joyce und Elias Canetti. Mein Herz hüpft vor Freude. Nur noch wenige Biegungen, und dann gehe ich über die letzten Stufen und glänzend feuchten Trittsteine, bis ich endlich auf einer kleinen Wiese vor Joyce' Grab stehe, einer schwarz glänzenden Marmorplatte im Boden, gesäumt von einer kleinen Buchsbaumhecke. Vier Namen sind in Weiß in den schwarzen Stein gemeißelt: James Joyce und Nora Barnacle Joyce sowie die Namen ihres Sohnes und ihrer Schwiegertochter. Dieser große Schriftsteller prägte mit seinem Meisterwerk *Ulysses* maßgeblich die Literatur der Moderne. Und seine Frau hielt ihm den Rücken frei, meisterte die praktischen Dinge des Lebens, damit er schreiben konnte.

Mich fesselt die fast lebensgroße Statue von Joyce – auf einer Bank sitzend, den Spazierstock daneben, den Kopf leicht zur Seite geneigt, betrachtet er die Welt durch seine feine Brille. Joyce' letzte Ruhestätte ist ein äußerst friedvoller Ort. Das freut mich umso mehr, da sein Leben im Exil zwangsläufig ein entwurzeltes, unstetes war. Über dem Grab wogen hohe Tannen, und weiße Birken halten auf dem Hügel Wacht. Ich packe meine Rosen aus, stopfe das Papier zurück in die Tasche und lege die roten Blumen rechts an die Grabplatte. Opfergaben. Für den großen James Joyce. Und für Nora, für ihre Hingabe und unerschütterliche Liebe.

Ich bleibe noch ein wenig, trotz Kälte und Regen. Das letzte Mal, als ich das Grab meiner Mutter besuchte, war es nasskalt wie heute. Die graue Marmortafel an ihrem kleinen Grabstein, der versteckt unter dem ihrer Eltern liegt, war ebenfalls mit nassem Laub bedeckt. Ich frage mich, welche geheime Substanz dafür sorgte, dass James und Nora in guten wie in schlechten Zeiten in Liebe verbunden blieben, denn sowohl die Ehe meiner Eltern als auch meine eigene wurden geschieden.

züglichen Mahl machte sich das Ehepaar auf den Heimweg. Mitten in der Nacht wachte James Joyce mit furchtbaren Schmerzen auf und wurde ins Krankenhaus gebracht, wo er an einem Magendurchbruch starb. An jenem Abend in der Kronenhalle aß James Joyce also sein letztes Mahl.

Ich steige über dieselben Stufen hinauf zum Eingang wie 60 Jahre Jahre zuvor die Joyces und werde gleich am Eingang, an den mächtigen Flügeltüren aus Massivholz, vom Oberkellner begrüßt. Er schaut mich etwas besorgt an – ich muss völlig zerzaust aussehen. Ob ich reserviert habe, will er wissen, und ich erkläre ihm in meinem besten Deutsch, dass ich nur auf Besuch in der Stadt sei. Nach einem kurzen Blick auf seine Liste geleitet er mich höflich zum Garderobier, der mir den triefenden Mantel und den Hut abnimmt. Ich trockne meine beschlagene Brille mit einem Schweizer Leinentaschentuch und setze sie wieder auf. An den hohen, getäfelten Wänden hängen Gemälde von Picasso, Chagall, Braque und anderen Künstlern der klassischen Moderne. Der Speisesaal ist erfüllt vom gedämpften Gemurmel der Gäste. Mein Kellner, der aus der italienischen Schweiz zu kommen scheint, weist mir einen Einzeltisch zu, mit weißer Leinentischdecke vornehm eingedeckt für eine Person. Als hätte man nur auf mich gewartet.

Jetzt weiß ich, warum Joyce dieses Lokal so liebte. Er war befreundet mit der Inhaberin, Frau Zumsteg, die von 1921 bis zu ihrem Tod 1985 in ihrem Haus Künstler beherbergte. Sie war Kunstsammlerin und machte ihr Lokal zum Treffpunkt der internationalen kreativen Szene. Heute führt ihr Sohn das Restaurant.

Der Kellner bietet mir erstklassigen Service. Er bringt die Speisekarte, die mit einer Reproduktion eines Gemäldes von Chagall aus dem Jahr 1972 geschmückt ist und eine Widmung an Frau Zumsteg trägt. Sorgfältig und aufmerksam nimmt er meine Bestellung entgegen: Kalbsgeschnetzeltes à la Kronenhalle – die Spezialität des

Hauses. Dann fragt er, welchen Wein ich bevorzuge. Ich wähle einen Viertel Beaujolais und lehne mich zurück, um das Ambiente dieses eleganten Ortes zu genießen. Da kommt das Weißbrot, knusprig, wie es knuspriger nicht sein könnte, mit süßer Schweizer Butter. Dazu serviert der Kellner eine Flasche Schweizer Mineralwasser und schenkt den Wein aus einer kleinen Karaffe, deren Markierungsstrich genau einen Viertelliter anzeigt. Ich hebe das feine Stielglas an die Lippen und trinke. Gleich links neben meinem Tisch hängt ein Chagall-Gemälde: eine Winternacht, eine Standuhr, die die Dorfkinder mahnt, nach Hause zu eilen, während der Mond am blauschwarzen Himmel hängt.

Die Kunst des Alleinespeisens wird gemeinhin unterschätzt. Ohne sich unterhalten zu müssen, kann sich der Genießer voll und ganz auf das köstliche Essen und die Umgebung konzentrieren, kann seine Gedanken schweifen lassen, wohin sie nur wollen. Die Kürbiskernsuppe – perfekt sämig, perfekte Temperatur – wärmt mir das Herz. Das zarte Kalbfleisch in einer schmackhaften Sahnesoße mit saftigen Bratkartoffeln nach Schweizer Art weckt liebe, ganz persönliche Erinnerungen an winterkalte Abende: an grüne Samtvorhänge, an einen großen Flügel, an die Blicke in die Dämmerung von einem Fenster im zweiten Stock, an eine alte Wienerin, die mit einem handgemachten Reisigbesen Schnee vom Gehsteig kehrt.

Ich betrachte die Gemälde an der Wand und lausche den Unterhaltungen der Pärchen ringsum. Ich stelle mir James und Nora Joyce vor, wie sie hier an einem der Tische sitzen und ein so köstliches Mahl wie das meine genießen. James würde eine Flasche Wein zum Essen bestellen und den Kopf ein wenig zur Seite neigen, um wie ich den Unterhaltungen ringsum zu lauschen. Nora würde bezaubernd aussehen, der Ausschnitt ihres dunklen Kleides gerade tief genug, um die weiche irische Haut ein wenig zum Vorschein zu bringen. Sie würden nur wenig miteinander reden, bräuchten keine Worte, um sich zu verstehen, nur eine innige, vertraute Stille. Sie würden so lange wie möglich im warmen Restaurant verweilen und irgendwann durch die Kälte nach Hause gehen.

Ich denke über die Rolle des Künstlers in der Gesellschaft nach. Künstler sind Außenseiter, die sich von der großen Masse abheben, verbannt als Archivare menschlicher Erfahrung, als Kritiker menschlichen Verhaltens, als Bänkelsänger, als Visionäre. So wie James Joyce. Sein Meisterwerk *Ulysses* ist die Geschichte einer Reise – ein Tag im Leben eines Mannes aus Dublin, wort- und erinnerungsreich erzählt, verwoben mit Traditionen und Erfahrungen, eine moderne *Odyssee*. Wir alle befinden uns auf einer Reise, Tag für Tag, Jahr für Jahr, ob wir uns dessen bewusst sind oder nicht.

Heute, fast schon im Herbst meines Lebens, ist mir bewusst, dass auch ich die wichtigen Momente meiner ganz persönlichen Reise in meiner Musik und in meinem Schreiben festhalte. Meine Lust zu leben ist nicht kleiner geworden. Damals wie heute genieße ich die Begegnungen mit den verschiedenen Menschen, die meine Wege kreuzen. Im vertrauten Zwiegespräch mit Künstlern, die sich lange vor mir auf diese Reise begeben haben, in der Beschäftigung mit ihrer Literatur, ihrer Kunst und ihrer Musik, finde ich Inspiration für meine eigene bescheidene Kunst.

Ich bin fertig, lege die Gabel auf den Teller, und schon serviert der Kellner, der mich aus der Entfernung beobachtet hat, einen Nachschlag. Er lächelt, als er den leeren Teller nimmt und den vollen vor mich hinstellt. Mein Glas ist noch gut gefüllt, und so beschließe ich, mir Zeit zu lassen. Den zweiten Teller schaffe ich auch noch.

Und neben mir ist die Nacht noch immer voller Schnee, die Standuhr mahnt die Dorfkinder noch immer, nach Hause zu eilen, und der Mond leuchtet unverändert am blauschwarzen Himmel den Weg.

Bekenntnisse einer Möchtegern-Nomadin

HOLLY MORRIS • NIGER

Es gibt keine Zeit mehr in dieser unwirklichen Wirklichkeit, die Sonne hat sie weggetrocknet – denke ich, während ich mir weitere Blasen aufsteche. Es ist der dritte lange Tag meiner Wanderung mit Tuareg-Nomaden auf einer Salzkarawane durch die sengende Sahara. Dass das Nichts so viel Raum einnehmen kann! Da ich nur ein Wort auf Tamaschek kenne, der Sprache der Tuareg – *tamanmere*, danke –, verbringe ich die endlosen Stunden damit, über den Begriff des Nichts nachzudenken; ich versuche, mich meinen männlichen, vermummten Reisegenossen mit Grimassen verständlich zu machen, und zermartere mir den Kopf darüber, wie wenig ich über den Niger weiß, eine Region fünfmal so groß wie Großbritannien.

ZUR GESCHICHTE

Als typische Durchschnittsamerikanerin (also selbstbezogen und ziemlich ungebildet) wusste ich, bevor ich hierher kam, kaum etwas über dieses westafrikanische Land, das in meiner Vorstellung irgendwo links vom Tschad lag. Was ich mir über die Geschichte des Landes zusammensuchte, ergab Folgendes: Im 19. Jahrhundert zog der schottische Forscher Mungo Park auf der Suche nach der Quelle des Niger durch die südliche Sahara – zu einer Zeit, da die Franzosen sich als Kolonialherren gegen die Widerstand leistenden Tuareg durchsetzten. Es war ein armes Land fast ohne Bodenschätze, und so beugten sich die Franzosen Mitte der 1900er Jahre den einheimischen Aufständischen, und Niger wurde 1960 unabhängig. Das französische Erbe ist bis heute zu spüren – so hat sich

Französisch als Amtssprache erhalten, vor allem unter den Gebildeten. Doch noch immer gären Aufruhr und Widerstand unter der Bevölkerung.

Angeführt von den Tuareg, einem entrechteten, kriegerischen Wüstenvolk, dauert der Widerstand seit Jahrzehnten an – seit der Dürre der 1970er Jahre, als die korrupte Regierung angeblich die Verteilung internationaler Hilfsgüter vereitelte. Aufgrund anhaltender Kämpfe zwischen der Regierung und den Tuareg (die angeblich von Gaddafi mit Waffen beliefert werden) sowie wegen der gelegentlichen Staatsstreiche gilt Niger heute als unsicheres Reiseziel. Doch als Regierung und Rebellen gerade mal wieder eine Waffenruhe vereinbart hatten, beschloss ich, mein wahnwitziges Vorhaben, als Ausländerin durch die einsame Wüste zu ziehen, endlich in die Tat umzusetzen. Ich wollte einige der legendären Feste in diesem Land miterleben und mit den Blauen Männern ziehen – jenen stolzen Kriegern in indigoblauen Gewändern, die, mit Schwertern bewaffnet, Salz durch die Wüste transportieren. Ich erfuhr, dass Rebellion und Magie dicht beieinander liegen können und dass sie ihre Jahrtausende andauernde Wanderung nie und nimmer beenden und sich keiner Macht der Welt beugen werden.

Befreiung

Seltsam. Obwohl ich nicht allein unterwegs bin – schließlich weichen mir meine Karawanenmänner nicht von der Seite –, erfüllt mich jenes unfassbare Glück, dass man sonst nur empfindet, wenn man allein reist. Die öde Umgebung, die Sprachlosigkeit und mein Gefühl, »anders« zu sein, erfüllen mich mit jener Seelenruhe, wie ich sie sonst nur erlebe, wenn ich mir eine einsame Woche Auszeit in den Bergen nehme.

Wir sind unterwegs in die Oasenstadt Fachi, um die getrockneten Tomaten und Zwiebeln, die schwer auf den Kamelen lasten, gegen

Salz zu tauschen und um einem Fest zum Ende der Regenzeit beizuwohnen. Die derzeitige »Zeit der Fülle« ist in meinen Augen relativ zu sehen – es ist schlicht die Jahreszeit, die am ungefährlichsten ist.

Tag für Tag leitet uns Oumarou, der Karawanenführer, über unsichtbare Pfade, als Orientierung nur Wind und Sterne. Das Tempo ist gleichmäßig, und wir gehen zehn bis zwölf Stunden am Tag, immer in äußerster Stille. Die konzentrierte Stille und das gleich bleibende Tempo sind wichtig in einer Gegend, wo der kleinste Fehler schwere Folgen haben kann.

Die Augen der Männer haben den unheimlichen, leicht ziellosen Blick von Blinden; hinter den schwarzen Turbantüchern glänzt in ihren dunklen Augen ein Hauch von Blau. Das Leben unter der Wüstensonne ohne moderne Sonnenbrillen mit UV-Filter hat offenbar Folgen. Die indigoblauen Gewänder sind mit reich verzierten Ledergürteln zusammengehalten, und ein jeder Tuareg trägt traditionellerweise ein Schwert. Meine Anwesenheit muss sonderbar für sie sein, doch sie nehmen es gelassen. Und meine unbeholfene Art, mit meinem Kamel umzugehen, scheint zur allseitigen Erheiterung beizutragen, wie ich dem amüsierten Lachen unter den cheches entnehme.

Die *cheches* oder *tagelmousts*, Turbantücher aus Baumwolle gegen Wind und Sand, bedecken rundum Kopf und Hals und lassen nur einen schmalen Schlitz für Augen und Mund frei. Alles, was im Entferntesten mit Schleiern zu tun hat, ist mir ein Graus, und ich habe mich zunächst beharrlich geweigert, den *cheche*, mit dem auch eine politische Symbolik verbunden ist, selbst zu tragen.

Doch das war dumm von mir.

Spätestens nach einer Stunde in der glutheißen Mittagssonne der Sahara ist jedem, der noch keinen Hitzschlag erlitten hat, klar, dass der *cheche* lebensrettenden Schutz vor den erbarmungslosen Sonnenstrahlen bietet. Die Einsicht kam spät, aber besser spät als nie.

Und seither bindet Oumarou mir meinen senffarbenen *cheche* immer wieder neu, so wie es Wind und Wetter gerade erfordern, und rettet damit sowohl meine Würde als auch meine brutzelnde Haut.

In den frühen Morgenstunden dringen muntere Scherze und Neckereien auf Tamaschek an mein Ohr, doch bis Mittag, wenn die sengende Sonne mit über 50 Grad Hitze das Regiment übernommen hat, ist die Karawanentruppe wieder still und stumm. Ich rede mir ein, diese Wüstentour sei eine »einzigartige kulturelle Erfahrung«, um die mörderische Schinderei, die sie tatsächlich darstellt, auszublenden. Aber das ist verlorene Liebesmüh. Oumarou schaut mich besorgt an und reicht mir einen ausgehöhlten Kürbis, eine Gurde, mit Wasser. *»Amam iman«*, sagt er auf Tamaschek und fordert mich zum Trinken auf: *»Fishou.«* In der Tat – Wasser ist Leben, und Leben ist Wasser.

Nur der Schmerz in meinen geschundenen Füßen bewahrt mich davor, in ein benebeltes Hitzedelirium zu fallen. Alles wird im Laufen erledigt, in ständiger Bewegung – auch das Trinken. Das Wasser wird zuerst aus der Ziegenhautscheide in die Gurde gelassen und dann an alle Mann durchgereicht ... angehalten wird nie. Auch nicht zum Essen. Ein scharfes Gemisch aus Hirse, Ziegenkäse und Wasser wird zusammengerührt und dann vom quirligen 12-jährigen Sohn Oumarous, der ständig von einer kleinen weißen Ziege begleitet wird, hurtig von Mann zu Mann bis zu mir befördert ... angehalten wird nie. Die flache, eintönige Landschaft erstreckt sich endlos weit. Die Wüste wirkt in ihrer Schlichtheit erhaben und frei. Sie reduziert das Leben auf das Allernotwendigste – eine Richtung, Essen, Wasser, Salz.

Als die Karawane dann schließlich doch anhält, geht der Mond bereits auf. Die Kamele werden von ihrer zentnerschweren Last befreit und gefüttert. Trotz ihres eigenwilligen Charakters lerne ich die zähen, kräftigen Tiere schätzen, die 17 Tage ohne Wasser überleben und ihre Körpertemperatur selbst regulieren können. Mit ihren leicht schräg stehenden Augen und den langen Wimpern trotzen sie jedem noch so starken Sandsturm.

Schweigend wird das Lager aufgeschlagen, nur das wohlige Greinen der Kamele durchbricht die Stille. Das Heu, das sie den ganzen Tag auf ihrem Rücken trugen, wird in Form von »offenen Baueinheiten« ausgelegt, wie man in der modernen Welt sagen würde. Kleine Feuer werden entfacht und Hirse zubereitet – einfache Vorgänge, verglichen mit dem Aufwand, der mit dem Teekochen betrieben wird. Die Zubereitung des Tees ist ein kompliziertes Ritual. Die dicke, süße Flüssigkeit wird aus fast einem Meter Höhe aus einem Kessel in ein Auffangglas gegossen, dann in ein anderes Glas, dann wieder in den Kessel, dann wieder zurück in ein Glas – ein verwirrendes Spiel, das jeden Barkeeper verrückt machen würde.

Die Lagerfeuer und die Silhouetten der kauernden Kamele am Horizont sind die einzigen erkennbaren Tupfer zwischen Erde, Himmel, Wüste und Lager. Und unter dem Sternenzelt krieche ich zum rhythmischen Gesang von Oumarous Sohn, der die Hirse stampft, hinter einen kleinen Heuhaufen in meinen Schlafsack. Im Nu bin ich eingeschlafen.

Zwei Wochen zuvor wohnte ich einem Fest der Wodaabe bei, eines Nomadenstammes mit nur 40.000 Angehörigen. Auf der Suche nach Wasser und Nahrung, um Zebus und Ziegen zu nähren, legen sie pro Jahr 1500 Kilometer zurück. Anders als auf dem Fest der Tuareg spielen auf dem Gerewol-Fest der Wodaabe junge Mädchen eine zentrale Rolle. Beide Feste aber gehören zu den für diese Region typischen Cure-Salée- oder Salzfesten. Die Wodaabe besitzen keine Reichtümer, der soziale Status macht sich an der Schönheit fest – der Schönheit des Körpers und des Körperschmucks. Auf dem Gerewol-Fest wird ein *yaake* veranstaltet, eine Art Schönheitstanzwettbewerb der Männer. Die Frauen sind die Jury und beurteilen die Männer nach dem Weiß ihrer Augen und Zähne, danach, wie sinnlich ihre Lippen und wie sehnig ihre Hüften sind. Zum *Yaake*-Fest putzen sich die jungen Wadaabe-Männer heraus und produzieren sich, in der Hoffnung, von den Frauen als schönster Mann auserkoren zu werden und so ihr soziales Ansehen zu steigern. Romantische Bande werden geknüpft. Die Wodaabekultur ist ein Matriarchat. Die Frauen entscheiden, wen sie heiraten wollen, wobei die Männer ihrerseits keine Zeit verschwenden, ihre Absichten zu erklären. Ein kleines Kratzen mit seinem Zeigefinger an ihrer flachen Hand bekundet der Frau, dass er ein Liebesabenteuer sucht.

Es kommt mir vor, als wäre das Wodaabe-Fest Ewigkeiten her, jetzt, wo ich Tag für Tag durch die endlose Sahara wandere, ein störrisches Kamel mit hübschen, langen Wimpern führe und sich die Zeit endlos zieht. Die Tuareg kennen kein Wort für »morgen«, es gibt keinen Begriff dafür auf Tamaschek. Heute ist heute, und morgen ist ... nicht heute. Alles dreht sich um das Leben in der Gegenwart, denn das Überleben ist vorrangig. Die geschriebene Tamaschek-Sprache besteht vielleicht deshalb nur aus Konsonanten, gezierte Vokale gibt es nicht.

Jeden Morgen stehen wir im frühen Morgengrauen auf, um die wunden Stellen der Tiere zu versorgen und die Kamele zu beladen: Decken, Hirse, Heu, getrocknete Tomaten und Zwiebeln. Und jeden Nachmittag bete ich um eine Oase. Und wenn ich sie schließlich sichte, dann merke ich, wie ausgehungert meine Sinne nach Farben sind: grüne Palmen, zum Greifen nahe. Doch die Blauen Männer führen mich unbeirrt in ihrem langsamen Tempo weiter, an der Fata Morgana vorbei.

Cure Salée

Fachi ist eine der ältesten bewohnten Städte in der Sahara. Einst gab es hier einen riesigen Salzwassersee, doch der ist unter der sengenden Sonne verdunstet und hat ein weites Gebiet mit reichen Salzlagern hinterlassen. Das Volk der Kanouri, die die Salzlager kontrollieren, sind Nachfahren von Sklaven, die seit dem 18. Jahrhundert nahe den Hängen von Fachi leben und Salz abbauen.

Am Rande der Oase schlagen wir unser Lager auf. Mitten zwischen den Kamelen breche ich zusammen und wache erst acht Stunden später wieder auf, als Hunderte von Dorfbewohnern zu den alljährlich stattfindenden Kamelrennen eintreffen. Kamelrennen sind ein fester Bestandteil des traditionellen Festes zum Ende der Regenzeit.

Dutzende von Frauen mit indigoblauen Gewändern, Armringen und schwarzen Schleiern sitzen im Kreis, sie trommeln und schreien, und es hört sich an wie das Gezeter durchgedrehter Wasservögel. »Heulen« nennt man diese Art von Geschrei, bei dem mit der Zunge geträllert wird.

Die Wettkämpfer, die zum Teil tage- und wochenlange Wanderungen hinter sich haben, nehmen würdevoll und stolz auf ihren Kamelen sitzend Aufstellung. Normalerweise sind die einhöckerigen, gezähmten Tiere »Arbeitspferde«. Heute aber sind sie ehrenvolle »Reitpferde«, deren Aussehen und Geschwindigkeit ihren Reitern möglicherweise zu Ansehen und einem kleinen Preisgeld verhilft. Ich beginne, die wandelbaren Dromedare richtig zu mögen. Abgesehen davon, dass es ihnen nichts ausmacht, bis zur Hälfte ihres normalen Körpergewichts abzumagern, können sie in der Trockenzeit mit ihrer Milch 40 menschliche Babys ernähren. Heute aber sind sie nicht als Ammen im Dienst – heute wird von ihnen erwartet, dass sie sich wie feurige Hengste benehmen. Frenetische Trommelklänge und das Heulen der Frauen sind die Hintergrundmusik zum Festauftakt, der von den Hufschmieden des Dorfes angeführt wird. Die Hufschmiede scheinen viele Festämter innezuhaben, vermutlich weil sie für das Feuer stehen, das Element der Schöpfung. Sie rufen Nummern aus, eine nach der anderen, und »Ross und Reiter«, mit farbenprächtigen Decken und Fransen geschmückt, formieren sich im Kreis um die Hufschmiede. Dann werden sie nach Pracht und Stammbaum beurteilt; weiße, langbeinige Kamele gelten als die schönsten. Doch das ist erst Phase eins des Wettbewerbs. Die Spannung steigt, und das Trommeln und Heulen sowie die versammelten Zuschauer sorgen für eine prickelnde Atmosphäre.

Kamelreitkünste

Die Hufschmiede eröffnen das Fest feierlich und geben mit dem Schwert das Zeichen zum Start für das erste von insgesamt drei Rennen. 90 Kamele samt Reiter preschen davon, begleitet von wildem Sturmgeschrei und aufgeregtem Chaos. Als sie an mir vorbeidonnern, bemerke ich bedeutende Unterschiede zwischen Pferderennen und Kamelrennen. Erstens: Es gibt einen Höcker. Zweitens: Es gibt keine Steigbügel. Und drittens: Nun ja, trotz der Hiebe verfallen die Kamele nie in Galopp, eher in ein angeheiztes, schnelles Traben. Vielleicht sollte man Kamelrennen als Frauensportart einführen.

Die Rennstrecke verliert sich in der Ferne, folgt der Spur eines gewundenen, trockenen Flussbetts. Das Rennen dauert um die 20 Minuten, doch schneller, als ich gucken kann, sind die Reiter in einer Staubwolke irgendwo am Horizont verschwunden. Nach rund zehn Minuten erfahren wir, dass ein Reiter gefallen ist und niedergetrampelt wurde – eine ernste Angelegenheit, denn wir sind hier mindestens vier Tage entfernt von medizinischer Versorgung, so man davon überhaupt sprechen kann.

Wegen des Unfalls scheidet die Hälfte der Männer für das zweite Rennen freiwillig aus. Sie ziehen es vor, das dritte halsbrecherische Rennen abzuwarten, für das es das meiste Geld gibt. Die Aufmerksamkeit richtet sich auf den verletzten Reiter, doch der scheint sich glücklicherweise nur einen Arm gebrochen zu haben.

Rennen drei

Von der inneren Gelassenheit, die sich auf der langen Wanderung durch die Wüste aufgebaut hat, ist nicht mehr viel übrig. Ich, die ehrgeizige Tochter eines Berufssportlers und passionierten Spielers, überlege, wie ich heimlich an Rennen drei teilnehmen könnte. Gepflogenheiten hin oder her, ich binde mir den *cheche* um den Kopf und gehe auf den leitenden Hufschmied zu.

»Je voudrais monter sur le chameau«, sage ich geradeheraus.

Mit einem verwirrten Grinsen sieht er mich an.

Ich wiederhole meine Bitte, weiß, dass er Französisch versteht, schließlich war das Land einmal französische Kolonie. Ich wiege den Kopf hin und her. Er hat eindeutig Bedenken.

»Dein Temperament könnte die feinen, dreispitzigen Hörner an der Vorderseite des Sattels beschädigen«, sagt er auf Französisch.

»Der Sattel ist wichtiger als mein Wohlergehen?«, sage ich.

»Mais oui, Sättel sind unser wertvollstes Besitztum«, erwidert er.

Aber ich gebe nicht auf und bearbeite den Hufschmied weiter. Schließlich kommt mir mein Sonderstatus als Reisende zugute, und ich werde für Rennen drei platziert.

Ich bekomme Zügel für ein drei Meter hohes, weißes Kamel, das mit bunten Decken und Lederfransen geschmückt ist mit einem verzierten Silbersattel, Leder und den tödlichen Hörnern. »Schschsch«, rede ich beruhigend auf mein Kamel ein, so wie es meine Reitgefährten machen, als es sich mit einem gereizten, gellend lauten Schrei auf die Knie begibt. Ich klettere auf das mächtige Tier und stelle mich mit den etwa 90 anderen Mitstreitern auf. Und aus heiterem Himmel schießt es mir plötzlich in den Kopf: *Jetzt bist du zu weit gegangen*. Ich sollte das nicht tun – auf einem Riesenkamel durch die Wüste rasen, mich mit verschleierten Männern mit scharfen Schwertern messen, die seit Jahrtausenden in dieser Disziplin geübt sind.

Ich hasse diese Seite an mir.

Wieso kann ich mich nicht einfach damit begnügen, ein neues Pesto-Rezept auszuprobieren, am Wochenende Power-Walking zu machen und Geburtstagsgeschenke rechtzeitig loszuschicken, so wie alle vernünftigen Frauen in meiner Heimat im Mittleren Westen der Staaten? Die Frage lässt sich nicht einfach mit meiner unbändigen Abenteuerlust beantworten. Ich habe vielmehr eine tief sitzende, fast absurde Angst, ich könnte irgendetwas verpassen, irgendein ganz außergewöhnliches Erlebnis. Und wenn ich jetzt kneife, wird mich das wahrscheinlich bis ins Grab verfolgen; wahrscheinlich werde ich noch auf dem Sterbebett murmeln: »Verdammt, ich hätte bei diesem Kamelrennen mitmachen sollen.« Und hier, mitten in der Sahara, kurz bevor das Schwert zum Start geschwungen wird, holt sie mich wieder ein, meine Abenteuerlust – *und ich will gewinnen.*

UND LOS ...

Die nächsten 15 Minuten bestehen aus unbeholfenem Überlebenskampf, Flüchen und tiefer Reue. Meine kümmerlichen Reitkünste sind dieser Herausforderung nicht im mindesten gewachsen, und mein Traum zu siegen (oder zumindest auf einen guten Platz zu kommen) ist binnen Sekunden dahin.

Ich will nur noch mit dem Leben davonkommen.

Mein Kamel rennt in vollem Trab, und ich halte mich schmählich an den Hörnern fest, um nicht in hohem Bogen über den mehr als zwei Meter langen, gebogenen Kamelhals zu fliegen oder wie ein Festtagsbraten aufgespießt zu werden oder beides, eins nach dem anderen. Ich will nicht sterben! Aber – und da kommen die Gene meines Vaters durch – ich will auch nicht Letzter werden. Also reiße ich mich zusammen, versuche, es dem Reiter vor mir nachzutun, der ein Bein um den Hals des Kamels geschlungen hat und mit dem anderen Fuß an den Nacken des Kamels tritt – eine Art Sahara-Gaspedal. Und so schlinge auch ich ein Bein um den Hals des Tieres und trete mit meinem dreckigen, wunden Fuß dagegen. Mein riesiges, weißes Ross reagiert entsprechend. Sein Siegeswille ist offenbar geweckt. Es prescht davon, überholt sogar zwei Mitstreiter.

Auf der Zielgeraden

Meine Eingeweide werden wild durcheinander geschüttelt. Doch bevor ich einen klaren Gedanken fassen kann, befinde ich mich auf der Zielgeraden, fresse Sand und Staub. Zwei Reiter sind hinter mir, von denen einer rasch aufholt. Plötzlich höre ich mich mit der Zunge schnalzen, fühle mich wie Lawrence von Arabien – freihändig im Sattel, schreie ich wie wild auf mein Kamel ein. Mein Hintern und der Kamelhöcker schwingen perfekt synchron, und wir liefern uns mit einem überaus langhalsigen Kamel, dessen Reiter als indigoblauer, verschwommener Fleck in meinem Augenwinkel erscheint, ein wildes Zielrennen. Nur um Nasenspitzenlänge werden wir, mein Kamel und ich, Zweiter, also ehrlich gesagt: Zweitletzter. Wir traben über die Ziellinie und sind sofort umringt von heulenden Frauen, die dem Kamel Indigo ins Gesicht klatschen.

Unsere bühnenreife Vorstellung hat die Frauen offenbar ganz aus dem Häuschen gebracht, was mich verwundert, denn schließlich haben wir um ein Haar verloren. Als ich den Sattel abnehme und die Dorfbewohner schon langsam den Heimweg antreten, kommt einer der Hufschmiede auf mich zu.

»Du bist die erste Frau in unserer 5000 Jahre alten Tradition, die bei einem Kamelrennen mitgemacht hat. Sie können alle nicht glauben, dass du es tatsächlich geschafft hast«, sagt er.

»Das Mädchen dort will nächstes Mal auch mitmachen«, fügt er hinzu und deutet auf eine lächelnde Vierzehnjährige.

Vielleicht sollte man Kamelrennen ja tatsächlich als Frauensportart einführen. Ein Abenteuer ist es allemal.

Ich jedenfalls bin dem Lockruf des Abenteuers gefolgt. Bis auf den Rücken der Kamele.

Musikvagabund

Edith Pearlman • verschiedene Länder

Ich bin ein richtiger Musikvagabund. »Was wird wann wo gespielt?«, frage ich den Hotelportier, sobald ich meine Zahnbürste ausgepackt habe. Und so habe ich manch berühmten Künstler in überfüllten Bürgerzentren gehört, philharmonische Orchester hier und Opern dort, bin über neoklassizistische Stufen gestiegen und habe mich über Barockgeländer gehängt. Und zuweilen konnte ich mit viel Glück oder der Hilfe des Neffen des Portiers sogar einen Platz in der dritten Reihe ergattern. In meiner besten Reisegarderobe habe ich mich unter die Schar feierlich gekleideter Besucher gemischt.

Seit meinem Jahr in Jerusalem bin ich ein unverbesserlicher Konzertfanatiker. In einem kleinen Museum an der Jaffa Road, wo einst die Künstlerin Anna Ticho wohnte, gab es jeden Freitag zur Mittagszeit ein Konzert. In einer rundum mit Fenstern versehenen Galerie im zweiten Stock standen um eine behelfsmäßige Bühne ein paar wenige Klappstuhlreihen. Vor allem Rentner waren unter den Zuhörern, aber auch Familie und Freunde der Künstler, die sich aufgeregt an den Händen fassten; mal eilte auch ein Angestellter in seiner Mittagspause herbei; und der Inhaber eines nahe gelegenen Ladens mit dem ewig traurigen Gesicht – der Melancholiker – war immer da.

Jeden Freitag traten andere Künstler auf, aber sie hatten viel gemeinsam: Jugend, Talent, Lampenfieber, eine exzellente Ausbildung. Die meisten von ihnen stammten aus Russland oder Osteuropa. Freitag für Freitag lauschte ich Quartetten, Trios, Duos und

Solisten, Saiten-, Blas- und Tasteninstrumenten. Einmal hörte ich einem Geschwisterpaar zu, der Bruder an der Klarinette, die Schwester an der Flöte; das ganze Konzert war ein kleiner Zank, sie setzten offenbar ihren kleinen Streit vom Frühstück fort. Das musikalische Zusammenspiel allerdings war tadellos. Ein anderes Mal genoss ich den Anblick eines elegant gekleideten Geigers, lauschte den schwermütigen Klängen eines Cellisten und sah einen Pianisten aus Budapest, der mit einer Hand etwa zwei Oktaven überspannte, wie Franz Liszt. Er trug – wer hätte es ihm verübeln können – eine schulterlange Perücke.

Im Winter blieben die Fenster des Anna-Ticho-Hauses geschlossen, doch sobald es wärmer wurde, standen sie weit auf, so dass der Verkehr nicht selten eine blecherne Begleitmusik spielte. Nach jedem Konzert machte ich einen Spaziergang durch die Stadt, die mit allerlei Düften erfüllt war. Und ich war überzeugt, dass die beste Zeit und der beste Ort, um Musik zu hören, ein Freitagmittag ist, hoch oben in einem Haus in Jerusalem, auf einem Klappstuhl sitzend, in Gesellschaft vieler still versunkener Rentner.

In Reih und Glied angeordnete Stühle – vielleicht doch ein bisschen steif für ein Konzert. Dieser Gedanke kam mir während eines Sommers in Paris. Unweit des Centre Pompidou befindet sich eine alte Kirche, St. Merri. Dort beobachtete ich eines Nachmittags, wie drei Männer ein Klavier über den steinigen Boden bis zu einem freien Raum trugen und es dann vorsichtig abließen. Hie und da platzierten sie Stühle. Langsam füllte sich die Kirche mit Leuten, ausgebeulte Einkaufstaschen voller Baguettes und Melonen in der Hand. Was sie hier wohl suchten? Vielleicht wollten sie einfach den Jongleuren draußen auf dem Platz aus dem Weg gehen oder die herrlichen Bogengewölbe an der Decke bewundern oder einfach nur ihren Samstagseinkauf unterbrechen?

Ein Stuhl nach dem anderen wurde besetzt. Neuankömmlinge stellten sich hinter die Stühle. Mit unbewegter Miene standen die Leute da, als warteten sie auf den Zug. Dann breitete ein langgesichtiger Mann – der Melancholiker, es gab ihn auch hier – eine Zeitung auf dem Boden aus und setzte sich darauf. Ein Stück daneben setzte sich eine Frau in weitem Rock auf den blanken Fußboden. Die übrigen Kirchenbesucher folgten ihrem Beispiel und setzten sich ebenfalls auf den steinernen Boden.

Dann erschien der Pianist – ein Südamerikaner im Smoking. Er spielte Chopin, mit Nachdruck und großer Eindringlichkeit. Die komplizierten, ausdrucksstarken Nocturnes spielte er so ergreifend, dass den Zuhörern fast die Tränen kamen. Und so gespannt, wie die kleine Schar den Polonaisen und Mazurkas lauschte, hätte man meinen können, sie wären allesamt polnische Patrioten, die sich vor rund 170 Jahren um den viel geehrten Fryderyk in Warschau scharten. Es gab keine Pause, das Konzert war ziemlich lang – und endete doch viel zu schnell. Tosender Beifall brach aus. Der so belohnte Pianist gab zwei Zugaben, für eine dritte war er zu erschöpft. Die Zuhörer standen auf, erhoben sich, setzten wieder ihre Alltagsmienen auf und gingen ihrer Wege; ich verweilte noch ein wenig. Und was habe ich gelernt? Die beste Zeit und der beste Ort, um Musik zu hören, ist zwei Uhr nachmittags an einem heißen Augustsamstag in einer Pariser Kirche aus dem 16. Jahrhundert, auf dem Boden sitzend und umgeben von Fremden.

Aber nichts geht über ein Freiluftkonzert. Diese Erfahrung machte ich auf einem Workshop über frühe Musik im griechischen Dorf Prokopi. Ich war mit einer der Teilnehmerinnen befreundet und besuchte sie für eine Woche auf meinem Weg nach Athen.

Künstler der frühen Musik sind hingebungsvolle Naturen. Ob Sänger oder Flötisten – sie üben fast den ganzen Tag. Die Viola-da-

Gamba-Spieler entlocken ihrem sechssaitigen Instrument einen ruhigen, fast übernatürlichen Klang.

Am Sonntagnachmittag allerdings gönnten sich alle eine Pause, um auf den pinienbewaldeten Berg des Ortes zu klettern. Der Leiter des Workshops, ein berühmter Countertenor, ging den steilen Pfad voran. Beschwingt tänzelnd wie die Zicklein in den grasigen Lichtungen um uns, folgten ihm die jüngeren Musiker, die etwas Betagteren hinkten wie ältere Böcke hinterher. Oben auf dem Gipfel stellten sich alle außer mir im Halbkreis auf, und der Tenor stimmte seinen begnadeten Chor auf William Byrds Messe ein – die Noten hatte er im Rucksack mitgenommen. Ich setzte mich auf einen Felsen und hörte zu. *»Dona nobis pacem«*, schallten die Stimmen in den Himmel, der hier oben zum Greifen nah erschien; und ich, die ich das Privileg genoss, als einzige Zuhörerin lauschen zu dürfen, wusste: Die beste Zeit und der beste Ort, um Musik zu hören, ist vier Uhr nachmittags an einem Oktobersonntag auf einem griechischen Berggipfel, auf einem Felsen inmitten einiger unerschrockener Wiederkäuer.

Ein andermal, der Frühling hielt gerade Einzug, war ich in Manhattan und schlenderte zu einem Restaurant. Irgendwo aus einer Wohnung im zweiten Stock drangen durch ein geöffnetes Fenster Saxophonklänge – die ersten vier Noten von *Our Love Is Here To Stay*. Ich hielt inne – wer würde das nicht – und lauschte dem Fortlauf der Melodie, die der verborgene Musiker so süß und lieblich wiedergab. Ich erinnerte mich, dass dies Gershwins letzte Komposition war; gebrochenen Herzens hatte Ira den Text erst nach Gershwins Tod verfasst, einen Text über die Liebe – die Liebe zweier Brüder, vielleicht auch die Liebe auf den ersten Blick. Sollte sich der Saxophonist als junger, attraktiver Mann erweisen, so dachte ich bei mir, ich könnte glatt alles hinschmeißen: meine glückliche Ehe mit meinem toleranten und häuslichen Ehemann, sogar meine Kinder. *»The Rockies were tumbling and Gibraltar was crumbling, but Our Love … is here to stay.«*

Die Serenade war zu Ende, und der Musiker erschien am offenen Fenster, sein Instrument lässig in der Hand. Er war in der Tat jung und attraktiv, erwiderte mein Lächeln und Winken, doch er schien auf jemanden zu warten – auf jemand anderen. Also ging ich weiter und wusste ein für alle Mal, dass die beste Zeit und der beste Ort, um Musik zu hören, unter einem Lindenbaum im östlichen Manhattan um sechs Uhr abends an einem Dienstag im Mai ist, im Stehen und allein.

Verlass dich nicht auf Karten

ROBYN DAVIDSON • AUSTRALIEN

Ich erinnere mich noch sehr gut an die große Erleichterung am ersten Tag des Alleinseins, an das immer stärkere Selbstvertrauen, während ich weiter und weiter zog. In der verschwitzten Hand hielt ich Bubs Nasenzügel, und hinter ihm folgten die anderen Kamele brav und gehorsam in einer Reihe, Goliath als Schlusslicht. Das dumpfe Geklingel ihrer Glocken, das leise Knirschen des Sandes unter meinen Füßen und das entfernte Gezwitscher der Schwalbenwürger waren die einzigen Geräusche. Sonst war die Wüste still.

Ich hatte beschlossen, einem verlassenen Pfad zu folgen, der auf die Hauptstraße nach Areyonga führt. Wege lassen sich im weiten Hinterland Australiens vor allem als Fahrspuren im Boden erkennen. Wenn man Glück hat, wurde ein Weg irgendwann mal über eine kurze Strecke von einem Bulldozer planiert. Es gibt klar erkennbare Wege: gut ausgefahren, zerfurcht und voller Kuhfladen; dann wieder gibt es Pfade, die sich auch von einem Hügel aus kaum ausmachen lassen, und wenn man noch so angestrengt in die Richtung blinzelt, in der man sie vermutet. Und manchmal erkennt man einen Pfad nur an den blühenden Wildblumen am Wegesrand, die dort dichter stehen oder einer anderen Art angehören als die übrigen. Manche Wege erkennt man nur an den Gerölldämmen, die ein Bulldozer vor Ewigkeiten an den Wegrändern aufgeschoben hat. Es kann auch passieren, dass sich der Pfad über Hügel, Kämme oder Felsadern windet, mitten in eine sandige Dünenlandschaft führt, sich dann in steinigen Flussläufen oder sandigen Bachbetten gänzlich verliert oder sich in einem Labyrinth von Tierspuren verfranst.

Meist ist es leicht, den Pfaden zu folgen, manchmal entmutigend – und nicht selten bekommt man richtig Angst.

In Gegenden mit vielen Rinder- und Schaffarmen gestaltet sich das Ganze besonders schwierig, weil man ja denken würde, dass Pfade grundsätzlich irgendwohin führen. Das ist aber nicht unbedingt der Fall, denn die Farmer denken da anders. Man hat also die Qual der Wahl, steht vor Dutzenden von Pfaden, die alle in etwa die Richtung führen, in die man gehen will, sie sind alle gleich ausgetreten, aber keiner ist in der Karte verzeichnet. Was tun? Wenn man Pech hat, wählt man den falschen, der vielleicht nach acht Kilometern einfach endet. Dann muss man die ganze Strecke wieder zurückgehen, und der halbe Tag ist futsch. Oder man kommt an eine verlassene Windmühle, an ein Bohrloch oder steht urplötzlich vor einem Zaun. Aber wenn man diesem Zaun folgt, läuft man bald in die entgegengesetzte Richtung, als man eigentlich wollte, ist inzwischen aber völlig verunsichert, da der Pfad mal hier abbog, mal da, so dass man langsam, aber sicher an seinem Verstand zweifelt. Vielleicht steht man auch plötzlich vor einem Gatter, das irgendein Banause, der sich für Charles Atlas hielt, dort hingebaut hat. Man kann dann sicher sein, dass es sich nicht öffnen lässt. Sollte es aber wider Erwarten und ohne Muskelzerrung doch gelingen, lässt es sich nicht wieder schließen, ohne die Kamele als Zugpferde einzusetzen, was eine halbe Stunde dauert – und das, obwohl man sowieso schon schwitzt, sich abmüht und von oben bis unten eingestaubt ist. Eigentlich will man nur noch so schnell wie möglich zur nächsten Wasserstelle, ein Aspirin, eine Tasse Tee und ein Bett.

Was die Suche nach dem richtigen Weg zusätzlich erschwert, ist die Tatsache, dass Landkarten oft rein gar nichts bringen. Es scheint, als bräuchten die Kartographen und Landvermesser in ihren Flugzeugen dringend Brillen; vielleicht waren sie aber auch nur betrunken, als sie das Land vermaßen; oder sie zeichneten einfach munter drauflos, zogen nach Lust und Laune mal hier und mal da ein paar Linien; zuweilen scheint es, als hätten sie im wilden Zickzackkurs und völlig planlos bestimmte Orientierungspunkte ausradiert. Von Landkarten sollte man eigentlich erwarten können, dass sie 100-prozentig korrekt sind. Und das sind sie in den meisten Fällen auch. Nur wenn es einmal nicht so ist, dann gerät man in Panik und zweifelt an seinem eigenen Verstand. War der Sandkamm – und man schwört, es war ein Sandkamm –, auf dem man eben noch gesessen hat, vielleicht doch eine Fata Morgana? Hab ich vielleicht einen Sonnenstich? Und dann schluckt man ein paar Mal kräftig und kichert nervös.

Doch an jenem ersten Tag blieb ich von derlei Problemen Gott sei Dank verschont. Verlor sich der Pfad in Sandlöchern, in denen Wasser stand, sah ich relativ schnell, wo er auf der anderen Seite weiterging. Die Kamele liefen gut und waren lammfromm. Alles bestens. Die Gegend, durch die ich wanderte, war von erstaunlicher Vielfalt und zog mich fest in ihren Bann. Es hatte hier nacheinander drei Rekordregenzeiten gegeben, so dass ein grüner Teppich über dem Land lag, gespickt mit weißen, gelben, roten und blauen Wildblumen. In den Flussbetten, die ich durchwanderte, standen hie und da hohe Gummibäume und schlanke Akazien, die kühle Schatten warfen. Und ich sah Vögel. Überall. Schwarze Kakadus, Weißschopfkakadus, Schwalben, Major-Mitchells, Bachstelzen, Turmfalken, Schwärme von Wellensittichen und Finken. Am Wegesrand gab es jede Menge Essbares zu pflücken: Kungabeeren, verschiedene Nachtschattengewächse, Mulgaäpfel und Eukalyptusmanna. Wildpflanzen zu suchen und zu pflücken, ist für mich mit der schönste und beruhigendste Zeitvertreib. Entgegen der allgemeinen Annahme ist die Wüste in der Regenzeit überaus fruchtbar und voller Leben – wie ein riesiger, wild blühender Garten, das Paradies auf Erden. Zugegeben, während der Trockenzeit wäre ich nicht erpicht darauf, mich von Wildpflanzen ernähren zu müssen. Und selbst in der Regenzeit hätte ich manchmal nichts gegen eine Dose Ölsardinen und eine Tasse süßen Tee.

Wie man sich von Wildpflanzen ernährt, lernte ich von befreundeten Aborigines in Alice Springs und von Peter Latz, einem Ethnobotaniker mit Leidenschaft für essbare Wüstenpflanzen. Zuerst fiel es mir nicht gerade leicht, all die Pflanzen im Gedächtnis zu behalten und sie wiederzuerkennen, nachdem man sie mir gezeigt hatte. Aber irgendwann fiel der Groschen. Mit den Nachtschattengewächsen tat ich mich besonders schwer. Sie stellen eine riesige Pflanzenfamilie dar, zu der auch Kartoffeln, Tomaten, Spanischer Pfeffer, Stechäpfel und Bittersüß gehören. Viele Früchte aus dieser Pflanzenfamilie gehören zum täglichen Brot der Aborigines, während andere, die verdammt ähnlich aussehen, hochgiftig sind. Peter Latz hat mehrere verschiedene Arten untersucht und festgestellt, dass eine einzige, winzige Beere mehr Vitamin C enthält als eine Orange. Zu Zeiten, da die Aborigines noch durch ihre angestammten Gebiete zogen, aßen sie große Mengen dieser Beeren. Ihre heutige Kost, die praktisch kein Vitamin C mehr enthält, ist mit ein Grund für ihren schlechten Gesundheitszustand.

In meiner ersten Nacht allein in der Wüste war mir etwas bange zumute. Nicht weil ich mich vor der Dunkelheit fürchtete (die Wüste ist nachts friedvoll und schön; und bis auf die 20 Zentimeter langen rosa Tausendfüßler, die unter den Schlafsack krabbeln und beißen, wenn man ihn in der Morgendämmerung zusammenrollt, den Skorpion, der einem unbekümmert über die im Schlaf zuckende Hand spaziert, oder die Giftschlange, die Gesellschaft braucht, sich unter der Decke wärmen möchte und einem beim Aufwachen den Todesbiss versetzt, gibt es kaum etwas, vor dem man Angst haben müsste), sondern weil ich mich fragte, ob ich meine Kamele je wiedersehen würde. Bei Einbruch der Dunkelheit fesselte ich ihnen die Vorderbeine, kontrollierte die Glocken und band den kleinen Goliath an einen Baum. Hoffentlich ging alles gut! »Wird schon«, beruhigte ich mich selbst, und diese Worte sollte ich in den folgenden Monaten wie eine Art australisches Mantra noch oft benutzen.

Das Abladen ging immer viel einfacher als das Aufladen. Es dauerte nur eine Stunde. Danach musste ich Holz sammeln, Feuer machen, die Lampe anzünden, mich um die Kamele kümmern, Kochutensilien und Lebensmittel und den Kassettenrekorder herauskramen, Diggity füttern, dazwischen noch mal nach den Kamelen sehen, kochen und wieder nach den Kamelen sehen. Sie mampften alle glücklich und zufrieden. Außer Goliath. Er schrie störrisch nach seiner Mutter, die sich aber von seinem Geschrei Gott sei Dank nicht stören ließ.

Ich glaube, an jenem ersten Abend kochte ich mir ein Instant-Gericht, ein höchst überbewerteter, papierähnlicher Ersatz für etwas Essbares. Die Obstration war gut, man konnte sie wie Kekse knabbern. Die Fleisch- und Gemüsegerichte hingegen waren eine einzige geschmacklose Pampe. Später verfütterte ich alle Fertigpäckchen an die Kamele und beschränkte mich auf braunen Reis, Linsen, Knoblauch, Curry, Öl und Pfannkuchen aus verschiedenen Getreideflocken, Kokosnüsse und Trockenei. Im Feuer kochte ich mir verschiedene Wurzelgemüse, trank Kakao und Tee, gab Zucker, Honig und Milchpulver bei und genehmigte mir ab und zu den Luxus einer Dose Ölsardinen, aß Peperoni und Scheibletten dazu, machte eine Obstkonserve auf oder aß eine Orange oder Zitrone. Zur Nahrungsergänzung schluckte ich Vitamintabletten, sammelte wilde Früchte und schoss mir auch mal ein Kaninchen. Diese Ernährung war alles andere als einseitig, und ich blieb gesund wie eine drahtige Amazone; kleine Schnitte und Schürfwunden verheilten innerhalb eines Tages; nachts sah ich beinahe so gut wie am hellichten Tag, und ich strotzte nur so vor Energie und Kraft.

Nach jenem ersten dürftigen Abendessen feuerte ich nach, sah noch einmal nach den Kamelen und hörte meine Pitjantjara-Lernkassetten: »*Nyuntu palya nyinanyi. Uwa, palyarna, palu nyuntu*«, murmelte ich immer wieder leise vor mich hin, während der sternenübersäte Nachthimmel über mir märchenhaft funkelte. Der Mond schien nicht in jener Nacht.

Ich schlummerte ein und hielt wie gewöhnlich Diggity in meinen Armen. Ich machte es mir zur Gewohnheit, ein- bis zweimal in der Nacht nach den Glocken zu lauschen. Blieb alles still, rief ich nach den Kamelen, damit sie den Kopf hoben und es bimmelte. Wenn das nichts half, stand ich auf, um nachzusehen, wo sie waren. Normalerweise waren sie nie weiter als 100 Meter vom Lager entfernt. Danach schlief ich meist auf der Stelle wieder ein und wachte erst gegen Morgen wieder auf. Dann lagerten die Kamele meist so dicht um mich herum, dass sie mich beinahe erdrückten. Sie wachten zur selben Zeit auf wie ich, etwa eine Stunde vor Sonnenaufgang, und hatten dann Hunger.

Meine Kamele waren noch jung, noch nicht ausgewachsen. Zeleika, die Älteste, schätzte ich auf vier oder fünf Jahre. Dookie wurde bald vier, und Bub war drei – alle noch Babys, wenn man bedenkt, dass Kamele bis zu 50 Jahre alt werden können. Sie brauchten so viel Futter wie möglich. Mein Tagesablauf richtete sich also in erster Linie nach ihren Bedürfnissen, selten nach meinen eigenen. Nach meinem Dafürhalten mussten sie für ihr junges Alter schon ganz schöne Lasten schleppen, doch Sally lachte mich deshalb aus. Er erzählte, dass ein Kamelhengst sich auch mit einer Tonne Last auf dem Rücken noch auf den Beinen halten könne und eine halbe Tonne das normale Lastgewicht sei. Dabei ist das Auf- und Absitzen für die Tiere das Anstrengendste. Die Last muss gleichmäßig verteilt sein, und der Sattel darf nicht scheuern oder unbequem sitzen, denn sonst reibt sich das Tier wund. Ich musste beim Aufladen also besonders umsichtig sein, alles ganz genau kontrollieren, am besten zweimal. Am zweiten Morgen schaffte ich die Prozedur in knapp zwei Stunden.

Morgens aß ich nie viel. Ich machte Feuer, kochte Tee, trank ein oder zwei Becher und füllte den Rest in die Thermoskanne. Manchmal hatte ich Heißhunger auf Zucker und süßte mir den Tee mit zwei Löffeln, verschlang löffelweise gesüßtes Kakaopulver oder Honig. Offenbar verbrannte mein Körper den Zucker sehr schnell.

Danach war mein Hauptproblem die Ausrüstung. Würde alles halten? Würden die Sättel nicht scheuern? Würden die Kamele die Lasten bewältigen? Zeleika machte mir ein wenig Sorgen. Diggity schlug sich, abgesehen von gelegentlich wundgelaufenen Pfoten, ganz gut. Ich selber fühlte mich fantastisch, auch wenn ich am Ende des Tages völlig erschöpft war. Ich beschloss, täglich etwa 30 Kilometer zu gehen, und zwar an sechs Tagen in der Woche. (Und am siebten Tage ruhte sie.) Na ja, nicht immer. Ich wollte mir einen Vorsprung erlaufen, für den Fall, dass etwas schief ging und ich irgendwo Tage oder Wochen festsaß. Ich machte mir also selbst ein wenig Druck, um nicht ins Bummeln zu geraten. Ich wollte nicht in den Sommer kommen. Zudem hatte ich *National Geographic* versprochen, die Reise vor Ende des Jahres abzuschließen – das waren sechs Monate, notfalls auch acht, bei einem annehmlichen Tempo.

Bis alles gepackt und das Feuer gelöscht war, hatten die Kamele ein paar Stunden Zeit zum Fressen. Dann brachte ich sie hintereinander in eine Reihe, band Bub am Baum fest und dirigierte sie zu Boden. Zuerst lud ich Decken und Sättel auf, verteilte das Gewicht gleichmäßig auf beiden Seiten, zurrte die Gurte fest und verband das Ganze mit einem Seil, das ich unter der Brust des Tieres durchschob. Dann nahm ich die Nasenzügel vom Schwanz, befestigte sie am Sattel, kontrollierte alles noch ein-, zweimal – fertig! Abmarsch! Los!

Doch bereits am dritten Tag verließ mich mein Glück. Es wäre auch zu schön gewesen, wenn alles glatt gelaufen wäre. Blutiger Neuling, der ich in der Wildnis war, glaubte ich blindlings an die Unfehlbarkeit und Zuverlässigkeit aller Karten und weniger an meinen gesunden Menschenverstand. Ich stieß auf einen Weg, der dort gar nicht hingehörte. Und der Weg, den ich suchte, war nirgendwo zu sehen.

»Du hast einen ganzen Weg verpasst«, sagte ich mir, völlig fassungslos. »Nicht nur einen Abzweig, einen Brunnen oder Kamm, nein, einen ganzen verdammten Weg.«

»Ganz ruhig, Babe, ganz ruhig, wird schon. Beruhige dich. Beruhige dich.«

Mir rutschte das Herz in die Hose. Angesichts der unermesslichen Weite der Wüste wurde mir plötzlich flau im Magen, und ich spürte die Angst im Nacken. Dabei war ich nicht wirklich in Gefahr – den Weg nach Areyonga hätte ich auch leicht mit dem Kompass bestimmen können. Aber was, wenn mir so etwas 300 Kilometer vom nächsten Ort passiert – fragte ich mich die ganze Zeit. Was dann? Was dann? Und plötzlich fühlte ich mich in dieser großen Leere ganz klein, ganz allein. Ich stieg auf einen Hügel, sah in den Horizont, der blau schimmerte. Nichts. Absolut nichts war zu sehen.

Ich studierte die Karte noch einmal. Keine Erleuchtung. Ich konnte höchstens noch 25 Kilometer von der Siedlung entfernt sein. Und nun stand ich vor diesem Weg, wo es laut Karte nur Sand und Geröll geben sollte. Was tun? Sollte ich ihm folgen? Wo verflucht führte er nur hin? Zu irgendwelchen Bergminen vielleicht? Ich suchte die Karte nach Bergminen ab, aber es waren keine verzeichnet.

Um meine Gedanken zu ordnen, führte ich Selbstgespräche: »Okay. Zunächst einmal, du hast dich verirrt, nein, nur ein wenig verfranst, oder nein, du weißt genau, wo du bist. Also reiß dich am Riemen, schrei die Kamele nicht an, und versetz Diggity keinen Tritt. Die können nichts dafür. Schalt deinen Verstand ein, schlag dein Lager auf, Futter gibt es genug, und nutze das restliche Tageslicht, um nach diesem verdammten Weg zu suchen. Wenn du ihn nicht findest, gehst du einfach querfeldein. Ganz einfach. Also flatter nicht herum wie ein aufgescheuchtes Huhn. Wo bleibt dein Stolz? Kapiert?«

Und so machte ich es. Mit der Karte in der Hand und Diggity bei Fuß ging ich los, die Umgebung zu erkunden. Ich stieß auf einen alten Pfad, der sich durch die Berge wand. Er verlief zwar nicht exakt dort, wo er laut Karte verlaufen müsste, aber doch so ziemlich, so dass ich wieder sicherer wurde. Er wich ein paar Kilometer vom eingezeichneten Kurs ab und stieß dann auf einen größeren Weg, der dort – wie hätte es anders sein können? – laut Karte ebenfalls keine Existenzberechtigung hatte. »Verdammte Scheiße!« Ich folgte dem Weg trotzdem etwa einen Kilometer in Richtung Areyonga, bis ich zu einem von Kugeln durchlöcherten Blechschild kam. Es war zwar völlig verbogen und verrostet, aber ich erkannte darauf einen Pfeil, der auf den Boden zeigte und auf dem die Buchstaben A und ON zu lesen waren. Es begann zu dämmern, und erleichtert eilte ich zurück zu meinem Lager, entschuldigte mich überschwänglich bei meinem armen, bedauernswerten Gefolge und prägte mir für alle Zeiten Lektion eins ein: Im Zweifelsfall folgst du deiner Nase, vertraust deinen Instinkten und verlässt dich nicht auf Karten.

Mit der Bitte um Kenntnisnahme und Befolgung

Jamie Zeppa • Bhutan

Ich befinde mich in einem Drogeriemarkt, besser gesagt in der Drogerieabteilung irgendeines Riesensupermarkts. Die Gänge erscheinen mir ungewöhnlich lang, und alles schimmert im Licht der Deckenbeleuchtung. Langsam schiebe ich meinen Einkaufswagen und studiere eingehend die Regale. Was brauche ich alles? Badezusatz – vielleicht diesen da mit dem neuen Klappverschluss. Ich gehe weiter in die Lebensmittelabteilung – Fruit Loops oder Honey Pops? Der Laden macht bald zu. Ich muss mich also beeilen. »Sehr verehrte Kunden«, höre ich eine freundliche Stimme, »besuchen Sie unsere Damenabteilung. Es erwarten Sie sensationelle Angebote.« Ich wache auf, blinzle schlaftrunken: Ich bin in Pema Gatsel. Doch wenn ich aus dem Bett kommen will, muss ich meine Benommenheit schleunigst abschütteln. Und ich muss aus dem Bett: Es hat geklopft.

Zwei meiner Schüler stehen vor der Tür. Karma Dorji, der auf dem Weg nach Tsebar mein Retter in der Not war, ist ein kleiner, stämmiger Kerl mit einem runden, pausbäckigen Gesicht, nussbrauner Haut und einem unverwechselbaren Wirbel an der Stirn. Norbu ist größer, hat ein kleines, schiefes Grinsen und ständig eine Rotznase. Ihre Khos sind zerschlissen, die Füße stecken in Gummisandalen. Schweigend überreichen sie mir Geschenke: ein Bund Spinat, eine Stofftasche mit Kartoffeln, eine Hand voll Frühlingszwiebeln. Karma Dorji langt in seinen Kho und holt ein kleines, braunes Ei heraus. »Danke!«, sage ich. »Danke vielmals!« Mein Überschwang macht sie ganz verlegen.

»Geschenk von meiner Mutter«, sagt Norbu.

»Sag deiner Mutter schönen Dank«, sage ich und frage mich, ob ich dafür etwas bezahlen soll.

»Ja, Miss.« Sie hopsen die Stiege hinunter und springen über den Schulhof davon.

Zurück im Haus, höre ich Wasser aus einem der Hähne spritzen. Ich muss schleunigst sämtliche Eimer, Wannen, Töpfe, Pfannen, Flaschen, Kessel, Krüge, Becher und Tassen herbeiholen, bevor das kostbare Nass wieder versiegt. In der Küche werfe ich den Kerosinbrenner an, bis er gleichmäßig zischt, werfe ein brennendes Streichholz darauf, renne ins Schlafzimmer und warte auf die Explosion. Als sich nichts tut, schleiche ich zurück und stelle einen Topf Wasser auf die blaue Flamme. Sofort ist sie erloschen, und ich muss von vorn anfangen.

Im Badezimmer ist das Wasser aus dem Hahn schon wieder versiegt. Nur ein einziger Eimer ist voll geworden. Das reicht gerade, um entweder meine Kleider oder mich selbst zu waschen. Das Abflussrohr ist verstopft, und obwohl ich immer wieder mit diversen Gegenständen darin herumgestochert habe – dicken Zweigen, dünnen Weidenruten, einem gerade gebogenen Stück Draht –, steht in der Mitte des Badezimmers immer eine Lache. Zähneknirschend hocke ich mich neben den Eimer und fange an, mir mit einem Plastikkrug kaltes Wasser überzugießen. Am Ende schlottere ich am ganzen Körper und muss für ein paar Minuten zurück ins Bett, bevor ich mein tägliches Kira-Ritual beginnen kann – körperliche und geistige Verrenkungen, während ich die lange Stoffbahn um mich wickle, sie feststecke und zugürte. Ein nervenaufreibendes Prozedere, bei dem ich öfter einfach nicht mehr weiterweiß, wenn sich aus irgendeinem Grund irgendein Zipfel Stoff gelockert oder gelöst hat und ich partout nicht entscheiden kann, wohin damit. In solchen Momenten überlege ich ernsthaft, ob ich es nicht einfach bleiben lassen und Rock und Pullover tragen soll. Nein, diese Genugtuung werde ich Mrs Joy nicht gönnen. Gestern hielt mich auf dem Basar eine alte Frau an und begann, an meiner Kira herumzuzupfen, zerrte das Rockteil weiter nach unten, das Oberteil weiter hinauf. Dann trat sie einen Schritt zurück, um ihr Werk kritisch zu prüfen. *»Dikpé?«*, fragte ich. Okay? Aber sie schüttelte nur den Kopf, winkte ab und ging weiter. Die Kira saß also noch immer falsch, aber mehr konnte auch sie wohl nicht herausholen.

Mit dem Ei, das Norbu mir gebracht hat, backe ich mir einen Pfannkuchen, den ich mir mit bhutanesischer Marmelade bestreiche. Dann mache ich mich auf den Weg zur Schule. Langsam bewege ich mich über die steile Stiege nach unten, rückwärts, die Sprossen krampfhaft umklammernd.

Vom Lehrerzimmer der Schule aus sehe ich den Schülern auf dem Schulhof zu. Da viele erst mit acht oder neun Jahren eingeschult wurden, sind die meisten Achtklässler schon an die 20. Alle tragen Schuluniform, graublaue Khos und Kiras. Die kleineren Schüler haben die abgelegten Uniformen ihrer Geschwister an – abgewetzt, fleckig und viel zu groß. In Pema Gatsel gibt es sowohl Internats- wie auch Tagesschüler. Viele der Tagesschüler laufen morgens eine, zwei oder drei Stunden zu Fuß in die Schule und abends denselben Weg wieder zurück. Wenn es regnet, kommen sie patschnass an und müssen den ganzen Schultag in ihren nassen Uniformen verbringen.

Da ertönt die Schulglocke, und wir Lehrer stellen uns zur Morgenversammlung auf die Treppe. Vor uns, am Rand des Schulhofs, stehen in Reihen nach Geschlecht und Klasse geordnet die Schüler. Die Anzahl der Schülerinnen nimmt mit jeder Klassenstufe ab. Dann gibt der Schulsprecher, ein Achtklässler namens Tshering, den Einsatz für das Morgengebet und die Nationalhymne. Von meinem Platz aus kann ich im Nordwesten einen verschneiten Berggipfel über einer dunkelblauen Gebirgskette leuchten sehen. Richtung Nordwesten, auf der anderen Seite der Erdkugel, liegt mein Zuhause, und ich frage mich, was Robert dort in diesem Moment wohl gerade tut. Dort ist jetzt Abend, gestern Abend sozusagen. Ich sehe ihn klar und deutlich vor mir. Er sitzt in seiner Wohnung im Sessel, liest Zeitung, spielt Gitarre, kocht Essen. Wer weiß, vielleicht denkt er sogar gerade an mich. Der Gedanke, kilometerweit von ihm entfernt zu sein, schnürt mir während der Morgenversammlung manchmal die Kehle zu, so dass ich kaum atmen kann. Doch dann denke ich wieder an mein Buch mit den buddhistischen Texten: Alle Gefühle, Begierden und Sorgen werden durch den Geist erzeugt. Im Grunde ist alles auf den Geist zurückzuführen. Und indem ich mir das bewusst mache, wende ich mich wieder dem langsamen, getragenen Gesang zu, und die Traurigkeit zerrinnt.

Nach dem Singen hält einer der älteren Schüler zu einem bestimmten Thema eine kurze Ansprache auf Englisch oder Dzongkha: Pünktlichkeit, Ehrlichkeit, Respekt vor Eltern und Lehrern. Die Reden enden jedes Mal mit dem gleichen, hastig heruntergeleierten Satz: »Und so, meine lieben Freunde, hoffe ich, dass ihr pünktlich/ehrlich/respektvoll gegenüber euren Eltern und Lehrern sein werdet.« Zum Abschluss hält der Schulleiter eine Rede auf Dzongkha, von der ich allerdings nur das erste Wort verstehe: *»dari«* – heute.

Nach der Versammlung informiert mich der Schulleiter darüber, dass ich *dari* zur Morgensprechstunde eingeteilt sei und am Erste-Hilfe-Kurs teilnehmen müsse, der am Montag beginnt. Außerdem sei ich auch für den Bücherdienst eingeteilt, fügt er hinzu, und drückt mir den Bibliotheksschlüssel in die Hand. In der »Bibliothek« bin ich schon ein paar Mal gewesen – ein schlecht beleuchteter Raum mit ein paar total zerfledderten Bilderbüchern, Kurzfassungen von *Heidi* und *Die rote Tapferkeitsmedaille* sowie einigen

Anthologien kanadischer Literatur aus der Mitte der 70er Jahre. Weiß der Himmel, wie die hierher gekommen sind.

Den Schulleiter und seine Frau, die gerade Zwillinge bekommen haben, mag ich sehr. Anfangs finde ich ihn für einen Schulleiter recht jung, doch als ich sehe, wie er mit den Schülern umgeht, ändere ich meine Meinung. Er ist streng und behält stets die Oberhand. Das hat allerdings vermutlich weniger mit seinem Charakter zu tun als damit, dass er ein öffentliches Amt bekleidet. Ähnlich war es auch bei dem Direktor in Tashigang. Die Schüler legten ihm gegenüber ängstlichen, blinden Gehorsam an den Tag. Mit seinen Kollegen pflegt er zwar einen etwas lockereren Umgang, aber in seinem Verhalten den indischen Lehrern gegenüber bemerke ich eine unterschwellige Spannung. Die Inder geben offen zu, nur hier zu sein, weil sie in Indien keine Arbeit gefunden haben. Dass sie den Weisungen eines Bhutaners Folge zu leisten haben, scheint ihnen aber nicht sonderlich zu behagen. So ließ sich Mr. Sharma vergangene Woche lautstark darüber aus, dass er die tägliche Teilnahme an einer Morgenversammlung in einer ihm unverständlichen Sprache für völlig sinnlos halte. »Das halbe Kollegium versteht kein Dzongkha«, maulte er. »Aber die andere Hälfte versteht es«, entgegnete der Schulleiter unbeeindruckt. »Dzongkha ist unsere Nationalsprache.« Mrs Joy versuchte mich flüsternd über »die Probleme mit diesen Leuten« aufzuklären, also den Bhutanern. Aber ich hörte nicht hin. Ich will mich auf keine Seite schlagen.

Vor der Tür zu meinem Klassenzimmer bleibe ich kurz stehen und lausche dem Krakeele dahinter. Doch als ich die Tür öffne, sind alle schlagartig verstummt. Das ist mir der liebste Teil des Tages. »Guten Morgen, Klasse 2c«, sage ich, woraufhin die ganze Klasse aufspringt und aus voller Kehle »Gu-ten Mor-gen, Miss!« ruft. 23 Gesichter strahlen mir entgegen und begrüßen mich manchmal so inbrünstig, dass ich herzlich lachen muss.

Inzwischen habe ich einen Lehrplan, die Schüler haben Schulbücher, dicke Hefte sowie Bleistifte, die sie mit Rasierklingen spitzen. Mir will das nie gelingen, und so muss ich jedes Mal eines der Kinder bitten, es für mich zu tun. Die Bleistifte der Miss zu spitzen, ist zu einer ehrenvollen Aufgabe geworden. Als sie mir das erste Mal beim Bleistiftspitzen zusahen, was mich beinahe die Fingerkuppe kostete, sahen sie mich fassungslos an und tuschelten auf Sharchhop alle durcheinander. Wo haben sie die denn her, müssen sie sich gefragt haben, die kann ja nicht einmal einen Bleistift spitzen.

Vormittags unterrichte ich Englisch, Mathe und Naturwissenschaften, nachmittags lehrt der Dzongkha-Lehrer die Nationalsprache. Aus den anderen Klassenzimmern schallt es im Chor herüber: *»h-o-u-s-e, house, c-a-r-r-y, carry, g-o-i-n-g, going.«* Aus anderen Klassenzimmern hört man zuerst den Lehrer etwas vorsagen, und dann sagt ein Schüler es nach, immer und immer wieder. Ich weiß nicht, wozu dieses Auswendiglernen gut sein soll. Wenn ich meine Schüler auffordere, einzeln laut vorzulesen, sehen sie mich an, als hätte ich den Verstand verloren.

Oft ist das Abhaken der Klassenliste das Einzige, das ohne Unterbrechung vonstatten geht. Ansonsten sind Unterbrechungen gang und gäbe. Da klopft eine Frau ans Fenster, hält eine Stofftasche hoch, und schon rennt die gesamte Klasse hinüber. »Klasse 2c«, sage ich. »Setzt euch bitte wieder auf eure Plätze. Es ist nicht nötig, dass alle zum Fenster laufen.« Eigentlich ist es unnötig, dass überhaupt jemand zum Fenster läuft. »Wer ist das?«, frage ich.

»Sangay Jamtshos Mutter«, antworten sie.

»Was will sie denn?«

»Sangay Jamtsho hat seine Jhola vergessen.«

»Sangay Jamtsho, geh und hole deine Jhola«, sage ich. Sofort schießen alle auf die Tür zu, aber ich bin zuerst dort. »Ich sagte Sangay Jamtsho. Der Rest wieder hinsetzen.«

Da kommt Sangay Chhoden an mein Pult. Die feinen Gesichtszüge unter ihrer dicken Mähne sind ernst und konzentriert. »Miss«, sagt sie so leise, dass ich sie kaum verstehe. »Haus gehn.«

»Was sagtest du, Sangay?«

»Ja, Miss.«

Ich versuche es anders. »Haus gehen?«

»Ja, Miss.«

»Dein Haus?«

»Ja, Miss, mein Haus gehen!«

»Jetzt?«

»Ja, Miss. Haus gehen, jetzt, Miss.«

»Aber warum denn, Sangay? Warum jetzt Haus gehen? Jetzt ist Schule? Ist dir nicht gut?«

»Nein, Miss. Haus gehen jetzt.«

Ich seufze. »Kommst du auch wieder zurück?«

»Ja, Miss. Kommen.«

»Na schön, dann geh.«

Es klopft. Dorji Wangdi, Schulsekretär, Teekocher und Mädchen für alles mit dem offiziellen Titel »Peon«, kommt herein. »Zettel von Direktor, Sir«, sagt er und reicht mir eine Notiz. Man habe festgestellt, dass einige Lehrer »tendenziös motiviert« seien, lese ich. Das gesamte Kollegium werde deshalb freundlichst aufgefordert, den Regeln und Vorschriften der Schule Folge zu leisten, sämtlichen Verpflichtungen, einschließlich der Morgenversammlung, unvoreingenommen und nach besten Kräften nachzukommen, um einen reibungslosen Ablauf des Unterrichts zu gewährleisten. »Mit der Bitte um Kenntnisnahme und Befolgung«.

Da meldet sich Sangay Dorji. Sein »Bauch smerzen«, ob er zur Toilette könne. Auch Norbus' Arm schnellt in die Höhe. Auch sein Bauch »smerzen«. Sonams Bauch auch! Und Phuntshos Bauch auch! Ich bitte sie zu warten, bis Sangay Dorji zurückgekommen ist, aber Sangay Dorji kommt nicht zurück. Ich ereifere mich, meinen Schülern den Unterschied zwischen einem langen »a« und einem kurzen »a« klar zu machen, und nehme kaum etwas anders wahr. »Miss!«, höre ich auf einmal einen der Schüler rufen. »Sangay Dorji draußen spielen!« Ich sehe hinaus, und tatsächlich: Da draußen ist Sangay Dorji und spielt.

Ich schicke Karma Dorji hinaus, um Sangay zu holen, versuche weiterzumachen, und als wir beim langen »o« angekommen sind, bemerke ich beim Blick aus dem Fenster, dass beide draußen spielen, Sangay *und* Karma.

Es klopft wieder. Diesmal steht Mr Iyya, Pema Gatsels selbsternannter Barde, vor der Tür. Mr Iyya stammt ursprünglich aus Madras, ist aber schon seit über zehn Jahren an der Schule. Sein schwarzes, lockiges Haar ist mit Haaröl nach hinten frisiert, und hin und wieder trägt er eine getüpfelte Krawatte. Er hat eine seltsame Art zu sprechen, ein wildes Durcheinander aus falsch verwendeten Fremdwörtern, verfälschten Zitaten und sonstigen geistigen Ergüssen, und die Gedichte, die er manchmal ans schwarze Brett hängt, sind noch schlimmer. Alles, was außerhalb des Unterrichts auf Englisch organisiert werden muss, übernimmt er – Diskussionen, Schulzeitung, Theateraufführungen. Doch hinter der Maske des feingeistigen Poeten verbirgt sich ein grausamer Charakter. Gestern wurde ich Zeuge, wie er einen Drittklässler mit dem Rohrstock so heftig schlug, dass der Stock entzweisprang.

»Ja, Mr Iyya?«, frage ich.

Er verneigt sich tief und sagt, er bitte meine damenhafte Hoheit um gnädige Verzeihung für diese untemporäre Unterbrechung, wolle mich aber untertänigst ersuchen, ihm meinen Rohrstock auszuleihen, da ihm der seinige missgeschicklicherweise zerschmettert sei.

»Wie meinen?«, frage ich.

»Rohrstock Eurer damenhaften Hoheit.«

Ich stiere ihn an. Er ist wohl nicht ganz bei Trost. Ich blicke fragend in die Klasse. »Er will einen Stock für Hiebe«, erklärt einer.

»Hier gibt es keinen Rohrstock«, fertige ich ihn kalt ab und schlage die Tür zu.

Da klopft Dorji Wangdi an die Tür. Noch ein Zettel mit der Bitte um Kenntnisnahme und Befolgung. In ein paar Wochen werde an der Schule eine *puja* stattfinden zum Wohle aller empfindenden Wesen. Alle Lehrer seien eingeladen teilzunehmen.

Kurz darauf streckt Mr Tandin, Geschichtslehrer der Klasse 8 und Verwalter der Materialausgabe, seinen Kopf durch die Tür. Das Materiallager habe heute für eine halbe Stunde geöffnet, lässt er mich wissen. Also gehe ich hinauf und komme mit 23 Buntstiftschachteln zurück. Nach kurzem Schweigen bricht die Klasse in Jubel aus. »Miss, ich bin so froh auf dich!«, krächzt Sonam Phuntsho freudestrahlend. Die Buntstifte wirken Wunder. Klasse 2c hört aufmerksam zu, als ich ihnen erkläre, dass diese Buntstifte nun ihnen gehörten, dass sie gut darauf Acht geben müssten, da es sehr unwahrscheinlich sei, dass es mir noch einmal gelingen werde, Mr Tandin 23 Schachteln Buntstifte aus seinem spärlichen Lager abzuschwatzen. Ich wolle ihnen nun eine Geschichte vorlesen, zu der sie dann ein Bild malen sollen. »Es war einmal eine Maus ...«, beginne ich. Doch da klopft es schon wieder.

In der Bibliothek, wo ich gleich nach der Schule hingehe, mache ich als Erstes das Fenster auf. Überall liegt feiner, weißer Staub. Ich ziehe ein paar Kisten aus den Regalen, um sie einigermaßen nach Themengebieten zu ordnen, aber es gibt kaum Bücher, die zu ordnen wären. Ich überlege mir mehrere Systeme, aber das folgende scheint eindeutig am sinnvollsten: unleserlich zerfleddert, mäßig abgenutzt und unberührt (in diese Kategorie fallen sämtliche kanadischen Werke). Ich schließe die Tür hinter mir.

Zu Hause vor meiner Tür warten drei Schüler, mit vom Fußballspiel dreckverspritzten Khos: Karma Dorji und Norbu, im Schlepptau Tshewang Tshering mit frisch gestutzter Igelfrisur. »Wartet ihr auf mich?«, stelle ich mich dumm. Klar. Mein australischer Nachbar, wohl eine Art Schaf-, Kuh- oder Pferdebesamer, ist seit meiner Ankunft verreist. »Darf-ich-reinkommen, Miss?«, fragen sie im Chor, als ich die Tür aufsperre. Drinnen sind sie ganz eingeschüchtert, und ich führe sie ins Wohnzimmer. Sie setzen sich brav nebeneinander, sehen sich um, lächeln und lassen ihre nackten, verdreckten Füße über dem Boden baumeln. »Miss, hast du Schnappsches?«, fragt Tshewang Tshering schließlich.

»Schnappsches?«

»Ja, Miss. Wir wollen Schnappsches.«

Schnappsches? Ich kräusele die Stirn. Sie können doch nicht im Ernst Ingwerschnaps meinen?

»Miss«, sagt Tshewang Tshering. »Schnappsches. Mutter, Vater, Schwester, Bruder.«

»Ah! Ihr wollt Bilder sehen? Schnappschüsse!«

»Ja, Miss!«, rufen sie und nicken kräftig.

Hurra! Verstanden! Ich haste ins Schlafzimmer und ziehe einen Beutel mit Fotos hervor.

»Das ist meine Mutter«, sage ich, und sie reißen mir das Bild fast aus der Hand. »Mein Vater. Sein Haus.«

»Deine Schwester?«, fragt Karmaa Dorji und hält ein Foto meines Bruders Jason hoch.

»Nein, mein Bruder.«

»Bruder, Miss?«

»Ja, Karma.«

»Ein Lama!«

»Ein Lama? Nein ...«

»Warum ... warum er lange Haare haben?

»Oh, weil ... weil, hmmm«, stammle ich und suche nach einer Antwort. »Nur so«, sage ich schließlich, und sie nicken.

Tshewang Tshering sieht sich eine Postkarte mit der Skyline von Toronto an.

»Miss, dein Haus.«

»Nein, ein Bankgebäude.«

»Das hier dein Haus?«

»Nein, ein Bürogebäude. Viele Büros.«

»Das da dein Haus?«

»Nein, nein! Das ist der CN Tower.«

Auf einer anderen Postkarte ist die Yonge Street zu sehen. »Dein Dorf, Miss?«

»Ja, Toronto.«

»Wer ist das?«, fragt Tshewang Tshering und zeigt auf ein paar Touristen auf der Postkarte.

»Keine Ahnung«, antworte ich verwirrt. »Irgendjemand.« Und dann erst verstehe ich die Frage. Ich erkläre, dass in Toronto zwei Millionen Menschen leben, mehr Menschen als in ganz Bhutan.

»*Yallama!*«, sagen sie leise, ein bhutanischer Ausdruck für Erstaunen oder Zweifel.

Karma Dorji blättert durch einen Stapel mit Zeitschriften und Notenheften. »Miss, deine Mutter?«

Ich stehe auf, damit ich sehen kann, was er meint, und kann mich vor Lachen kaum halten. »Das ist nicht meine Mutter. Das ist Johann Sebastian Bach.

Dann frage ich sie, ob sie Tee wollen. »Nein, Miss«, sagen sie. Doch ich weiß, es ist ein bhutanisches Nein, und gehe in die Küche. Sie kommen nach. Karma Dorji nimmt mir den Topf aus der Hand. »Wir machen Tee für Miss«, sagt er.

»Ach was, das ist nicht nötig. Das mach ich schon.« Ich will ihm den Topf abnehmen, aber er hält ihn fest. Ihr seid zu klein, um Tee zu kochen«, sage ich. »Mein Kerosinkocher ist gefährlich.« Unmutig stellen sie sich in die Küchentür und sehen zu, wie ich pumpe. »Weg!«, rufe ich, wild mit den Händen fuchtelnd, werfe ein Streichholz auf den Kocher und scheuche sie aus der Küche. Das finden sie sehr lustig, kugeln sich vor Lachen.

»Das ist nicht lustig«, sage ich gereizt. »Gefährlich. Ihr wartet am besten im Zimmer.«

»Miss, jetzt mache ich«, sagt Karma Dorji zu mir, als er seine Sprache wiedergefunden hat. »Ich kennen. Selber Ofen in meinem Haus.« Und ehe ich ihn abhalten kann, ist er auch schon am Pumpen. Der Kocher zischt, er entfacht gekonnt ein Streichholz und bringt die Flamme zum Lodern. Ein starkes, blaues Licht entflammt. Mit offenem Mund stehe ich da, während Tshewang Tshering einen Topf mit Wasser füllt. Norbu stöbert durch die Küche, zieht Teebeutel, Milchpulver und Zucker heraus. Karma Dorji schüttelt sich den Ärmel seines Khos über die Hand und fasst damit den heißen Topfgriff an. Er gießt den dampfenden Tee in die Becher, und ich folge ihnen mit einer Packung Kekse ins Wohnzimmer. Karma erzählt mir, dass er daheim immer kocht, während seine Eltern und älteren Schwestern auf dem Feld arbeiten.

»Was kannst du denn alles kochen?«, frage ich.

»Ich Essen kochen, Miss.«

»Was für Essen?«

»Essen, Miss«, wiederholt er. »Miss kein Essen essen?«

»Natürlich esse ich Essen. Was sonst?«

»Miss nur Kekse essen, sagen mein Vater.«

»Wie kommt er darauf?«

»Meine Tante haben Laden. Sie sagen, Miss nur Kekse kaufen. Nicht Essen.«

»Sind Kekse etwa kein Essen?«, frage ich etwas verärgert, weil offenbar alle über meine Essgewohnheiten Bescheid wissen.

»Nein, Miss. Reis ist Essen.«

»Ach so«, sage ich. »Reis. In meinem Dorf in Kanada essen wir nicht sehr viel Reis. Deshalb kann ich auch keinen Reis kochen.«

Das wollen sie nicht glauben.

»Was essen Leute in deinem Dorf?«

»Ach, Kartoffeln, Brot, Nudeln.«

»Miss«, sagt Karma Dorji mit vollem Mund. »Ich dich lernen, Reis kochen. Jetzt gleich. Hast du Reis?«

»Ja, aber ...«

Im Nu sind die drei in der Küche. Tshewang Tshering spült die Becher. Karma Dorji hat den Reis gefunden, schüttet ihn auf einen Blechteller und liest ihn aus. Tatenlos sehe ich zu. Binnen Minuten ist der Reis ausgelesen, gewaschen und in einem Dampfkochtopf auf dem Herd.

»Miss.« Karma Dorji schaut suchend in der Küche umher.

»Was ist, Karma?«

»Du haben Zwiebeln und Chili? Ich machen *momshaba*.«

»Mal langsam, Karma. Der Reis genügt doch.«

Karma Dorji fängt an, die Zwiebeln und Chilischoten zu hacken. Norbu sortiert die Spinatblätter aus, die er mir am Morgen gebracht hat, und wäscht sie im Waschbecken. Plötzlich pfeift der Dampfkochtopf, und ich renne aus der Küche. »Was heißt das jetzt?«, frage ich in der Tür stehend.

»Noch nicht fertig«, sagt Karma Dorji. »Nach drei Mal fertig.«

Nach dem dritten Pfeifen nehmen sie den Topf vom Herd, und Karma Dorji brät die Zwiebeln und die Chilischoten, bevor er dann die Spinatblätter und ein paar Tomatenscheiben hinzugibt. Tshewang Tshering zieht das kleine Ventil vom Topfdeckel, und der Dampf schießt bis zur Decke. Wie ein aufgescheuchtes Huhn flattere ich durch die Küche und gebe überflüssige Ratschläge – seid vorsichtig, das ist scharf, aufpassen, der Dampf ist heiß. Als sie fertig sind, lade ich sie ein, mit mir zu essen. Sie wollen erst nicht, aber ich bestehe darauf, bis sie ihre Blechteller für das Schulmittagessen aus ihren Khos ziehen. Wie jedes Mal bin ich erstaunt, was sich in den Khos so alles verstecken lässt. Bücher, Teller, Stofftaschen, eine Flasche *Arra* für mich und Reispuffer, getrocknete Äpfel, eine Gurke und eine Hand voll Chilischoten als Pausebrot für sie. Karma Dorji serviert das Gericht, und schweigend sitzen wir beim Essen. Es schmeckt unglaublich gut. Der Reis ist süßlich und nicht verklumpt, der Spinat genau richtig, wenn auch etwas scharf. Ich will wissen, wie viele Chilischoten er verwendet hat.

»Zehn!«, sagt Karma.

»Zehn! *Yallama*!«, rufe ich, wische mir die tränenden Augen und putze mir die Nase. »Wie alt bist du, Karma?«

»Acht«, sagt er und schöpft mir Reis nach. »Jetzt weiß Miss«, sagt er. »Jetzt Miss Essen essen.«

Als sie fort sind, schreibe ich in mein Tagebuch: »Jeder kann überall leben, auch du. Mit der Bitte um Kenntnisnahme und Befolgung.«

Fotoeindrücke
von den Reiseabenteuern

Dawn Comer Jefferson, Venedig

Faith Adiele, Thailand

E. J. Levy, Brasilien

Ayun Halliday, Ubud

Ingrid Emerick, Irland

Marybeth Bond, Tibet

Bernice Notenboom, Jordanien

Ena Singh, Samarkand

Holly Morris, Niger

Dank

Wir danken unseren Familien für ihre Geduld und ihren Enthusiasmus während der Arbeit an diesem Buch. Dank auch unseren Kolleginnen bei Seal Press für fruchtbares Brainstorming in der Anfangsphase sowie für kompetente Unterstützung auf der Zielgeraden: Rosemary Caperton, Ellen Carlin, Anne Mathews, Leslie Miller, Lucie Ocenas, Lynn Siniscalchi, Anitra Sumaya Grisales und Cassandra Greenwald.

Literaturhinweise

Susanne Aeckerle: *Hauptsache weit weg.* Abenteuerliche Frauen-Leben. Piper Verlag 2002

Susanne Härtel, Magdalena Köster (Hrsg.): *Die Reisen der Frauen.* Lebensgeschichten von Frauen aus drei Jahrhunderten. Beltz & Gelberg 2003

Barbara Hodgson: *Die Krinoline bleibt in Kairo.* Reisende Frauen 1650 bis 1900. Gerstenberg 2004 (Deutsch von Gisela Sturm, Dörte Fuchs und Jutta Orth)

Julia Keay: *Mehr Mut als Kleider im Gepäck.* Frauen reisen im 19. Jahrhundert durch die Welt. Frederking & Thaler Verlag 2000 (Deutsch von Ulrike Budde)

Annika Krummacher: *Abenteuerliche Frauen reisen.* Starke Geschichten. Piper Verlag 2004

Milbry Polk, Mary Tiegreen: *Frauen erkunden die Welt.* Entdecken · Forschen · Berichten. Frederking & Thaler Verlag 2004 (Deutsch von Frank Auerbach, Tracey J. Evans, Evelyn Köhler, Horst Leisering, Theresia Übelhör)

Lydia Potts (Hrsg.): *Aufbruch und Abenteuer.* Frauen-Reisen um die Welt ab 1785. Fischer Verlag 1995

Von Autorinnen dieses Bandes liegen auf Deutsch vor:

Robyn Davidson: *Spuren. Eine Reise durch Australien.* Rowohlt Taschenbuch Verlag 2002 (Deutsch von Karina Of)

Jamie Zeppa: *Mein Leben in Bhutan.* Als Frau im Land der Götter. Piper Verlag 1999 (Deutsch von Manfred Ohl und Hans Sartorius)

Frauen entdecken die Welt

Sara Wheeler
UNTERWEGS IN EINEM SCHMALEN LAND
Eine Frau bereist die extremen Landschaften Chiles

Eine unerschrockene Frau auf einer sechsmonatigen Tour entlang der Anden bis nach Feuerland.

Karin Muller
ENTLANG DER INKA-STRASSE
Eine Frau bereist ein ehemaliges Weltreich

Zu Fuß erkundet die abenteuerlustige Backpackerin Karen Muller die alten Inka-Routen von Ecuador bis Chile.

Pamela Watson
DER TRAUM VON AFRIKA
Eine Frau, ein Fahrrad – die Freiheit

Eine Fahrradreise unter abenteuerlichsten Bedingungen: 15 000 Kilometer quer durch Afrika von Dakar nach Daressalam.

MALIK NATIONAL GEOGRAPHIC

10/1039/01/35

Carmen Rohrbach

INSELN AUS FEUER UND MEER
Galapagos –
Archipel der zahmen Tiere

Ein Jahr lang – teilweise völlig allein auf der unbewohnten Insel Caamano – erforscht Carmen Rohrbach das Verhalten der drachenartigen Meerechsen auf Galapagos.

JAKOBSWEG
Wandern auf dem Himmelspfad

Carmen Rohrbach unterwegs auf dem berühmten Pilgerweg in Spanien. Sie erlebt sternklare Nächte in einsamer Natur, ist oft der Erschöpfung nahe und wird doch reich belohnt.

DER WEITE HIMMEL ÜBER DEN ANDEN
Zu Fuß zu den Indios in Ecuador

Ein halbes Jahr lang wandert Carmen Rohrbach durch die Anden, erlebt die gewaltige Weite der Hochebene, besteigt Vulkane und besucht farbenfrohe Märkte. Eine Reise für alle Sinne.

MALIK NATIONAL GEOGRAPHIC